Gerhard Göhler (Hrsg.)

# Institutionenwandel

# LEVIATHAN
Zeitschrift für Sozialwissenschaft

Sonderheft 16/1996

Gerhard Göhler (Hrsg.)

# Institutionenwandel

*Mit Beiträgen von*
*Gerhard Göhler, Dieter Fuchs, M. Rainer Lepsius, Herfried Münkler,*
*Karl-Siegbert Rehberg, Vivien A. Schmidt, Peter Steinbach, Erhard*
*Stölting, Rainer Tetzlaff, Rainer Weinert*

Springer Fachmedien Wiesbaden GmbH

Die Deutsche Bibliothek – CIP-Einheitsaufnahme

**Institutionenwandel** / Gerhard Göhler (Hrsg.).
Mit Beitr. von Gerhard Göhler ... – Opladen:
Westdt. Verl., 1977
  (Leviathan: Sonderheft; 16)
  ISBN 978-3-531-12936-5    ISBN 978-3-322-93546-5 (eBook)
  DOI 10.1007/978-3-322-93546-5

NE: Göhler, [Hrsg.]

**[Leviathan / Sonderheft]**
Leviathan: Zeitschrift für Sozialwissenschaft.
Sonderheft. – Opladen: Westdt. Verl.
  Früher Schriftenreihe
  Reihe Sonderheft zu: Leviathan
  16. Institutionenwandel. – 1997

Alle Rechte vorbehalten
© 1997 Springer Fachmedien Wiesbaden
Ursprünglich erschienen bei Westdeutscher Verlag GmbH, Opladen 1997

Der Westdeutsche Verlag ist ein Unternehmen der Bertelsmann Fachinformation.

Das Werk einschließlich aller seiner Teile ist urheberrechtlich geschützt. Jede Verwertung außerhalb der engen Grenzen des Urheberrechtsgesetzes ist ohne Zustimmung des Verlags unzulässig und strafbar. Das gilt insbesondere für Vervielfältigungen, Übersetzungen, Mikroverfilmungen und die Einspeicherung und Verarbeitung in elektronischen Systemen.

Satz: Martina Fleer, Herford

Gedruckt auf säurefreiem Papier

ISBN 978-3-531-12936-5

# Inhalt

*Gerhard Göhler:* Einleitung .................................. 7

## Wie die Sozialwissenschaften Institutionenwandel begreifen

*Gerhard Göhler:* Wie verändern sich Institutionen? Revolutionärer und schleichender Institutionenwandel ........................ 21

*M. Rainer Lepsius:* Institutionalisierung und Deinstitutionalisierung von Rationalitätskriterien ........................................ 57

*Rainer Weinert:* Institutionenwandel und Gesellschaftstheorie. Modernisierung, Differenzierung und Neuer Ökonomischer Institutionalismus .... 70

*Karl-Siegbert Rehberg:* Institutionenwandel und die Funktionsveränderung des Symbolischen ........................................ 94

## Brennpunkte des Institutionenwandels

*Herfried Münkler:* Politische Mythen und Institutionenwandel. Die Anstrengungen der DDR, sich ein eigenes kollektives Gedächtnis zu verschaffen . 121

*Vivien A. Schmidt:* European Integration and Institutional Change: The Transformation of National Patterns of Policy-making .......... 143

*Erhard Stölting:* Wandel und Kontinuität der Institutionen: Rußland – Sowjetunion – Rußland .......................... 181

*Rainer Tetzlaff:* Der schleichende Institutionenwandel im Krisenmanagement für die Dritte Welt: Weltbank und Währungsfonds. Internationale Organisationen im Dienste der Globalisierung ................ 204

## Über die Entwicklung der Institutionen in Deutschland

*Peter Steinbach:* Vom Kaiserreich zur Bundesrepublik: Kontinuität und Wandel der politischen Institutionen in Deutschland . . . . . . . . . . . . . . . . 227

*Dieter Fuchs:* Wohin geht der Wandel der demokratischen Institutionen in Deutschland? Die Entwicklung der Demokratievorstellungen der Deutschen seit ihrer Vereinigung . . . . . . . . . . . . . . . . . . . . . . . . . . . 253

Autorenverzeichnis . . . . . . . . . . . . . . . . . . . . . . . . . . . . . . . 285

*Gerhard Göhler*

# Einleitung

## I.

Institutionenwandel ist uns seit dem Umbrüchen in Mittel-, Ost- und Südosteuropa ein vertrautes Phänomen geworden, das wir mit Anteilnahme, Hoffnung und Sorge verfolgen. In der Wissenschaft ist der große Zweig der Transformationsforschung entstanden, der den Übergang der ehemals sozialistischen Gesellschaften in eine Zukunft mehr oder weniger westlichen Musters in all seinen Problemen aufarbeitet. Nicht zuletzt das Sonderheft 1995 des *Leviathan* hat diese Forschungen dokumentiert. Das vorliegende Heft soll diese Arbeiten nicht duplizieren. Es scheint vielmehr an der Zeit, sich klarzumachen, oder besser, sich wieder daran zu erinnern: daß Institutionenwandel ein *umfassendes* Phänomen ist, welches uns historisch stets begleitet und auch in der Gegenwart überall in der Welt anzutreffen ist. Die Erweiterung des Blicks über die Transformationsforschung hinaus soll vor Augen führen, daß der in vielfältigen Formen auftretende Institutionenwandel einer der wichtigsten Faktoren ist, um Gesellschaft und Politik in ihrer Dynamik zu begreifen. Institutionenwandel haben wir in den Umbrüchen in Mittel-, Ost- und Südosteuropa, aber ebenso im Zuge der europäischen Integration, in den Veränderungen der Dritten Welt und in der Entwicklung der internationalen Regime und Organisationen.

Der Wandel ist nicht immer so sichtbar wie in der Folge des Niedergangs real existierender sozialistischer Systeme. Institutionenwandel kann sich abrupt vollziehen, er kann aber auch eher unmerklich vonstatten gehen und doch erhebliche Auswirkungen haben. So im Zuge der europäischen Integration. Daß neue Institutionen geschaffen und somit Institutionenwandel in Europa beabsichtigt und erreicht wurde, ist nur die eine Seite. Tatsächlich geht der eingeleitete Institutionenwandel über Verträge und formelle Beschlüsse weit hinaus. Die Entwicklungsdynamik hat die neugeschaffenen europäischen Institutionen in ungeahntem Maße verselbständigt und ihren Einfluß auch auf nationale und subnationale politische Institutionen ausgedehnt, die doch unserer eigenen demokratischen Kontrolle unterliegen. Nicht von ungefähr stellt sich, und nicht nur in Großbritannien, zuweilen das bange Gefühl ein, daß die europäische Integration uns durch die Veränderung der institutionellen Rahmenbedingungen ganze Politikbereiche entzieht – weit über das Maß hinaus, das wir durch die Komplexität der Inhalte und schwer durchschaubare Entscheidungsstrukturen bereits hinzunehmen gewohnt sind. Die Konsequenzen für unsere nationalstaatlichen Alltagsprobleme sind erheblich. Ähnliches gilt, auch wenn es uns selbst weniger betreffen mag, für die Entwicklung der internationalen Regime und Organisationen. Wir haben es hier gewissermaßen mit einem „schleichenden" Institutionenwandel zu tun. So schwer und letztlich vielleicht sogar unnütz es ist, den „revolutionären" und den „schleichenden" Institutionenwandel wissenschaftlich präzise voneinander abzugrenzen – so wichtig scheint es doch, in die Analyse von Institutionenwandel all die vielfältigen Prozesse mit einzubeziehen, die unterhalb der ersten Wahrnehmungsschwelle schrittweise und eher kontinuierlich eine Fülle kleiner Veränderungen bewirken, deren Bedeutung insgesamt einem abrupten Wandel nicht nachzustehen braucht.

Blicken wir auf die Geschichte des vereinten, geteilten und wieder vereinten Deutschlands von mittlerweile 125 Jahren, so haben wir es offensichtlich mit abruptem Wandel in Form von Systembrüchen, aber auch mit verzögerten Veränderungen und vielen kontinuierlichen Entwicklungen zu tun – verbleibenden Kontinuitäten, die jene Verzögerungen geradezu bewirkt oder in den Umbrüchen sich schlicht durchgehalten haben. Ohne diese Gemengelage ist Institutionenwandel in Deutschland nicht zu begreifen, und entsprechendes gilt wohl für die Analyse von Institutionenwandel generell. In den seltensten Fällen gibt es nur den abrupten Wandel (wenn etwa ein politisches Gebilde aufhört zu existieren und die Bevölkerung vernichtet oder absorbiert wird). Zuallermeist ist Institutionenwandel durch Kontinuität *und* Wandel gekennzeichnet, und es ist die Aufgabe der wissenschaftlichen Analyse, hinter den sichtbaren Veränderungen die oft weniger sichtbaren Kontinuitäten auszumachen und beide in ihrem Verhältnis zu gewichten. Entsprechend unterschiedlich stellt sich Institutionenwandel jeweils dar.

Das ist jedoch nur ein Teilaspekt. Wovon sprechen wir und wie gehen wir vor, wenn wir Institutionenwandel wissenschaftlich untersuchen? Von Institutionenwandel könnten wir sprechen, wenn sich Institutionen in einer Gesellschaft verändern. Aber nicht jede Veränderung einer Institution wäre sogleich als Institutionenwandel zu bezeichnen. Analytisch gesehen liegt Institutionenwandel erst dann vor, wenn die einzelnen Veränderungen eine Entwicklung markieren (so abrupt diese auch sein mag), die einen neuen Status des Institutionengefüges, des institutionellen Arrangements einer Gesellschaft erbringt. Um diese Zusammenhänge geht es bei der Untersuchung von Institutionenwandel. Hierzu sind Modellvorstellungen und Analyse-Kategorien vonnöten, die dazu verhelfen, die einzelnen Veränderungsprozesse als Institutionenwandel in unterschiedlichen Formen und unterschiedlichen Bedingungen zu erfassen und aufzuarbeiten.

Ohne den Beiträgen vorzugreifen, sei auf drei Zugänge hingewiesen, die in diesem Band eine besondere Rolle spielen. Sie liegen auf unterschiedlichen Ebenen und sind darum keine Alternativen. Zunächst, wie gesagt, geht es bei Institutionenwandel nicht nur um Veränderungen, sondern vielmehr darum, Prozesse institutioneller Veränderungen stets im Zusammenhang von Kontinuität und Wandel zu betrachten. Eine weitere Zugangsweise liegt im Ausgang von „Leitideen": Es läßt sich verfolgen, wie sich in intellektuellen und sozialen Auseinandersetzungen jeweils bestimmte Ideen durchsetzen; sie finden ihren konkreten Ausdruck in Institutionen und deren Rationalitätskriterien und geben auf diese Weise solange Orientierungen vor, bis sie von anderen sich durchsetzenden Ideen abgelöst werden. Institutionenwandel ist in diesem Zusammenhang aus Veränderungen im Verhältnis von Ideen, Institutionen und ihrem sozialen Bezugsfeld zu begreifen. Schließlich ist es hilfreich, maßgebliche Faktoren des Institutionenwandels insbesondere in der symbolischen Dimension zu suchen. Wie „Leitideen", so mögen auch „Symbole" eher als eine geisteswissenschaftliche Reminiszenz erscheinen, die zur harten sozialwissenschaftlichen Analyse nicht viel beizutragen hat, bestenfalls zum Verdikt einer bloß „symbolischen Politik" verhilft. Tatsächlich aber sind Symbole, in denen sich die Kommunikation einer Gesellschaft zu sichtbaren Formen verdichtet, ein wichtiger Orientierungsrahmen für alle Beteiligten. Wenn Institutionen als temporäre Stabilisatoren gesellschaftlicher Strukturierung verstanden werden können, so wirken sie nicht nur handlungsregulierend, sondern vor allem handlungsorientierend, indem sie geltende gesellschaftliche Ordnungsprinzipien symbolisch darstellen. Es spricht deshalb vieles dafür, Institutionen über ihre symbolischen Wirkungen zu begreifen und Institutionenwandel an der Veränderung von Symbolsystemen festzumachen.

Mit dieser Akzentuierung wurde im Sommersemester 1996 eine Ringvorlesung an der Freien Universität Berlin veranstaltet. Die ausgearbeiteten Beiträge ergeben, zusammen mit einigen Ergänzungen, das Sonderheft 1996 des *Leviathan*.[1] Vom Thema her systematisch konzipiert, ist der Stil doch höchst unterschiedlich. Teilweise wurde ausdrücklich der Vortragsstil beibehalten (etwa im Beitrag von Peter Steinbach), teilweise wurde die Vorlesung zur systematischen Abhandlung umgearbeitet (etwa im Beitrag des Herausgebers). Die Mischung soll den Werkstattcharakter des Unternehmens verdeutlichen und zugleich so weit wie möglich die Lebendigkeit der Präsentation erhalten, die in systematischen Abhandlungen oft verloren geht.

*II.*

Die Beiträge sind in drei Teile gruppiert. Im ersten Teil wird erörtert, wie die Sozialwissenschaften den Institutionenwandel nicht nur punktuell, sondern als ein umfassendes Phänomen begreifen. Der zweite Teil bringt Exemplifizierungen, die sich, unter Zuhilfenahme der diskutierten Zugänge und Kategorien, mit For-

---

1 Ich danke Bodo von Greiff, dem Redakteur des *Leviathan*, für die intensive, aber stets unaufdringliche Hilfestellung bei der Realisierung des Sonderhefts. Hans-Dieter Klingemann und Dieter Fuchs danke ich für vielfältige Mithilfe bei der Konzeption und Durchführung der Berliner Ringvorlesung.

men des Institutionenwandels in unserer Gegenwart auseinandersetzen. Der dritte Teil ist auf den Institutionenwandel in Deutschland gerichtet; es geht um Entwicklungslinien zwischen Kontinuitäten und Diskontinuitäten, den gegenwärtigen Stand und zu erwartende Entwicklungen.

Im *ersten Teil* befaßt sich **Gerhard Göhler** in systematischer Absicht mit dem Phänomen, daß Institutionenwandel nicht nur dann vorliegt, wenn wir es mit spektakulären Veränderungen zu tun haben. Institutionenwandel kann abrupt, er kann aber auch „schleichend" erfolgen. Wie aber lassen sich derart unterschiedliche Verlaufsformen als Formen des Institutionenwandels identifizieren? Einzelbeschreibungen bleiben theoretisch unbefriedigend, Globaltheorien sozialen Wandels haben sich zur Bestimmung von Institutionenwandel bisher als wenig hilfreich erwiesen. Bezogen auf politische Institutionen sind die benötigten Kategorien – so die naheliegende, aber bislang wenig umgesetzte Folgerung – der Theorie politischer Institutionen zu entnehmen. Faktoren, die eine institutionelle Konfiguration kennzeichnen, sind auch Faktoren des Wandels politischer Institutionen. Entsprechend der Theorie politischer Institutionen, wie sie der Verfasser vertritt, betreffen die maßgebenden Bestimmungsfaktoren nicht nur die politischen Institutionen selbst, sondern auch das Wechselverhältnis zwischen den politischen Institutionen und ihren Adressaten, den Bürgern, und zwar vermittels der Beziehungen von Macht und Repräsentation im Gemeinwesen. Zudem sind sie in eine Willens- und eine Symboldimension auszudifferenzieren; ihnen entsprechen die von der Politik zu erbringenden Steuerungs- und Integrationsleistungen im Gemeinwesen. Auf dieser Grundlage wird Institutionenwandel in seiner Struktur als Veränderung der institutionellen Konfiguration in maßgebenden Bestimmungsfaktoren begriffen. Die verschiedenen Formen des Institutionenwandels sind dadurch gekennzeichnet, daß sich Bestimmungsfaktoren verändern und andere nicht. So entsteht Funktionswandel, aber auch Pathologie der Institutionen, und fast in jedem Wandel bleibt ein Stück Kontinuität. Mit dieser Systematik lassen sich auch revolutionärer und schleichender Institutionenwandel präziser verorten.

**M. Rainer Lepsius** zeigt auf, welche sozialen Entwicklungen den Wandel von Institutionen beeinflussen, um anschließend herauszuarbeiten, wie Institutionalisierungs- und Deinstitutionalisierungsprozesse ihrerseits sozialen Wandel hervorrufen. Ausgehend von Max Weber versteht er Institutionen als Sozialregulationen, die eine verhaltensstrukturierende Wirkung ausüben. Mit Karl-Siegbert Rehberg spezifiziert er sie zugleich als Vermittlungsinstanzen kultureller Sinnproduktion, die Werte, Normen und Ideen dadurch verbindlich machen, daß sie ihre Geltungsansprüche symbolisch zum Ausdruck bringen. Institutionenwandel ergibt sich nun daraus, daß sich bestimmte Wertvorstellungen als Ergebnis sozialer Entwicklungen durchsetzen, sei es, daß sie andere ablösen, sei es, daß sie mit ihnen konkurrieren oder koexistieren. Diese „Leitideen" geben noch keine konkrete Handlungsorientierung. Zu Handlungsmaximen werden sie in der Form von „Rationalitätskriterien", vermittels derer festgelegt ist, welche Handlungen rational und welche irrational sind. Dazu bedarf es der Ausbildung eines umgrenzten

*Einleitung*

Handlungskontextes, in dem die Handlungsorientierungen Gültigkeit besitzen, einschließlich der Möglichkeit, sie mit Sanktionsmitteln durchsetzen. Hierin nicht zu lösende Aufgaben werden externalisiert. In diesem „Eigenschaftsraum" von Institutionen läßt sich Institutionenwandel als fortlaufende Institutionalisierung und Entinstitutionalisierung von Leitideen und ihrer spezifischen Rationalitätskriterien durch soziale Bewegungen und Gegenbewegungen begreifen. Solcher Institutionenwandel bewirkt seinerseits sozialen Wandel, wie Lepsius am Beispiel des Rationalitätskriteriums für wirtschaftliches Handeln erläutert. Gegen die Rentabilität im Kapitalismus steht das Gemeinwohl im Sozialismus. Letzteres hat durch mangelnde Ausdifferenzierung und Externalisierung zu einer Institutionenschwäche und mit der Überfrachtung der politischen Zentralinstanz zum wirtschaftlichen Niedergang des Sozialismus geführt.

Was leisten aktuelle gesellschaftstheoretische Ansätze zur Erfassung und Erklärung von Institutionenwandel? **Rainer Weinert** bilanziert ihre Leistungen und Defizite, zeigt Anknüpfungspunkte und daraus sich ergebende Forschungsperspektiven. Die Modernisierungstheorie, die in unmittelbarer Aufnahme und Weiterführung des Strukturfunktionalismus derzeit eine Renaissance erlebt, bietet zwar einen umfassenden Rahmen, bleibt aber für Institutionenwandel relativ unspezifisch. Zum amorphen Institutionenbegriff gesellt sich nach wie vor ein eher kumulatives Verständnis von Institutionenwandel, welches Brüche aus der Ereignisgeschichte nicht hinreichend zu würdigen vermag. Perspektivenreich sind die ebenfalls aus der strukturell-funktionalen Theorie entwickelten Theorien sozialer Differenzierung (Mayntz-Trier), weil sie die systemtheoretische Perspektive akteursorientiert ergänzen. Zwischen der Makro- und der Mikroebene wären nun die institutionellen Ordnungen als Meso-Ebene fruchtbar zu thematisieren. Wichtige Ansatzpunkte gibt auch der Neue Ökonomische Institutionalismus, der insbesondere bei Douglass C. North verengte Rational-Choice-Kalküle zugunsten einer weiteren sozialwissenschaftlichen Sichtweise hinter sich läßt. Es bleibt der historisch sehr globale Zugriff, der erst durch die Einsicht in die historische Verlaufsabhängigkeit von Institutionenwandel auf der Meso-Ebene fruchtbar werden könnte. Insgesamt reflektieren die untersuchten Theorien sozialen Wandels zwar auch Institutionenwandel, bringen ihn aber nicht in ihr Zentrum. Die gegenwärtige Transformationsforschung für Mittel- und Osteuropa, in der sich die institutionalistische Perspektive geradezu aufdrängt, kann von diesen Ansätzen bisher nur wenig profitieren. Es geht also darum, einen sozialwissenschaftlich elaborierten und zugleich historisch gesättigten mesotheoretischen Ansatz des Institutionenwandels als empirisch anschlußfähige Theorie mittlerer Reichweite zu entwickeln. Um der Pluralität von Ideen, Interessen und Institutionen in modernen Gesellschaften Rechnung zu tragen, sollten vor allem intermediäre Institutionen in den Blick genommen werden.

Mit einer theoretischen Perspektive, die vor allem auf das Symbolische abstellt, und verbunden mit einer Zeitdiagnose bestimmt **Karl-Siegbert Rehberg** den Institutionenwandel. Unsere Zeit ist durch eine Vielzahl neuer Konflikte bedroht.

In einer Welt der vermehrten Unordnung sehnt man sich nach Restabilisierungen, und so wächst das Bedürfnis nach institutionellen Ordnungsgarantien. Daher die verbreitete Hinwendung zu den Institutionen: sie ist Ausdruck von Krisenwahrnehmungen und damit verbundenen Ängsten. Zugleich kommt der Wandel der Institutionen dieser Hinwendung entgegen; er resultiert aus der Entwicklung der modernen Gesellschaften zu funktionaler Differenzierung und Pluralität der Lebensformen. Um ihn in diesem zeitdiagnostischen Zusammenhang zu erfassen, setzt Rehberg bei der Veränderung von Symbolsystemen an; in ihnen kommt vornehmlich der Wandel von Institutionen zum Ausdruck. Institutionen sind zuallererst „symbolische Ordnungen", nämlich solche Interaktionsformen und Organisationen, in denen die Darstellung ihrer Ordnungsprinzipien im Zentrum steht. Institutionenwandel ist in dieser Hinsicht symbolischer Ausdruck des Wandels von gesellschaftlichen Ordnungsformen. Er wird nicht nur an der Veränderung der Symbole sichtbar, er läßt sich umfassender aus der Funktionsveränderung des Symbolischen in großen historischen Epochen begreifen. Im Gegensatz zur neuzeitlichen Herrschaftsinstitutionalisierung in Europa, die schließlich im modernen Nationalstaat die Symbole politischer Ordnungen als abgrenzende Einheitsfiktionen durchsetzte, ist gegenwärtig eine „Fluidität der Ordnungszeichen" beobachtbar, eine Gleichzeitigkeit differenter, traditionell unvereinbar erscheinender Symbolfelder, die miteinander vernetzt sind und häufig durch Ersatzformen politischer Symbole – Status- und Konsumsymbole, Markenzeichen – ergänzt oder ersetzt werden. Sie sind Ausdruck und zugleich Absicherung der Individualisierung und Pluralisierung unserer Gesellschaft. Nicht mehr das explizite Anerkennen einer Geltung, sondern vielmehr das Geltenlassen übernimmt Ordnungsfunktionen in der modernen Mediengesellschaft. Macht- und Entscheidungsstrukturen werden dadurch freilich nur in ihrer Sichtbarkeit, nicht in ihrer sozialen Wirksamkeit gemindert.

Der *zweite Teil* konkretisiert die bisherigen Erörterungen und gibt Analysen von Brennpunkten des Institutionenwandels in der Gegenwart. „Brennpunkte" sind physikalisch eindeutig festlegbar, in der sozialen Wirklichkeit allerdings häufig eine Frage der Intensität von Erfahrungen. So ist es nicht verwunderlich, daß Institutionenwandel derzeit vor allem in den Entwicklungen in Mittel-, Ost- und Südosteuropa wahrgenommen wird, mit all seinen Chancen und Bedrohungen. Daß Institutionenwandel nicht regional beschränkt ist, sollen die Beiträge dieses Teils zum Ausdruck bringen. Es geht in ihnen um Institutionenwandel in der (ehemaligen) DDR, in der europäischen Integration, in Rußland und im internationalen Krisenmanagement für die Dritte Welt.

**Herfried Münkler** untersucht am Beispiel der DDR die institutionen-stabilisierende und -destabilisierende Funktion politischer Mythen und damit ihre Rolle im Institutionenwandel. Politische Mythen sind Narrationen, die eine Gemeinschaft sinnhaft orientieren und somit ihre Ordnung und ihre Institutionen politisch legitimieren. Insofern ist die stabilisierende Wirkung von Mythen auf politische

Institutionen erwartbar, ihre mögliche destabilisierende Wirkung allerdings überraschend. Der Zusammenhang ergibt sich über das kollektive Gedächtnis, welches jene Sinngehalte umfaßt, die die Gemeinschaft als ganze betreffen und als solche den Bürgern präsent sind. Im kollektiven Gedächtnis liegt die Identität einer Gemeinschaft und entfaltet ihre strukturierende Wirkung. Jede Herrschaftselite strebt deshalb nach Verfügungsmacht über das kollektive Gedächtnis, und sein Wandel wirkt seinerseits auf die politischen Institutionen. In der DDR betrieb die Staats- und Parteiführung von Anfang an die Etablierung politischer Mythen, um ein vom Konkurrenzmodell Bundesrepublik abgegrenztes politisches Gedächtnis zu schaffen. Im Mittelpunkt stand die Mythologisierung des kommunistischen Widerstands gegen das NS-Regime. Der Widerstand gegen den Nationalsozialismus wurde vorwiegend als Werk der KPD definiert, um in ihrer Tradition die Führungsrolle der SED zu legitimieren. Diese Mythologisierung erwies sich in der späteren Entwicklung der DDR als kontraproduktiv für ihre politischen Institutionen. Die übermäßige Sakralisierung politischer Mythen, welche autoritäre und totalitäre Regime kennzeichnet, führte zu Erstarrung und durch den Verlust von Alltäglichkeit zur Aushöhlung des politischen Gedächtnisses. Die politischen Institutionen konnten auf den Wandel nicht mehr reagieren und verloren ihre Legitimationsbasis und ihre Macht. Der verfehlte Versuch der DDR, ein eigenes politisches Gedächtnis zu schaffen, mündete im Zusammenbruch der politischen Institutionen.

Mit dem Institutionenwandel als Folge der europäischen Integration befaßt sich **Vivien A. Schmidt**. Obwohl nicht Teil der Ringvorlesung, wurde der Beitrag hier aufgenommen, weil er in systematischer Weise die institutionellen Auswirkungen der europäischen Integration auf die Mitgliedstaaten beschreibt.[2] Mit der Integration haben sich neue suprastaatliche Institutionen herausgebildet, die auf einer Abgabe von Souveränitätsrechten seitens der Mitgliedstaaten beruhen. Dieser Zusammenhang ist häufig beschrieben und diskutiert worden. Vivien A. Schmidt befaßt sich nun aber mit den Rückwirkungen auf die Mitgliedstaaten selbst und macht damit gewissermaßen einen sekundären Institutionenwandel sichtbar, der sich als Folge der europäischen Integration auf der Ebene der beteiligten Nationalstaaten selbst vollzieht. Dieser Institutionenwandel wurde bisher kaum thematisiert, obwohl er sich für uns alle spürbar etwa dort vollzieht, wo die Maastricht-Kriterien erfüllt werden sollen. Vivien A. Schmidt beobachtet als Amerikanerin die Vorgänge des europäischen Institutionenwandels von außen und unterzieht sie einer nüchternen Analyse. Sie interessiert sich dafür, wie neue Rahmenbedingungen die Struktur und die Kräfteverhältnisse der Politikformulierung in den einzelnen Mitgliedstaaten verändern und wie dieser Institutionenwandel insbesondere nach den bisher geltenden Kriterien der Demokratie zu bewerten ist. Systematisch analysiert sie für die Mitgliedstaaten die sich verändernden Bedingungen nationaler Wirtschaftspolitik, die institutionellen Auswir-

---

2 Für die freundliche Vermittlung des Beitrags danke ich Beate Kohler-Koch.

kungen europäischer Integration auf föderale und unitarische Strukturprinzipien, auf Legislative, Exekutive und Jurisdiktion sowie in ihrer Folge die Veränderungen politischer Prozesse im jeweils vorherrschenden pluralistischen, etatistischen oder korporatistischen Modell. Die Ergebnisse der Analyse lassen sich in einer Vorschau allenfalls andeuten. In der Wirtschafts- und Sozialpolitik ist die Handlungsfähigkeit der Nationalstaaten in geradezu delegitimierender Weise eingeschränkt, zugleich das Kräftegleichgewicht zugunsten der Unternehmer und zuungunsten der Gewerkschaften verschoben. Institutionell neutralisiert ein diffuser Pluralismus verbunden mit einer verschwimmenden Gewaltenteilung weitgehend die bisher national praktizierten etatistischen oder korporatistischen Modelle. All dies erbringt vielfältige neue Entfaltungsmöglichkeiten insbesondere im ökonomischen Sektor, und auch der Nationalstaat behält trotz des Verlustes an formaler Kompetenz faktisch eine Schlüsselposition im komplizierten Netz der politisch maßgebenden Instanzen. Zugleich wird aber die demokratische Partizipation, die auf der europäischen Ebene ohnehin unterbelichtet ist, auch nationalstaatlich zunehmend ausgehöhlt: die unterschiedlichen überkommenen Demokratiemodelle der Mitgliedstaaten verlieren ihre Relevanz, weil die Bürger auf die komplexen Politikprozesse immer weniger Einfluß haben. Das Demokratiedefizit wird zum Legitimationsdefizit nicht nur der europäischen Institutionen, sondern auch der Mitgliedstaaten selbst.

Im Beitrag von **Erhard Stölting** geht es um Rußland: um Kontinuitäten und Brüche im Institutionenwandel vom vorrevolutionären Rußland über die Sowjetunion bis hin zum gegenwärtigen Rußland. Sein Augenmerk gilt insbesondere der Differenz zwischen den Leitideen der Institutionen und ihrem Funktionieren; diese Differenz kann durch Elastizität Anpassung ermöglichen, aber auch eine brüchige Stabilität bewirken und schließlich sogar zur Destabilisierung beitragen. Alles ist im gegenwärtigen Rußland anzutreffen. Bestimmend sind diffuse Kontinuitäten im Hintergrund, die im Institutionenwandel selbst erst sichtbar werden. In diesem Sinne werden heute die Kosaken zu einer Institution stilisiert, die nach der Entleerung des kollektiven Gedächtnisses durch Stalin nun aus russischer Tradition persönliches Vertrauen vermittelt. Allerdings lastet auch das sowjetische Erbe noch schwer auf dem heutigen Rußland, denn auch Stalin brachte russischen Nationalismus und imperiale Tradition mit sowjetischer Affirmation zusammen. Die Ambivalenz der russischen und sowjetischen Kontinuitäten und Diskontinuitäten wird an der Armee besonders manifest. Sie verkörpert die Leitidee der imperialen Tradition, kann sie aber durch ihren desolaten Zustand in der Realität nicht mehr ausfüllen. Das gleiche gilt für die kommunistische Partei, die ihrer Leitidee des Zusammenhaltens aller gesellschaftlichen Kräfte immer weniger gerecht wurde. Das Ergebnis sind freigesetzte, „flottierende" Elemente ohne Bindung an eine, wenn auch kontrafaktische, Leitidee und bloße Nostalgie. Ein sich durchhaltender Traditionsbestand ist lediglich die Autokratie. Heute droht eine Entwicklung, die mit Mitteln der Demagogie Traditionsbestände der vorrevolutionären Zeit mit denen des Stalinismus rekombiniert. Die stilisierte Orientierung auf

*Einleitung* 15

die gute oder böse Macht an der Spitze im fortgesetzten Herrscherkult, eine geradezu bruchlose russische Tradition, stößt ihrerseits indessen an ihre Grenzen, weil die Macht der Zentrale gegenüber der Peripherie nicht durchzusetzen ist. Bei der Vielzahl frei flottierender Elemente bleibt die Zukunft der Institutionen in Rußland unübersichtlich und völlig offen.

Institutionenwandel ist kein auf die Industriestaaten beschränktes Phänomen. **Rainer Tetzlaff** untersucht ihn für die Dritte Welt auf der Ebene der internationalen Entwicklungszusammenarbeit. Er möchte zeigen, wie sich ein wenig bemerkter, aber in den Auswirkungen erheblicher Institutionenwandel im Krisenmanagement für die Dritte Welt vollzieht. Diesen „schleichenden Institutionenwandel" exemplifiziert er an den beiden Bretton-Woods-Organisationen. Internationaler Währungsfonds und Weltbank haben sich vor allem im sozioökonomischen und ökologischen Bereich zu internationalen Regimen entwickelt, die die innenpolitischen Handlungsspielräume der Entwicklungsländer konditionieren. Der institutionelle Wandel im Krisenmanagement für die Dritte Welt folgt – entgegen den Annahmen der „realistischen Schule" der internationalen Politik – einer Tendenz zur Verregelung der zwischenstaatlichen Beziehungen, die dependenztheoretisch allerdings vor allem als Anpassung und Fortentwicklung von hierarchisch-asymmetrischen Abhängigkeitsverhältnissen zu interpretieren ist. Die von den westlichen Industrienationen dominierten „Zwillinge" IWF und Weltbank sind „global players", die ihre ressourcengestützte Definitionsmacht sowohl materiell als auch ideell zunehmend zur Geltung bringen. Die soziale Regulierung erfolgt einerseits in Form von Strukturanpassungsprogrammen, andererseits in der kontextunabhängigen Propagierung von „good governance", politischem Pluralismus und Demokratisierung. Neuerdings hat die Weltbank eine führende Rolle bei der Gestaltung der internationalen Umweltpolitik; potentielle Kritiker und nichtstaatliche Organisationen werden stärker einbezogen. Insgesamt haben die Bretton-Woods-Organisationen mit ihrer zunächst kaum bemerkten Funktionserweiterung einen qualitativen Sprung zu entscheidungsstarken Gremien vollzogen, welche die nationalstaatlichen Souveränitätsrechte der Entwicklungsstaaten zunehmend aushöhlen.

Der *dritte Teil* richtet den Blick auf den Institutionenwandel in Deutschland. Auf die historische Perspektive folgt eine Abschätzung künftiger Entwicklungen aufgrund empirischer Befunde.

**Peter Steinbach** geht der Entwicklung der politischen Institutionen in Deutschland vom Kaiserreich bis zur Bundesrepublik nach und nimmt die Materialfülle zugleich zum Anlaß, um den spezifischen Beitrag einer historisch-politikwissenschaftlichen Institutionenforschung zum Verständnis von Institutionenwandel zu erörtern. So verzahnt er die historische Aufarbeitung mit einer Reflexion darüber, wie wir aus der Geschichte über Institutionenwandel lernen können. Das Hauptproblem, welches der Institutionenwandel in historischer Perspektive stellt, ist das Problem von Kontinuität und Wandel. Konkreter heißt dies, da Institutionen immer ein Element von Kontinuität enthalten: Was leisten soziale und politische Institutionen, indem sie sich selbst verändern, zugleich bei der Überbrückung von Diskontinuitäten? Immerhin ist die neuere deutsche Geschichte in besonderem Maße durch Regime- und System-Umbrüche gekennzeichnet. Hier wird der Institutionenbegriff für die historische Forschung wichtig. Institutionen sind nicht bloß Regelsysteme staatlichen Handelns, sondern auch symbolische Vermittlungsinstanzen individueller Wertorientierung. Sie strukturieren in Wechselwirkung mit den sozialmoralischen Milieus die Weltsicht und geben Deutungen vor. So überdauern sie scharfe Systembrüche, wirken im Umbruch integrierend und wandeln sich erst längerfristig, im Ergebnis sozialer Deutungskonflikte, schließlich selbst. Dieser Institutionenwandel läßt sich plastisch an der Rolle des Militärs in der deutschen Geschichte aufzeigen. Außerhalb der Gesellschaft stehend, wurde es im Umbruch nach der Kaiserzeit vom allgemeinen Institutionenwandel zunächst wenig tangiert, vom NS-Regime dann zunehmend politisiert. In der Bundesrepublik konnte es, nach dem faktischen und dem moralischen Zusammenbruch, nur durch „Deutungsüberlagerung" im demokratischen System re-institutionalisiert werden. Anstelle der Verbrechen wurde der Widerstand gegen den Nationalsozialismus hervorgehoben und als neues Konzept der „Staatsbürger in Uniform" eingeführt. Der genuin historische Beitrag zum Verständnis von Institutionenwandel ist es deshalb, Verläufe von De- und Re-Institutionalisierung als Prozesse von Deutungskonflikten und Deutungsüberlagerungen ohne definitive Endpunkte zu erkennen.

Abschließend untersucht **Dieter Fuchs** anhand empirischer Befunde, ob ein Wandel der demokratischen Institutionen in Deutschland nach der Wiedervereinigung zu erwarten ist. Grundlage ist ein empirisch anschlußfähiger Institutionenbegriff in Verbindung mit einem ausdifferenzierten normativen Demokratiemodell. Institutionen sind „selektive Implementationen von kulturell anerkannten Werten in Form von verbindlichen Handlungsregeln für bestimmte Handlungskontexte". Entscheidend ist, daß die Werte von den Bürgern tatsächlich internalisiert sind. Mit einem Demokratiemodell, welches mehrere Ebenen ausdifferenziert, läßt sich bestimmen, ob bei der Internalisierung von Werten die grundlegenden normativen Prinzipien der Demokratie zur Debatte stehen oder nur ihre Akzentuierung und konkrete Ausgestaltung. Ersteres war das Strukturproblem der Weimarer Republik, letzteres ist das Problem nach dem Beitritt der DDR zum Grundgesetz. Die Bürger der neuen Bundesländer bejahen zwar die normativen Prinzipien der Demokratie, präferieren aber eine andere Ausgestaltung. In deutlich höherem Maße als die Bürger der alten Bundesrepublik treten sie für die Werte des demokratischen Sozialismus ein: für soziale Gerechtigkeit, Gleichheit und umfassende Partizipation. In der Einschätzung des tatsächlichen Funktionierens der Demokratie und im präferierten demokratischen Modell ist Deutschland geradezu gespalten. Nun gibt es, wenn auch in deutlich geringerem Maße, durchaus auch Tendenzen in den alten Bundesländern, die in die gleiche Richtung weisen. Insofern unterliegt die Akzeptanz der demokratischen Institutionen einem Wandel,

*Einleitung*

und so spricht insgesamt vieles für eine Tendenz in Richtung auf institutionellen Wandel. Geht man von den mehrheitlich anerkannten und internalisierten Werten aus, müßte er in Richtung auf die Einführung sozialer Grundrechte, Formen direkter Bürgerbeteiligung und ökologische Grundrechte in der Verfassung gehen. Fuchs hält trotzdem einen solchen Institutionenwandel eher für unwahrscheinlich, da die Interessen der Eliten, die einen solchen Wandel erst thematisieren müßten, und auch der reale Problemdruck, der eher auf eine Reduktion des Wohlfahrtsstaates als auf seine Ausweitung drängt, einem Wandel der demokratischen Institutionen in Richtung auf einen demokratischen Sozialismus entgegenstehen.

*III.*

Das Sonderheft „Institutionenwandel" kann und will keine geschlossene Konzeption vorlegen. Es nähert sich dem umfassenden Phänomen in der gebotenen Vielfalt an, wie sie die Verbindung eines aktuellen Rundumblicks mit übergreifenden historischen Entwicklungslinien nicht anders erwarten läßt. Der Zusammenhang von Kontinuität und Wandel, der Bezug auf Leitideen und ihre soziale Resonanz, die symbolische Dimension der Institutionen und ihres Wandels sind mehrfach thematisiert, bestimmen und dominieren aber nicht den Argumentationsgang aller Beiträge. Bei näherer Lektüre dürfte immerhin ersichtlich sein, daß das Verständnis von Institutionen und Institutionenwandel, trotz häufig beklagter Begriffsvielfalt, so weit nicht auseinanderliegt. Es gibt vielfältige Querbezüge, Differenzen erscheinen eher durch die Forschungsperspektive bedingt. Solche Gemeinsamkeiten wurden nicht vorgegeben, sie entspringen wohl der Sache selbst.

# Wie die Sozialwissenschaften Institutionenwandel begreifen

*Gerhard Göhler*

# Wie verändern sich Institutionen? Revolutionärer und schleichender Institutionenwandel

## I. Institutionenwandel und Institutionentheorie

Institutionenwandel ist ein Bestandteil des sozialen Wandels. Tiefgreifende Entwicklungen und Umbrüche enthalten stets Veränderungen von Institutionen, und deren Veränderungen markieren und bewirken ihrerseits sozialen Wandel. Wenn somit die Theorien des sozialen Wandels stets auch Institutionenwandel umfassen, so folgt daraus allerdings noch nicht, daß sich Institutionenwandel einfach aus sozialem Wandel ableiten ließe. Institutionen sind Hort der Stabilität in der Vielfalt sozialer Aktionen und Beziehungen, sie sichern Kontinuität in der Abfolge der Situationen. Wenn Institutionen selbst sich wandeln, so handelt es sich um gravierende Veränderungen, die für sozialen Wandel in besonderem Maße bedeutsam sind. Prozesse der Entwicklung und Veränderung, des Auftretens neuer und des Verschwindens überkommener Institutionen sind nicht nur Bestandteil, sondern angesichts der stabilisierenden Funktion von Institutionen der wohl signifikanteste Ausdruck von sozialem Wandel.

Dann liegt es allerdings nahe, Institutionen vornehmlich als unabhängige Variable zur Beschreibung und Erklärung von sozialem Wandel heranzuziehen. Modernisierungstheorien, Entwicklungstheorien, Theorien des Institution-Building gehen entsprechend vor: Die Veränderung von Institutionen ist einer der wichtigsten Indikatoren für sozialen Wandel. Das ist unbestreitbar. Es bleibt allerdings die Frage, ob auf diese Weise auch Institutionenwandel schon zureichend begriffen ist. Das Ergebnis bleibt in dieser Hinsicht unbefriedigend. Zum einen sind die Institutionen, die in ihrer Veränderung sozialen Wandel markieren sollen, selbst als sichtbare Gebilde nur undifferenziert erfaßt. Solange aber Institutionen nur als Fixpunkte der Aufmerksamkeit dienen, ist nicht zu sehen, wie sie in ihren spezifischen Mechanismen, die erst das „Institutionelle" ausmachen (Schmalz-Bruns 1989, S. 29 ff.; Göhler/Schmalz-Bruns 1988, S. 315 ff.), von Globaltheorien des Wandels erfaßt werden sollen. Zum anderen ist über Institutionenwandel selbst nur wenig gesagt, solange Institutionen hauptsächlich als Indikatoren des Wandels und weniger als abhängige Variable thematisiert werden. Beides zugleich kann man kaum im selben Zugriff erreichen. Das gilt auch für das derzeit interessanteste, weil besonders naheliegende Anschauungsmaterial von Institutionenwandel in den Transformationsprozessen in Ost-Mitteleuropa, Ost- und Südost-Europa und nicht zuletzt im vereinigten Deutschland selbst. Auch hier stellen die Transformations- und Transitionstheorien bisher vornehmlich auf Institutionen als unabhängige Variable ab (Rüb 1995, S. 112; Baláz/Bobach 1995). Im Vordergrund steht verständlicherweise das Interesse, anhand der Herausbildung und Umbildung politischer Institutionen wichtige und möglichst griffige Indikatoren zu gewinnen, um gesellschaftliche und politische Strukturveränderungen als Transformationsprozesse sichtbar zu machen und die weitere Entwicklung abzuschätzen. Eine Theorie des Institutionenwandels ist damit weniger beabsichtigt,[1] es sei denn, die Institutionenbildung wird ausdrücklich mitthematisiert (Wiesenthal 1995). Der Neo-Institutionalismus, der den Institutionen wieder den gebührenden wissenschaftlichen Aufmerksamkeitswert eingebracht hat, verfolgte zunächst ebenfalls vorrangig die Intention, politisches Handeln und politische Prozesse vermittels von Institutionen zu erfassen. Inzwischen geht es ihm zunehmend darum, mit der Bestimmung von Institutionen auch Institutionenwandel zu erfassen (March/Olsen 1989, S. 53 ff.; 1994).

Ohne den Beitrag der Theorien der Modernisierung,[2] des Neo-Institutionalismus, der sozialen Differenzierung (Schimank 1996) und der Transformation gering zu achten (vgl. den Beitrag von Weinert in diesem Band), scheint es zur Bestimmung der Struktur und der Formen von Institutionenwandel letztlich doch sinnvoller, auf die Institutionentheorie selbst zu rekurrieren.[3] Intensive historische, empirische und theoretische Forschungen wurden in Deutschland vor allem im Schwerpunktprogramm „Theorie politischer Institutionen" der Deutschen Forschungsgemeinschaft unternommen,[4] die auch für die Untersuchung von Institutionenwandel hilfreich sein können.

Es gibt noch einen weiteren Grund, den Zugang bei der Institutionentheorie zu suchen. Es ist nämlich durchaus nicht klar, was wir meinen, wenn wir von „Institutionenwandel" sprechen.

Unter dem Stichwort „Institutionenwandel" haben wir derzeit vor allem die Veränderungen in Mittel-, Ost- und Südosteuropa vor Augen. Tatsächlich ist Institutionenwandel aber ein sehr viel umfassenderes Phänomen. Institutionenwandel ist auch der Prozeß der europäischen Integration, der Funktionswandel internationaler Organisationen oder die vielfältigen Entwicklungen in der Dritten Welt, und zumeist haben solche Prozesse eine lange zurückreichende historische Dimension. Angesichts dieser Komplexität ist es um so wichtiger, nicht nur einzelne

---

1 Vgl. z.B. Wollmann (1996), Wollmann et al. (1995), Merkel (1995).
2 Zapf (1991, 1995, 1996); Berger (1996); kritisch zum Erklärungspotential der Modernisierungstheorie für die Gründung politischer Institutionen in Ost-Mitteleuropa: Fehr (1994).
3 Eine Systematisierung durch fünf „Merkmalspaare" der Institutionalisierung und drei Prozesse, welche politische Institutionen durchlaufen können, gibt Nedelmann (1995), ohne sie allerdings institutionentheoretisch zu fundieren.
4 Das Schwerpunktprogramm wurde von 1989-1995 von der DFG gefördert, die Forschungen kommen jetzt zum Abschluß. Vgl. dazu Göhler (1994).

Sachverhalte zu beschreiben, sondern Grundmuster herauszufinden, Modellvorstellungen zu entwickeln, mit denen wir die Veränderung einzelner Institutionen und ihres Arrangements zu Institutionensystemen in größeren Zusammenhängen sehen und einordnen können. Wie sollen wir strukturieren?

Auf der Beobachtungsebene stehen die Transformationsprozesse im ehemaligen Ostblock intuitiv stärker für Institutionenwandel als die Veränderungen durch die europäische Integration. Erstere erscheinen als *revolutionärer* Institutionenwandel, letztere eher als ein *schleichender* Institutionenwandel. Als Varianten lassen sie sich etwa so beschreiben: Revolutionärer Institutionenwandel erfolgt abrupt, sichtbar und ist eher gesamtgesellschaftlich wirksam – schleichender Institutionenwandel erfolgt allmählich, verborgen und ist eher in Teilbereichen wirksam. Damit lassen sich die Phänomene des Institutionenwandels systematisch immerhin unter drei Aspekten in Gegensatzpaaren verorten:

- Institutionenwandel als Vorgang: Niedergang und Neugründung von Institutionen – Veränderung des Charakters bestehender Institutionen
- Institutionenwandel in der Wahrnehmung: Veränderung sichtbar – Veränderung mehr im Hintergrund
- Wirkung des Institutionenwandels: tiefgreifende Umgestaltung der Lebensbedingungen – Änderungen nur an der Oberfläche („eigentlich hat sich doch nichts verändert")

Revolutionärer Institutionenwandel meint somit den Prozeß des Niedergangs von Institutionen und ihre Ersetzung durch neue Institutionen in gesamtgesellschaftlichem Rahmen, oder überhaupt die Neugründung von Institutionen. Schleichender Institutionenwandel meint eher die Veränderung des Charakters bestehender Institutionen. So wenig diese Systematik hinreicht, so wichtig ist es festzuhalten, daß es sich in beiden Fällen um Institutionenwandel handelt. Auch in Fällen des Wandels, die nicht so spektakulär erscheinen, können die Veränderungen durchaus dem Muster von Institutionenwandel entsprechen; ihre Bedeutung braucht derjenigen des revolutionären Institutionenwandels nicht nachzustehen. Damit beginnen aber die analytischen Probleme. Wie „revolutionär" ist eigentlich revolutionärer Institutionenwandel? Mit dem Erlöschen der DDR und dem Beitritt zum Grundgesetz scheint in der Tat ein kompletter Institutionenwandel vorzuliegen – aber ist der als revolutionär wahrgenommene Wandel in Rußland und anderen ehemaligen Ostblockstaaten wirklich von qualitativ höherer Bedeutung als die europäische Integration mit ihren vielfältigen Konsequenzen für unsere Lebensführung? Je mehr Bedeutung dem schleichenden Institutionenwandel zuzumessen ist, um so schwieriger wird es, ihn vom revolutionären Institutionenwandel in seiner Wirkung abzugrenzen. Im Ergebnis ist es kaum möglich, schleichenden und revolutionären Institutionenwandel, die doch so unterschiedliche Phänomene darstellen, analytisch auseinanderzuhalten.

Die Unterscheidung muß deshalb auf der Beobachtungsebene nicht aufgegeben werden, die analytischen Bestimmungskriterien reichen aber nicht hin. Letztlich ist Institutionenwandel quantitativ und qualitativ danach zu bestimmen, welchen Wandel er erbringt und welche Kontinuitäten verbleiben. Entscheidend ist das jeweilige Verhältnis. Auch hier wird man intuitiv annehmen können, daß revolutionärer Institutionenwandel stärker durch Wandel, schleichender Institutionenwandel stärker durch Kontinuität gekennzeichnet ist; aber vorauszusetzen ist diese Zuordnung nicht. Tatsächlich kommt es auf die einzelnen Faktoren an, die sich jeweils verändern oder nicht; und bevor gemessen wird, ist zu klären, welche Faktoren hierfür überhaupt relevant sind. Die Beobachtung von revolutionärem oder schleichendem Institutionenwandel gibt sie nicht her, sie sind vielmehr bei den Institutionen selbst aufzusuchen. Somit komme ich auch aus diesem Grund auf die Institutionentheorie und versuche, über die Bestimmungsfaktoren der Institutionen den Institutionenwandel zu erfassen.

## II. Was heißt Institutionenwandel?

Halten wir fest: Eine Bestimmung von Institutionenwandel, die sich weder in große Theorien verliert noch bei der Konstatierung der Veränderung einzelner Institutionen stehen bleibt, vielmehr konkrete Veränderungen in theoretischen Zusammenhängen zu begreifen erlaubt (Mayntz 1996), bedarf präziserer Vorstellungen über Charakter und Funktionsweise von Institutionen. Das ist die Domäne der Institutionentheorie, und es kommt darauf an, solche institutionentheoretischen Einsichten aufzusuchen, die für die Erfassung von Institutionenwandel geeignet sind. Zum Ausgangspunkt wird der Ansatz einer Theorie politischer Institutionen genommen, der im Rahmen des genannten Schwerpunktprogramms der Deutschen Forschungsgemeinschaft vom Verfasser und seiner Forschungsgruppe in den letzten Jahren entwickelt wurde.[5] Sie stellt, so wird zu zeigen sein, in systematischer Form die Kategorien zur Verfügung, mit denen politischer Institutionenwandel erfaßt und systematisch diskutiert werden kann.

Institutionentheorie soll in den uns vorliegenden, „greifbaren" Institutionen Grundmuster des Institutionellen sichtbar machen. Zu diesem Zweck erfaßt sie die Faktoren, die eine Institution zur Institution machen (und sie somit von einer verfestigten Struktur im weiteren Sinn und von einer Organisation im engeren Sinn unterscheiden lassen[6]). Den Set dieser Bestimmungsfaktoren nenne ich eine *institutionelle Konfiguration*. Dazu gehört zunächst, was eine Institution als Entität oder Gebilde selbst auszeichnet: ihre Struktur, ihre Funktionsweise, die Art

---

5 Es handelt sich um das Forschungsprojekt *Institution – Macht – Repräsentation. Wofür politische Institutionen stehen und wie sie wirken* im DFG-Schwerpunktprogramm „Theorie politischer Institutionen", unter der Mitarbeit von Lutz Berthold, Hubertus Buchstein, Hans-Martin Döring, Rainer Kühn, Birte Langbein und Rudolf Speth. Die Ergebnisse werden unter demselben Titel in Kürze im Nomos-Verlag Baden-Baden veröffentlicht (Göhler u.a. 1997).
6 Zur Abgrenzung von „Institution" und „Organisation": Göhler (1994a, S. 40 ff.), Beyer/Grimmer et al. (1994).

und Weise, wie sie sich selbst präsentiert, welche Symbole sie verwendet (all das, was sich nach Rehberg zu den *institutionellen Mechanismen* zusammenfassen läßt[7]). Dazu gehören aber auch die handelnden Personen, Beteiligte und Betroffene; erstere als die Akteure in Institutionen, letztere als die Adressaten von Institutionen. Somit sind auch soziale Beziehungen, die hierbei eine Rolle spielen, Bestimmungsfaktoren für die Institution, also Bestandteil der institutionellen Konfiguration. Institutionen sind nicht ohne ihre Akteure, aber auch nicht ohne ihre Adressaten zu begreifen. Erstere bestimmen, wie die Institutionen agieren; gegenüber den letzteren wirken und präsentieren sich die Institutionen. Indem die institutionelle Konfiguration auch das Verhältnis der Institution zu ihren Adressaten in Form bestimmbarer sozialer Beziehungen mit einschließt, geht sie als Analyseeinheit über die Institution als beobachtbares Gebilde hinaus: Institutionen sind ohne ihre Beziehungen zu ihren Adressaten nicht zu begreifen, und genau dies besagt die gegenüber der Institution als Entität oder Gebilde erweiterte Kategorie der institutionellen Konfiguration.

Auch für die Bestimmung von Institutionenwandel ist es zweckmäßig, die institutionelle Konfiguration als Analyseeinheit zugrundezulegen. Die vielfältigen Prozesse der Veränderung und Abfolge von Institutionen sind systematisch am besten zu begreifen als eine **Veränderung der institutionellen Konfiguration**. In diesem Sinne wird Institutionenwandel nicht als Veränderung von Institutionen, sondern als Veränderung der Bestimmungsfaktoren von Institutionen untersucht. Der Vorteil dieses Zugangs läßt sich leicht verdeutlichen. Sichtbar wird der Institutionenwandel vor allem dann, wenn bestimmte Institutionen (als Entitäten oder Gebilde) aufhören zu existieren und durch neue ersetzt werden, oder wenn überhaupt neue Institutionen gegründet werden. Aber das ist nur eine besonders spektakuläre Form von Institutionenwandel. Prozesse, die ich „schleichenden Institutionenwandel" genannt habe, werden auf diese Weise nicht sichtbar; hier erfolgt die Veränderung in anderen Kategorien. Und auch in den spektakulären Fällen, die den Eindruck eines „revolutionären Institutionenwandels" vermitteln, bleibt immer die Frage, ob neue Institutionen gegenüber ihren Vorgängern – und solche gibt es fast immer – nicht auch Elemente der Kontinuität enthalten. Es kommt also darauf an, jeweils Kontinuität und Wandel zu bestimmen: Revolutionärer Institutionenwandel ist nicht nur mit Blick auf den Wandel, sondern auch mit Blick auf verbleibende, möglicherweise wieder zurückkehrende Kontinuitäten

---

7 Rehberg (1994). Er sieht von der Institution als Entität oder Gebilde dann völlig ab und thematisiert nurmehr die „institutionellen Mechanismen" – für den Soziologen eine naheliegende Konsequenz, da es häufig schwierig und auch unfruchtbar ist, soziale Institutionen als Entitäten oder Gebilde festzumachen. Politische Institutionen sind demgegenüber ein Sonderfall. Hier haben wir es phänomenologisch zumeist durchaus mit eindeutig identifizierbaren Gebilden zu tun: z.B. Parlament oder Verfassungsgericht als „institutions personne", die Verfassung als eine der „institutions chose" (Hauriou 1925; Göhler 1994a, S. 22 ff.). Es wäre kontra-intuitiv, diesen anders gelagerten Sachverhalt außer acht zu lassen. Es wäre allerdings theoretisch nicht hinreichend, sich auf die Institutionen als Entitäten oder Gebilde zu beschränken, wie es in der Politikwissenschaft zumeist geschieht.

zu untersuchen – schleichender Institutionenwandel ist daran zu bemessen, wie im prekären Verhältnis von Kontinuität und Wandel der Wandel die Kontinuität gleichsam unterläuft. Die Bestimmungsfaktoren liegen in der institutionellen Konfiguration, und so geht es bei der Bestimmung von revolutionärem wie schleichendem Institutionenwandel gleichermaßen darum, wie Wandel und Kontinuitäten sich innerhalb der institutionellen Konfiguration verteilen. Hierbei müßten sich Muster von Institutionenwandel feststellen lassen, die der Veränderung einzelner Institutionen (als Entitäten oder Gebilde) jeweils zugrunde liegen. Meine These ist: *Institutionenwandel liegt vor, wenn sich die institutionelle Konfiguration in maßgebenden Faktoren verändert. Er ist danach zu bestimmen, welche der Faktoren sich verändern und welche einigermaßen unverändert bleiben, bemißt sich also an der Verteilung von Wandel und Kontinuität in den Bestimmungsfaktoren der institutionellen Konfiguration.*

Die Bestimmungsfaktoren erhalten wir aus der *Institutionentheorie;* Theorie des Institutionenwandels ist dynamische, nämlich auf die Aspekte Wandel und Kontinuität innerhalb der Konfiguration bezogene Institutionentheorie.

Wandel vollzieht sich in der Zeit, er wird innerhalb eines bestimmten Zeitraums untersucht. Da sind nun Anfang und Ende, Gründung und Untergang politischer Institutionen zwar markante Punkte, für die Bestimmung von Institutionenwandel aber eher ein Sonderfall, anregend vor allem für die Erzählung von Institutionengeschichten. Der zeitliche Rahmen für eine systematische Analyse muß allgemeiner gefaßt werden. Generell geht es darum, festzustellen, wie sich die institutionelle Konfiguration zwischen zwei Zeitpunkten $t_1$ und $t_2$ verändert. Sind die Veränderungen signifikant, so hat sich die Institution nicht nur so verändert, wie sich mit der Zeit alles verändert, sondern es liegt Institutionenwandel vor. Der Untersuchungszeitraum $t_1$-$t_2$ läßt sich prinzipiell beliebig festlegen, je nach dem, wie es realhistorisch und von der Fragestellung her zweckmäßig ist. Allerdings muß über größere Zeiträume die Institution in ihrer Veränderung oder die Abfolge von Institutionen in ihrem Zusammenhang noch identifizierbar sein, um etwas über ihren Wandel aussagen zu können. (Ein Vergleich historisch disparater Institutionen, etwa des deutschen Bundestags und des Rates der 500 im alten Griechenland, kann Unterschiede und Gemeinsamkeiten in struktureller und funktionaler Hinsicht verdeutlichen, besagt aber nichts über Institutionenwandel; dessen Bestimmung ist erst im genetischen Zusammenhang möglich.) Das ist nicht ganz unproblematisch.

a) Eine Institution muß nicht in corpore weiterbestehen, um Wandel festzustellen. Der Wandel des deutschen Parlaments von der Paulskirche bis zum Bundestag ist trotz aller Diskontinuitäten auch als Institutionenwandel zu begreifen, weil Grundstrukturen des modernen Parlamentarismus, Traditions- und Generationszusammenhänge in der Veränderung des sozialen und politischen Kontextes weiterbestehen. Indem nicht die Institution als Entität, sondern die institutionelle Konfiguration zugrunde gelegt wird, lassen sich Kontinuitäten und Veränderungen jeweils differenzierter bestimmen. Institutionenwandel kann ebenso durch die Veränderung einer als Entität weiterbestehenden Institution wie durch die Abfolge von mehreren Institutionen mit vergleichbarer Funktion gekennzeichnet sein.

b) Institutionenwandel betrifft nicht nur einzelne Institutionen (die vermittels der institutionellen Konfiguration erfaßt werden), sondern zumeist eine Mehrzahl von Institutionen, wenn nicht das betreffende Institutionensystem insgesamt – also ganze institutionelle Arrangements. Veränderungen einzelner Institutionen wirken auf Veränderungen des institutionellen Arrangements und umgekehrt. Allerdings ist es bei institutionellen Arrangements noch komplizierter, den Wandel in seinen einzelnen Bestimmungsfaktoren näher festzumachen. Ich gehe hier deshalb über die institutionelle Konfiguration als Ausgangspunkt zur Bestimmung von Institutionenwandel nicht hinaus und nehme auch das Problem in Kauf, daß eine Abgrenzung der verschiedenen institutionellen Konfigurationen in einem institutionellen Arrangement oft weder möglich noch sinnvoll ist.[8]

## III. Institutionen und ihre Bestimmungsfaktoren

Es kommt nun darauf an, explizit zwischen sozialen und politischen Institutionen und ihrem entsprechenden Wandel zu unterscheiden. Bisher wurde diese Unterscheidung nur implizit vorausgesetzt. Der Grund ist nicht der Glaube an die seligmachende Kraft von Klassifikationen oder ein unstillbares Abgrenzungsbedürfnis. Wenn ich im Folgenden definitorisch zwischen sozialen und politischen Institutionen unterscheide, so in der Konsequenz des verfolgten Ansatzes. Die Analyseeinheit zur Bestimmung des Institutionenwandels ist die institutionelle Konfiguration, und diese ist der Set der jeweils maßgebenden Bestimmungsfaktoren. Für unterschiedliche Institutionentypen bzw. Muster der institutionellen Konfiguration sind nicht dieselben Bestimmungsfaktoren in derselben Art und Weise maßgebend, allenfalls gibt es Ähnlichkeiten und allgemeine Übereinstimmungen. Das Konzept von Institutionenwandel, das ich hier entwerfe, versucht zwar den Wandel von Institutionen als ein umfassendes Phänomen zu begreifen, ist aber ausdrücklich auf *politische* Institutionen bezogen und zunächst auch auf diese beschränkt. Wie ich an anderer Stelle gezeigt habe, kann man politische Institutionen nicht einfach als einen Sonderfall sozialer Institutionen auffassen; die Bestimmungsfaktoren, welche ihre institutionelle Konfiguration ergeben, lassen sich nicht hinreichend aus einer allgemeinen Konfiguration sozialer Institutionen ableiten (Göhler 1988, 1994). Das bedeutet umgekehrt, daß die Konfiguration politischer Institutionen, trotz vieler Entsprechungen, auch nicht einfach verallgemeinerbar ist. Die Erfassung der für politische Institutionen maßgebenden

---

8 Terminologisch wird deshalb auch nicht strikt zwischen „Institution" und „Institutionen" unterschieden, soweit anzunehmen ist, daß das, was für eine Institution festgestellt wird, auch für andere Institutionen gilt. So wird auch der Terminus „Institutionenwandel" (statt „Institutionswandel") beibehalten.

Bestimmungsfaktoren hat also eine definitorische Unterscheidung von politischen und sozialen Institutionen zur Voraussetzung.

Versucht man, die unterschiedlichen Ansätze zur Theorie *sozialer* Institutionen in ihrem Kern zusammenzufassen, so kann man sich, vor allen Differenzierungen, auf die folgende Definition verständigen[9]:

> *Soziale Institutionen sind relativ auf Dauer gestellte, durch Internalisierung verfestigte Verhaltensmuster und Sinngebilde mit regulierender und orientierender Funktion.*[10]

Das „Institutionelle" an Institutionen betrifft immer Stabilität, und zwar in einem doppelten Sinn: Zum einen sind sie selbst stabil, nämlich Strukturierungen, die auf eine bestimmte Dauer gestellt sind – zum anderen haben sie auf diese Weise eine stabilisierende Wirkung, weil sie dem menschlichen Zusammenleben über die Situationsbedingtheit hinaus eine Form geben, die die Handlungen der anderen bis zu einem gewissen Grade erwartbar und in den Gemeinsamkeiten erkennbar macht. Entscheidend ist, daß diese Strukturierungen von den Individuen verinnerlicht sind. Ist dies der Fall, so sind Institutionen nicht nur äußerliche Ordnungselemente der Gesellschaft, sondern sie strukturieren durch den Sinn, den sie für die Individuen objektivieren und ihnen gegenüber zum Ausdruck bringen.

*Politische* Institutionen sind grundsätzlich soziale Institutionen, aber eben ein Sonderfall, dessen Eigenart über den zugrunde gelegten Politikbegriff zu beschreiben ist. „Politik" wird hier verstanden als der *Handlungsraum der Herstellung, Ordnung und Durchführung verbindlicher, gesamtgesellschaftlich relevanter Entscheidungen.*[11] Mit dieser strukturellen Bestimmung wird nicht behauptet, daß gleichsam „alles gelingt". Entscheidend ist, daß eine Gesellschaft, um in der Vielfalt ihre Einheit und in der Einheit ihre Vielfalt zu bewahren, verbindliche, für alle geltende Entscheidungen benötigt – und zwar in dem Maße (und nur in dem Maße), wie gesamtgesellschaftlich gesehen ein Regelungsbedarf besteht, der auch gesamtgesellschaftlich realisiert werden kann. Das gilt vor allem für Konflikte, deren Intensität die Bürger insgesamt tangiert. Die Zurechnungseinheit ist zumeist der Nationalstaat, braucht es aber durchaus nicht zu sein, wenn die Konfliktregelung auf einer niederen oder einer höheren Ebene erfolgt. Politik hat hierbei die Funktion der Steuerung, sei es direkt über Anreiz- oder Sanktionsmechanismen, sei es indirekt über rechtliche Rahmenvorgaben. Sie hat darüber hinaus auch die Funktion der Integration,[12] denn mit letztverbindlichen Entscheidungen, die sie

---

9 Ich beziehe mich hier auf Gehlen (1940 und 1956), Schelsky (1970), Lepsius (1990 und 1995), Douglas (1991), Parsons (1951), Münch (1984), Mead (1973), Berger-Luckmann (1969), E.E. Lau (1978), Castoriadis (1990), Hauriou (1925), Williamson (1990), North (1988 und 1992), Schotter (1981), Shepsle (1989), Voss (1985), Balzer (1993). Vgl. dazu Schülein (1986), Waschkuhn (1987), Göhler/Schmalz-Bruns (1988), Keck (1994), Czada (1995).
10 Näher: Göhler (1994a, S. 21 f.).
11 Vgl. Göhler (1997a), dort nähere Ausführungen und Literaturangaben.
12 Ich beziehe mich hier auf die Integrationslehre von Smend (1928 und 1956), die zwar

für die Bürger und in ihrem Namen trifft, verkörpert sie die Grundvorstellungen der Bürger über das menschliche Zusammenleben in einer politischen Ordnung. Ob sie ihnen entspricht oder nicht, entscheidet über ihre Glaubwürdigkeit, hier liegt ihre Legitimation. Die Bürger politisch zu integrieren heißt, sie in die Ordnungsprinzipien des Gemeinwesens so einzubinden, daß sie das Gemeinwesen im Grundsatz als das ihre ansehen können. Indem in der Politik die zugrundeliegenden Ordnungsprinzipien präsent werden, gibt Politik den Bürgern mittelbar auch Orientierung, und das ist ihre Integrationsleistung. Diese kann im neuzeitlichen, pluralistischen Staat über ein Mindestmaß nicht hinausgehen und ist auch kaum mehr für alle Bürger verallgemeinerbar. Trotzdem ist Integration um einer Mindesteinheit der Gesellschaft willen erforderlich, und immer wenn Ordnungsprinzipien symbolisch zum Ausdruck kommen, vollzieht die Politik eine Integrationsleistung für die Bürger. Beide Funktionserfordernisse, die Steuerung durch unmittelbar wirkende oder rahmensetzende Entscheidungen und die Integration vermittels einer symbolisch geleiteten Orientierung, gelten in besonderem Maße für die politischen Institutionen.

*Politische Institutionen sind Regelsysteme der Herstellung und Durchführung verbindlicher, gesamtgesellschaftlich relevanter Entscheidungen und Instanzen der symbolischen Darstellung von Orientierungsleistungen einer Gesellschaft.*

Die sozialwissenschaftliche Definition von Institutionen ist auf diese Weise in die Bedingungen von Politik umgesetzt: Die regulierende Funktion sozialer Institutionen meint politisch die Transformation von Interessen in Entscheidungen und deren Ausfüllung, bezogen auf ein soziales Ganzes und versehen mit Verbindlichkeit. Relative Dauer und Internalisierung als Kennzeichen sozialer Institutionen bedeuten in politischen Institutionen ein Mindestmaß an tatsächlicher Macht, rechtlicher Normierung und alltäglicher Akzeptanz durch die Betroffenen. Die orientierende Funktion sozialer Institutionen liegt bei politischen Institutionen in der auf den Horizont des Politischen begrenzten symbolischen Darstellung bestehender gemeinsamer Wertvorstellungen einer Gesellschaft.

Betrachten wir nun die *Bestimmungsfaktoren*, welche die institutionelle Konfiguration politischer Institutionen ausmachen (s. *Übersicht 1*).

Für die institutionelle Konfiguration politischer Institutionen sind zwei Dimensionen maßgebend, die *Willensbeziehung* und die *Symbolbeziehung;* die beiden Dimensionen bestimmen zwei Muster sozialer Beziehungen, die *Macht* und die *Repräsentation.*[13]

---

zu Recht umstritten ist, sofern sie zum alleinigen verfassungsrechtlichen Maßstab erhoben wird, in ihrer funktionalen Grundidee für den Bestand eines Gemeinwesens aber nach wie vor aktuell bleibt. In der sozialwissenschaftlich orientierten Integrationstheorie (Peters 1993) wird Smend leider nicht angemessen rezipiert.

13 Zur Begründung und näheren Ausführung: Göhler (1994a und 1997a). Es braucht nicht eigens betont zu werden, daß die vielfältigen Dimensionen des sozialen Lebens nicht in den hier verwendeten Kategorien aufgehen. Beabsichtigt ist hier keine Ontologie

*Übersicht 1:* Institutionelle Konfiguration

| Willensbeziehung: | Steuerung | |
| --- | --- | --- |
| | (transitive) Macht | Repräsentation (durch Mandat) |
| Symbolbeziehung: | | Integration |
| | intransitive Macht | symbolische Repräsentation |

a) **Willensbeziehung** ist die abkürzende Bezeichnung für eine Beziehung zwischen dem Willen eines (individuellen oder kollektiven) Akteurs A, der sich auf einen bestimmten Zweck richtet, und dem Willen eines oder mehrerer Akteure B, der sich auf denselben oder einen anderen Zweck richtet, sofern dabei in irgendeiner Form ein Zusammenhang besteht. In der Willensbeziehung möchte ein Akteur mit einer bestimmten Absicht, also strategisch, bei einem anderen Akteur etwas bewirken, z.B. als institutioneller Akteur ein bestimmtes Verhalten der Adressaten erreichen (etwa durch die Gewährung von Prämien eine Stillegung landwirtschaftlicher Flächen). Diese Absicht kann gelingen oder mißlingen. Im engeren Sinne mit **Macht** haben wir es dann zu tun, wenn – nach Max Webers berühmter Definition (Weber 1922, I § 16) – in der Willensbeziehung die Chance besteht, den eigenen Willen gegen den Willen anderer auch bei Widerstreben durchzusetzen.

Die Willensbeziehung in der Politik, welche in Form der Macht „von oben", von den Herrschaftsinhabern ausgeübt oder auszuüben versucht wird, ist **Steuerung**. Das Bild des Steuermanns, der souverän den Kurs seines Schiffes fährt, ist hierfür ebenso plastisch wie irreführend; selten wird das Staatsschiff von einem Lenker konsequent und richtungsweisend geführt. Tatsächlich werden in der Vielfalt der „Ideen und Interessen" (Lepsius) auf direktem oder indirektem Wege Willensbeziehungen aufgebaut, die für alle Interessierten und Betroffenen – grundsätzlich für jeden Bürger – eine zweckbestimmte Regulierung ihrer Handlungsoptionen bewirken. Prämien für die Stillegung landwirtschaftlicher Flächen sind in diesem Sinne Steuerungsinstrumente, weil sie es unter Umständen lohnend machen, Flächen nicht zu bewirtschaften, auch wenn diese Absicht bei den Adressaten ursprünglich nicht besteht. Zu Steuerungsinstrumenten für ein Gemeinwesen werden sie, wenn sie nicht persönlich und willkürlich verteilt, sondern in einem institutionellen Rahmen vergeben werden. Das ist die Machtbeziehung, die politische Institutionen in der Dimension der Willensbeziehung kennzeichnet.

Institutionalisierte Machtausübung muß sich stets rechtfertigen. Im neuzeitlichen westlichen Staats- und Verfassungsverständnis hat sich der Grundsatz allgemein durchgesetzt, daß es die Adressaten politischer Institutionen sind, das Volk oder die Bürger, die den politischen Institutionen mit ihren Leitideen Legitimation geben. Das ist das Prinzip der **Repräsentation**. Allgemein bedeutet Re-

oder allgemeine Modellierung sozialer Wirklichkeit. Es wird lediglich beansprucht, daß die verwendeten Kategorien die maßgebenden Bestimmungsfaktoren politischer Institutionen erfassen.

präsentation, etwas Abwesendes zur Präsenz zu bringen, etwas Unsichtbares sichtbar zu machen. In der Willensbeziehung bedeutet das hier, daß politische Institutionen im Namen der Bürger handeln. Sie handeln so, als ob diese selbst es seien, welche handeln. Indem die Institutionen handeln, werden ihre Handlungen den Bürgern zugerechnet, ihr Wille wird geltend gemacht.[14] Die Zurechnung kann das Ergebnis einer tatsächlichen Beauftragung sein (imperatives Mandat) oder aber ohne Rückbindung im einzelnen mit dem Anspruch der Verantwortlichkeit für das Ganze, das Gemeinwesen, erfolgen, wobei eine Kontrolle durch regelmäßig stattfindende Wahlen direkt oder indirekt die faktische Rückbindung sicherstellen soll (freies Mandat). Machtausübung der Institutionen als eine Beziehung von „oben" nach „unten" und Repräsentation im Sinne der Zurechnung des Willens der Adressaten von „unten" nach „oben" sind für politische Institutionen im neuzeitlichen Verfassungsstaat notwendig komplementär. Dies ist eine normative Vorgabe. Sie ist in der Realität stets prekär; das Verhältnis von Macht und Repräsentation ist, wie zu sehen sein wird, in der institutionellen Konfiguration die grundlegende Konstellation für die Bestimmung von Institutionenwandel.

b) Die **Symbolbeziehung** meint im weitesten Sinn eine Orientierung von Akteuren und ihre damit verbundenen Einstellungen und Handlungsoptionen an Symbolen, die eine Leitfunktion haben. In diesem Sinne sind soziale Beziehungen symbolvermittelt.[15] Zur Stabilisierung sozialer Beziehungen müssen die leitenden Symbole präsent gemacht und auf Dauer präsent gehalten werden. Dazu bedarf es entsprechender Instanzen, und dieses sind vornehmlich die Institutionen.[16] Leitende Symbole drücken vor allem bestimmte Werte und Ordnungsprinzipien des menschlichen Zusammenlebens aus; auf eben diese Werte und Ordnungsprinzipien sind Institutionen gegründet und haben hierin ihre Leitideen. Indem Institutionen ihre Leitideen stets vermittels von Symbolen sichtbar machen (Rehberg 1994, S. 57 ff., 65 ff.), werden mit den Leitideen auch – solange sie zusammenstimmen – die zugrunde liegenden Werte und Ordnungsprinzipien präsent gehalten. In diesem Sinne machen politische Institutionen die grundlegenden Werte und Ordnungsprinzipien des Gemeinwesens für die Bürger sichtbar. Die Darstellung, sei es in der Form der bildhaften Präsentation von Symbolen, sei es in der Form des symbolischen Handelns ihrer Akteure, sei es in der Form symbolischer

---

14 Dies ist klassisch von Hobbes formuliert worden (Leviathan, Kap. 18). Er konstruiert das Repräsentationsverhältnis allerdings so, daß die Bürger systembedingt auf die Handlungen des Repräsentanten keinen Einfluß haben. Die Entwicklung zum neuzeitlichen Konstitutionalismus ist ihm hierin nicht gefolgt.
15 Allerdings ist nicht jede über Zeichen gesteuerte Kommunikation bereits eine Symbolbeziehung, denn Symbole und somit symbolvermittelte Beziehungen sind spezifischer zu bestimmen. Symbole sind solche Zeichen, die einen Sachverhalt in konzentrierter Form, zugleich mehrdeutig und interpretationsbedürftig und unter Einschluß der affektiven Komponente darstellen; auf diese Weise können sie eine orientierende Leitfunktion in sozialen Beziehungen übernehmen. Näher dazu: Göhler (1997a, Abschn. 2).
16 Vgl. dazu Gehlen (1956, bes. Teil II), sowie Gehlen (1940) mit der Einleitung von Rehberg.

Konnotation durch Texte wie etwa die Verfassung, hat unmittelbar nichts mit der Durchsetzung von Willen zu tun. Sie gibt den Adressaten eine Orientierung, oder genauer, weil sich symbolisch nichts aufzwingen läßt: sie macht den Adressaten, den Bürgern, ein Orientierungsangebot, nach dem sie sich richten können, wenn sie es akzeptieren. Die Farben einer Fahne bezeichnen nicht nur ein bestimmtes Land, sie stehen auch für bestimmte Werte und Ordnungsprinzipien, die sie auf diese Weise ausdrücken: In der Weimarer Republik ging die symbolische Auseinandersetzung anhand der Reichsflagge um die Farben Schwarz-Rot-Gold für die demokratische und Schwarz-Weiß-Rot für die imperiale Tradition. Einer Fahne kann man hinterherlaufen, man kann sie auch ignorieren und sie sogar voller Verzweiflung verbrennen. Zu ersterem kann man gezwungen, an letzterem gehindert werden – die eigene Akzeptanz des Orientierungsangebots hängt davon nicht ab.

Die Symbolbeziehung, die durch Symbole hergestellte bzw. angebotene Orientierung, dient der **Integration**. Wenn Integration im Gemeinwesen darin besteht, daß die Bürger sich in ihm „heimisch" fühlen, weil sie es als ihr eigenes erkennen und akzeptieren, so ist diese Integration vor allem symbolisch bestimmt. Die grundlegenden Werte und Ordnungsprinzipien können als Orientierungsmarken nur wirken, wenn sie symbolisch präsent sind, und wenn sie als solche akzeptiert werden, orientieren sich die Bürger, soweit erforderlich, auf das Gemeinwesen. Das ist freilich zunächst nur das Schema einer schlichten Wenn-Dann-Beziehung. Der Zusammenhang, um den es hier geht, und die Friktionen, die so häufig auftreten, werden erst auf der normativen Ebene deutlicher.

Der normative Gehalt der Integration besteht seit der Neuzeit darin, daß nur solche Werte und Ordnungsprinzipien legitimiert sind, die auf die Bürger selbst zurückgehen. Integration kann heutzutage, auf Dauer, nur in diesem Legitimationsmodus gelingen. Sie läßt sich nicht, jedenfalls nicht auf Dauer, von oben aufstülpen; die Orientierung, die „von oben" durch die politischen Institutionen sichtbar werden muß, bedarf der Basis in ihren Adressaten. Die Bürger selbst stehen für die grundlegenden Werte und Ordnungsprinzipien ihres Gemeinwesens, und wenn sie sie nicht von sich aus formuliert und in Kraft gesetzt haben (was der Ausnahmefall ist), so müssen sie sie doch als solche akzeptieren und verinnerlichen, wenn sie in Geltung bleiben sollen. Das ist die spezifische Macht der Bürger, die ihren Ausdruck im Prinzip der Volkssouveränität gefunden hat. Es ist eine gemeinsame Macht, die in einer völlig anderen Dimension liegt als jene Macht, die die Institutionen in der Willensbeziehung ausüben. Sie beruht auf dem aktualisierbaren Zusammenhalten und Zusammenhandeln der Bürger in Grundfragen des Gemeinwesens, auf entsprechenden gemeinsamen Wertvorstellungen (H. Arendt hat diese Form der Macht, die sie allein als „Macht" gelten lassen will, eindrücklich beschrieben[17]). Ich nenne sie **intransitive Macht**, weil sie darauf abstellt, daß die Bürger wechselseitig und auf die Gemeinschaft gerichtet Macht

---

17 Arendt (1970; 1981, S. 193-202).

generieren, im Gegensatz zur „transitiven" Macht der Willensdurchsetzung, die sich stets auf andere bezieht. Ohne intransitive Macht hat kein Gemeinwesen Bestand, erst durch intransitive Macht entsteht aus der Gesellschaft eine politische Wirkungseinheit.

Für politische Institutionen ergibt sich dadurch eine weitere Beziehung der Repräsentation. Indem sie grundlegende Werte und Ordnungsprinzipien des Gemeinwesens ausdrücken, halten sie in einem präzisen normativen Sinn für Gemeinwesen, die nach dem Muster des neuzeitlichen Verfassungsstaates aufgebaut sind, genau diese intransitive Macht – nämlich gemeinsam generierte Wertvorstellungen – für die Bürger symbolisch präsent. Der intransitiven Macht der Bürger entspricht die **symbolische Repräsentation** der politischen Institutionen.[18] Politische Institutionen repräsentieren nicht nur den Willen der Bürger, sie stellen auch das Gemeinwesen als politische Einheit insofern dar, als sie sichtbar machen, was diese in ihrer Vielheit zusammenhält und damit Vielheit zugleich möglich macht. Repräsentation als Mandat in der Willensbeziehung und symbolische Repräsentation sind für politische Institutionen komplementär.

Ebenso wie Repräsentation als Mandat läßt sich auch die symbolische Repräsentation ideologisch unterlaufen. *Faktisch* können politische Institutionen – hier vor allem die Politiker als ihre Akteure – natürlich immer behaupten, sie repräsentierten die Werte und Ordnungsprinzipien der Bürger, auch wenn sie ganz andere Interessen verfolgen. *Normativ* gesehen kann ein Gemeinwesen auf Dauer nur Bestand haben, wenn seine Institutionen tatsächlich die intransitive Macht der Bürger zum Ausdruck bringen. Intransitive Macht und symbolische Repräsentation müssen einander entsprechen. Normative Integration besteht vor allem darin, diese Entsprechung für die Bürger sichtbar und deutlich zu machen. Ist sie nur vorgetäuscht, so wird sie früher oder später mißlingen – und zwar gerade dadurch, daß angesichts der behaupteten Entsprechung die Diskrepanz zur Wertbasis der Bürger und damit die Unangemessenheit der Orientierungsleistung symbolisch sichtbar wird. Wenn z.B. in Deutschland für die Bürger die Stabilität der Währung symbolisch durch die DM repräsentiert wird, entspricht eine abstrakte europäische Währung – der ECU oder jetzt der EURO – als Symbol nicht dieser Wertvorstellung: das gibt Probleme, deren Lösung derzeit noch nicht sichtbar ist. Korrespondenz oder Diskrepanz von intransitiver Macht und symbolischer Repräsentation ist einer der wichtigsten Indikatoren für Institutionenwandel.

Das sind die Bestimmungsfaktoren der institutionellen Konfiguration, mit denen sich politischer Institutionenwandel systematisch bestimmen läßt:

- in der *Willensbeziehung:* (transitive) Macht, Repräsentation (durch Mandat), Steuerung, Legitimation;
- in der *Symbolbeziehung:* intransitive Macht, symbolische Repräsentation, Integration.

---

18 Zur symbolischen Repräsentation, die v.a. in der deutschen Tradition herausgestellt wird: Voegelin (1959), Landshut (1964), Carl Schmitt (1925 und 1928), kritisch Pitkin (1967, S. 107 ff.); dazu Göhler (1997a) und ausführlich Speth (1997).

Mit der Untersuchung von Kontinuität und Wandel dieser Bestimmungsfaktoren wird es möglich, eine systematische Vorstellung von Institutionenwandel zu erhalten, welche „revolutionären" und „schleichenden" Institutionenwandel gleichermaßen erfaßt.

## IV. Institutionenwandel in der Willensdimension: Steuerung

Institutionenwandel in der Dimension der Willensbeziehung tritt ein, wenn sich mindestens einer der hier maßgebenden Bestimmungsfaktoren verändert. Wir betrachten dazu die Konstellation der Bestimmungsfaktoren zum Zeitpunkt $t_1$ und ihre Konstellation zu einem späteren Zeitpunkt $t_2$. Stimmen die beiden Konstellationen in ersichtlichem Maße nicht überein, so haben wir es nicht nur mit äußerlichen Veränderungen der Institution, sondern mit Institutionenwandel zu tun. Dabei können sich transitive Macht und Steuerung auf der einen Seite, Repräsentation (im Sinne eines Mandats) und Legitimation der Institution auf der anderen Seite entweder gleichläufig oder gegenläufig entwickeln. Beide Entwicklungsrichtungen bedeuten Institutionenwandel. Für eine gegenläufige Entwicklung der Bestimmungsfaktoren, in der die Veränderungen eher negativ korrelieren, ist dies unmittelbar einsichtig. Aber auch eine gleichlaufende Entwicklung, bei der die Veränderungen eher positiv korrelieren, führt allein durch die Veränderung der Bestimmungsfaktoren zu einer neuen Konstellation und damit zu Fällen von Institutionenwandel, die sich durchaus illustrieren lassen.

Zur näheren Bestimmung gehe ich von einigen vereinfachten Annahmen über Macht, Repräsentation und ihren Zusammenhang aus. Macht ist hier allein die transitive Macht, die von Institutionen auf ihre Adressaten ausgeübt wird. Die ebenfalls transitive Macht, welche die Adressaten ihrerseits auf die Institutionen ausüben, bleibt außer Betracht. Repräsentation (als Willensbeziehung) bedeutet die Zurechnung des Willens der Repräsentierten (also der Adressaten der Macht von Institutionen) an den Willen der Repräsentanten. Ich verstehe diese Zurechnung hier stets so, daß sie durch geltende Regelungen der Einflußnahme und Kontrolle seitens der Repräsentierten eine reale Basis hat. Die Art und Weise des Institutionenwandels ergibt sich daraus, daß die Macht der Institution gegenüber ihren Adressaten ebenso wie die Repräsentation der Adressaten in Form der Einflußnahme und Kontrolle jeweils zu- oder abnehmen kann. Die Veränderungen werden hier *quantitativ*, als Vermehrung oder Verminderung, gefaßt. Institutionenwandel in der Willensbeziehung wird durch die Richtung dieser Veränderungen bestimmt.

Dabei kann davon ausgegangen werden, daß eine Vermehrung von politischer *Macht* – in der Willensbeziehung die Fähigkeit, Entscheidungen entsprechend den eigenen Präferenzen zu treffen, durchzusetzen und auszuführen bzw. ausführen zu lassen – für die Institutionen auch eine Verstärkung ihrer *Steuerung* erbringt (sofern und soweit sie auf Mechanismen politischer Macht beruht). Eine Realisierung erhöhter Steuerungsfähigkeit wirkt wiederum verstärkend auf die Macht der politischen Institutionen zurück. Entsprechendes gilt umgekehrt für eine Verminderung von politischer Macht. Transitive Macht und Steuerung sollen hier also als kovariant angenommen werden. – Analog ist davon auszugehen, daß mit einer Verstärkung von *Repräsentation*, also einer Erweiterung und Intensivierung realer Möglichkeiten der Einflußnahme und Kontrolle seitens der Adressaten, auch eine Erhöhung der *Legitimation* politischer Institutionen verbunden ist. Repräsentation darf dabei nicht allein im verengten Sinne von „repräsentativer Demokratie" als „freies Mandat" verstanden werden, sondern sie ist im weiteren Sinne die Zurechnung des Willens mit den in der politischen Ordnung jeweils vorgesehenen Mechanismen. Je stärker der Willenseinfluß der Adressaten (sei es durch direkte Einflußmöglichkeiten, sei es durch periodische Kontrolle in Wahlen, sei es durch eine erfolgreich anrufbare Gerichtsbarkeit oder Mobilisierung der öffentlichen Meinung), desto höher die Legitimation. Höhere Legitimation wiederum erlaubt die Öffnung für reale Einflußnahmen (also „mehr" Repräsentation), weil die Institution dadurch nicht in Frage gestellt wird. Entsprechend umgekehrt die gegenläufige Entwicklung.[19]

Für Institutionenwandel in der Dimension der Willensbeziehung sind drei Fälle interessant,[20] je nachdem, ob die Veränderung von Macht und Steuerung im Verhältnis zur Veränderung von Repräsentation und Legitimation gegenläufig oder gleichläufig ist.

(1) Vermehrung von Macht gegenüber Repräsentation

Die gegenläufige Entwicklung der Bestimmungsfaktoren in dieser Konstellation führt zur *Verselbständigung* von Institutionen. Auslösender Faktor ist ihre wachsende Macht. Wie Karl Deutsch in seiner „Politischen Kybernetik" treffend festgestellt hat, ist Macht die Fähigkeit, in gewissem Sinne „nichts lernen zu müssen" (Deutsch 1969, S. 171). Dadurch wird die Außenabhängigkeit entscheidend verringert, zugleich besteht immer die Gefahr, daß die Abkoppelung zu weit geht. Nichts lernen zu müssen braucht nicht zu bedeuten, die Lernfähigkeit aufzugeben. Eine solche Entwicklung tritt aber ein, wenn die Institution sich übermäßig gegen Außeneinflüsse abschottet: ihre Machtausübung wird „pathologisch" (1969, S. 300). In Prozessen der Verselbständigung verschaffen sich Institutionen immer mehr Kompetenzen, ohne ihre Adressaten durch Repräsentation entsprechend

---

19 Ausgegangen wird dabei von der jeweils in der politischen Ordnung gegebenen Konstellation zum Zeitpunkt $t_1$. Die normative Frage, ob Macht (der Institutionen) und Repräsentation (der Adressaten) einander angemessen sind, kann zur Bestimmung des Institutionenwandels in der Dimension der Willensbeziehung weitgehend ausgeblendet bleiben; erst die Symbolbeziehung erfordert einen explizit normativen Ausgangspunkt.
20 Kombinatorisch gibt es in der Willensbeziehung wie in der Symbolbeziehung diverse weitere Möglichkeiten, die hier außer Betracht bleiben.

einzubeziehen. Vergleichsweise weniger Repräsentation bedeutet weniger Kontrolle, und somit sind solche Institutionen, bemessen an der Konstellation zum Zeitpunkt $t_1$, auch schwächer legitimiert.

Verselbständigungstendenzen von Institutionen sind so häufig und so offensichtlich in der transitiven Machtstruktur angelegt, daß es illustrierender Beispiele kaum bedarf. Bürokratien sind für pathologische Entwicklungen dieser Art besonders anfällig. Im Prozeß der europäischen Integration ist die „Eurokratie" der Brüsseler Behörden, verbunden mit der relativen Ohnmacht des Europäischen Parlaments, ein vielbeklagtes Folgeproblem der Abgabe nationaler Souveränitätsrechte, welches sich zunehmend zum Integrationshemmnis entwickelt. Die Verselbständigung von transitiver Macht geht nicht nur auf Kosten der Repräsentation (in der Willensbeziehung), sondern sie bedeutet auch – in der Symbolbeziehung – den Verlust von intransitiver Macht in Form von Akzeptanz, auf die sich Institutionen normativ stützen müssen. Sie sind, so paradox es zunächst klingen mag, im Maße wie sie ihre transitive Macht einseitig steigern, zunehmend in ihrem Bestand gefährdet. Wenn nämlich die Repräsentation als tatsächliche Einflußmöglichkeit durch die Erweiterung der transitiven Macht ausgebootet wird, und wenn zudem die Grundlage der intransitiven Macht der Adressaten für die Institution verloren geht, so kann auch ein Verfall der transitiven Macht einsetzen, weil die Kosten für ihre Aufrechterhaltung immer höher werden.

(2) Verminderung von Macht gegenüber Repräsentation

Die gegenläufige Entwicklung der Bestimmungsfaktoren hat im Fall der Verminderung von Macht zwei sehr unterschiedliche Ausprägungen von Institutionenwandel mit geradezu entgegengesetzten Resultaten. Vermindert sich gegenüber dem Ausgangsverhältnis die Macht dadurch, daß sie sich einer verstärkten Repräsentation gegenübersieht, so ist der dafür signifikanteste Vorgang eine Demokratisierung – verlieren die Institutionen dagegen an Macht und Steuerungsfähigkeit, ohne daß sich an der Repräsentation etwas ändert, so handelt es sich um schlichten Machtverlust.

Institutionenwandel in der Form der *Demokratisierung* – mehr Repräsentation bei unveränderten Kompetenzen der Institutionen – meint mehr Einfluß- und Kontrollmöglichkeiten der Adressaten, und jedes Demokratisierungspostulat geht in diese Richtung. Unumstritten ist das Ergebnis positiv zu bewerten, wenn demokratische Strukturen bisher nicht oder de facto kaum vorhanden waren. Plakativ steht dafür der Institutionenwandel in den Transformationsprozessen Mittel-, Ost- und Südosteuropas nach dem Niedergang des Sozialismus. Institutionenwandel in diesem Sinne liegt allerdings, wenn auch weniger sichtbar, auch dann vor, wenn ein Sockel der Repräsentation bereits vorhanden ist, über den lediglich gestritten wird, ob er nun hinreicht oder nicht. In solchen Fällen des Institutionenwandels – prototypisch sind die Demokratisierungsdiskussionen und -versuche in den westlichen Industriegesellschaften der 60er und 70er Jahre – bleibt das Ergebnis kontrovers, weil die Bewertung von der Erwartung abhängt, ob eine Steigerung der realen Einflußmöglichkeiten der Bürger mit der Effizienz der Institutionen vereinbar ist („Mitwirkung steigert Effizienz") oder nicht („Mitwirkung beeinträchtigt Effizienz"). Daß wir es jedenfalls mit Institutionenwandel zu tun haben, bleibt angesichts der Veränderung der Bestimmungsfaktoren und den erheblichen Folgewirkungen unbestreitbar – so wenig er auch bisher systematisch unter diesen Aspekten untersucht worden ist.[21]

Offensichtlich ist dagegen Institutionenwandel in der Form von *Machtverlust*. Wie sich inzwischen herausgestellt hat, waren die realsozialistischen Systeme in Europa nicht in der Lage, ihre Steuerungsfähigkeit in der Konkurrenz mit dem Westen bei friedlicher Koexistenz aufrechtzuerhalten und der ökonomischen und technischen, aber auch der gesellschaftlichen und politischen Entwicklung anzupassen. Der Verlust an Steuerungsfähigkeit, also transitiver Macht, ließ sich auch nicht mehr durch eine Verstärkung von Repräsentation durch reale Beteiligung der Bürger kompensieren, weil der Verfall auch der intransitiven Macht – so sie denn überhaupt auf Dauer bestand (siehe unten) – bereits zu weit fortgeschritten war. – Institutionenwandel in der Form von Machtverlust ist allerdings, unter anderen Vorzeichen, auch ein Phänomen der westlichen Industriegesellschaften. Weil er so revolutionär nicht auftritt, gehört er eher in die Kategorie des „schleichenden Institutionenwandels". Moderne Gesellschaften stehen vor dem inzwischen wohlvertrauten Problem, daß ihre zunehmende Komplexität und Ausdifferenzierung in mehr oder weniger autonome Teilsysteme die Steuerungsfähigkeit zentraler politischer Institutionen in Frage stellt und ihnen einen realen Verlust an transitiver Macht einbringt. Die Folge sind mehr oder weniger informelle Prozesse der faktischen Machtverlagerung in der politischen Entscheidung durch Auslagerung und Dezentralisierung der Fachkompetenzen aus dem Staatsapparat oder die Einrichtung von Verhandlungssystemen unter Einbezug der Betroffenen und ihrer Organisationen. Daß neue Formen der politischen Entscheidungsfindung auch wieder institutionalisiert werden können,[22] so daß der Machtverlust zentraler politischer Institutionen durch funktionale Äquivalente kompensiert wird, ändert an dem Institutionenwandel selbst wenig, zumal er – in Westeuropa – durch Souveränitätsverluste des Nationalstaats infolge der europäischen Integration einerseits, zunehmender Globalisierung andererseits noch verstärkt wird.

---

21 Soweit ich sehe, ist beispielsweise der Institutionenwandel in der Bundesrepublik Deutschland aufgrund des Eintritts der 68er-Generation in das Lehr- und Richteramt bisher empirisch nicht in dieser Intention erforscht worden.
22 Insbesondere in Umweltfragen bilden sich neue diskursive Verhandlungssysteme nach dem Muster von „runden Tischen" heraus. Ob damit aber wirklich eine Institutionalisierung neuer Entscheidungsverfahren verbunden ist, muß derzeit offen bleiben. Vgl. dazu Eder (1993 und 1995) sowie zu Verhandlungssystemen Héritier (1993), Scharpf (1992).

### (3) Vermehrung von Macht und von Repräsentation

Auch eine gleichläufige Entwicklung kann Institutionenwandel bedeuten, wenn die Bestimmungsfaktoren sich erheblich verändern. Die Vermehrung von Macht und Steuerungsfähigkeit, die durch eine Verstärkung der Repräsentation kompensiert wird und somit die entsprechende Legitimation erhält, macht die Institution zunächst stabiler. Der Institutionenwandel braucht nicht unmittelbar ins Auge zu springen. Ersichtlich ist: Mit mehr Macht kann eine Institution mehr leisten, durch mehr Repräsentation wird sie entsprechend kontrolliert und dadurch legitimiert. In diesem Sinne handelt es sich um eine *Stärkung* der Institution. Aber die Institution ist danach nicht mehr die gleiche. Die Veränderungen der Bestimmungsfaktoren, auch wenn sie konform verlaufen, erfolgen nicht von ungefähr. Sie ergeben sich aus neuen Aufgaben der Politik, insbesondere aus neuen Problemlagen oder auch aus Krisensituationen; sie erfordern neue Kompetenzen und ein neues Problemlösungsverhalten der politischen Institutionen. Sofern eine solche Anpassung gelingt, hat sich die Funktionsweise der Institution geändert, und das ist Institutionenwandel. Wir finden ihn z.B. in der Bundesrepublik Deutschland im Konzept der „Globalsteuerung" als Antwort auf die wirtschaftlichen Rezessionstendenzen in den späten 60er Jahren, wobei zugleich die Einflußmöglichkeiten der Adressaten entsprechend verstärkt wurden, in diesem Fall durch die „Konzertierte Aktion". Die Strategie war erfolgreich, und zugleich wurde ein Institutionenwandel in Gang gesetzt, der später unter dem Stichwort „Neo-Korporatismus" diskutiert wurde.[23]

*Fazit: Funktionswandel und Strukturwandel, schleichender und revolutionärer Institutionenwandel*

Die Veränderungen in der institutionellen Konfiguration können einen Funktionswandel oder einen Strukturwandel bedeuten. Funktionswandel liegt vor, wenn sich die Funktionen einer Institution, also ihre zweckdienlichen Leistungen für das Gesamtsystem, verändern. Strukturwandel liegt vor, wenn sich eine Institution gewissermaßen „substantiell" verändert: sei es, daß sie aufhört zu existieren und ggf. durch eine neue Institution ersetzt wird, sei es, daß eine neu gegründete Institution bisherige Funktionen übernimmt, sei es, daß ihre Akteure bezüglich

---

[23] Eine sehr ambivalente Ausprägung dieses Falles tritt ein, wenn in Krisensituationen den Institutionen von den Adressaten besondere Vollmachten erteilt werden, so daß sie durch den Willen ihrer Adressaten mehr Macht erhalten. Klassisches Beispiel ist der römische *dictator*. Hier wird, wenn die Machterweiterung einvernehmlich und vorübergehend erfolgt, kein Legitimationsdefizit entstehen, weil die Repräsentation freiwillig und nicht auf Dauer eingeschränkt ist. Ein Legitimationsdefizit droht allerdings auf längere Sicht, wenn sich die Macht der Institution im Ausnahmezustand nicht wieder wie vorgesehen zurückbildet, was angesichts ihrer Eigenlogik – siehe Verselbständigungstendenzen – stets wahrscheinlich ist.

ihrer Trägerschicht auf lange Sicht wechseln, sei es, daß sie ihr Erscheinungsbild und ihre verwendete Symbolik grundlegend verändert. Funktionswandel wie Strukturwandel können sehr unterschiedliche Ausmaße annehmen, von unterschiedlicher Intensität sein. Indikatoren für Institutionenwandel sind sie dann, wenn sie eine Veränderung der Funktionsweise, also des tatsächlichen „Funktionierens" der Institution, welches von Struktur und Funktion gleichermaßen abhängt, zur Folge haben. In der Willensbeziehung deutet die gleichläufige Veränderung der Bestimmungsfaktoren auf einen Funktionswandel, die gegenläufige Entwicklung auf einen Strukturwandel hin.

Im Fall der Stärkung der Institution (3) handelt es sich um *Funktionswandel*. Die Institution übernimmt in der Regel auch andere oder jedenfalls zusätzliche Funktionen. Infolgedessen ändert sich die Funktionsweise der Institution: mehr Macht, aber auch mehr Kontrolle. Dieser Funktionswandel läßt die Institution in ihrer Struktur unangetastet, denn das Verhältnis zwischen Macht und Repräsentation oder Steuerung und Legitimation ändert sich nicht grundlegend.

Im Fall der Verselbständigung der Institution (1) handelt es sich um *Strukturwandel*. Durch die gegenläufige Entwicklung von Macht und Repräsentation „wird" die Institution „eine andere"; ihre Funktionsweise folgt, weil von den Adressaten abgehoben, ganz anderen Mustern (Geheimhaltung, besonderer Korpsgeist der Akteure usw.). Auch wenn sie ihre Funktion(en) nach wie vor erfüllt, vielleicht sogar mit veränderter Funktionsweise effizienter, so betrifft doch die Veränderung der Konfiguration die Institution in ihrem Kern. Damit ist hier die Möglichkeit von Krisen wahrscheinlicher. Die einmal erreichte größere transitive Macht reicht nicht aus. Eintretende Mißerfolge, ein sichtbar werdender Mangel an Effizienz sind durch Repräsentation nicht mehr abgefedert, sie schlagen unmittelbar legitimatorisch durch und bringen die Institution selbst in Mißkredit. Wie prekär dieser Vorgang werden kann, zeigt sich in der Fragilität des Autoritarismus von Militärregimen: Angetreten mit dem Anspruch überlegener Effizienz, geraten sie schnell in große Schwierigkeiten, wenn der Schein sich nicht aufrechterhalten läßt.

In den Fällen der Demokratisierung und des Machtverlustes der Institution (2) tritt ebenfalls ein *Strukturwandel* ein, auch wenn er nicht immer deutlich sichtbar ist oder in den politischen Auseinandersetzungen selbst nicht zugegeben wird. Selbst wenn die Funktionen der Institution sich nicht verändern (was eher unwahrscheinlich ist), verändert sich ihre Funktionsweise. Im Fall der Demokratisierung müßte sich idealiter die Funktionsweise der Institutionen entgegengesetzt zur Verselbständigung von Institutionen (1) entwickeln. Tatsächlich ist Demokratisierung für westliche Repräsentativsysteme gerade deshalb so umstritten, weil die Konsequenz des implizierten Strukturwandels das Selbstverständnis der repräsentativen Demokratie unmittelbar tangiert. In den Transformationsprozessen Mittel-, Ost- und Südosteuropas erfordert ein solcher Strukturwandel, soll er konsequent erfolgen, häufig die Neugründung von Institutionen. Sie verhindert allerdings nicht zwangsläufig, daß Akteure aus den alten Trägerschichten die

Neuvermessung von Repräsentation und Legitimation de facto unterlaufen; so besteht stets die Gefahr, daß die neuen Institutionen nur Fassade bleiben, weil sich das Verhältnis von Macht und Repräsentation doch nicht strukturell geändert hat. – Im Falle des Machtverlustes von Institutionen ist der Niedergang der Steuerungsfähigkeit nicht nur an realen Mißerfolgen abzulesen. Der Strukturwandel äußert sich in der Funktionsweise der Institutionen auch darin, daß sie immer krampfhafter versuchen, das eingespielte Verhältnis von Macht und Repräsentation in der Willensbeziehung so aufrechtzuerhalten, als ob der Verlust an transitiver Macht nicht stattgefunden hätte und als ob die immer mehr sich verselbständigenden Legitimationsressourcen ihnen noch wie bisher zur Verfügung stünden. In den daraus folgenden Krisen haben es die westlichen Demokratien allerdings bisher immer noch verstanden, Machtverluste von Institutionen durch Äquivalente zu kompensieren und die Herausbildung eines angemesseneren Verhältnisses von Macht und Repräsentation nicht zu blockieren. Die autoritär-bürokratischen Systeme des Realsozialismus hingegen vermochten strukturellen Institutionenwandel dieser Art kaum zu verarbeiten – mit den bekannten Konsequenzen.

Versuchen wir, für die Willensbeziehung im Institutionenwandel insgesamt Strukturwandel und Funktionswandel gegeneinander abzuwägen, so erscheint in der Regel Strukturwandel gewichtiger und von weiter reichender Bedeutung. Ohne Zweifel kann auch Funktionswandel ganz erhebliche Folgewirkungen haben, die über diejenigen von Strukturwandel hinausgehen. In Fällen eines so gravierenden Funktionswandels ist dieser aber häufig mit Strukturwandel verbunden bzw. hat ihn selbst zur Folge. Der Prozeß der europäischen Integration ist zunächst Funktionswandel, weil die nationalstaatlichen Institutionen Kompetenzen verlieren. Zugleich werden suprastaatliche Institutionen aufgebaut, und damit beginnt auch ein Strukturwandel, zumal das Verhältnis von Macht und Repräsentation nicht mehr dem nationalstaatlichen entspricht, Macht sich vielmehr zu verselbständigen beginnt. Insofern läßt sich *schleichender* und *revolutionärer* Institutionenwandel jeweils dem Funktionswandel und dem Strukturwandel zuordnen, da ein Funktionswandel zumeist weniger sichtbar und abrupt verläuft als ein Strukturwandel. Allerdings bleibt die Zuordnung unscharf und insofern für die systematische Bestimmung von Institutionenwandel wenig verwendbar, denn auch ein Strukturwandel kann „schleichend" beginnen, ein Funktionswandel „revolutionäre" Konsequenzen haben. „Schleichender" und „revolutionärer" Institutionenwandel sind lediglich als unverzichtbare Kennzeichnungen auf der Phänomenebene von Bedeutung, weil sie anschaulich klarmachen, daß Institutionenwandel nicht erst dann vorliegt, wenn die Veränderungen abrupt, plakativ und substantiell sind. Das gilt bereits für die Willensbeziehung, erst recht aber für die Symbolbeziehung.

## V. Institutionenwandel in der Symboldimension: Integration

Veränderungen in der Symbolbeziehung sind stets Ausdruck von Institutionenwandel: Sie sind Indikator und Verstärker zugleich. Bestimmungsfaktoren für Institutionenwandel in der Dimension der Symbolbeziehung sind intransitive Macht, symbolische Repräsentation und Integration: auch hier gehe ich wieder von vereinfachten Annahmen aus.

*Intransitive Macht* beruht auf der Gemeinsamkeit der Bürger in grundlegenden Wertvorstellungen über das Zusammenleben in einem Gemeinwesen und dessen Ordnung. Politische Institutionen haben diese zur Voraussetzung, sie gewinnen daraus ihre moralische und politische Legitimation. Im Normalfall – wenn wir es mit „guten" Institutionen zu tun haben – sind sie der Ausdruck der intransitiven Macht der Bürger, ihrer Adressaten. Die Veränderung intransitiver Macht beruht auf einem Wandel der grundlegenden politischen Wertvorstellungen – sei es, daß sich die Wertvorstellungen inhaltlich verändern, sei es, daß die Präferenzen gegenüber grundlegenden Werten sich verschieben, sei es, daß in Form einer Rekombination der Identifikationsmuster bisher maßgebende Wertvorstellungen verblassen und abgebrochene Traditionen aktiviert werden.[24] Diese Veränderungen sind – bezüglich bestehender Institutionen – ein Abkoppelungsprozeß, der sie als Entitäten zunächst nicht betrifft (sie bleiben äußerlich unverändert), wohl aber tangiert dieser Vorgang ihre Legitimation, die Anerkennung ihrer Leistungen. Daraus ergibt sich auf längere Sicht entweder ein Anpassungsprozeß der politischen Institutionen an die intransitive Macht der Bürger oder aber eine nur mehr künstliche Aufrechterhaltung der Institutionen mit der Gefahr des Zusammenbrechens.

*Symbolische Repräsentation* ist die „Antwort" der politischen Institutionen auf die intransitive Macht der Bürger, ihrer Adressaten. Sie stellt die intransitive Macht in ihren grundlegenden politischen Wertvorstellungen und Ordnungsprinzipien symbolisch dar, und sie bringt damit zum Ausdruck, daß diese für die Institutionen maßgebend sind (oder sein sollen). Vorausgesetzt, daß intransitive Macht im Gemeinwesen wenigstens latent vorhanden ist, so genügt das bloße Vorhandensein noch nicht. Sie muß „lebendig" bleiben, und das heißt weniger metaphorisch: Sie muß für die Bürger prinzipiell sichtbar sein und von ihnen als wirkungsmächtig erfahren und erlebt werden. Das ist die *Integration*, welche ein Gemeinwesen in den mindesterforderlichen gemeinsamen Beziehungen und Wertvorstellungen konstituiert, und sie erfolgt vor allem durch die Darstellung der gemeinsamen Wertvorstellungen der Bürger. Die Integrationsleistung politischer Institutionen ergibt sich daher unmittelbar aus ihrer symbolischen Repräsentation: außerhalb der Willensbeziehung „sind" Institutionen nur, als was und wie sie sich darstellen.

---

24 Dieser Vorgang scheint in besonderem Maße den Institutionenwandel in den postsozialistischen Systemen Ost-Mitteleuropas zu kennzeichnen; vgl. Mänicke-Gyöngyösi (1995 und 1996).

Für symbolische Integration ist die Beziehung der Institutionen vermittels symbolischer Repräsentation zur intransitiven Macht der Bürger entscheidend, und aus dieser Beziehung ist Institutionenwandel hier zu bestimmen.

Da die Bestimmungsfaktoren in Symbol- und Willensbeziehung verschieden sind, lassen sich die Fallunterscheidungen nicht einfach übertragen. Insbesondere die Beziehung zu den Adressaten spielt hier eine wichtige Rolle. Konnte sie in der Willensbeziehung einfach vorausgesetzt werden, so hängt es nun von den Adressaten ab – nämlich davon, wie sie auf ihrer Seite intransitive Macht konstituieren –, wie Institutionenwandel in der Symboldimension zu erfassen ist. Die Veränderung von intransitiver Macht, obwohl nicht auf der Seite der Institution als Entität, ist hier ein ebenfalls notwendiger Bestimmungsfaktor für Institutionenwandel. Der Grund liegt darin, daß in der Willensbeziehung als vereinfachte Annahme vorausgesetzt werden kann, daß sich Macht und Repräsentation in der institutionellen Konfiguration nur *quantitativ*, nur durch relative Vermehrung oder Verminderung, verändern. In der Symbolbeziehung geht es um *qualitative* Veränderungen auch auf seiten der Adressaten selbst, denn Institutionenwandel hängt wesentlich mit davon ab, ob intransitive Macht in den grundlegenden Wertvorstellungen der Bürger sich verändert oder nicht.

Die Konsequenz ist: Es muß genau berücksichtigt werden, von welcher Konstellation zum Zeitpunkt $t_1$ auszugehen ist und welche Konstellation als Ergebnis zum Zeitpunkt $t_2$ erreicht wird. Im Gegensatz zur Bestimmung des Institutionenwandels in der Willensbeziehung kommt es in der Symbolbeziehung nicht nur im Ergebnis auf die veränderte Konstellation der Bestimmungsfaktoren an. Ebenso wichtig ist hier, ob im Verhältnis intransitiver Macht und symbolischer Repräsentation zum Zeitpunkt $t_1$ eine Korrespondenz oder Diskrepanz der beiden vorliegt. Es wäre unangemessen, einfach Korrespondenz vorauszusetzen, denn der Institutionenwandel kann ebensogut mit einer Diskrepanz von intransitiver Macht und symbolischer Repräsentation einsetzen. Institutionenwandel kann deshalb sowohl darin bestehen, daß eine Übereinstimmung hergestellt wird, was das Gemeinwesen ungemein stabilisiert (und in dieser Dimension legitimiert), als auch darin, daß eine einmal gegebene Übereinstimmung verloren geht, entweder durch eine Veränderung der Wertbasis der Bürger (intransitive Macht) oder durch eine Veränderung ihres symbolischen Ausdrucks durch die Institutionen. Im ersten Fall handelt es sich um einen gelungenen, im zweiten Fall um einen mißlungenen Institutionenwandel. Schließlich kann die Korrespondenz auch dadurch erhalten bleiben (und auch dies ist ein Fall von Institutionenwandel), daß sich intransitive Macht und Repräsentation beide, und zwar übereinstimmend, geändert haben; auch hier handelt es sich um einen gelungenen Institutionenwandel.[25]

---

25 Die hier entscheidende Kategorie der *Korrespondenz* (bzw. der Diskrepanz) muß sowohl analytisch, als Zustandsbeschreibung, wie auch normativ, als Maßstab der Beurteilung, gefaßt werden. Es geht hier um Wertvorstellungen und die Angemessenheit der symbolischen Repräsentation und Integration der Institutionen an diese Wertvorstellungen: Diese Angemessenheit ist zunächst normativ vorgegeben (weil Ausgangs-

Entsprechend ist die *Definition* für politischen Institutionenwandel zu spezifizieren: In der Symbolbeziehung liegt Institutionenwandel vor, wenn sich die institutionelle Konfiguration durch eine Veränderung der intransitiven Macht der Adressaten oder eine Veränderung ihrer symbolischen Repräsentation (und in der Folge: der Integration) der Institution verändert. Korrespondiert dabei die Beziehung zwischen intransitiver Macht und symbolischer Repräsentation zum Zeitpunkt $t_1$ und korrespondiert diese Beziehung zum Zeitpunkt $t_2$ nicht, bzw. korrespondiert sie zum Zeitpunkt $t_1$ nicht und korrespondiert sie zum Zeitpunkt $t_2$, so handelt es sich um *Strukturwandel der Institution* (in der Symbolbeziehung). Korrespondieren beide zum Zeitpunkt $t_1$ und $t_2$ und liegen trotzdem Veränderungen vor, so handelt es sich um *Funktionswandel*.

Betrachten wir die wichtigsten Konstellationen ein wenig näher (s. *Übersicht 2*).

### (A) Pathologie, Krise der Institutionen

Intransitive Macht und symbolische Repräsentation korrespondieren miteinander zum Zeitpunkt $t_1$, aufgrund einer Auseinanderentwicklung von intransitiver Macht und symbolischer Repräsentation jedoch nicht mehr zum Zeitpunkt $t_2$. Der Institutionenwandel, mit dem wir es hier zu tun haben, erbringt normativ gesehen eine Pathologie der Institution, empirisch gesehen eine Krise, welche die Stabilität der Institution in Frage stellt. Der Wandel hat zwei unterschiedliche Formen:

punkt eben die intransitive Macht ist, also die Seite der Adressaten), und auf dieser Grundlage wird sie analytisch bestimmt.

*Normativ* beschreibt sie eine Konstellation, die zu erreichen oder zu bewahren ist: nämlich die Angemessenheit der symbolischen Repräsentation und Integration der Institutionen an die grundlegenden politischen Wertvorstellungen ihrer Adressaten – eben die intransitive Macht, die ein Gemeinwesen entfalten kann. Nur wenn die Institutionen diese Wertvorstellungen wirklich ausdrücken, ist das Gemeinwesen – normativ gesehen – „in Ordnung", können die politischen Institutionen die Akzeptanz der Adressaten erwarten und legitimerweise Folgebereitschaft verlangen. Voraussetzung ist, daß die Wertvorstellungen der Bürger in den Institutionen auch tatsächlich soweit zum Tragen kommen, daß sie als die ihren erkennbar sind; sonst entsteht eine für die Bürger bald durchsichtige ideologische Eigendarstellung der Institutionen. Ist die symbolische Repräsentation und die durch die Institutionen veranstaltete Integration den grundlegenden politischen Wertvorstellungen der Bürger unangemessen, so handelt es sich um ein pathologisches Verhältnis. Das Gemeinwesen hat „schlechte" Institutionen.

*Analytisch* dient die Kategorie zur Beschreibung des Institutionenwandels. Entsprechend der normativen Vorgabe ist die erreichte Konstellation „schlechter", wenn aus Korrespondenz Diskrepanz wird, oder „besser", wenn aus Diskrepanz Korrespondenz wird; oder sie ist nach wie vor unproblematisch, wenn die Korrespondenz im Falle des Institutionenwandels insgesamt erhalten bleibt. Da Korrespondenz und Diskrepanz von intransitiver Macht und symbolischer Repräsentation prinzipiell empirisch bestimmbar sind, läßt sich auch empirisch bestimmen, ob und wie weit zu den Zeitpunkten $t_1$ und $t_2$ das normative Postulat eingelöst ist und in welche Richtung somit der Institutionenwandel geht.

*Übersicht 2:* Formen des Institutionenwandels in der Symbolbeziehung

| $t_1$<br>iM — sR | | | $t_2$<br>iM — sR | |
|---|---|---|---|---|
| | Veränderung | | | |
| (A) | ≈ | | ≠ | **Pathologie, Krise** |
| | | sR | | Verselbständigung |
| | | iM | | Unangemessenheit |
| (B) | ≠ | | ≈ | **Anpassung** |
| | | sR | | Reform, Revolution |
| | | iM | | Akzeptanz der Institution |
| (C) | ≈ | | ≈ | **Funktionswandel** |
| | | sR | | Ausbildung der Symbolik |
| | | iM  sR | | komplementärer Wandel |

| iM | intransitive Macht | ≈ | Korrespondenz von iM und sR |
|---|---|---|---|
| sR | symbolische Repräsentation | ≠ | Diskrepanz von iM und sR |

Entweder ergibt sich die Diskrepanz aus einer Veränderung der symbolischen Repräsentation auf seiten der Institution, oder sie ergibt sich aus einer Veränderung der intransitiven Macht auf seiten ihrer Adressaten.

*(A1) Verselbständigung*

Politische Institutionen verändern ihre symbolische Repräsentation gegenüber den grundlegenden Wertvorstellungen ihrer Adressaten. Wenn sie sich von ihnen entfernen, nimmt die Korrespondenz ab, die durch symbolische Repräsentation begründet zum Ausdruck zu bringen wäre. Das Verhalten ihrer Akteure ist nicht mehr die symbolische Repräsentation der grundlegenden politischen Wertvorstellungen der Adressaten. Diese Verselbständigung generiert „symbolische Politik" (Edelman 1990; Sarcinelli 1987); wenn sie die gewünschte Integration der Bürger trotz der Unangemessenheit zur intransitiven Macht aufrechtzuerhalten sucht, ist sie ideologisch.

Obwohl die Institutionen dem äußeren Anschein nach hier möglicherweise gleich geblieben sind, liegt struktureller Institutionenwandel vor, da der Bezug zu den Bürgern ein ganz anderer geworden ist. Vermutlich werden sich solche Institutionen im weiteren Verlauf auch äußerlich verändern: ihre Symbole verstärken, eindeutiger ausrichten und gezielt einsetzen. Was sich im Bezug zu den Bürgern vor allem ändert, ist – bedingt durch die Veränderung des Verhältnisses von intransitiver Macht und symbolischer Repräsentation – die Art und Weise der Integration. Sie besteht nun nicht mehr darin, die grundlegenden Wertvorstellungen der Bürger zum Ausdruck zu bringen, um sie zu integrieren, sondern vielmehr in dem Versuch, ihre Wertvorstellungen so auszurichten und umzugewichten, daß sie sich den Institutionen – und das heißt in diesem Zusammenhang: den Interessen ihrer handelnden Akteure – anpassen.

Diese Vorgänge und Praktiken sind von autoritären und totalitären Regimen her geläufig. Auch Plebiszite können Ausdruck eines solchen Institutionenwandels sein: wenn sie, wie etwa in der Endphase der Ära de Gaulle, vor allem dazu verwendet werden, um durch scheinbar plausible Antworten auf vereinfachte Fragestellungen eine Korrespondenz von intransitiver Macht und symbolischer Repräsentation zu suggerieren und damit Integration zu bewirken. Weniger dramatisch im negativen Sinn, aber von der Struktur her gleichgeartet, sind Vorgänge des Institutionenwandels, in denen ein neues institutionelles Arrangement durch Verlagerung von Kompetenzen auf übergeordnete Instanzen entsteht, wie etwa im Falle der europäischen Integration. Ein erhebliches Problem besteht darin, daß mit der Entwicklung zu neuen Organisationsformen nicht auch schon eine entsprechende Umorientierung der kollektiven Identität der Bürger einhergeht; sie bleiben vor allem in der Symbolbeziehung primär noch auf den Nationalstaat fixiert, selbst in Deutschland. Wir haben es hier mit einem „Nachhinken" der Wir-Identität und des sozialen Habitus der Bürger gegenüber den organisatorischen Integrationsprozessen zu tun (Elias 1987); so korrespondiert die symbolische Repräsentation der europäischen Institutionen der intransitiven Macht der (nationalstaatlich orientierten) Bürger nicht, sie bleibt ihr gegenüber zumindest defizitär.

*(A2) Unangemessenheit*

Die symbolische Repräsentation der Institutionen kann auch umgekehrt infolge einer Veränderung der Wertvorstellungen der Bürger unangemessen werden. Im Maße, wie die Veränderung grundlegende politische Wertvorstellungen und Ordnungsprinzipien umfaßt oder sich auf diese auswirkt, entfernen sich die Institutionen in der Symbolbeziehung von den Adressaten, sie werden nicht mehr verstanden oder abgelehnt.

Die Veränderung grundlegender politischer Wertvorstellungen und Ordnungsprinzipien wird sichtbar, wenn überkommene Identifikationsmuster nicht mehr ausreichen und öffentlich umgedeutet werden. Dies ist der Fall im Wiederausbrechen alter partikularer Nationalismen in den Nachfolgestaaten des früheren Ostblocks oder im islamischen Fundamentalismus, der einen auch politisch folgenreichen Wertewandel bewirkt. In vergleichsweise geringerem Maße hat ein postmaterialistischer Wertewandel in den westlichen Industriegesellschaften die Orientierungslinien verändert. Politische Institutionen sehen sich Bürgerbewegungen und den Subkulturen neuer sozialer Bewegungen oder auch einer allgemein propagierten „Politikverdrossenheit" gegenüber, auf die ihre Steuerungsfähigkeit, vor allem aber ihre symbolische Repräsentation und damit ihre Integrationsleistung ursprünglich nicht zugeschnitten war. Die normative Bewertung dieser Form des Institutionenwandels ist nicht eindeutig. Einerseits ist es nicht Aufgabe der politischen Institutionen, gegen Veränderungen der Wertvorstellungen der Bürger anzugehen, da die Bürger das Gemeinwesen ausmachen, welches die politischen Institutionen symbolisch repräsentieren. Andererseits ist eine Entwicklung zur Diskrepanz von intransitiver Macht und symbolischer Repräsentation grundsätzlich eine Pathologie der Institutionen, und das bedeutet eine Konstellation, die nicht stabil ist. Wenn die Veränderung der intransitiven Macht überdies dahin geht, daß die veränderten Wertvorstellungen und Identifikationsmuster der Bürger im Lichte historischer Erfahrungen zwar verständlich, aber doch höchst fragwürdig und gefährlich sind (neue Nationalismen), wird man nicht in einem positiven Sinn von Institutionenwandel sprechen können.

Es ist durchaus nicht selbstverständlich, hier schon von Institutionenwandel zu sprechen, denn an den Institutionen selbst wird er nicht unbedingt sichtbar. Zumindest vorübergehend braucht sich an der Institution, wie wir sie als Gebilde wahrnehmen, nichts zu ändern. Aber Institutionenwandel liegt auch dann vor, wenn die Struktur ihres Bezugssystem sich wandelt, und die Entwicklung von Korrespondenz zu Diskrepanz der intransitiven Macht und der symbolischen Repräsentation verändert das Bezugssystem in entscheidenden Faktoren und somit auch die institutionelle Konfiguration. Institutionenwandel – so ist daraus zu folgern – ist vor allem dann gravierend, wenn er aus Veränderungen der Relation zu den Adressaten resultiert. Entwickelt sich die Korrespondenz zur Diskrepanz, so ist die Institution von ihrer Struktur her verändert, und dieser tiefgreifende Wandel wird früher oder später in der symbolischen Repräsentation auch äußerlich dadurch sichtbar, daß die Institution grundlegende politische Wertvorstellungen zum Ausdruck bringt, die nicht mehr diejenigen ihrer Adressaten sind.

(B) Anpassung

Zum Zeitpunkt $t_1$ besteht eine Diskrepanz von intransitiver Macht und symbolischer Repräsentation; diese wird mehr oder minder abgebaut, so daß Korrespondenz entsteht. Die Anpassung kann in doppelter Richtung verlaufen. Entweder passen die Adressaten die Institution ihren grundlegenden politischen Wertvorstellungen an, so daß die Institution nun diese in der Symbolbeziehung durch symbolische Repräsentation zum Ausdruck bringt – dann geht es um Reform oder Revolution. Oder die Adressaten passen sich ihrerseits der Institution an, indem sie intransitive Macht so generieren bzw. fortentwickeln, daß die symbolische Repräsentation zunehmend die real grundlegenden Wertvorstellungen zum Ausdruck bringt.

## (B1) Reform, Revolution

Politische Institutionen können durch die Bürger so verändert werden, daß eine anfangs bestehende Diskrepanz abgemildert oder aufgehoben ist. Wenn die symbolische Repräsentation auf diese Weise mit der intransitiven Macht zum Einklang gebracht wird, erhalten die politischen Institutionen ein vorher nicht einsetzbares Integrationspotential. Dieser strukturelle Institutionenwandel kann graduell und partiell erfolgen, aber auch als mehr oder minder kurzfristig verlaufende Beseitigung der entstandenen Diskrepanz auftreten. Im ersten Fall handelt es sich um Reform, im zweiten Fall um Revolution. Was hier unmittelbar den Institutionenwandel ausmacht, ist auf der symbolischen Ebene die Anpassung der symbolischen Repräsentation, also der für das Gemeinwesen institutionalisierten und als solche geltend gemachten Werte und Ordnungsprinzipien an die grundlegenden politischen Wertvorstellungen der Adressaten. Dieses Bild ist natürlich übervereinfacht, weil dabei nur auf den Prozeß des Institutionenwandels durch Anpassung der symbolischen Repräsentation an die intransitive Macht abgestellt wird, ohne die Gewaltproblematik in der Durchsetzung der transitiven Macht und die Frage nach Herkunft und Tradition der eingesetzten intransitiven Macht zu thematisieren. Reale, historische Vorgänge dieser Art lassen sich nur komplex beschreiben. Den Grundvorgang von Reform und auch Revolution dürfte das Modell aber treffen.

Reform ist zumeist positiv konnotiert. Für Revolution gilt das weniger; wird sie nicht grundsätzlich abgelehnt, so hängt ihre Bewertung doch von den jeweiligen Zielen der politischen und gesellschaftlichen Veränderung ab. Unter dem Gesichtspunkt des Institutionenwandels und dem dabei zugrunde gelegten Kriterium der Korrespondenz erscheint sie freilich grundsätzlich in einem positiven Licht, nämlich als eine Form der Anpassung an die intransitive Macht. Der Fall liegt ähnlich wie im erörterten Fall der Unangemessenheit (A2). Das Kriterium der Korrespondenz ist die eine Seite, Fragen der Legitimation von Gewalt und der Angemessenheit der Mittel sind die andere Seite. Immerhin hat auch das Kriterium der Korrespondenz als Bewertungsgrundlage eine normative Voraussetzung, die nur über ihre Realisierung in der Willensbeziehung von Macht und Repräsentation eingelöst werden kann: daß nicht eine Gruppe oder Elite, sondern die intransitive Macht des Volkes in einer Revolution die Übereinstimmung mit der symbolischen Repräsentation herstellt.

## (B2) Akzeptanz der Institutionen

Zum Institutionenwandel in Form der Anpassung gehört auch der umgekehrte Fall, der die Veränderung der intransitiven Macht zum Ausgangspunkt hat. Institutionen gewinnen zunehmend integrative Kraft, indem sie Orientierungsleistungen für die Bürger erbringen, die anfangs so nicht oder nur nachgeordnet bestanden. Bestes Beispiel ist das deutsche Grundgesetz. Ohne großes Interesse des Volkes wurde es formuliert, die Bürger wurden auch formal an der Diskussion nicht beteiligt, der Entwurf wurde dem Volk nicht zur Abstimmung vorgelegt. In der Entwicklung der Bundesrepublik hat das Grundgesetz allerdings eine geradezu überraschende integrative Kraft gewonnen. Seine wachsende Akzeptanz durch die Bevölkerung ist vornehmlich dem „Wirtschaftswunder" zu verdanken, für welches das Grundgesetz im Bewußtsein der Bürger symbolisch steht. Zugleich wurden seine entscheidenden Werte – Menschenwürde, individuelle Freiheit, Rechtsstaat und Demokratie – verinnerlicht und als tragende Grundwerte des Gemeinwesens weitgehend von ökonomischer Prosperität entkoppelt. Die Anpassung, die sich hier von seiten der Bürger vollzogen hat, ist als Anpassung der intransitiven Macht an die symbolische Repräsentation der Institution „Grundgesetz" äußerlich überhaupt nicht sichtbar. Daß es sich hierbei trotzdem um strukturellen Institutionenwandel handelt – und zwar für die Institution „Grundgesetz" –, ergibt sich aus der entsprechend erhöhten Integrationsleistung. Die institutionelle Konfiguration des Grundgesetzes ist eine andere geworden.

(C) Funktionswandel

Sind intransitive Macht und symbolische Repräsentation zum Zeitpunkt $t_1$ und zum Zeitpunkt $t_2$ kohärent, so liegt in den hier diskutierten Bestimmungsfaktoren zunächst einmal kein Institutionenwandel vor. Es gibt aber Fälle, die trotzdem Institutionenwandel markieren, und sie sind für das Verständnis von Institutionenwandel sogar besonders wichtig. Zwei von ihnen sollen abschließend diskutiert werden. Der erste bringt Funktionswandel politischer Institutionen durch die Ausbildung der Symbolik, der zweite bewirkt als Resultat Funktionswandel, indem zwei komplementäre Vorgänge strukturellen Institutionenwandels die Korrespondenz von intransitiver Macht und symbolischer Repräsentation wiederherstellen.

*(C1) Ausbildung der Symbolik*

In der Moderne gibt es kaum politische Institutionen, die naturwüchsig entstanden sind, und bei politischen Institutionen erscheint es überhaupt fraglich, ob sie naturwüchsig entstehen. Sie sind das Ergebnis von intellektuellen und sozialen Auseinandersetzungen, und den Anschein der Naturwüchsigkeit erhalten sie wohl erst dann, wenn sie lange Zeit bestehen und sich somit historisch auch verändern. Was ihre „Naturwüchsigkeit" also ausmacht, ist die Tatsache, daß sie sich, wie willentlich auch immer sie begründet wurden, nicht nach einem Plan entwickelt haben. Dies gilt insbesondere für die Ausbildung der Symbolik, die mit der Einrichtung von Institutionen nicht bereits fertig vorliegt, sondern sich erst allmählich entwickelt. Institutionen generieren ihre Symbole in einem Wechselprozeß mit den Adressaten als Resonanzboden. Sie bieten Symbole an; wenn diese von den Adressaten akzeptiert und verinnerlicht werden, bildet sich die Symbolik in stetem Wechselbezug weiter aus. Gründungsmythen, die dem realen Gründungsakt einen überschießenden Interpretationsrahmen der Symbolik geben, bringen die Institution in eine überhöhende Darstellung und verstärken ihre Identifikationsmuster. Eindrucksvoll ist der Gründungsmythos der Verfassung der Vereinigten Staaten von Amerika, der sich zu einem erheblichen Integrationsfaktor entwickelt hat. Die Faszination geht soweit, daß sogar vorgeschlagen wurde, den Gründungsakt für das Grundgesetz der Bundesrepublik Deutschland nachzuholen (Rödel et al. 1989).

Diese Ausbildung der Symbolik als Form des Institutionenwandels aufzufassen, erscheint zunächst weit hergeholt, denn im Wandel ändert sich die Korrespondenz in der Grundstruktur nicht. Die Entwicklung beginnt mit einer Korrespondenz der intransitiven Macht und der symbolischen Repräsentation und verstärkt diese lediglich durch die Veränderung der symbolischen Repräsentation. Zugleich allerdings verschiebt sich damit die Funktionsweise in der Symbolbeziehung, was sich realiter an der Entwicklung und der Wirkung der Symbole ablesen läßt. Die Funktion der (symbolischen) Integration erhält verstärkte Bedeutung; sie ist zunehmend in der Lage, reale Spannungen und strukturelle Probleme zu kompensieren. Dieser zumeist erwünschte, vielleicht sogar bestandserhaltende Funktionswandel politischer Institutionen läßt sich in seiner Bedeutung durch eine Gegenprobe ermessen: Die Umstrukturierung der postsozialistischen Gesellschaften in den Transformationsprozessen Mittel-, Ost- und Südosteuropas ist zunehmend bestimmt durch den Versuch (und die daraus resultierenden Auseinandersetzungen), durch Rückgriff auf mehr oder weniger fiktive Traditionen die Integrationskraft der politischen Institutionen zu verstärken.[26]

*(C2) Komplementärer Wandel*

Ebenfalls nicht sogleich offensichtlich und zudem komplizierter ist ein anderer Fall von Institutionenwandel, der in diesen Zusammenhang gehört: Veränderungen der intransitiven Macht einerseits, der symbolischen Repräsentation und Integration andererseits sind einander komplementär, so daß, nachdem sie ursprünglich ($t_1$) miteinander korrespondiert hatten, sie im Ergebnis wiederum korrespondieren ($t_2$). Wenn sich die Wertvorstellungen wandeln, können sich die politischen Institutionen ihrerseits den gewandelten Wertvorstellungen anpassen, so daß im Wandel die Angemessenheit aufrechterhalten bleibt, und sie können somit eine entsprechend veränderte Orientierungsleistung erbringen. Im Ergebnis haben sie damit einen Funktionswandel durchgemacht. Was intuitiv völlig plausibel ist, läßt sich mit dem hier verfolgten Konzept von Institutionenwandel nicht so leicht modellieren. Bisher wurde Institutionenwandel in der Symbolbeziehung dadurch erfaßt, daß entweder die intransitive Macht oder die symbolische Repräsentation sich ändern. Dadurch ergibt sich eine Veränderung der wechselseitigen Beziehung, nämlich Diskrepanz statt Korrespondenz (A) oder Korrespondenz statt Diskrepanz

---

26 Mänicke-Gyöngyösi (1995 und 1996), vgl. auch den Beitrag von Stölting (in diesem Band).

(B), welche den Institutionenwandel anzeigt. Eine Veränderung beider Faktoren läßt sich nicht so eindeutig interpretieren.[27] Es bleibt zu fragen, was das vorgelegte Konzept von Institutionenwandel in einem solchen Fall hergibt. An einem Beispiel läßt sich zeigen, daß es sich hier tatsächlich um den Zusammenhang zweier komplementärer, bereits erfaßter Vorgänge des Institutionenwandels handelt. Es zeigt sich zugleich, daß der analytische Rahmen für eine realitätsnahe Bestimmung von Institutionenwandel entsprechend erweitert werden muß.

Im Zuge und als Ergebnis der Studentenrevolte Ende der 60er Jahre haben sich die westdeutschen Universitäten erheblich verändert (sie seien hier zur Illustration herangezogen, auch wenn sie nicht im engeren Sinne „politische" Institutionen sind). In der Studentenrevolte kam eine weit verbreitete Veränderung der grundlegenden politischen Wertvorstellungen und somit der intransitiven Macht zum Ausdruck. In heftigen Auseinandersetzungen bewirkte sie einen Wandel der Institution „Universität" sowohl in der symbolischen Repräsentation (Anpassung der Selbstdarstellung durch Aufgabe oder zumindest Zurückstufung überkommener Symbole, Kreierung neuer „demokratischer" Symbole wie etwa Drittel- oder Viertelparität anstelle der „Ordinarienherrschaft") ebenso wie in der Organisationsstruktur und der Verhaltensweise der Akteure. Alles in allem waren die Universitäten als Institutionen „kaum wiederzuerkennen".

Dieser unleugbare Institutionenwandel war aber nicht in dem Sinne ein struktureller, daß sich im Ergebnis die Korrespondenz zwischen intransitiver Macht und symbolischer Repräsentation zu einer Diskrepanz verändert hätte. Unterstellen wir, daß vor diesen Veränderungen eine Korrespondenz bestanden hatte, so ergab sich nun als Ergebnis der veränderten intransitiven Macht (vor allem der Studenten und Assistenten) und der symbolischen Repräsentation ihrer Wertvorstellungen durch die Universitäten wiederum eine Korrespondenz, also ein gemeinsamer Wandel beider Bestimmungsfaktoren. Die Integration – darüber dürfen alle Auseinandersetzungen nicht hinwegtäuschen – erfolgte nach wie vor dadurch, daß die Institutionen für die Wertvorstellungen der Adressaten standen und diese auch symbolisch zum Ausdruck brachten. (Es bleibt lediglich anzumerken, daß diese Korrespondenz nicht vollständig war und einen Teil der Professorenschaft nicht umfaßte. Diese konnten darum einen weiteren, wieder zurückschwingenden Institutionenwandel bewirken.) Trotzdem hat sich die Funktionsweise der Institution Universität erheblich verändert. Demokratisierung nach innen und Öffnung nach außen haben einen Funktionswandel der akademischen Selbstverwaltung

---

27 Wir können nicht davon ausgehen, daß eine Veränderung der intransitiven Macht in positiver Korrelation eine bestimmte Veränderung der symbolischen Repräsentation (oder umgekehrt) nach sich zieht, denn daß beide Faktoren kohärent sein sollen, ist ein lediglich normatives Theorem für „gute" Institutionen. Empirisch können sie kohärent sein oder auch nicht. Unter dieser Vorgabe läßt sich analytisch in den Fällen (A) und (B) feststellen, daß aus der Beziehung von intransitiver Macht und symbolischer Repräsentation zum Zeitpunkt $t_1$ und der Veränderung einer der beiden eine bestimmte Beziehung beider als Institutionenwandel zum Zeitpunkt $t_2$ resultiert – mehr nicht.

*Wie verändern sich Institutionen?*

und des Bildungsauftrags gezeitigt, der heute die Bedingungen der Massenuniversität widerspiegelt.

Tatsächlich haben wir es hier mit einer komplementären Abfolge zweier Vorgänge zu tun. Die Veränderungen der intransitiven Macht und der symbolischen Repräsentation vollzogen sich nicht gleichzeitig. Letztere waren das Resultat der Auseinandersetzungen aufgrund der Veränderung der ersteren. So handelt es sich zunächst um einen strukturellen Institutionenwandel im Sinne der Unangemessenheit (A2), denn die veränderte intransitive Macht traf auf unveränderte symbolische Repräsentation, die ihr nun nicht mehr angemessen war. Der zweite Vorgang ist die strukturelle Anpassung (B1) der Institution Universität an die veränderte intransitive Macht ihrer Adressaten als Folge der heftigen Auseinandersetzungen. Beide Vorgänge zusammen ergeben den „komplementären Wandel" (C2), wobei der erste Vorgang, der zur Unangemessenheit der symbolischen Repräsentation an die intransitive Macht führte, nicht notwendig den zweiten Vorgang einer Wiederherstellung der Angemessenheit durch Anpassung der Institution zur Folge haben mußte. Die Logik des Institutionenwandels besteht somit in den beiden Einzelvorgängen, die im Ergebnis einen Funktionswandel der Institution bewirkt haben.

Diese Überlegungen haben Konsequenzen für die Theoriebildung, die hier nur mehr anzudeuten sind. Der Vorzug des vorliegenden Konzepts zur Bestimmung von Institutionenwandel liegt darin, daß er eine Vielfalt von Veränderungsprozessen, die vom „revolutionären" bis zum „schleichenden" Institutionenwandel reichen, mit einigen grundlegenden Bestimmungsfaktoren analytisch und normativ zu erfassen erlaubt. Insbesondere das Verhältnis von Wandel und verbleibenden Kontinuitäten wird auf diese Weise thematisiert. An ausgewählten Beispielen ließ sich dieses Konzept demonstrieren, reale Vorgänge sind aber zumeist komplexer. Es reicht nicht hin, jeweils festzustellen, welcher der Bestimmungsfaktoren sich verändert hat und welcher konstant geblieben ist, um daran den Institutionenwandel zu bemessen. Um das analytische und normative Instrumentarium auf komplexere Vorgänge anzuwenden, liegt es deshalb nahe, sie in zwei oder mehrere Teilentwicklungen „aufzusplitten", die in ihrer Kombination den jeweiligen Institutionenwandel als Zusammenhang ergeben. Wie das ohne allzu künstliche Konstrukte möglich ist, sollte das Beispiel des Institutionenwandels bei den deutschen Universitäten demonstrieren. Zugrunde liegt die Annahme, daß auch der reale Vorgang des Institutionenwandels aus zwei oder mehreren zeitlich aufeinanderfolgenden Einzelvorgängen besteht, die zwar miteinander verschränkt sind, aber doch so, daß die Einzelvorgänge jeweils durch einen der beiden Wirkfaktoren maßgeblich bestimmt sind. Die zeitliche Abfolge der Einzelvorgänge ist das, was wir gemeinhin die „Phasen" einer Entwicklung nennen.[28]

---

28 Methodisch haben wir es hier mit einer Abfolge durch *Kettenbildung* zu tun. Dies bedeutet, daß die erreichte Konstellation zum Zeitpunkt $t_{1+x}$ wiederum die Ausgangskonstellation für einen zweiten Teilvorgang bildet, mit dem dann die Endkonstellation zum Zeitpunkt $t_2$ erreicht wird. Nach demselben Muster können weitere Zwischenglie-

## VI. Zwei Schlußbemerkungen

*Erstens:* Meine Absicht war es, auf der Grundlage einer politikwissenschaftlich ausgerichteten Institutionentheorie das Konzept einer normativ-analytischen Strukturtheorie des Institutionenwandels vorzustellen. Es sollte gezeigt werden, daß politischer Institutionenwandel nicht nur und nicht in erster Linie aus Veränderungen der politischen Institutionen als anschaulicher Gebilde besteht. Um ihn in seiner Struktur und seinen Formen zu erfassen, ist er als Veränderung der institutionellen Konfiguration in ihren maßgebenden Bestimmungsfaktoren zu begreifen. Sie wurden in den Dimensionen der Willensbeziehung und der Symbolbeziehung jeweils unter den Aspekten von Macht und Repräsentation aufgesucht. Dabei wurde die Willensbeziehung stärker analytisch, die Symbolbeziehung stärker normativ betrachtet. Was abschließend bereits für die Symbolbeziehung anhand von intransitiver Macht und symbolischer Repräsentation erörtert wurde, gilt generell für die beiden Grunddimensionen der Willens- und der Symbolbeziehung. Für eine realitätsnahe Bestimmung von Institutionenwandel ist letztlich stets eine Zusammensicht beider erforderlich; die Veränderungen in der Willens- und der Symbolbeziehung sind nicht voneinander unabhängig. Institutionenwandel erfolgt in komplexen Gesamtvorgängen, und Theoriebildung hat dem Rechnung zu tragen, ohne die Vorteile analytischer Trennung aus der Hand zu geben. Um es an zwei bereits genannten Beispielen anzudeuten:

In der Endphase der DDR führte der Machtverlust in der Dimension der Steuerung zu einem verschärften Verlust an Integrationskraft der politischen Institutionen. Die ökonomischen Schwierigkeiten, die in Versorgungsmängeln sichtbar wurden, die organisatorische Unfähigkeit, mit den grenzüberschreitenden Informationsmöglichkeiten und Mobilitätswünschen umzugehen, veränderten die Basis der intransitiven Macht. Ein Aufkommen innerer Oppositionsbewegungen und die drastisch zunehmende Exit-Option der Bevölkerung war die Folge – was wiederum auf die Steuerungsfähigkeit negativ verstärkend zurückwirkte. Der Institutionenwandel wurde unaufhaltsam.

Im Prozeß der europäischen Integration besteht in der Dimension der Willensbeziehung eine Diskrepanz zwischen der Macht und Steuerungsfähigkeit der europäischen Institutionen und ihrer Kontrolle in der Repräsentation durch das Europäische Parlament. Zugleich besteht zwischen Willens- und Symbolbeziehung eine Diskrepanz von organisatorischer und symbolischer Integration, wie sie in Problemen der Akzeptanz europäischer Institutionen oder der vorgesehenen EURO- Währung durch die Bürger deutlich wird. Das sind Krisensymptome des

der eingeschoben werden. Auf diese Weise sind Veränderungen beider Bestimmungsfaktoren gesondert erfaßbar, und zugleich erhält die Modellierung eine größere Realitätsnähe. Es ist ja eher unwahrscheinlich, daß sich Institutionenwandel immer nur in einem einzelnen Schritt vollzieht – die Teilvorgänge sind vor allem analytische Grundelemente zur Beschreibung der Entwicklung.

Institutionenwandels. Sie können zu einer Krise der europäischen Integration, aber auch zu neuer Stabilität durch Institutionenwandel führen: sei es, daß Organisationsprobleme für den Bürger durchsichtiger gelöst werden; sei es, daß Erfolge schlicht neue Fakten schaffen; sei es, daß die europäischen Institutionen zu einer angemesseneren symbolischen Repräsentation finden. Jeder dieser Vorgänge würde auch auf die andere Dimension zurückwirken.

*Zweitens:* Die Absicht meiner Erörterungen war es auch, anhand der Beobachtungen von „revolutionärem" und von „schleichendem" Institutionenwandel eine Vielfalt von Veränderungsprozessen als Institutionenwandel zu begreifen und analytisch genauer als Strukturwandel oder Funktionswandel zu verorten. Wenn wir bei Institutionenwandel zunächst an revolutionären Institutionenwandel denken, so ist diese Sichtweise unzureichend. Institutionenwandel setzt zumeist viel früher an, als wir ihn manifest bemerken. Erfassen wir ihn über die institutionelle Konfiguration, beziehen also die Dimension der Symbolbeziehungen und die Bürger als Adressaten der politischen Institutionen mit ein, so können symbolische Akte – etwa die Montagsdemonstrationen in der DDR – nicht nur Systemprobleme, sondern einen bereits fortgeschrittenen Strukturwandel politischer Institutionen anzeigen, der als Wandel der Institutionen selbst noch nicht sichtbar ist. In der Vielfalt institutioneller Veränderungen haben wir es daher hauptsächlich mit schleichendem Institutionenwandel zu tun (mißverständlich „Vorgeschichte" genannt), der ab und zu von sichtbarem eruptivem Wandel unterbrochen wird. Die größere Bedeutung kommt zumeist dem ersteren zu, während der revolutionäre Institutionenwandel eher die Ausnahme ist. Beide folgen allerdings dem gleichen Grundmuster.

*Literatur*

Arendt, Hannah, 1970: Macht und Gewalt (am. 1970), München.
Arendt, Hannah, 1981: Vita activa oder Vom tätigen Leben, München 1967, Neuausgabe 1981.
Baláz, Juraj und Reinhard Bobach, 1995: Transformationstheorie – Versuch einer Rekonstruktion, in: B. Heuer und M. Prucha (Hrsg.), Der Umbruch in Osteuropa als Herausforderung für die Philosophie, Berlin, S. 201-222.
Balzer, Wolfgang, 1993: Soziale Institutionen, Berlin/New York.
Berger, Johannes, 1996: Editorial: Modernisierung und Modernisierungstheorie, in: Leviathan, 24. Jg., S. 8-12. + Was behauptet die Modernisierungstheorie wirklich – und was wird ihr bloß unterstellt?, in: Leviathan, 24. Jg., S. 45-62.
Berger, Peter L. und Thomas Luckmann, 1969: Die gesellschaftliche Konstruktion der Wirklichkeit (engl. 1966), Frankfurt a.M.
Beyer, Lothar und Klaus Grimmer u.a., 1994: Verwaltungsorganisation und Institution, in: Gerhard Göhler (Hrsg.), Die Eigenart der Institutionen. Zum Profil politischer Institutionentheorie, Baden-Baden, S. 245-271.
Beyme, Klaus von und Claus Offe (Hrsg.), 1995: Politische Theorien in der Ära der Transformation (= Sonderheft 26 der Politischen Vierteljahresschrift), Opladen.
Castoriadis, Cornelius, 1990: Gesellschaft als imaginäre Institution (frz. 1975), Frankfurt a.M.

Czada, Roland, 1995: Art. „Institutionelle Theorien der Politik", in: Lexikon der Politik, Bd. 1: Politische Theorien. Hrsg. von Dieter Nohlen und Rainer-Olaf Schultze, München, S. 205-213.
Deutsch, Karl W., 1969: Politische Kybernetik (am. 1963), Freiburg/Br.
Douglas, Mary, 1991: Wie Institutionen denken (am. 1986), Frankfurt a.M.
Edelman, Murray, 1990: Politik als Ritual. Die symbolische Funktion staatlicher Institutionen und politischen Handelns, Neuausgabe Frankfurt a.M./New York.
Eder, Klaus, 1993: Reflexive Institutionen. Eine Untersuchung zur Herausbildung eines neuen Typus institutioneller Regelungen im Umweltbereich. Forschungsprojekt im DFG-Schwerpunktprogramm „Theorie politischer Institutionen" (unveröff.).
Eder, Klaus, 1995: Die Dynamik demokratischer Institutionenbildung. Strukturelle Voraussetzungen deliberativer Demokratie in fortgeschrittenen Industriegesellschaften, in: Birgitta Nedelmann (Hrsg.), Politische Institutionen im Wandel (= Sonderheft 35 der Kölner Zeitschrift für Soziologie und Sozialpsychologie), Opladen, S. 327-345.
Elias, Norbert, 1987: Wandlungen der Wir-Ich-Balance, in: ders., Die Gesellschaft der Individuen, Frankfurt a.M., S. 207-315.
Fehr, Helmut, 1994: Probleme der Gründung politischer Institutionen in Ost-Mitteleuropa, in: Gerhard Göhler (Hrsg.), Die Eigenart der Institutionen, Baden-Baden, S. 331-349.
Gehlen, Arnold, 1940: Der Mensch. 13. Aufl., Wiesbaden 1986 (Einleitung von Karl-Siegbert Rehberg).
Gehlen, Arnold, 1956: Urmensch und Spätkultur. 5. Aufl., Wiesbaden 1986.
Göhler, Gerhard, 1992: Politische Repräsentation in der Demokratie, in: Thomas Leif, Hans-Josef Legrand und Ansgar Klein (Hrsg.), Die politische Klasse in Deutschland, Bonn/Berlin, S. 108-125.
Göhler, Gerhard (Hrsg.), 1994: Die Eigenart der Institutionen. Zum Profil politischer Institutionentheorie, Baden-Baden.
Göhler, Gerhard, 1994a: Politische Institutionen und ihr Kontext. Begriffliche und konzeptionelle Überlegungen zur Theorie politischer Institutionen, in: ders., Die Eigenart der Institutionen. Zum Profil politischer Institutionentheorie, Baden-Baden, S. 19-46.
Göhler, Gerhard u.a., 1997: Institution – Macht – Repräsentation. Wofür politische Institutionen stehen und wie sie wirken, Baden-Baden (im Druck).
Göhler, Gerhard, 1997a: Der Zusammenhang von Institution, Macht und Repräsentation, in: ders. u.a., Institution – Macht – Repräsentation. Wofür politische Institutionen stehen und wie sie wirken, Baden-Baden (im Druck).
Göhler, Gerhard und Rainer Schmalz-Bruns, 1988: Perspektiven der Theorie politischer Institutionen (Literaturbericht), in: Politische Vierteljahresschrift, 29. Jg., S. 309-349.
Hauriou, Maurice, 1925: Die Theorie der Institution und zwei andere Aufsätze (frz. 1925), Berlin 1965.
Héritier, Adrienne (Hrsg.), 1993: Policy-Analyse. I.1. Policy-Netzwerke, das Verhandlungsmodell und staatliche Steuerung (= Sonderheft 24 der Politischen Vierteljahresschrift), Opladen.
Keck, Otto, 1994: Die Bedeutung der rationalen Institutionentheorie für die Politikwissenschaft, in: Gerhard Göhler (Hrsg.), Die Eigenart der Institutionen. Zum Profil politischer Institutionentheorie, Baden-Baden, S. 187-220.
Landshut, Siegfried, 1964: Der politische Begriff der Repräsentation, in: H. Rausch (Hrsg.), Zur Theorie und Geschichte der Repräsentation und der Repräsentativverfassung, Darmstadt 1968, S. 482-497.
Lau, Ephraim Else, 1978: Interaktion und Institution. Zur Theorie der Institution und Institutionalisierung aus der Perspektive einer verstehend-interaktionistischen Soziologie, Berlin (West).
Lepsius, M. Rainer, 1990: Ideen, Interessen, Institutionen, Opladen.
Lepsius, M. Rainer, 1995: Institutionenanalyse und Institutionenpolitik, in: Birgitta Nedelmann (Hrsg.), Politische Institutionen im Wandel (= Sonderheft 35 der Kölner Zeitschrift für Soziologie und Sozialpsychologie), Opladen, S. 392-403.

Mänicke-Gyöngyösi, Krisztina, 1995: Konstituierung des Politischen als Einlösung der „Zivilgesellschaft" in Osteuropa?, in: B. Heuer und M. Prucha (Hrsg.), Der Umbruch in Osteuropa als Herausforderung für die Philosophie, Berlin, S. 223-244.
Mänicke-Gyöngyösi, Krisztina, 1996: Zum Stellenwert symbolischer Politik in den Institutionalisierungsprozessen postsozialistischer Gesellschaften, in: dies. (Hrsg.), Öffentliche Konfliktdiskurse um Restitution von Gerechtigkeit, politische Verantwortung und nationale Identität. Institutionenbildung und symbolische Politik in Ostmitteleuropa, Frankfurt a.M./Bern, S. 13-38.
March, James G. und Johan P. Olsen, 1989: Rediscovering Institutions. The Organizational Basis of Politics, London/New York.
March, James G. und Johan P. Olsen, 1994: Institutional Perspectives on Political Institutions. Working Paper Nr. 2. The Research Council of Norway, Oslo.
Mayntz, Renate, 1996: Gesellschaftliche Umbrüche als Testfall soziologischer Theorie, in: Lars Clausen (Hrsg.), Gesellschaften im Umbruch. Verhandlungen des 27. Kongresses der Deutschen Gesellschaft für Soziologie in Halle an der Saale 1995, Frankfurt a.M., S. 141-153.
Mead, George H., 1973: Geist, Identität und Gesellschaft aus der Sicht des Sozialbehaviorismus (am. 1934), Frankfurt a.M.
Merkel, Wolfgang, 1995: Theorien der Transformation: Die demokratische Konsolidierung postautoritärer Gesellschaften, in: Klaus von Beyme und Claus Offe (Hrsg.), Politische Theorien in der Ära der Transformation (= Sonderheft 26 der Politischen Vierteljahresschrift), Opladen, S. 30-58.
Müller, Hans-Peter und Michael Schmid (Hrsg.), 1995: Sozialer Wandel, Frankfurt a.M.
Münch, Richard, 1984: Die Struktur der Moderne. Grundmuster und differentielle Gestaltung des institutionellen Aufbaus der modernen Gesellschaften, Frankfurt a.M.
Nedelmann, Birgitta (Hrsg.), 1995: Politische Institutionen im Wandel (= Sonderheft 35 der Kölner Zeitschrift für Soziologie und Sozialpsychologie), Opladen.
Nedelmann, Birgitta, 1995a: Gegensätze und Dynamik politischer Institutionen, in dies., Politische Institutionen im Wandel (= Sonderheft 35 der Kölner Zeitschrift für Soziologie und Sozialpsychologie), Opladen, S. 15-40.
North, Douglass C., 1988: Theorie des institutionellen Wandels, Tübingen.
North, Douglass C., 1992: Institutionen, institutioneller Wandel und Wirtschaftsleistungen, Tübingen.
Parsons, Talcott, 1951: The Social System (Kap. XI), Glencoe.
Peters, Bernhard, 1993: Die Integration moderner Gesellschaften, Frankfurt a.M.
Pitkin, Hannah F., 1967: The Concept of Representation, Berkeley.
Rehberg, Karl-Siegbert, 1994: Institutionen als symbolische Ordnungen. Leitfragen und Grundkategorien zur Theorie und Analyse institutioneller Mechanismen, in: Gerhard Göhler (Hrsg.), Die Eigenart der Institutionen, Baden-Baden, S. 47-84.
Rödel, Ulrich, Günter Frankenberg und Helmut Dubiel, 1989: Die demokratische Frage, Frankfurt a.M.
Rüb, Friedbert W., 1995: Die Herausbildung politischer Institutionen in Demokratisierungsprozessen, in: Wolfgang Merkel (Hrsg.), Systemwechsel 1. Theorien, Ansätze und Konzeptionen, Opladen, S. 111-137.
Sarcinelli, Ulrich, 1987: Symbolische Politik, Opladen.
Scharpf, Fritz W., 1992: Die Handlungsfähigkeit des Staates am Ende des 20. Jahrhunderts, in: Beate Kohler-Koch (Hrsg.), Staat und Demokratie in Europa, Opladen, S. 93-115.
Schelsky, Helmut (Hrsg.), 1970: Zur Theorie der Institution, Düsseldorf.
Schimank, Uwe, 1996: Theorien gesellschaftlicher Differenzierung, Opladen.
Schmalz-Bruns, Rainer, 1989: Ansätze und Perspektiven der Institutionentheorie. Eine bibliographische und konzeptionelle Einführung, Wiesbaden.
Schmitt, Carl, 1925: Römischer Katholizismus und politische Form. 2. Aufl., München.
Schmitt, Carl, 1928: Verfassungslehre, Leipzig.
Schotter, Andrew, 1981: The Economic Theory of Social Institutions, Cambridge/New York.

Schülein, Johann August, 1987: Theorie der Institution. Eine dogmengeschichtliche und konzeptionelle Analyse, Opladen.
Shepsle, Kenneth A., 1989: Studying Institutions. Some Lessons from the Rational Choice Approach, in: Journal of Theoretical Politics, 1. Jg., S. 131-147.
Smend, Rudolf, 1928: Verfassung und Verfassungsrecht (1928), in: ders., Staatsrechtliche Abhandlungen. 2. Aufl., Berlin 1968, S. 119-276.
Smend, Rudolf, 1956: Art. „Integrationslehre", in: Handwörterbuch der Staatswissenschaften, Bd. 5, Göttingen 1956, S. 299-302. Auch in ders., Staatsrechtliche Abhandlungen. 2. Aufl., Berlin 1968, S. 475-481.
Speth, Rudolf, 1997: Die symbolische Repräsentation, in: Gerhard Göhler u.a., Institution – Macht – Repräsentation. Wofür politische Institutionen stehen und wie sie wirken, Baden-Baden (im Druck).
Voegelin, Eric, 1959: Die neue Wissenschaft der Politik, München 1959, Freiburg 4. Aufl., 1991.
Voss, Thomas, 1985: Rationale Akteure und soziale Institutionen, München.
Waschkuhn, Arno, 1987: Allgemeine Institutionentheorie als Rahmen für die Theorie politischer Institutionen, in: Gerhard Göhler (Hrsg.), Grundfragen der Theorie politischer Institutionen, Opladen, S. 71-97.
Weber, Max, 1922: Wirtschaft und Gesellschaft. 5. Aufl. besorgt von J. Winckelmann, Tübingen 1972 u.ö.
Wiesenthal, Helmut, 1995: Preemptive Institutionenbildung: Korporative Akteure und institutionelle Innovationen im Transformationsprozeß postsozialistischer Staaten. Arbeitspapier 95/4 der Arbeitsgruppe Transformationsprozesse in den neuen Bundesländern der Max-Planck-Gesellschaft, Humboldt-Universität zu Berlin.
Williamson, Oliver E., 1990: Die ökonomischen Institutionen des Kapitalismus (am. 1985), Tübingen.
Wollmann, Helmut, 1996: Institutionenbildung in Ostdeutschland: Neubau, Umbau und schöpferische Zerstörung, in: Max Kaase et al. (Hrsg.), Politisches System. Berichte zum sozialen und politischen Wandel in Ostdeutschland, Band 3, Opladen, S. 43-140.
Wollmann, Hellmut, Frank Bönker und Helmut Wiesenthal (Hrsg.), 1995: Transformation sozialistischer Gesellschaften: Am Ende des Anfangs (= Sonderheft 15 des Leviathan), Opladen.
Zapf, Wolfgang, 1991: Modernisierung und Modernisierungstheorien, in: ders. (Hrsg.), Die Modernisierung moderner Gesellschaften, Frankfurt a.M./New York, S. 23-39.
Zapf, Wolfgang, 1995: Modernisierungstheorien in der Transformationsforschung, in: Klaus von Beyme und Claus Offe (Hrsg.), Politische Theorien in der Ära der Transformation (= Sonderheft 26 der Politischen Vierteljahresschrift), Opladen, S. 169-181.
Zapf, Wolfgang, 1996: Die Modernisierungstheorie und unterschiedliche Pfade der gesellschaftlichen Entwicklung, in: Leviathan, 24. Jg., S. 63-77.

*M. Rainer Lepsius*

# Institutionalisierung und Deinstitutionalisierung von Rationalitätskriterien

Die Analyse von Institutionen und daher auch ihres Wandels hat mit komplexen Problemen zu tun. Die Schwierigkeiten liegen in der inhaltlichen Unbestimmtheit, mit der die Alltagssprache den Ausdruck Institution verwendet. Aber auch wissenschaftssprachlich wird der Begriff uneinheitlich und vielfach fließend gefaßt. Lange Zeit vernachlässigt, richtet sich erst neuerdings ein theoretisches Interesse auf die sozialwissenschaftliche Entfaltung der als Institutionen bezeichneten Problematik. Besonders verwiesen sei dafür im deutschen Sprachraum auf die Arbeiten von Gerhard Göhler (vgl. insbesondere Göhler 1994), Gerhard Lehmbruch (vgl. insbesondere Lehmbruch 1994), Karl-Siegbert Rehberg (vgl. insbesondere Rehberg 1994) und den von Birgitta Nedelmann herausgegebenen Band (Nedelmann 1996). Die Konstruktion des Erkenntnisgegenstandes muß der Beschreibung und Analyse von Institutionen vorausgehen. Ich beginne daher mit der Frage: *Was sind Institutionen?* und biete dazu einen Vorschlag an. Dann bespreche ich den „Eigenschaftsraum" von Institutionen und schildere die Prozesse, die Inhalt und Wirkungen von Institutionen beeinflussen. Schließlich wende ich mich der Frage zu, inwieweit der Wandel von Institutionen als Prozeß der Institutionalisierung beziehungsweise der Deinstitutionalisierung von Rationalitätskriterien erfaßt werden kann.

## I. Was sind Institutionen?

Ich knüpfe an eine Problemfassung von Karl-Siegbert Rehberg an und beziehe mich dann auf einen früheren eigenen Aufsatz (Lepsius 1996). Rehberg schreibt: „Idealtypisch sollen als 'Institutionen' solche 'Sozialregulationen' bezeichnet werden, in denen Prinzipien und Geltungsansprüche einer Ordnung symbolisch zum Ausdruck gebracht werden", und weiter: „Institutionen sind somit Vermittlungsinstanzen kultureller Sinnproduktion, durch welche Wertungs- und Normierungsstilisierungen verbindlich gemacht werden" (Rehberg 1994, S. 56 f.). In dieser Perspektive wird die Institutionenproblematik in eine spezifische Fragestellung gerückt: Unter welchen Bedingungen haben Wertvorstellungen die Chance, zu Handlungsmaximen für eine Vielzahl von Akteuren zu werden? Oder anders formuliert: Wie kommt es, daß sich soziales Handeln in angebbaren Situationen regelmäßig an bestimmten Ideen ausrichtet, unabhängig von den Motiven und Interessenlagen der einzelnen Akteure? Institutionen sollen in dieser Problemfassung Prozesse bezeichnen, die soziales Verhalten strukturieren und auf Wertvorstellungen beziehen. Die in der Literatur auftretende Vielfalt und Diffusität der Definitionen des Begriffs Institution reflektieren die unterschiedlichen Fragestellungen oder den Mangel an einer spezifischen Fragestellung, die mit der Verwendung des Ausdrucks Institution verbunden sind. Es gilt insoweit der alte Satz: Ein Begriff ist nicht richtig oder falsch, ein Begriff bewährt sich durch die analytische Kraft, die er für die Erschließung und die Bearbeitung eines Problems besitzt. Diese gilt es zu entfalten und zu prüfen.

## II. Welche sozialen Prozesse bestimmen Inhalt und Wirkung von Institutionen?

Der uns interessierende Prozeß der Vermittlung zwischen Ideen und Verhaltensstrukturierungen, der Herstellung einer „Ordnung", hat eine Reihe von Dimensionen. Ich unterscheide fünf solcher Dimensionen, die zusammen den „Eigenschaftsraum" von Institutionen abgrenzen und die bei jeder Analyse von Institutionalisierungsprozessen beachtet werden müssen.

### 1. Die Ausbildung von Rationalitätskriterien

An Wertvorstellungen und Leitideen kann sich Handeln nicht unmittelbar und konkret orientieren. „Edel sei der Mensch, hilfreich und gut", mahnt uns der Dichter. Aber was sind die Kriterien, die in einer konkreten Situation festlegen, welches Handeln edel, hilfreich und gut sei? Im Prozeß der Institutionalisierung einer Wertvorstellung werden aus Ideen Handlungsmaximen mit Anspruch auf Gültigkeit gegenüber ganz verschiedenen Menschen mit je eigenen Motiven und Interessen. Die Ausbildung solcher Handlungsmaximen nenne ich Rationalitätskriterien. Ihre Befolgung in einer angebbaren Handlungssituation gilt als „rational" für die Verwirklichung einer legitimierten Leitidee. Beispielsweise gilt für wirtschaftliches Handeln die Maxime der Einkommensmaximierung als rational. Wer ihr nicht folgt, handelt „irrational", auch wenn er dafür gute Gründe hat. Die Würdigung eines Handelns als „uneigennützig" ergibt sich erst aus dem allgemeinen Geltungsanspruch des für wirtschaftliches Handeln bestehenden Rationalitätskriteriums, es kann in einem anderen Wertzusammenhang durchaus eigennützig sein. Im Zuge ihrer Institutionalisierung werden Wertvorstellungen und Leitideen konkretisiert durch die Ausbildung von Rationalitätskriterien, die diese für bestimmte Situationen handlungsrelevant werden lassen. Um beim Beispiel der Wirtschaft zu bleiben: Die Idee der Wirtschaftlichkeit wird konkretisiert durch die Kriterien, die Kosten und Erträge bestimmen und aufeinander beziehen. Die daraus erstellte Aufwands- und Ertragsrechnung ist dann die konkretisierte Leitidee der Wirtschaftlichkeit mit verhaltensprägender Wirkung. Ändern sich die Rationalitätskriterien, erhält die Leitidee der Wirtschaftlichkeit auch eine andere regulativ wirkende Form. Der Prozeß der Institutionalisierung einer Leitidee gibt ihr einerseits eine Verhaltensrelevanz und Gültigkeit, andererseits interpretiert und spezifiziert er sie. Kaum je wird der ganze denkbare Inhalt einer Leitidee realisiert, obgleich die Rationalitätskriterien vorgeben, im Dienst ihrer Verwirklichung zu stehen.

## 2. Die Ausdifferenzierung von Geltungskontexten

Rationalitätskriterien, an denen sich Handeln ausrichten soll, gelten nicht abstrakt, sondern immer nur innerhalb eines abgegrenzten Handlungskontextes. Die Wirksamkeit eines Rationalitätskriteriums ist daher gebunden an die entsprechende Strukturierung einer Handlungssituation. Der Institutionalisierungsprozeß umfaßt nicht nur die Konkretisierung einer Leitidee, sondern stets auch eine Kontextbestimmung ihrer Gültigkeit. Erlaubt der Handlungskontext keine Verhaltensorientierung an den Rationalitätskriterien, so können diese nicht oder nur unvollkommen verfolgt werden. Der Grad, in dem der Geltungskontext aus anderen Handlungssituationen ausgegliedert wird, ist daher ein wesentliches Element von Institutionalisierungsprozessen. Im Falle der Institutionalisierung der Leitidee der Wirtschaftlichkeit bedeutet dies zum Beispiel die Trennung von Betrieb und Haushalt, von Arbeitsbeziehungen und Familienbindungen, von betrieblichen Kosten und Erträgen und gebietskörperschaftlich bereitgestellten Leistungen für die Infrastruktur. Mit jeder Institutionalisierung ist daher eine soziale Fragmentierung der „Lebenswelt" verbunden. Soziale Differenzierung ist insofern die andere Seite der Ausbildung von Rationalitätskriterien. Zwischen beiden bestehen Wechselwirkungen. Je diffuser die Handlungssituation, desto mehr wird die Orientierungskraft einer Leitidee durch andere Leitideen, die im gleichen Handlungskontext Geltung beanspruchen, gebrochen und geschwächt. Herrscht innerhalb einer typischen Handlungssituation ein „Synkretismus" von Leitideen, so ist nicht davon auszugehen, daß sich das Verhalten gleichartig, voraussehbar und typisch ausprägt. Der Institutionalisierungsgrad ist dann gering. Ist hingegen das Verhalten konsistent, regelmäßig und typisch an Rationalitätskriterien orientiert, dann ist der Institutionalisierungsgrad einer Leitidee hoch. In beiden Fällen ist die Ausdifferenzierung von Geltungskontexten von entscheidender Bedeutung.

## 3. Die Sanktionsmacht der Institution

Wie jede Verhaltensregulierung bedarf auch eine institutionalisierte Leitidee einer Sanktionsmacht, die ihren Geltungsanspruch durchsetzt und verteidigt. Art und Stärke der Sanktionen sind ein Element des Institutionalisierungsprozesses. Die Geltung des Wirtschaftlichkeitsprinzips beispielsweise wird durch die Sanktionen des Marktes bekräftigt. Die Durchsetzung der Aufwands- und Ertragskalkulation als Rationalisierungskriterium ist dann wahrscheinlich, wenn Verluste eintreten, die auch durch externe Subventionen oder Kredite nicht ausgeglichen werden können, und der Betrieb in Liquidation gehen muß. Marktsteuerungen stellen insofern immer scharfe Sanktionsmittel bereit, die Ausschaltung von Marktsteuerungen hingegen vermindert die Sanktionsmacht der institutionalisierten Leitidee der Wirtschaftlichkeit.

## 4. Die Externalisierung von Kontingenzen

Ist eine Leitidee durch die Ausbildung von Rationalitätskriterien, die Ausdifferenzierung ihres sozialen Geltungskontextes und die verfügbaren eigenen Sanktionsmittel institutionalisiert, so wird sie eine hohe Verhaltensrelevanz beanspruchen können. Die sich darauf beziehenden Handlungen werden sich an den geltenden Rationalitätskriterien orientieren und die im Handlungskontext auftretenden Probleme in deren Sinne bearbeiten. Probleme, die sich diesen Kriterien entziehen, werden externalisiert. Die mit der Institutionalisierung verbundene Homogenisierung der Handlungsorientierungen engt Problemdefinitionen und Problembearbeitungen ein. Die Diffusität des Handlungskontextes wird vermindert, spezifische Wertorientierungen und Handlungsstrukturierungen werden dominant. Mit einer solchen Fokussierung der Handlungsorientierung entstehen zahlreiche beabsichtigte und unbeabsichtigte Folgewirkungen, die im Rahmen der Institution nicht bearbeitet und aus ihrem Geltungskontext ausgeschieden werden. Finden sich keine anderen Institutionen, denen diese Folgeprobleme überwiesen werden können, so verbleiben sie in der Diffusität der „Lebenswelt" und werden in nichtinstitutionellen Verhaltensstrukturen aufgefangen.

Um erneut ein Beispiel aus dem Bereich der Wirtschaft zu wählen: Je spezifischer die Arbeitsordnungen auf die Erfüllung von Wirtschaftlichkeitskriterien ausgerichtet sind, desto geringere Bedeutung haben die persönlichen Lebensverhältnisse der Beschäftigten für ihre Arbeitsverhältnisse, desto stärker werden diese von Angebot und Nachfrage auf dem Arbeitsmarkt bestimmt. Der Arbeitgeber hat keine Verpflichtungen, die Lebensbedürfnisse seiner Arbeitnehmer zu sichern. Leitideen der Solidarität und Gerechtigkeit werden aus dem Geltungsbereich der institutionalisierten Kriterien der Wirtschaftlichkeit ausgeschieden. Die Folgen dieser scharfen Ausdifferenzierung von Leitideen und ihrer Handlungskontexte führen dazu, daß die Arbeitslosigkeit entweder durch eine neue Institution, etwa die Arbeitslosenversicherung, aufgefangen oder in die individuelle Anpassungskapazität der von ihr Betroffenen überwiesen wird. Eine institutionalisierte Leitidee ist um so wirkungsvoller, je mehr es ihr gelingt, die Kontingenzen, die mit ihrer Geltung verbunden sind, erfolgreich zu externalisieren und sich gegen die daraus entstehende Opposition zu immunisieren.

## 5. Die Strukturierung des Konfliktpotentials zwischen Institutionen

Zwischen Institutionen besteht ein erhebliches Konfliktpotential. Die in ihnen ausgebildeten Rationalitätskriterien stehen zueinander in Opposition, die von ihnen beanspruchten Geltungsbereiche überschneiden sich. Die Wertvorstellungen und Leitideen, auf die sie sich beziehen, sind inkompatibel, sonst würden sie nicht differenziert sein. Eine fünfte Dimension der Institutionenanalyse bildet daher die Untersuchung der Vermittlungsstrukturen zwischen Institutionen.

Um auch dazu ein Beispiel zu geben, sei auf die Staatsziele des Grundgesetzes hingewiesen. Demokratie, Rechtsstaat und Sozialstaat sind drei Prinzipien, zwischen denen Spannungen bestehen, die nicht aufgehoben werden können. Die politische Ordnung entwickelt in der Organisationsstruktur des Staatswesens komplizierte Vermittlungsstrukturen, überträgt einen Teil der Sozialstaatlichkeit in die Zuständigkeit der Tarifautonomie, einen Teil der Rechtsstaatlichkeit in die Kompetenz des Bundesverfassungsgerichts, einen Teil der staatlichen Wirtschaftspolitik in die Autonomie der Bundesbank. Alle diese Organe sind nur indirekt mit dem Demokratieprinzip verbunden. Die Ausdifferenzierung von Zuständigkeiten und Handlungsermächtigungen dramatisiert die Leitideen, erhöht ihre Geltung und strukturiert das Konfliktpotential zwischen konfligierenden Institutionen. Die Tarifautonomie ist dafür ein gutes Beispiel.

Institutionenkonflikte können zwischen Organisationen oder in Organisationen ausgetragen werden. Daher empfiehlt es sich, zwischen 'Institution' und 'Organisation' zu unterscheiden. Innerhalb einer Organisation können mehrere Institutionen Geltung beanspruchen oder auch nur eine dominant sein. Je nachdem tritt der Kampf zwischen Institutionen in Form einer Auseinandersetzung zwischen Organisationen (etwa zwischen Arbeitgeber und Arbeitnehmer) oder innerhalb von Organisationen (etwa in der Universität zwischen Forschung und Lehre) auf. Entscheidend für die Geltung einer Institution ist der Grad, zu dem sie ihre Handlungsmaximen gegen andere durchsetzen kann, nicht ihre Koinzidenz mit einer Organisation, auch wenn dies ihre Repräsentations- und Geltungschancen stärkt.

## 6. Der „Eigenschaftsraum" von Institutionen

Fassen wir diese Überlegungen zusammen, so mag das folgende Schaubild die Dimensionen der Institutionenbildung verdeutlichen.

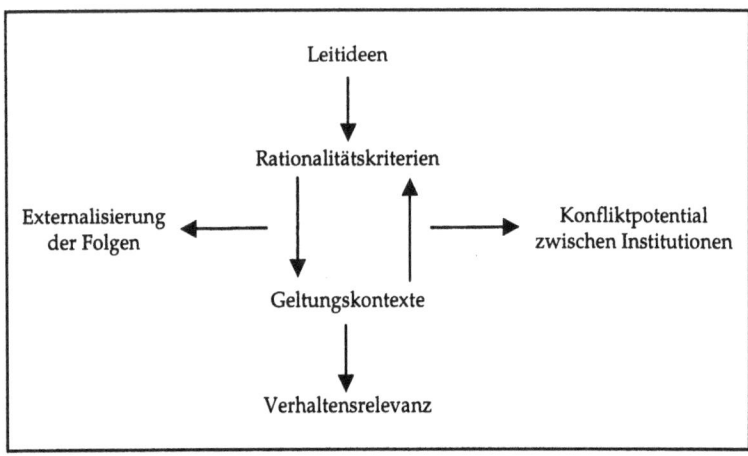

Den Kern der Institutionenbildung bilden die aufeinander bezogenen Prozesse der Ausbildung von Rationalitätskriterien und der Ausdifferenzierung von Geltungskontexten. Die Institutionenbildung legitimiert sich durch ihren Bezug auf Wertvorstellungen und Leitideen, die zu verwirklichen sie beansprucht, sie gewinnt Verhaltensrelevanz durch ihre Sanktionsmittel und den Grad der verinnerlichten Verhaltensgewöhnung. Die Institutionenbildung erreicht Autonomie durch die Externalisierung der mit ihr verbundenen Kontingenzen und Folgeprobleme, sie setzt sich durch im Kampf gegen die Geltungsansprüche anderer Institutionen.

Die Institutionenstruktur im ganzen und die Art und Weise, wie die Konflikte zwischen den einzelnen Institutionen geregelt werden, bestimmen den Charakter einer Gesellschaft. Stets sind verschiedene Leitideen mehr oder weniger institutionalisiert, stets bestehen Spannungen zwischen ihnen, werden die Demarkationslinien zwischen ihren Geltungskontexten verschoben und die Externalisierungschancen umkämpft. Die relative Dominanz einzelner Institutionen gegenüber anderen ist für die Institutionenstruktur einer Gesellschaft entscheidend.

Wenn etwa rechtliche und wirtschaftliche Rationalitätskriterien gegenüber sozialen oder politischen durchschlagen können, so setzt die Prüfung der rechtlichen Zulässigkeit und der wirtschaftlichen Finanzierbarkeit den Rahmen, innerhalb dessen andere Leitideen ihre Verwirklichung finden können. Erst danach kommen Kriterien wie diejenigen der sozialen Akzeptanz und der politischen Opportunität zum Zuge. Es ist dabei nicht einfach, das jeweils konkrete Mischungsverhältnis zu analysieren. Mehrheitlich verabschiedete Gesetzgebungen zur Hochschulreform, zur Straffreiheit der Abtreibung oder zur Parteienfinanzierung sind vom

Bundesverfassungsgericht als grundrechtswidrig beurteilt und aufgehoben worden. Dadurch ist die Kompetenz des Gesetzgebers nicht beeinträchtigt worden, wohl aber der inhaltliche Geltungsraum, innerhalb dessen er seine Kompetenz ausüben kann. Umweltgesetzgebung hebt nicht die Rationalitätskriterien der Wirtschaftlichkeit auf, verändert aber die Chancen, Kosten zu externalisieren, wenn diese über das Verursacherprinzip in die Kosten-Nutzen-Rechnung von Betrieben internalisiert werden. Im Falle der Abtreibungsgesetzgebung ist das Problem der Vermittlung von zwei kontradiktorischen Leitideen besonders deutlich. Die Leitidee der Selbstbestimmung der Frau und das Prinzip des Schutzes des ungeborenen Lebens können nicht gemeinsam handlungsrelevant werden. Das eine muß im konkreten Fall dem anderen weichen. Zunächst wurde durch die Indikationenkataloge der Handlungskontext der beiden Prinzipien zu umschreiben versucht, dann durch die gegenwärtig vorgesehene Beratungspflicht der Schwangeren der Wertkonflikt nur noch symbolisch aufrechterhalten. Abtreibung gilt jetzt als rechtswidrig, aber straffrei, womit die weiterhin institutionalisierte Leitidee des Lebensschutzes für einen umschriebenen Geltungsraum ihre Sanktionsmittel verloren hat.

Nicht nur in „revolutionären" Situationen, in denen ganze Institutionenkomplexe verändert werden, sondern auch unter „normalen" Bedingungen findet ein Institutionenwandel statt. Die Veränderungen sind dabei meist nur graduell und in ihrer kumulativen Wirkung erst nach längerer Zeit sichtbar. Kleine Änderungen der Rationalitätskriterien, Verschiebungen im Geltungskontext, Erweiterungen oder Beschränkungen der Externalisierungschancen von Kontingenzen, Vermittlungsprozesse zwischen opponierenden Leitideen finden beständig statt, und die mit ihnen verbundenen De- und Reregulierungen enthalten häufig nicht beabsichtigte, langfristige Folgen. Institutionenwandel ist ein andauernder Vorgang der Institutionalisierung und Entinstitutionalisierung von Leitideen.

## III. Sozialer Wandel durch Institutionalisierung

In der Vorbemerkung zu den „Gesammelten Aufsätzen zur Religionssoziologie" schildert Max Weber die „schicksalsvollste Macht unseres modernen Lebens: den Kapitalismus" (Weber 1978, S. 4-12). Der moderne Kapitalismus ist eine Wirtschaftsweise, die – so Weber – sich am Kriterium der Rentabilität orientiert. Diese Wirtschaftsweise bedarf – so fügt er hinzu – der Ausdifferenzierung eines Handlungskontextes, innerhalb dessen möglichst alle sozialen Beziehungen diesem Rationalitätskriterium unterworfen werden. Dieser Kontext ist der Betrieb, der vom Haushalt strikt getrennt wird. Die Arbeitsbeziehungen werden von Fürsorgepflichten und Versorgungsansprüchen der Arbeitnehmer gelöst, es herrscht „formell freie Arbeit".

Kapitalistische Rationalitätskriterien durchdringen nicht nur die Wirtschaft, sondern wirken auch darauf hin, daß möglichst viele Lebensbereiche für die

„Rechenhaftigkeit" des Wirtschaftens geöffnet werden. Die Verfügung über die Produktionsfaktoren Boden, Kapital und Arbeit, die Marktfreiheit, die Rechtssicherheit im Handelsverkehr und die Kalkulierbarkeit staatlicher Interventionen eröffnen maximale Dispositionsfreiheit für die Unternehmer. Diese Überlegungen entsprechen den hier entwickelten Dimensionen von Institutionalisierungsprozessen. Webers Untersuchungen zur „Protestantischen Ethik und dem Geist des Kapitalismus" analysieren den Prozeß der Herausbildung einer Leitidee, nämlich der innerweltlichen Askese und ihrer Handlungsrelevanz über die Rationalitätskriterien des Berufserfolges. Er zeigt zugleich die Komplexität und die Konstellationsabhängigkeit der Entstehung von Rationalitätskriterien, die ihrerseits auch den Inhalt der Leitidee verändern. In seiner Sicht ist die „schicksalsvollste Macht des modernen Lebens" die spezifische Institutionalisierung der Rentabilität als Rationalitätskriterium für wirtschaftliches Handeln und die dadurch eingetretene methodische Ausrichtung der über das wirtschaftliche Verhalten hinausreichenden Lebensführung.

Der Siegeszug des Kapitalismus beruhte auf der Durchsetzungskraft seiner Rationalitätskriterien und der erfolgreichen Externalisierung der Folgeprobleme in die Zuständigkeit anderer institutionalisierter Bereiche, des Staates, der Familien und der Gemeinden. Dieser Prozeß legitimierte sich durch die Effizienz des wirtschaftlichen Handelns, die steigende Produktivität und das wachsende Volkseinkommen. Doch aus den externalisierten Folgen des Kapitalismus entstanden erhebliche Oppositionskräfte, die sich in zwei Richtungen entwickelten. Die eine richtete sich gegen das Rationalitätskriterium selbst, die andere wollte den Geltungskontext dieses Kriteriums einschränken. Die erste Richtung mündete in den Kommunismus, die andere in die Sozialreform. Aus dem Konfliktpotential, das aus der Institutionalisierung des Kapitalismus erwuchs, entstanden die Antriebe für die Bildung neuer Institutionen für andere Leitideen. In diesem Sinne ist die moderne Sozialpolitik der „Einbau des Gegenprinzips" (Eduard Heimann) in die kapitalistische Ordnung.

Institutionenbildungen, Institutionenkämpfe und Institutionenneubildungen charakterisieren die Dynamik der gesellschaftlichen Entwicklung. „Klassenkampf" ist Institutionenkampf, Sozialpolitik ist der Prozeß der Institutionenneubildung. Die Verfügungsrechte der Unternehmer über die Produktionsfaktoren wurden eingeschränkt. Sozialversicherungssysteme, Arbeitsschutzgesetzgebung und neuerdings Umweltgesetzgebung fangen einerseits externalisierte Folgeprobleme auf und beschränken andererseits den Geltungsraum der kapitalistischen Rationalitätskriterien. Durch beides wird die Institutionalisierung der kapitalistischen Wirtschaftsweise aber nicht aufgehoben. Der Kommunismus hingegen will die Institutionen der kapitalistischen Wirtschaftsweise selbst beseitigen: das Eigentum an den Produktionsmitteln als Basis der Verfügungsrechte und den Markt als regulativen Mechanismus. Die Geltung kapitalistischer Rationalitätskriterien und ihr Wirkungsraum können größer oder kleiner sein, sie wandeln sich in der historischen Entwicklung der Institutionenbildung. Es empfiehlt sich daher, bei

Institutionen nicht an einen unveränderlichen Bestand zu denken, sondern an einen Prozeß. Max Weber hat schon darauf hingewiesen: „Rationalisierungen hat es (...) auf den verschiedensten Lebensgebieten in höchst verschiedener Art in allen Kulturkreisen gegeben. Charakteristisch für deren kulturgeschichtlichen Unterschied ist erst: welche Sphären und in welcher Richtung sie rationalisiert wurden" (Weber 1978, S. 12).

Institutioneller Wandel kann daher auf ganz verschiedenen Ebenen stattfinden. Die gegenwärtige Debatte über den „Umbau des Sozialstaates" ist dafür typisch. Die Lohnfortzahlung im Krankheitsfall ist ein gutes Beispiel. Ob 100 % oder 80 % des Lohnes, nach welcher Berechnung und wie lange gezahlt werden, scheint ein relativ nachrangiger Streitpunkt zu sein für den Institutionenbestand der Bundesrepublik. Doch er symbolisiert den beständigen Kampf zwischen den Kriterien der individuellen Sicherung des Lebensstandards auch ohne Erwerbstätigkeit und denen der Ertragskalkulation der Unternehmen. Für letztere sind dies Kosten, die nicht mit ihrer Wirtschaftstätigkeit verbunden sind, die ihnen gewissermaßen durch die Sozialpolitik „internalisiert" wurden. Das Bestreben, die Kosten wieder in die privaten Haushalte der Beschäftigten oder in diejenigen der Krankenversicherung zu externalisieren, ist insofern verständlich. Umgekehrt ist das Interesse der Beschäftigten, eine Sicherung des Lebensstandards im Krankheitsfall zu erhalten, ebenso verständlich. Die gegenwärtige Debatte um die Lohnnebenkosten zeigt den Kern des Konflikts. In welchem Ausmaß sollen die Kosten für den Sozialstaat aus den Erträgen von Betrieben finanziert werden? Das betrifft zunächst die direkten betrieblichen Aufwendungen für bezahlte Krankheits- und Urlaubstage, dies gilt aber auch für die Beiträge, die die Arbeitgeber an die Sozialversicherungen abführen. Das an die Erwerbstätigkeit anknüpfende Umlageverfahren der Sozialversicherung belastet die Erwerbstätigen und die Arbeitgeber mit immer höheren Beiträgen, die über die Lohnkosten und Lohneinkünfte abgeschöpft werden, obwohl die Aufwendungen an sich mit der Erwerbsarbeit nichts zu tun haben. Die Problematik wächst mit der asymmetrischen Altersstruktur bei der Rentenversicherung, mit der strukturellen Arbeitslosigkeit bei der Arbeitslosenversicherung und der längeren Lebensdauer bei der Krankenversicherung. Der „Umbau des Sozialstaates" zwingt zu Änderungen in der Form seiner Institutionalisierung, ohne daß deswegen die Leitideen, die in ihm enthalten sind, eine Veränderung erfahren müssen. Nicht der Abbau der Leitideen der sozialen Sicherheit und der Gleichartigkeit der Lebensverhältnisse steht zur Debatte, sondern ihre neuen Institutionalisierungsformen. Anpassungsfähigkeit und Vermittlungselastizität zwischen institutionalisierten Rationalitätskriterien sind mit Interessenkämpfen verbunden, ohne in ihnen aufzugehen. Was sich zunächst als ein Kampf zwischen Interessenlagen ausnimmt, ist auch ein Kampf um die Durchsetzung von institutionalisierten Rationalitätskriterien und die Bestimmung ihres Geltungsraumes.

Institutionenwandel ergibt sich zumeist aus der Kumulation von kleinen Veränderungen, die zunächst relativ unbeachtet bleiben. Dies war auch der Fall beim

Ausbau der Europäischen Wirtschaftsgemeinschaft zur Europäischen Gemeinschaft und weiter zur Europäischen Union. Aus der ursprünglichen Ordnung der Kohle- und Stahlindustrie wurde zunächst eine Zollunion und dann ein gemeinsamer Binnenmarkt. Jetzt stehen wir vor einer Vergemeinschaftung der Währungspolitik, der Umwelt-, der Außen- und Verteidigungspolitik. Immer weitere Aufgabenfelder wurden einem einheitlichen Regime unterworfen. Aus einem eng begrenzten „Zweckverband" ist ein supranationales Regime entstanden, das die Eigenkompetenzen der Mitgliedstaaten immer stärker beschränkt. Die Europäische Union erhält schrittweise eine Staatsqualität, auch wenn dies nicht wahrgenommen oder im ungewissen gehalten wird. Damit ist ein prinzipieller Wandel der Institutionen des europäischen Nationalstaates eingeleitet, dessen Eigendynamik noch ungekannte Folgen haben wird. Kleine Schritte treiben die Institutionenbildung voran. So wird beispielsweise mit dem Übergang vom Einstimmigkeitsprinzip zum Mehrheitsprinzip nicht nur eine technische Verfahrensweise für die Entscheidungen im Ministerrat geändert, es ändert sich zugleich das Gewicht der einzelnen Mitgliedstaaten. Der bei Mehrheitsentscheidungen unterlegene Mitgliedstaat legitimiert die Entscheidung gegenüber seiner eigenen Bevölkerung nicht mehr direkt über das von ihm in Anspruch genommene demokratische Mandat. Es bedarf nunmehr der Inanspruchnahme einer neuen Leitidee, die auch gegenüber einer nicht selbst getroffenen Entscheidung Bindungskraft verleiht. Die Dynamik des Institutionalisierungsprozesses führt zur Ausbildung einer Europäischen Union, die sich unabhängig von den einzelnen Mitgliedstaaten durch ein europäisches Parlament legitimiert. Das Europäische Parlament, das seine Mehrheitsentscheidung gegenüber einem im Ministerrat unterlegenen demokratischen Mitgliedsland legitimieren will, muß ein Mandat in Anspruch nehmen, das von einem „Volk der Europäischen Union" direkt gegeben wird. Dieses „Volk" gibt es noch nicht, es muß erst noch konstruiert werden. Die Kumulationswirkungen von kleinen Veränderungen, in unserem Beispiel der Übergang zum Mehrheitsprinzip bei der Gesetzgebung, führt so zu einem prinzipiellen Wandel in der Institutionenstruktur aller europäischen Gesellschaften.

## IV. Sozialer Wandel durch Entinstitutionalisierung

Ebenso wie durch die Bildung von Institutionen wird sozialer Wandel auch durch ihre Auflösung bewirkt. War der Kapitalismus die „Schicksalsmacht" des 19. Jahrhunderts, so wurde im 20. Jahrhundert der kommunistische Sozialstaat zur Schicksalsmacht für weite Teile der Welt. Das Programm zur Überwindung des Kapitalismus richtete sich zentral gegen die institutionelle Basis des Kapitalismus. An die Stelle des Rationalitätskriteriums der Rentabilität trat das Gemeinwohl als Maxime wirtschaftlichen Handelns. Der für die Geltung kapitalistischer Rationalität ausdifferenzierte Handlungskontext, insbesondere die auf dem Privateigentum gegründete Dispositionsfreiheit des Unternehmers, wurde aufgelöst. Die Verstaatlichung des Eigentums an Produktionsmitteln überführte die einzelnen Erwerbswirtschaften in Produktionsbetriebe des Staatshaushaltes. Der Markt mit seinen Sanktionsmitteln zur Einhaltung der einzelwirtschaftlichen Rentabilität wurde durch die planmäßige, politisch gesteuerte Zuweisung von Produktionsmitteln und kostenunabhängigen Produktionsauflagen ersetzt. Die im Kapitalismus erfolgte Externalisierung der Folgeprobleme wurde umgekehrt in eine Internalisierung von sozialpolitischen Aufgaben in die Wirtschaftsunternehmen. Die komplexe Vermittlung von widerspruchsvollen Institutionen, ihren Leitideen, Rationalitätskriterien und Handlungskontexten wurde ersetzt durch eine Fusionierung von Institutionen bei gleichzeitiger Abnahme ihrer relativen Autonomie. Die in der DDR proklamierte „Einheit von Wirtschafts- und Sozialpolitik" ist ein gutes Beispiel für die Entinstitutionalisierung von Kriterien der Wirtschaftlichkeit. Die Folgen waren die Vernachlässigung der Arbeitsproduktivität, ein unzureichendes Rechnungswesen, die mangels Marktrationalität und Preisbildung über Nachfrage und Angebot unbefriedigende Güterversorgung der Bevölkerung, politisch bestimmte Investitionsentscheidungen, die Kombinatsstruktur mit ihrer Verminderung der Arbeitsteilung zwischen den Betrieben sowie die übermäßige Lagerhaltung und Einschränkung der Entscheidungsautonomie der Unternehmensleitungen (vgl. dazu Lepsius 1994 und die Interviews mit Wirtschaftsführern der DDR in Pirker u.a. 1995).

Die für den Kapitalismus typische Ausdifferenzierung von Geltungskontexten für Rationalitätskriterien der Wirtschaftlichkeit wurde entdifferenziert. Betriebe konnten praktisch keine Arbeitnehmer entlassen, unterhielten zahlreiche sozialpolitische Einrichtungen, subventionierten indirekt kulturelle Einrichtungen, waren verpflichtet, auch auf die persönlichen Lebensverhältnisse einzuwirken und waren ihrerseits politische Organisationseinheiten. Die betriebliche Parteileitung war auf die Einhaltung der staatlichen Planauflagen verpflichtet und hatte darüber hinaus auch die Einstellung und die Meinungsbildung der Betriebsangehörigen anzuleiten und zu überwachen. Die Betriebsgewerkschaftsleitung war ein integrierter Bestandteil der betrieblichen Hierarchie und richtete sich mehr auf die Disziplinierung als auf die Interessenvertretung der Beschäftigten. Beförderungen und Prämien waren durch politische Organe zu bestätigen. Die Betriebe wurden so zu Integrationskernen der Gesellschaft, sie waren für die Beschäftigten mehr als eine Arbeitsstätte, ohne daß ihnen Mitbestimmungsrechte einen wirksamen Einfluß auf die Betriebspolitik im ganzen eingeräumt hätten. Der Betrieb wurde so als wirtschaftliche Produktionseinheit politisch durchdrungen und sozial überformt. Auch wenn die Arbeitsbedingungen zum Teil völlig veraltet und zuweilen gesundheitsschädlich waren, so galt der Status quo doch als gegeben und unveränderlich. Aus den Betrieben und aus den Organen der Arbeitnehmer trat kein Innovationspotential in Erscheinung.

Mit der Entinstitutionalisierung der Kriterien der Wirtschaftlichkeit und der Entdifferenzierung des Handlungskontextes für wirtschaftliches Handeln trat eine prinzipielle Institutionenschwäche ein. Es fehlte eine durch die Betriebe mit relativer Autonomie und Verfügungsgewalt über Ressourcen ausgestattete intermediäre Ebene. Alle Interessen richteten sich auf den Parteistaat, nur er hatte Handlungskompetenz und Ressourcen zur Verfügung. Die Gewerkschaften wurden zu seinen „Transmissionsriemen", die Arbeitgeber zu seinen Agenturen. Produktionsentwicklung, Produktionsumfang und Investitionsentscheidungen unterlagen dem zusammenfassenden Regelwerk der Staatlichen Plankommission und wurden in letzter Instanz durch das Politbüro entschieden. Dieses sollte die unterinstitutionalisierten Rationalitätskriterien der sozialistischen Leitideen untereinander abstimmen und als Entscheidungsinstanz wirken. Aber als zentrales politisches Organ dominierten in ihm die politischen Kriterien alle anderen. Aus der politisch erzwungenen Unterinstitutionalisierung hatten ökonomische Rationalitätskriterien keine eigenständige Geltungskraft und konnten sich auch in der Öffentlichkeit nicht artikulieren.

In diesem Regime konnten alle Institutionen, die mit der unbeschränkten Parteiherrschaft nicht vereinbar waren, keine Autonomie beanspruchen: Die Meinungsfreiheit, die Pressefreiheit, die Wissenschaftsfreiheit, die Freiheit der Künste und die Unabhängigkeit des Rechts wurden in einer dauernden politischen Überwachung gehalten. All dies ließ sich nicht mit den Leitideen des Sozialismus begründen. Es handelte sich um Kontingenzerscheinungen des allgemeinen Zerfalls der Anerkennung relativer Autonomiegrade für institutionalisierte Leitideen und die Entdifferenzierung der für ihre Geltung erforderlichen Handlungskontexte. Die Fusionierung der Institutionen führte zur Allherrschaft einer Institution, der Parteilinie, deren Festlegung durch das Politbüro erfolgte. Solche Regime zeigen eine Reformunfähigkeit auch bei zunehmender Ineffizienz, ja selbst bei eigener Systemgefährdung. Die Stillstellung jedes, auch des kleinsten Institutionenwandels und die Unfähigkeit, die interinstitutionellen Konflikte zu vermitteln, führten zur Krise des Regimes im ganzen.

Die „unblutigen Revolutionen" des Ostblocks sind „echte Revolutionen", nämlich solche, die Institutionen neu bilden. Dieser Prozeß ist aber nach einer Phase der Entinstitutionalisierung und Institutionenfusion überaus schwierig. Im Falle der DDR wurde diese Problematik durch den Transfer der westdeutschen Institutionen gelöst. Die neue Institutionenordnung stand bereit, und auch die nötigen Experten für ihre Implementierung waren schon verfügbar. Für die anderen Ostblockländer stellt sich die Lage weit schwieriger dar. Die Prozesse der Institutionalisierung sind dort noch nicht zu einem Abschluß gekommen. Wenn auch der Westen Modelle bietet, so müssen diese doch endogen implementiert werden. Und da Institutionen keine abstrakten Regelwerke sind, sondern „Lebenswelten" prägen und auf Legitimationsglauben beruhen, ist die Adaptionsgeschwindigkeit für neue Institutionen sehr unterschiedlich. Eine asymmetrische Institutionalisierung ist wahrscheinlich und mit ihr ein hohes Maß von Unsicherheit über die jeweiligen Geltungsansprüche. Interinstitutionelle Konflikte sind groß und werden heftig ausgetragen, zumal dann, wenn die Vermittlungsprozesse zwischen ihnen noch nicht ausgebildet sind oder nicht funktionieren. Die Geschichte der Ost-

*Institutionalisierung und Deinstitutionalisierung von Rationalitätskriterien* 69

blockländer bietet eine Fülle von experimentellen Konstellationen für die Analyse sozialen Wandels durch Institutionalisierungs- und Entinstitutionalisierungsprozesse. Was sich im Westen aus einer langen Entwicklung heraus als homogenes Modell präsentiert, braucht sich im Osten nicht als eine interdependent wirkende Institutionenkonstellation zu bewähren.

## Literatur

Göhler, Gerhard, 1994: Politische Institutionen und ihr Kontext. Begriffliche und konzeptionelle Überlegungen zur Theorie politischer Institutionen, in: ders. (Hrsg.), Die Eigenart der Institutionen, Baden-Baden, S. 19-46.

Lehmbruch, Gerhard, 1994: Institutionen, Interessen und sektorale Variationen in der Transformationsdynamik der politischen Ökonomie Ostdeutschlands, in: Journal für Sozialforschung, 34. Jg., S. 21-44.

Lepsius, M. Rainer, 1994: Die Institutionenordnung als Rahmenbedingung der Sozialgeschichte der DDR, in: Hartmut Kaelble, Jürgen Kocka und Hartmut Zwahr (Hrsg.), Sozialgeschichte der DDR, Stuttgart, S. 17-30.

Lepsius, M. Rainer, 1996: Institutionenanalyse und Institutionenpolitik, in: Birgitta Nedelmann (Hrsg.), Politische Institutionen im Wandel, Opladen, S. 392-403.

Nedelmann, Birgitta (Hrsg.), 1996: Politische Institutionen im Wandel, Opladen.

Pirker, Theo, M. Rainer Lepsius, Rainer Weinert und Hans-Hermann Hertle, 1995: Der Plan als Befehl und Fiktion, Opladen.

Rehberg, Karl-Siegbert, 1994: Institutionen als symbolische Ordnungen. Leitfragen und Grundkategorien zur Theorie und Analyse institutioneller Mechanismen, in: Gerhard Göhler (Hrsg.), Die Eigenart der Institutionen, Baden-Baden, S. 47-84.

Weber, Max, 1978: Gesammelte Aufsätze zur Religionssoziologie I, 7. Aufl., Tübingen.

*Rainer Weinert*

# Institutionenwandel und Gesellschaftstheorie. Modernisierung, Differenzierung und Neuer Ökonomischer Institutionalismus

Der Titel ist etwas hochgestochen, denn eine solche Themenstellung erfordert ein umfangreicheres Unterfangen, als es in diesem Rahmen möglich ist. Ich werde deshalb bescheidener danach fragen, was aktuelle sozialwissenschaftliche Theorien zum Institutionenwandel zu sagen haben – oder auch nicht. Ich beschränke mich hierbei auf drei theoretische Ansätze, die der Modernisierung, der Differenzierung und des neuen Institutionalismus. Die Begründung für diese Entscheidung liefert in den ersten beiden Fällen die seit 1990 erneut aufgeflammte Debatte um die Modernisierungstheorie und deren Weiterungen, im dritten Fall der außergewöhnliche Siegeszug der Neuen Institutionellen Ökonomie, von der inzwischen auch die sozialwissenschaftliche Theoriebildung angeregt wird. Die Auswahl ist hoch selektiv, beansprucht gleichwohl wichtige Aspekte des theoretischen Diskurses zu berühren. Das politisch-soziologische Interesse des Autors führt zudem zu einer stärkeren Berücksichtigung von Fragen „politischer Modernisierung", die jedoch im Rahmen dieses Sammelbands eine gewisse Berechtigung haben. Im letzten Abschnitt versuche ich auf der Basis vorhandener Ansätze zur Institutionenanalyse eine konzeptionelle Alternative zu skizzieren.

## I. Institutionenwandel und Modernisierungstheorie

Zu den großen soziologischen Gesellschaftstheorien werden gemeinhin die Systemtheorie – in welcher Variante auch immer – und die Habermassche Diskurstheorie gezählt, in den letzten zehn bis fünfzehn Jahren gesellten sich die „Theorie der Praxis" Pierre Bourdieus und die Strukturationstheorie Anthony Giddens' hinzu. Schließlich konnte auf dem 25. Deutschen Soziologentag in Frankfurt im Jahre 1990 Wolfgang Zapf nicht ohne Stolz vermelden, daß die Modernisierungstheorie „heute wieder zu den wichtigsten soziologischen Ansätzen gehört" (Zapf 1991, S. 23). Unbestreitbar hat vor allem durch den Zusammenbruch des Realsozialismus und seine Folgen die Attraktivität modernisierungstheoretischer Analysen im deutschsprachigen Raum und international erheblich zugenommen. Allerdings werden nicht nur die Klassiker erneut rezipiert, sondern es gibt Differenzierungen, Weiterungen, Anreicherungen u.ä.m.[1]

Die Sozialwissenschaften sind selbst Produkte der „Moderne" und ihre Fragestellungen kreisen um die moderne Gesellschaft, sozialen Wandel und Entwicklung (vgl. Eisenstadt 1979, S. 37). Schon für die Begründer der Soziologie standen die Fragen der Entzauberung der Natur gesellschaftlicher Ordnung im Zentrum, wobei die vergleichende makrosoziologische Analyse frühzeitig versuchte, die wesentlichen Merkmale der vor-modernen europäischen und nicht-europäischen Gesellschaften im Vergleich und im Gegensatz zu den modernen europäischen Gesellschaften zu verstehen (vgl. Eisenstadt 1979, S. 42). Diese Perspektive verschob sich nach 1945 von Westeuropa auf die USA, wahrte aber die Kontinuität zu den soziologischen Klassikern. Der strukturell-funktionale Ansatz von Talcott Parsons stellt in diesem Kontext nicht nur eine wesentliche theoretische Neuerung dar,[2] sondern, wie Müller/Schmid (1995, S. 18) meinen, zugleich den Höhe- und Endpunkt des Paradigmas des sozialen Wandels. Der Struktur-Funktionalismus überbetont die Prinzipien Rationalität, Instrumentalität und Integration bei der Theoriekonstruktion (vgl. Schülein 1987, S. 70) und bewegt sich damit auf einer Abstraktionsebene, auf der der Institutionenbegriff obsolet wird bzw. die 'Reinheit' des Systembegriffs befleckt – Parsons kommt im Grunde ohne diese Grundkategorie aus, die er zwar im Sinne der Verfestigung von Erwartungsmustern bei den Rollenträgern zu Systemen gebraucht (vgl. u.a. Parsons 1951, S. 39; 1964, S. 56 ff.), was aber theoriearchitektonisch unbedeutsam bleibt.

Vor diesem Hintergrund sollte nicht nur theoriegeschichtlich die Tatsache stärkere Beachtung finden, daß der junge Parsons 1934/35 eine theoretische Konzeption sozialer Institutionen entwarf, die er jedoch nicht veröffentlichte und die erst im Jahre 1990 von Charles Camic der Öffentlichkeit zugänglich gemacht wurde (vgl. Camic 1990). Parsons entwickelt den Institutionenbegriff in der Auseinandersetzung mit den Begründern der Soziologie (Pareto, Durkheim, Max Weber, Simmel und Tönnies), ohne auch nur einmal auf die amerikanische Institutionentheorie der damaligen Zeit zu verweisen.[3] Hierbei unterscheidet er einen „ob-

---

1 Das belegt nicht nur die Diskussion auf dem Frankfurter Soziologentag 1990, sondern auch die Fortführung der Debatte 1994, die teilweise im Leviathan (Heft 1/1996) abgedruckt wurde, vgl. insbesondere Hans Joas, Johannes Berger, Karl Otto Hondrich und Wolfgang Zapf.
2 Eisenstadts Analyse (1979, S. 37-55) ist meines Erachtens nach wie vor die gelungenste Darstellung der soziologischen Theorieentwicklung unter dem Aspekt der Modernisierung von Gesellschaften und der Zusammenfassung der Kritik an der Modernisierungstheorie (S. 128-143).
3 Hier wären vor allem Charles H. Cooley, R.C. Angell, F.S. Chapin und insbesondere J.O. Hertzler zu erwähnen; letzterer hatte 1929 ein Buch unter dem Titel „Social Institutions" veröffentlicht (vgl. die Zusammenfassung bei Schülein 1987, S. 43-72). Parsons verfolgte in seinen frühen Schriften zwar ein „institutionalist project", setzte aber diese frühen theoretischen Arbeiten ganz bewußt vom „institutionalism" ab und verband diese Distanzierung mit einer dezidierten Kritik an dem Psychologismus und Biologismus Thorstein Veblens und des Ökonomen Wesley Mitchell (vgl. Camic 1991, S. xxiii f.).

jective" und einen „subjective approach": Ersterer meint die Perspektive des soziologischen Analytikers, letzterer, der ausgefaltet wird, die Perspektive individuellen Handelns in bezug auf Institutionen (Parsons 1990, S. 319 f.), womit er, so James S. Coleman (1990, S. 334) in einem kritischen Kommentar, versucht, „a footing for a subjective approach to institutions based on a theory of rational action" zu schaffen. Trotz einer Reihe gravierender Einwände, deren Diskussion den Beitrag sprengen würde,[4] ist für Coleman wesentlich, daß Parsons „subjective institution thus constitutes a way-station between micro level of individual actors and the macro level of structures of relations or systems of actions" (Coleman 1990, S. 334).[5] Es sei diese Situierung von „Institutionen", die seine Überlegungen auch für die gegenwärtige Diskussion bedeutsam mache. Man mag darüber spekulieren, warum Parsons diesen Ansatz nicht weiter verfolgte, entscheidend dürfte vermutlich sein, daß der Begründer der „zeitgenössisch-soziologischen Phase" (Müller/Schmid 1995, S. 18) mit seinem Struktur-Funktionalismus die traditionelle Theoriekonstruktion anscheinend überwindet – und damit zugleich den Institutionenbegriff (so Schülein 1987, S. 70). Man könnte aber auch mit Coleman (1990, S. 338) einwenden, daß Parsons durch die Aufgabe des Institutionenbegriffs „vom rechten Wege abgekommen ist". Mir scheinen hingegen theorie-immanente Probleme ausschlaggebend zu sein. So erfordert das Abstraktionsniveau der strukturell-funktionalen Theorie gewissermaßen die Reinheit des Systembegriffs, während der Institutionenbegriff potentiell antisystemisch ist, da er 'quer' zum Systembegriff liegt – eine Erklärung, die durch die Tatsache gestützt wird, daß die Nach-Parsonssche Systemtheorie den Institutionenbegriff ebenfalls nicht in den Mittelpunkt rückte.[6]

4 So beispielsweise die Frage, warum Parsons den Institutionen-Begriff überhaupt bemüht, ob es nicht sinnvoller sei, von Norm oder regulativer Norm zu sprechen, so Colemans berechtigte Kritik; er selbst schlägt den Begriff institutionelle Struktur vor (vgl. Coleman 1990, S. 334).
5 Für die Notwendigkeit empirisch gestützter Institutionenanalysen liefert Coleman ein – aus deutscher Sicht – erheiterndes Beispiel. Er kritisiert bei Parsons, daß der Kontext, wann allgemeine Wertvorstellungen in eine Institution mündeten und wann nicht, unklar bleibe. So gebe es beispielsweise in Berlin und New York allgemeine Wertvorstellungen, daß die Bürgersteige nicht mit Papier und Müll verunreinigt werden sollten; in Berlin mündete dies in eine entsprechende Norm, die solches Verhalten untersagt und allgemein befolgt werden würde, während vergleichbare Normen in New York nicht existierten. Die Struktur obwaltender Wertvorstellungen und die individuellen Interessen könnten diesen Unterschied zwischen Berlin und New York nicht erklären, andere Aspekte müßten entscheidenderen Einfluß haben, möglicherweise das Fehlen einer ausreichenden Anzahl von Mülleimern in New York (S. 336). Nun kann sich jeder Berlin-Tourist unschwer davon überzeugen, daß die Verunreinigung von Bürgersteigen in Berlin – jenseits des Kurfürstendamms – trotz einer hohen Mülleimerdichte ein allgemeines Phänomen dieser Großstadt und regelmäßig Gegenstand (scheiternder) öffentlicher Kampagnen ist. Durch diesen empirischen Beleg wird das theoretische Problem, das Coleman interessiert, nicht einfacher, sondern komplexer.
6 Das gilt für die Arbeiten von Niklas Luhmann (z.B. 1970) ebenso wie die von Richard Münch (1984), der in seiner Theorie moderner Institutionen Struktur und Institution gleichsetzt.

Theoriegeschichtlich viel bedeutsamer ist jedoch, daß der Struktur-Funktionalismus bruchlos in einer globalisierten Modernisierungstheorie aufgegangen ist, die derzeit eine Renaissance erlebt. Das liegt weniger an den 'objektiven' politischen Umwälzungen insbesondere in Mittel- und Osteuropa als vielmehr daran, daß es ihren Vertretern gelungen ist, sich von dem von Beginn an gegen sie erhobenen Ideologieverdacht zu befreien, u.a. indem der ideologische Staffelstab den New Institutional Economics weitergereicht wurde, die mit reiner Marktlogik, extremer Deregulierung und einer Begrenzung staatlicher Intervention die politische Programmatik (Reaganomics und Thatcherismus) bis heute maßgeblich beeinflußt. Beide Entwicklungen entlasteten die Modernisierungstheorie und machten sie darüber hinaus für eine Vielzahl theoretischer Ansätze anschlußfähig (vgl. auch Alexander 1994).

Analysiert man die Modernisierungstheorie unter dem hier thematisierten Aspekt des Institutionenwandels, so kann man den auf die Bedeutung großer Gesellschaftstheorien gemünzten Satz von C. Wright Mills paraphrasieren: Sie enthalten einiges, dies aber sehr versteckt (vgl. Mills 1963, S. 66). Nach der mittlerweile wohl klassischen Modernisierungs-Definition von Reinhard Bendix[7] und der Ausbildung der (Zapfschen) Basisinstitutionen verfügt die Modernisierungstheorie zweifellos über einen Rahmen, in dem Institutionenwandel fruchtbringend analysierbar ist. Sozialer Wandel bedeutet in modernisierungstheoretischer Ausrichtung die zeitlich-situative Bildung und Veränderung kollektiver Akteure im Kampf konfligierender Interessen und um knappe Ressourcen; in diesem Sinne ist er stets auch Kampf von bzw. um Institutionen. Trotz dieser von Wolfgang Zapf 1990 gewissermaßen nachgeschobenen „konflikttheoretisch und innovationstheoretischen Härtung" der Modernisierungstheorie muß doch fest gehalten werden, daß sie der linearen Denktradition endogener evolutionärer Universalien insofern verhaftet bleibt, als sie keine Alternativen zur Konkurrenzdemokratie, Marktwirtschaft und Wohlstandsgesellschaft mit Wohlfahrtsstaat und Massenkonsum erkennen kann, die sich nicht-antagonistisch über die Mechanismen weiterer Statusanhebung, Differenzierung, Wertegeneralisierung und Inklusion reproduzieren.

Derartige Revisionen, Weiterungen etc. sind nicht neu, vielmehr prägten sie die Modernisierungstheorie von Anfang an. So weist Eisenstadt (1979, S. 38) darauf hin, daß die Modernisierungstheorie ursprünglich nicht linear-evolutionistisch konzipiert, sondern von einer Reihe von Dichotomien (Freiheit versus Autorität, Stabilität und Kontinuität versus Wandel, moderne soziale Rationalität versus Tradition bzw. religiöse oder mystische Erfahrung) geprägt gewesen sei. Modernisierungsstudien über die Entwicklung von Familienstrukturen, Arbeitsbeziehungen, politischen Institutionen etc. in den 50er und 60er Jahren hätten eine erhebliche Varianz in den gesellschaftlichen Entwicklungsprozessen deutlich wer-

---

7 Nach Bendix stellt der Prozeß der Modernisierung einen Typus sozialen Wandels dar, der seinen Ursprung in der industriellen Revolution Englands und der politischen Revolution Frankreichs habe (vgl. Bendix 1964, S. 411 f.).

den lassen. Durch diese Analysen wurde die Modernisierungstheorie gewissermaßen 'weicher', weshalb Eisenstadt Anfang der 70er Jahre Mühe hat, die Relevanz der klassischen Indices für den Modernisierungsstand nachzuweisen, die zwar nicht irrelevant seien, deren Realisierung allerdings keine Garantie für die Entstehung eines institutionellen Rahmens sei, der kontinuierlichen Wandel fördere und ein sich selbst tragendes Wachstum sichere (Eisenstadt 1979, S. 66). Trotz dieser 'weichen' Position hat Eisenstadt große Probleme, den Zusammenbruch von Modernisierungsprozessen theoretisch stringent zu erklären, wenngleich ihm das Verdienst zukommt, sich als einer der ersten diesem Phänomen gewidmet zu haben. Klassische Beispiele für einen Zusammenbruch in einem „fortgeschritteneren Stadium" (Eisenstadt 1979, S. 85) der gesellschaftlichen Entwicklung sind für ihn der japanische Militarismus, der italienische Faschismus und der Nationalsozialismus.

Ein anderes, zentrales Problem der Modernisierungstheorie hat Klaus Müller (1991) angesprochen, der eine faktische Aufgabe des allgemeintheoretischen Anspruchs der Modernisierungstheorie zugunsten einer Arbeitsteilung zwischen Fachsoziologie, Fachökonomie und Politikwissenschaft behauptet, einem kontingenten Zusammenspiel von normfreier Ökonomie und notorisch überforderter Politik (Müller 1995, S. 33 f). Auf einer rigiden Unterscheidung zwischen Politikwissenschaft und Soziologie bei der Institutionenanalyse zu beharren, ist allerdings unergiebig, als Sozialwissenschaften rekurrieren sie beide auf identische Theorietraditionen; die Nähe der soziologischen Theorie zur Fachökonomie scheint mir ebenfalls nicht das zentrale Problem zu sein, schließlich kann die deutsche Nationalökonomie auf eine veritable Geschichte zurückblicken, von der die Klassiker der Soziologie nicht erdrückt wurden, sondern profitierten. Es könnte sich jedoch eine unkritische Übernahme wirtschaftstheoretischer Annahmen einschleichen, die zu einer *Ökonomisierung der Soziologie* führen könnte (vgl. hierzu den folgenden Abschnitt).

Folgt man der Argumentation Klaus Müllers, so ist die Wiederauferstehung der Modernisierungstheorie nicht ein Beleg für die ohnehin feststehende Gültigkeit ihrer Hypothesen und Prognosen, sondern, wie Johannes Berger das formuliert, bestenfalls ein Hinweis darauf, daß die Disziplin derzeit auf diesem Gebiet nichts besseres zu bieten habe (Berger 1996, S. 9). Konflikt- und innovationstheoretische Härtungen (Zapf 1991), Aktualisierungen der 'Klassiker' (Berger 1996a) oder „reflexive Modernisierung" (Beck 1990) – alle stimmen darin überein, in dem historischen Prozeß der Modernisierung stärker Diskontinuitäten, Brüche und Regressionen hervorzuheben, einschließlich der Frage der 'Komptabilität' von Krieg bzw. Barbarei und Moderne (vgl. Joas 1996) und andererseits darin, die Einheitlichkeit der Modernisierungstheorie zu wahren, eine Orientierung, die Probleme des Institutionenwandels als nachrangige erscheinen lassen muß.

Diese Nachrangigkeit institutioneller Fragestellungen ist jedoch struktureller Natur: Der Soziologie sind „irgendwie" die Institutionen verloren gegangen, so Dahrendorfs Kritik aus dem Jahre 1989. Im Fach dominieren subinstitutionelle

Wirklichkeiten mit der latenten Perspektive deren Unterminierung (Dahrendorf 1989, S. 4).[8] Läßt man die Theorieabfolge Revue passieren, so konnten zwar in den 50er Jahren Schelskys und Gehlens Institutionentheorien noch einige Resonanz erzielen, aber Ende der 1950er Jahre gab es bereits die Diskussion um die „drei Soziologien" (Zapf) – als Spezialdisziplin, kritische Theorie oder Gegenwartsdiagnose –, gefolgt vom Positivismusstreit in den 60er Jahren und die vehemente Diskussion um die Rollentheorie; begleitet waren diese Kontroversen immer von der strukturell-funktionalen Theorie, die 1968 im *clash of the paradigms* „Spätkapitalismus oder Industriegesellschaft" mündete (vgl. Zapf 1990, S. 24). Die marxistischen Theorien wiederum setzten mit ihrer Fokussierung auf Klassenanalyse den Anti-Institutionalismus ihrer 'bürgerlichen' Vorgänger fort; die darauf folgenden Theoriefragmente der 70er und 80er Jahre wie etwa das der sozialen Bewegungen waren zunächst ebenfalls dezidiert sub-institutionell konzipiert.[9] Ab Anfang der 80er veränderte sich diese Schwerpunktsetzung zunächst in der Politikwissenschaft allmählich, während in der soziologischen Theorie erst mit dem Zusammenbruch kommunistischer Herrschaftssysteme und den Folgen dieses krassen Wandels eine verstärkte Hinwendung zu institutionentheoretischen Fragen feststellbar ist (vgl. für die Politikwissenschaft u.a. Göhler 1987, 1990, 1994; für die Soziologie u.a. Nedelmann 1995, 1996).

Die Rekonstruktionen und Neuorientierungen der Modernisierungstheorie enthalten natürlich *auch* institutionentheoretisch fruchtbare Ansätze, das betrifft sowohl die Zapfsche Variante der traditionellen Modernisierungstheorie wie ihr scheinbares Gegenstück, die reflexive Modernisierung von Ulrich Beck, die in ihrem 'harten' Kern eine Institutionenkritik ist: die Dynamik lebensweltlicher Kontexte und die Statik der Institutionenentwicklung in der politischen Kultur begründen einen „institutional lag" (vgl. Beck 1991, S. 42), der in Konflikte *in* und *um* Institutionen mündet und die Modernisierungsrichtung in ihr Gegenteil verkehren könne.

Das behauptete Neue ist natürlich ganz alt: Debatten *in* Institutionen, wie Beck sie versteht, gehören nunmehr seit fast drei Jahrzehnten zum Standardrepertoire der deutschen Verbändedemokratie, insbesondere in Gestalt von Vorschlägen zur Veränderung und Erhöhung der Partizipationsniveaus in politischen Parteien, Gewerkschaften usw. Das Becksche Problem liegt meines Erachtens in seinem Konventionalismus, wenn er beispielsweise assoziationssoziologisch aus den sich

---

8 Konzeptionelle Konsequenzen hatte diese Einsicht jedoch nicht. In „Der moderne soziale Konflikt" (1991) behandelt Dahrendorf zwar u.a. eine Reihe internationaler Organisationen (OECD, GATT, IWF, Weltbank), ohne jedoch deren Struktur, Funktion und Politik institutionenanalytisch fruchtbar zu machen. Das hängt offenbar mit seiner (eher anti-institutionalistischen) Begriffsbildung zusammen. Dahrendorf unterscheidet zwischen Anrechten und Angeboten (entitlements and provisions), die es ihm beispielsweise unmöglich macht, die Ausbildung des Wohlfahrtsstaates in Europa als Institutionenbildung und Institutionenwandel zu konzipieren (vgl. Dahrendorf 1991, S. 84 f.).

9 Obwohl sich hier einige Änderungen anzubahnen scheinen, vgl. Rucht (1994) und Roth (1994).

verschärfenden Problemen folgert, daß die politischen Parteien, Gewerkschaften etc. bald keine Klientel mehr haben könnten, weil diese der konservativen Politik nicht mehr folgen wollen oder können (Beck 1991, S. 41), bleibt er hierfür die Begründung schuldig. Vielmehr argumentiert er, um beim Beispiel Gewerkschaften zu bleiben, entlang des von Wolfgang Streeck entwickelten Konzeptes von Mitglieder- und Einflußlogik (1981, 1994). Wir leben in Zeiten verschärfter ökonomischer Krisen, weshalb es den Arbeitnehmervertretungen schlecht gehe, die zudem mit massiven Mitgliederverlusten zu kämpfen hätten, die aus den sich differenzierenden Mitgliederinteressen erwachsen. Der Konventionalismus dieser modernisierungstheoretischen Variante liegt in der Vorstellung, daß Institutionen nicht individuenunabhängig gedacht werden können. Eine postmoderne Position müßte aber gerade diese Frage stellen. Meines Erachtens gibt es eine Reihe von Anzeichen, die belegen, daß die postmoderne Bundesrepublik von Institutionen verwaltet wird, die sich mehr und mehr von der Mitgliederlogik befreien – ohne an politischem Gewicht zu verlieren, weil vielfältige *vested interests* der funktionierenden Institutionenordnung Strukturbrüche verhindern. Dieses Problem zeigt sich insbesondere beim Transfer der institutionellen Ordnung Westdeutschlands nach Ostdeutschland, die, obgleich autoritär und in Abkopplung von der Lebenswelt der Betroffenen gesetzt, dennoch besser funktioniert als Versuche in anderen ehemaligen sozialistischen Ländern, partizipativ neue Strukturen zu implementieren.[10] Diese ostdeutsche Situation ist jedoch nicht besonders exotisch, sondern reiht sich in eine möglicherweise (postmoderne) Entwicklung ein: Ein ausufernder *Sozialautismus*[11] auf der Mikroebene würde danach mit einem *Organisationsautismus* auf der Mesoebene korrespondieren, die sich wechselseitig stabilisieren.[12] Organisationsautismus dürften insbesondere Analysen der Finanzwirtschaft von Organisationen erhellen: Wenn beispielsweise in Krisenzeiten mit massiven Verteilungskonflikten, wie sie derzeit herrschen, die größte Gewerkschaft der Welt, die Industriegewerkschaft Metall, bei Immobilientransaktionen über einhundert Millionen DM verliert – und niemand von den Akteuren so genau sagen kann, wo diese Summe abgeblieben ist –, so scheint mir dieses Beispiel ein starker Indikator für die organisationsautistische These zu sein; in jedem Fall ein Beispiel, das mit dem Schema der Einfluß- und Mitgliederlogik widerspruchsfrei nicht erklärbar ist.[13]

Das sind aber nur Randprobleme des modernisierungstheoretischen Diskurses. In der Soziologie der Moderne dominiert der Begriff „soziale Institutionen", ver-

---

10 Diese These läßt sich insbesondere anhand des Aufbaus der Gewerkschaften in den ehemaligen sozialistischen Staaten belegen (vgl. u.a. Mason 1994; Swiatkowski 1994; für Rußland: Siegel 1994).
11 So die schöne Begriffsbildung Karl-Siegbert Rehbergs in diesem Band.
12 Eine sozialwissenschaftliche Theorie des Sozialautismus liegt mit Niklas Luhmanns autopoietischen Reproduktionsmechanismus bereits vor.
13 Die Bedeutung dieses Kontextes habe ich anhand der Vorgeschichte des Zusammenbruchs des gewerkschaftseigenen Wohnungsbaukonzerns „Neue Heimat" diskutiert (vgl. Weinert 1994).

standen als soziale Regel bzw. als Sätze solcher Regeln. Obwohl dieser Begriff relativ häufig auftaucht – so auch Giddens' „institutional reflexivity" in der Diskussion um reflexive Modernisierung zwischen Beck, Giddens und Lash (1994) –, bleibt er amorph, meint Verhaltensregelmäßigkeiten, Organisationsformen, Verfahrensweisen, Sinnzusammenhänge, gedachte Ordnungen oder nähert sich assoziationssoziologisch dem populärsprachlichen Verständnis von dauerhafter Einrichtung: der Begriff wird heuristisch entleert.[14]

Eine anderer, wesentlicher Kritikpunkt an der Modernisierungstheorie zielt auf die für vernachlässigenswert gehaltene Reflexion von Ereignisgeschichte (vgl. u.a. Müller 1991, S. 269). Vertreter wie S.N. Eisenstadt, Reinhard Bendix und Samuel P. Huntington versuchten diesen Einwand durch umfassende historische Vergleichsstudien zu entkräften und *institution building* und *institutional change* als zentrale Gegenstände von Modernisierung zu fassen. In der neueren Literatur hat vor allem Huntingtons Modell der Demokratisierungswellen eine größere Resonanz gefunden; er entwirft ein Modell der politischen Modernisierung, in dem er drei Demokratisierungswellen und deren Gegenentwicklungen unterscheidet. Danach fand die erste lange Demokratisierungswelle von 1828 bis 1926 statt, mit einer Gegenentwicklung, die er von 1922 bis 1942 datiert, eine zweite, kurze Demokratisierungswelle von 1943 bis 1962 mit der entsprechenden Gegenentwicklung von 1958 bis 1975 und die letzte, dritte Demokratisierungswelle von 1974 bis 1990 (Huntington 1991, S. 16). Unter Gegenentwicklung versteht Huntington den Übergang von demokratischen Regimes zu autoritären. Nun müßte entsprechend diesem Modell nach der dritten Demokratisierungswelle wiederum eine Gegenentwicklung einsetzen, die er auch tatsächlich prognostiziert. Welche Faktoren eine solche antidemokratische Bewegung charakterisieren könnten, erklärt er durch die Erfahrungen der vorangegangenen „reverse waves". Drei Ursachenbündel können demnach unterschieden werden: Erstens entwickelten sich demokratische Systeme zu autoritären aus ähnlichen Gründen wie die vorangegangene umgekehrte Entwicklung, hierzu zählt Huntington schwach entwickelte demokratische Wertvorstellungen in den Funktionseliten und der Öffentlichkeit, ökonomische Krisen und Zusammenbrüche, die die sozialen Konflikte verschärfen, soziale und politische Polarisierungen, die aus zu anspruchsvollen wirtschafts- und sozialpolitischen Programmen resultierten (vor allem in linken Regierungen), die politische Entschlossenheit konservativer „middle- and upper-class groups", populistische und linke Gruppen und Unterschichten von der politischen Macht

---

14 Das trifft auf Peter Wagner (1995, S. 46-51) ebenso zu wie auf Burns/Dietz (1995). Noch verwirrender wird die Begriffsvielfalt, wenn man, wie Wolfgang Balzer (1993, S. 2) zwischen Institution und Organisation nicht mehr glaubt unterscheiden zu müssen. Zur allgemeinen Kritik der Verwendung des Institutionenbegriffs vgl. Lepsius (1995). Unter den Modernisierungstheoretikern überzeugt der analytische Zugriff auf „soziale Institutionen" vor allem bei Eisenstadt, der ihn in Anlehnung an Max Weber verwendet, also im Kontext von Ideen, Interessen, Institutionen, so etwa bei der Analyse des Spannungsverhältnisses von Tradition, Charisma und Rationalität (vgl. Eisenstadt 1979, S. 160 ff.).

auszuschließen, der Zusammenbruch von Gesetz und Ordnung durch Aufstände und Terrorismus, die Intervention einer undemokratischen ausländischen Macht sowie der Zusammenbruch eines demokratischen Systems, der einen Demonstrationseffekt für andere Gesellschaften auslöst. Zweitens werden demokratische Systeme durch Teile der politischen und militärischen Elite des Systems abgelöst und drittens können solche Übergänge durch Implementierung historisch neuer Formen autoritärer Regimes erfolgen (Faschismus und bürokratischer Autoritarismus lateinamerikanischer Prägung (vgl. Huntington 1991, S. 290 ff.). Damit sind alle Möglichkeiten der Sprengung oder des Übergangs demokratischer Systeme erwähnt; durch die dritte Alternative, das Auftauchen historisch neuer Formen autoritärer Regime, wird eine Residual-Kategorie eingeführt, die dem Modell sämtliche Alternativen offenhält. Völlig beliebig wird dieses Modell, wenn es als Gegenbewegung zur dritten Demokratisierungswelle ein Ursachenbündel konstruiert, das eine Reformulierung der historischen Ergebnisse der ersten beiden „reverse waves" darstellt.

Interessant ist an diesem Modell der Stellenwert des italienischen Faschismus und der nationalsozialistischen Herrschaft. Huntington bemerkt, daß demokratische Systeme bislang nicht durch Wahlentscheidung oder Volksaufstand beendet wurden – mit Ausnahme Italiens und Deutschlands, in denen undemokratische Bewegungen in den 20er Jahren großen Zulauf erhielten auf der Basis einer sich verbreiternden Zustimmung in der Bevölkerung (ebd.). Damit bleibt auch bei Huntington das Verhältnis von politischer Entwicklung und Ereignisgeschichte zur Makrotheorie ungelöst. Eine andere Alternative wäre für ihn gewesen, zu postulieren, daß gesellschaftliche Umbrüche nur begrenzt theoriefähig und damit prognosefähig seien (vgl. Mayntz 1996, S. 150 f.). Huntington und Mayntz sind konzeptionell insofern nicht weit voneinander entfernt, weil beide die Analyse gesellschaftlicher Umbrüche einfordern, um die gewonnenen Erkenntnisse sozialwissenschaftlich nutzbar zu machen, indem die Einsichten in das Gefährdungspotential moderner Gesellschaften erhöht werden (ebd.); dieses leistet Huntingtons Modell allemal, sein Interesse zielt jedoch darauf ab, eine im engeren Sinne verstandene „third reverse wave" zu identifizieren – und genau hier scheitert seine Analyse.

Huntingtons Problem läßt sich hinsichtlich der Modernisierungstheorie verallgemeinern: Es dominiert die Vorstellung eines kumulativen Wandels, damit wird der Modernisierungstheorie zum Problem, daß der „europäische Kern des modernen Systems" (Parsons) in diesem Jahrhundert von strukturellen Bruchsituationen geprägt wurde: zwei Weltkriegen, der bolschewistischen Revolution und den faschistischen Bewegungen, die nur als Abweichungen und Sonderfälle modelliert werden können; in Deutschland lassen sich allein vier strukturelle Brüche des politischen Systems (1918/19, 1932/33, 1944/45 und – der vorläufig letzte – 1989/90) feststellen.[15] Hinzu tritt, daß für die Wertbegründung der Nach-

---

15 Parsons spricht diese Fragen zwar an, sie haben für ihn aber keinen zentralen Stellenwert, so sieht er bezogen auf das „neue Europa" (1972, S. 164 ff.) als zentrale Entwick-

kriegsdemokratien Kontinentaleuropas – Demokratie, Verfassungsstaat und Sozialordnung – die Bezugnahme auf diese Diktaturen von herausragender Bedeutung ist und damit für die Analyse von Institutionen und Institutionenwandel.[16] Eine ähnliche Entwicklung ist mit der Auseinandersetzung mit dem Stalinismus in den postsozialistischen Demokratien Mittel- und Osteuropas in den nächsten Jahren erwartbar. Diese für die politische Kultur und die Institutionenordnungen Kontinentaleuropas epochalen Ereignisse werden auch in Huntingtons politischer Modernisierungstheorie nicht ausreichend reflektiert. Unter dem Rubrum der Basisinstitution „Konkurrenzdemokratie" werden in der 'allgemeinen' Modernisierungstheorie diese politisch-historischen Kontexte zusätzlich peripherisiert;[17] damit droht jedoch – überspitzt formuliert – eine Verflüchtigung des soziologischen Gegenstandes: der Gesellschaft.

Eine andere Forschungsrichtung, die sich aus der strukturell-funktionalen Theorie entwickelt hat, sind Theorien sozialer Differenzierung.[18] Renate Mayntz hat in der Auseinandersetzung mit den systemtheoretischen Arbeiten von Parsons, Luhmann und Münch das genetische Erklärungsdefizit systemtheoretischer Differenzierungstheorien hervorgehoben und schlug vor, die systemtheoretische Perspektive akteursorientiert zu ergänzen. Da es unterschiedliche Typen gesellschaftlicher Differenzierung gebe,[19] ist es nicht nur wichtig, grundsätzliche Mechanismen sozialer (Aus-)Differenzierung zu identifizieren, sondern Genese, Beschaffenheit und Folgeprobleme realer gesellschaftlicher Strukturen zu rekonstruieren (vgl. Mayntz 1988, S. 37).[20] Bei der Analyse von Ausdifferenzierungsprozessen wird bedeutsam, „den Gebildecharakter sozialer Untereinheiten ausdrücklich zu berücksichtigen. Der Gruppen- und Gebildecharakter sozialer Untereinheiten könnte in vieler Hinsicht sogar wichtiger sein als die Eigenart des Kriteriums, durch das sie sich voneinander unterscheiden" (Mayntz 1988, S. 21). Wesentlich

lungsdimension die der „Amerikanisierung"; die Frage, warum Deutschland nach 1918 nicht den von der Modernisierungstheorie zwingenden Entwicklungsweg beschritt, sieht er in einer fehlenden Integration des Gesamtsystems (Parsons 1964).
16 So ist beispielsweise die nationalsozialistische Herrschaft gut dokumentiert, aber, das belegen die periodischen öffentlichen Debatten, sozialwissenschaftlich nicht zureichend 'verstanden', so Lepsius (1995a).
17 Aber auch in den älteren historisch orientierten Analysen von Huntington (1968), Bendix (1980) oder Eisenstadt (1979) u.a. bleibt dieses Problem soziologisch ungelöst.
18 In der Differenzierungstheorie sind im Verlaufe der Jahre eine Reihe von interessanten Arbeiten entstanden, vgl. u.a. Luhmann (1985); Hondrich (1982) sowie den historischen Überblick bei Schimank (1996); für unsere Fragestellung sind vor allem die am Kölner Max-Planck-Institut für Gesellschaftsforschung entstandenen Arbeiten von Renate Mayntz von Bedeutung (1988, 1995).
19 Hondrich unterscheidet den Differenzierungsprozeß „außen" von dem „innen"; um ein System nach außen abzugrenzen und nach innen aufzugliedern, unterscheidet er fünf Differenzierungsaspekte: Leistung, Größe, Regelung, Raum und Zeit (vgl. Hondrich 1982, S. 25 ff.).
20 Spezialisierte gesellschaftliche Teilsysteme lassen sich nach der Art ihres Konstitutionskriteriums unterscheiden, dazu zählt Mayntz (1988, S. 37) den Grad der sozialstrukturellen Verfestigung, die Eigenart der Binnenstruktur, den Grad der Technisierung, den Entstehungsmodus und die Besonderheiten der Systemgrenze.

für diesen Ansatz ist, daß funktionelle Differenzierung eine sinnhafte Spezialisierung darstellt; Tätigkeiten, Rollen, Organisationen, Institutionenkomplexe unterscheiden sich dann nicht nur hinsichtlich des Spezialisierungsgrades, sondern auch nach der Art des speziellen Sinns; was aber jeweils Konstitutionskriterium eines Teilsystems ist, bleibt eine empirische Frage (vgl. Mayntz 1988, S. 19 und 1995).

Dieser Ansatz könnte ebenso gut mit der Triade Ideen, Interessen, Institutionen (Lepsius 1990) modelliert werden, das unternimmt Mayntz jedoch nicht, weil ihr Ansatz die Systemtheorie mit der Akteurstheorie zu versöhnen sucht. Mit dieser Forschungsintention bleiben Institutionen, wie Schimank (1996, S. 245) resümierend feststellt, „etwas Sperriges in der Mitte". Wenn es jedoch gelänge, teilsystemische Orientierungshorizonte auf der Makroebene und Akteurskonstellationen auf der Mikroebene durch institutionelle Ordnungen auf der Mesoebene zu verbinden, dann wäre mit diesem Forschungszweig eine interessante theoretische Alternative eröffnet, mit dem auch Institutionenwandel zureichend erfaßt werden könnte. Die bisherigen Arbeiten zeigen jedoch, daß die Analysen (teil-)systemisch ausgerichtet sind (Wirtschaft, Gesundheitssystem, Sport, technische Infrastruktursysteme, Wissenschafts- und Forschungssystem) und die institutionalistische Perspektive weitgehend zurücktritt.[21]

## II. Institutionenwandel und Neue Institutionelle Ökonomie

Die Ökonomie hat es wieder einmal besser als die Soziologie und die anderen Sozialwissenschaften. Mit Douglass C. Norths „Theorie des institutionellen Wandels" (1988) hat sie eine moderne Theorie des Institutionenwandels vorgelegt, die bereits mit dem Nobelpreis dekoriert wurde. Diese *New Institutional Economics* drängt mit großer Dynamik auch in die Sozialwissenschaften. Ich beschränke mich im folgenden auf die Northsche Theorie institutionellen Wandels und darauf, welche Auswirkungen in den Sozialwissenschaften feststellbar sind, und grenze damit bewußt eine Diskussion um *rational choice* und den methodologischen Individualismus aus.

Zunächst ist frappierend, daß das Interesse an Institutionen und vor allem an Institutionenwandel in den letzten zehn bis fünfzehn Jahren erheblich zugenommen hat. March/Olsen (1989, S. 2) zählen allein für den Bereich politischer Institutionen entsprechende Analysen über Gesetzgebung, lokale Regierungen, öffentliches Recht, politische Ökonomie, politische Kultur, öffentliche Haushalte, public policy, rational choice, politische Eliten, Entstehung von Staaten, Entwicklung administrativer Strukturen, Verhältnis von Nationalstaat zur Weltpolitik, Zusammenbruch demokratischer Gesellschaften, Korporatismus, formale Organisationen, historisch-komparative Analysen sowie für die Wirtschaftswissenschaften

---

21 Schimank (1995, S. 241-267) rekonstruiert diesen Ansatz des Kölner Max-Planck-Instituts für Gesellschaftsforschung.

und die Soziologie 40 einschlägige Analysen auf – wobei deutschsprachige Literatur noch völlig unerwähnt bleibt. In diesem Kontext kommt dem neuen Institutionalismus der neoklassischen Ökonomie zentrale Bedeutung zu, da er in den Sozialwissenschaften wichtige Brückenfunktionen zur Bildung interdisziplinärintegrativer Theorien erfüllt sowie mit dem methodologischen Individualismus und dem *rational choice*-Ansatz im deutschsprachigen Raum mit den Arbeiten von Hartmut Esser, Karl-Dieter Opp und Erich Weede u.a. einschlägig etabliert ist.

Der neue Institutionalismus wurde von Ronald Coase begründet, der seinen berühmten Aufsatz „The Nature of The Firm" schon 1937 veröffentlichte, sodann vor allem von Oliver Williamson fortgeführt und schließlich in der Wirtschaftsgeschichte von Douglass C. North weiterentwickelt wurde.[22] Für North sind Institutionen allgemein die von Menschen erdachten Beschränkungen menschlicher Interaktionen; institutioneller Wandel bestimme die Art und Weise der Entwicklung von Gesellschaften und sei deshalb der Schlüssel zum Verständnis historischen Wandels (North 1992, S. 3). Institutionen werden als regelgeleiteter Handlungszusammenhang konzipiert, der durch stabile Handlungserwartungen charakterisiert ist. Im Laufe der Menschheitsgeschichte erfüllten Institutionen ordnungsstiftende und unsicherheitsreduzierende Funktionen in Tauschbeziehungen; in Verbindung mit den Standardrestriktionen der Ökonomie bestimmen danach die Institutionen die Menge der Entscheidungsmöglichkeiten und damit über die Transaktions- und Produktionskosten die Profitabilität und Chance wirtschaftlicher Betätigung (vgl. North 1992, S. 8; Priddat 1995). Eine Theorie des institutionellen Wandels setze, so North, eine Theorie des Bevölkerungswandels, eine Theorie der Vergrößerung des Wissensstandes und eine Institutionentheorie voraus; letztere macht das Kernstück seiner Analyse aus (vgl. North 1988, S. 7). Seine Institutionentheorie wiederum besteht aus einer Theorie der Eigentumsrechte, des Staates und der Ideologie (ebd.).[23] Die beiden zentralen Zäsuren sind in Norths Wirtschaftsgeschichte der Übergang vom Jagen und Sammeln zum seßhaften Ackerbau, die Neolithische Revolution oder, wie er sie nennt, die erste wirtschaftliche Revolution, und die industrielle Revolution, die zweite wirtschaftliche Revolution; er kommt, im Unterschied zu gängigen – etwa Schumpeterianischen – Erklärungsmustern zu dem Ergebnis, daß der traditionellen Abgrenzung der in-

---

22 Hinzu treten in der Chicagoer Tradition von „law and economics" Posner, Spieltheoretiker (Schotter) sowie verschiedene „organizational economists" (vgl. die Übersicht bei DiMaggio/Powell 1991).

23 North kritisiert vehement den neoklassischen Modellplatonismus und kommt zu dem scheinbar widersprüchlichen Ergebnis, daß ihn die Marxsche Theorie mit der Verknüpfung der Entwicklung von Produktionsverhältnissen und Produktivkräften am meisten überzeugt, weil sie genau jene Elemente berücksichtige, die das neoklassische Modell weglasse: Institutionen, Eigentumsrechte, Staat und Ideologie. Marx entwickele jedoch keine Theorie, die das Tempo technischen Wandels erkläre, leide an einer Überbewertung der Technologie auf Kosten anderer Ursachen des Wandels und vernachlässige die Bedeutung des Bevölkerungswachstums (North 1988, S. 63). Trotz dieser Kritik kann North in methodischer Perspektive als 'bürgerlicher Marxist' bezeichnet werden.

dustriellen Revolution (1750 bis 1830) eine Beschleunigung der Innovationsrate vorausging; erst die Verquickung dieser Neuerungen ebnete den Weg für die eigentliche technische Revolution, nämlich die neuartige Verbindung von Naturwissenschaft und Technik (vgl. North 1988, S. 165). Diese *Endogenisierung wirtschaftlicher Revolutionen* ist ökonomie-intern die zentrale Leistung der Northschen Theorie des Institutionenwandels. Mit diesen beiden Zäsuren, der agrarischen und der industriellen Revolution, gelingt es North, zehntausend Jahre Wirtschaftsgeschichte theoretisch konsistent auf etwa 120 Seiten abzuhandeln. Dieser Zeithorizont dürfte selbst einem gestandenen Modernisierungstheoretiker den Atem rauben, womit gleichsam die begrenzte Übertragbarkeit des Northschen Konzeptes angedeutet wird. Wenn er von Institutionenwandel spricht, denkt er primär in diesen ausgreifenden Zeiträumen. Als erklärungsbedürftig gilt in dieser Theorie im engeren Sinne nicht Wandel und Strukturbruch, sondern die Stabilität von unterschiedlichen Institutionen und Institutionenordnungen über längere Zeiträume selbst bei erwiesener Suboptimalität (vgl. North 1992, S. 8).

Aus der Technikgeschichte ist bekannt, daß sich suboptimale Techniken dennoch durchsetzen und relativ dauerhaft behaupten können, wenn sie den Vorteil eines zufälligen Anfangsvorsprungs erringen, der die weitere Verlaufs- bzw. Pfadabhängigkeit prägt, wenn auch nicht völlig determiniert. Denn nach North sind bei jedem weiteren Schritt in der Entwicklung politische wie ökonomische Alternativen denkbar, Verlaufs- bzw. Pfadabhängigkeit behauptet jedoch eine Einschränkung der vorgestellten Entscheidungsmenge und eine Verbindung dieser Entscheidungen über die Zeit (vgl. North 1992, S. 117). Ein einmal eingeschlagener Entwicklungspfad bestimme die Richtung, die durch die „Netzwerkexternalitäten" bestätigt werde, Lernprozesse in Organisationen auslöse sowie ein historisch abgeleitetes subjektives Modellieren von Problemen bedeute (vgl. ebd.). Ein solches Konzept erklärt auch die Verfolgung unproduktiver Pfade, denn zunehmende Erträge bei gegebenen Institutionen, die produktive Tätigkeiten hemmen, läßt Organisationen und Interessengruppen entstehen, die vitale Interessen an der Aufrechterhaltung der Beschränkungen haben; suboptimale Pfadentwicklungen werden vom Militär, von religiösen Einrichtungen oder schlicht vom Beharrungsvermögen von Umverteilungsorganisationen dauerhaft gehalten und ideologisch immunisiert, ohne jedoch die ökonomische Rationalität zu erhöhen (vgl. ebd.). Abgesehen davon, daß diesem Institutionalismus ein marktliberaler bias zugrundeliegt, weist aus sozialwissenschaftlicher Perspektive diese Institutionenökonomik eine Reihe Schwächen auf: So stehen im Zentrum der Analyse institutionellen Wandels vor allem langfristige Veränderungen von Gesellschaften und deren institutionellem Gefüge, eine Schwerpunktsetzung, die strukturelle Bruchsituationen, wie den Zusammenbruch kommunistischer Herrschaftssysteme in Osteuropa, aber auch Prozesse der Institutionenbildung wie in Deutschland nach 1945 vernachlässigt. North faßt Kriege, Revolutionen, Eroberungen und Naturkatastrophen als Ursachen diskontinuierlichen Wandels, d.h. als radikale Veränderung formgebundener Regeln (vgl. North 1992, S. 105 f.). So meint er beispielsweise die Stabilität sozialistischer Systeme unter der Annahme rational abwägender Akteure vor allem durch die ökonomische Interpretation des „Schwarzfahrerproblems" (North 1988, S. 32) erklären zu können, ein Begriff, der seit Mancur Olsons Theorie kollektiven Handelns gewissermaßen einen Basisbegriff des methodologischen Individualismus darstellt. „Drückebergerei, Opportunismus und externe Effekte nehmen in der Sowjetunion und anderen sozialistischen Ländern genauso überhand wie in kapitalistischen Wirtschaften" (North 1988, S. 190). „Trittbrettfahren" ist ohne Zweifel ein Massenphänomen, es dürfte gleichwohl nur bedingt etwas über die Dynamik und den Zusammenbruch von Wirtschaftsordnungen und über das Gelingen oder Mißlingen von Transformationsprozessen aussagen. Die Grenzen einer institutionenökonomischen Interpretation solcher komplexer Prozesse wird vollends deutlich, wenn North den Umbruch in Osteuropa als rationale Einsicht der Akteure in die Ineffizienz des vorhandenen Institutionensystems interpretiert und daß nun Wege gesucht würden, „dieses Institutionensystem umzubauen und den Anreizen eine neue Richtung zu geben, so daß diese ihrerseits Organisationen in produktivitätssteigernde Bahnen lenken werden" (North 1992, S. 131). Dieser Ökonomismus ignoriert nicht nur die realgeschichtliche Entwicklung der Planungsökonomien nach 1945, sondern auch die historische Tatsache, daß der Beginn des Zerfalls der Sowjetunion nicht geplant war, nicht von rationalen, eigeninteressierten Akteuren eingefordert wurde und schon gar nicht von klaren Handlungsoptionen geprägt war.[24] Diese theorie-immanenten Defizite des Northschen Ansatzes resultieren aus einem grundsätzlich anders gelagerten Erkenntnisziel, nämlich der Erklärung von (suboptimalen) Stabilitäten über längere Zeiträume.

Für die Sozialwissenschaften ist von Bedeutung, daß der neue Institutionalismus verkündet: „Verlaufsabhängigkeit heißt, daß Geschichte von Belang ist" (North 1992, S. 119), Wolfgang Zapf (1996, S. 71) greift auf dieses Konzept zurück, da sich mit dieser Theorie die schrittweise Veränderung von Institutionen mit der Dauerhaftigkeit von Mustern langfristigen Wachstums oder des Niedergangs verbinden läßt; er betont, daß das Konzept der Pfadabhängigkeit insofern kritisch gewendet werden könne, als sich erfolgreiche moderne Gesellschaften auch auf einem Pfad befinden können, der effizientere Alternativen ausschließt – womit die reflexive Modernisierung Beckscher Prägung integriert werden könnte. Die Modernisierungstheorie müßte die Fruchtbarkeit dieser theoretischen Überlegun-

---

24 So zeigt beispielsweise die Analyse von Gerhard Simon, daß dem Untergang der Sowjetunion – ähnlich wie in der DDR und den anderen sozialistischen Ländern – ein längerer Prozeß der Entlegitimierung vorausgegangen war, insbesondere der Krise der Einparteiherrschaft. Die Sowjetunion ging unter, weil Altkommunisten und Demokraten sich auf die nationale Seite schlugen, d.h. der Wiedergeburt Rußlands Priorität einräumten; die Sowjetunion hätte nicht untergehen müssen, wenn die Nationen nicht als Alternative zur Verfügung gestanden hätten (vgl. Simon 1995). Allein die kurze Benennung dieses Ursachenbündels zeigt, daß der Zusammenbruch des sowjetischen Imperiums komplexer Natur ist und sich einem eindimensionalen Ökonomismus entzieht.

gen noch unter Beweis stellen. Allgemein kann man jedoch feststellen, daß insbesondere das Konzept pfadabhängiger Entwicklungen des neuen ökonomischen Institutionalismus in den Sozialwissenschaften eine breite Resonanz gefunden hat.[25]

Für forschungsstrategisch von grundlegender Bedeutung halte ich die Überlegungen, die Birger Priddat im Anschluß an North angestellt hat, die ich im folgenden auf die Sozialwissenschaften anwende. Ein Erkenntnisziel der Sozialwissenschaften ist die Identifikation von Regelmäßigkeiten und die Interpretation allgemeiner Gesetzmäßigkeiten, demgegenüber historische Gesetzmäßigkeiten „seriatime" (Ricoeur) seien, die chronologische seriatime-Anwendung von Allgemeinheiten oder Gesetzen setze eine sukzessive Verkettung von Ereignissen voraus, die nur erzählt werden könne (Priddat 1995, S. 237). Institutionen in dieser Interpretation repräsentierten die Allgegenwart von Geschichte im rationalen Handlungskontext der Sozialwissenschaften. „Diese Einsicht könnte es uns erlauben, eine Art von historischer Methode zu rekonsolidieren, die systematisch dort ansetzen würde, wo Rationalitätsdilemmata keine rationale Wahl mehr zulassen. Die Dezisionen (...) ließen sich als historische Singularitäten erklären, die keiner Gesetzmäßigkeit unterliegen, sondern einem Wechselwirkungszusammenhang, der noch andere Bestimmungsmomente zur Geltung bringt als die, die sich bereits als durch das Rationalitätspostulat nicht erfaßbar erwiesen haben" (Priddat 1995, S. 237), Eine solche *Soziologisierung und Historisierung der Institutionenanalyse* dürfte insofern erfolgversprechend sein, als ein derartiger Zugang der Gefahr der makrotheoretischen Einebnung bzw. Aussonderung historischer Prozesse nicht nur widersteht, sondern sie zum zentralen Gegenstand erhebt.

### III. Institutionenwandel und Meso-Ebene

Die Renaissance der Modernisierungstheorie basiert vor allem auf dem Zusammenbruch kommunistischer Herrschaftssysteme, über den eine Rethematisierung der klassischen modernisierungstheoretischen *issues* Sinn zu machen scheint. Das bedeutet meines Erachtens, daß eine Weiterentwicklung der Modernisierungstheorie über die Transformationsforschung erfolgt – und nicht umgekehrt. Anders ausgedrückt: der derzeitige modernisierungstheoretische Diskurs ähnelt der Stufe, die Wolfgang Zapf in dem Klassiker „Theorien sozialen Wandels" 1969 vereinigt hat. Vor dem Hintergrund umfassender gesellschaftlicher Umbrüche werden topoi der Modernisierungstheorie kritisch überprüft und konzeptionell erweitert, was zu einer weiteren Vervielfältigung und Verzweigung dieser Theoriengruppe insgesamt führen wird. Der gleiche Kontext kann auch für das neuerliche Interesse an der Rekonstruktion und Neuorientierung der Theorie sozialen Wandels be-

---

25 Aus der Fülle der Literatur verweise ich exemplarisch auf die Beiträge von Gerhard Lembruch (1994, 1995), der dieses Konzept auf die Transformation Ostdeutschlands angewendet hat.

hauptet werden. Dies um so mehr, als die hier behandelten Theorien (Modernisierung, soziale Differenzierung, Institutionenökonomik) als Re-Interpretationen der Basiskategorie sozialer Wandel gefaßt werden können, wobei zwar institutionentheoretische Aspekte reflektiert werden, die jedoch kaum dominant werden. Demgegenüber ist schon heute in der Transformationsforschung, sei es über die devolutionären Prozesse Osteuropas oder über die globalisierenden Tendenzen Westeuropas, eine stärkere institutionalistische Orientierung unterschiedlicher Provenienz feststellbar (vgl. hierzu u.a. Wollmann 1995; Müller 1995a; Wessels 1994; Bach 1995).

Ansätze und topoi der neuen Institutionenökonomik sind naturgemäß vor allem in dem methodologischen Individualismus oder *rational choice* anzutreffen; mir geht es jedoch in diesem Beitrag um die exemplarische Darstellung, wie einzelne Kategorien der neuen Institutionenökonomik („Pfadentwicklungen") in andere sozialwissenschaftliche Theorien Eingang finden, die nicht primär dem eigeninteressierten, rationalen Akteur verpflichtet sind (das erwähnte Beispiel von Wolfgang Zapf scheint mir dabei eine nicht unwichtige, wenn auch problematische Richtung anzugeben). Grundsätzlich, so meine ich, sind sozialwissenschaftliche Theorien nicht darauf angewiesen, den Umweg über die Wirtschaftswissenschaften zu gehen, um neuartige Problemkomplexe („Pfadentwicklungen") zureichend zu analysieren.[26] Granovetters (1985) Kritik an der amerikanischen Soziologie gipfelt ja in dem Vorwurf, die Analyse von Marktprozessen der neoklassischen Ökonomie überlassen zu haben und damit deren Prämissen zu übernehmen und die soziale Einbettung wirtschaftlichen Handelns zu vernachlässigen; dem gegenüber empfiehlt er eine stärkere Rückbesinnung auf Max Weber – eine Empfehlung, die auch für die europäische Soziologie Gültigkeit besitzt. Die sozialwissenschaftliche Analyse von Institutionen und Institutionenwandel kann von der neuen Institutionenökonomik kaum profitieren, weil dort ein sehr allgemeiner, häufig amorpher Institutionenbegriff dominiert. In diesem Kontext könnte eher die neue Institutionenökonomik von den Sozialwissenschaften lernen.

Wenn Institutionenanalyse und Institutionenwandel in den großen Gesellschaftstheorien keine zentrale Bedeutung haben, so stellt sich die Frage, durch welche sozialwissenschaftlichen Ansätze diese zentralen Bereiche sozialen Wandels erfolgversprechend analysiert werden könnten. Wenn Schimanks Diktum zutrifft (1996, S. 245), daß Institutionen „etwas Sperriges in der Mitte" sind, bietet

---

26 Ich vermute, daß Soziologen gegenüber den Ökonomen einen gewissen „Theorie-Neid" hegen, insbesondere hinsichtlich der Reinheit und Geschlossenheit der Modell- und Theoriebildung, was beispielsweise Erich Weede (1992) expressis verbis einräumt. Die Beleihung dieser theoretischen Geschlossenheit scheint mir deshalb eine wesentliche Triebfeder von Sozialwissenschaftlern zu sein, was grundsätzlich auch für das Zapfsche Beispiel zutreffen dürfte. Demgegenüber ist es nicht uninteressant, daß sich international die unterschiedlichsten Entwicklungen in den Wirtschaftswissenschaften identifizieren lassen, die gerade die neoklassische Modell- und Theoriebildung überwinden will (vgl. den Überblick bei Seifert/Priddat 1995; Rothschildt 1994 sowie Weinert 1996).

sich eine stärkere Fokussierung auf der mesotheoretischen Ebene an. Solche theoretischen Perspektiven scheinen mir vor allem durch die institutionenanalytischen Arbeiten von M. Rainer Lepsius repräsentiert zu werden (1990, 1993) und durch die politikwissenschaftlichen Ansätze zur Theorie politischer Institutionen, in denen Institutionen als gesellschaftliche Regelungsmuster bzw. Sozialregulatoren gefaßt werden (Göhler 1990a; Rehberg 1990).

Lepsius' Institutionenanalyse zielt auf die dynamische Entwicklungstriade von Interessen, Ideen und Institutionen ab; seine mittlerweile schon klassische Definition lautet: „Interessen sind ideenbezogen, sie bedürfen eines Wertbezuges für die Formulierung ihrer Ziele und für die Rechtfertigung der Mittel, mit denen diese Ziele verfolgt werden. Ideen sind interessenbezogen, sie konkretisieren sich an Interessenlagen und erhalten durch diese Deutungsmacht. Institutionen formen Interessen und bieten Verfahrensweisen für ihre Durchsetzung; Institutionen geben Ideen Geltung in bestimmten Handlungskontexten. Der Kampf der Interessen, der Streit über Ideen, der Konflikt zwischen Institutionen lassen stets neue soziale Konstellationen entstehen, die die historische Entwicklung offen halten. Aus Interessen, Ideen und Institutionen entstehen soziale Ordnungen, die die Lebensverhältnisse, die Personalität und die Wertorientierung der Menschen bestimmen" (Lepsius 1990).

Die jeweiligen Modi der institutionellen Verknüpfung gesellschaftlicher Leitideen und Interessen spezifizieren sanktionsfähige Rationalitätskriterien für gesellschaftliche Teilbereiche,[27] beispielsweise das Rentabilitätsprinzip kapitalistisch verfaßter Wirtschaften, und legen zugleich die Verteilung von Entscheidungskompetenzen sowie die Verfügungsgewalt über Ressourcen fest, die Externalisierung intendierter und nichtintendierter Folgewirkungen und den Grad der Gegen-Institutionalisierung in korrespondierenden Segmenten (vor allem das Sozialstaatsprinzip).[28] Insofern erfüllen Institutionen zwei Funktionen, die *instrumentelle* der Steuerung in Form einer „zweckbestimmten Regulierung von Handlungsoptionen" und die *expressive oder symbolische* der Integration in Form einer „persistenten Repräsentation des (wertebezogenen) Orientierungsangebotes" (Göhler 1990 und 1997). Die ausdifferenzierten Institutionen repräsentieren und regulieren spezifische soziale Handlungskontexte und wirken somit als Garanten einer Wertorientierung innerhalb eines bestimmten gesellschaftlichen Teilbereichs. Leitideen können keinen Anspruch auf Allgemeingültigkeit erheben, sondern sind sektoral und/oder regional begrenzt. Aus dieser Pluralität von zum Teil konkurrierenden Ideen, Interessen und Institutionen und aus den damit verbundenen Konfliktlagen und Konsenszwängen beziehen demokratisch verfaßte Gesellschaften ihre sozioökonomische Stabilität und Flexibilität. Dies gilt auch für soziale Institutionen, die im Gegensatz zu den politischen, deren Ziel die „Herstellung und Sicherung

---

27 Die folgenden Ausführungen basieren auf konzeptionellen Überlegungen, die ich gemeinsam mit Ingeborg Haag und Gerhard Otto entwickelt habe, denen ich beiden für ihre kritischen Kommentare danke.
28 Vgl. hierzu auch den Beitrag von M. Rainer Lepsius in diesem Band.

einer gesamtgesellschaftlichen Handlungseinheit" (Göhler 1990) ist, für ihre segmentär fragmentierten Rationalitätskriterien keinen Anspruch auf Allgemeingültigkeit reklamieren können; denn die Verfolgung partikularer Interessen gelingt nur, solange sie sich als legitime Instanzen gesamtgesellschaftlich anerkannter Ordnungsmuster präsentieren. Sozio-ökonomische und soziokulturelle Dynamik, Stabilität und Flexibilität, Sicherung der spannungsgeladenen Einheit in der Vielheit der demokratisch verfaßten Industriegesellschaften ist in dieser institutionalistischen Perspektive zuvorderst *spezifischen Vermittlungsleistungen* geschuldet. Mit dieser Modellierung von Institutionen kann auch das Problem gesellschaftlicher Integration adäquat behandelt werden, da Institutionen nicht nur instrumentale Regelungs-Agenturen sind, sondern zugleich als Wahrer bzw. Hüter und Verwalter bestimmter Leitideen bzw. sozialer Wertemuster bezeichnet werden können.

Die erwähnten „*two faces of institutions*" (Olsen) dürften auch die Amorphie der sozialwissenschaftlichen Begrifflichkeit erklären. Dieses Diffusitätsproblem kann durch die analytische Unterscheidung abstrakter Institute (Leitideen generalisierbarer Wertmuster) von den hieraus spezifizierten Rationalitätskriterien (Institutionalisierung legitimer Ordnungsmuster) und diese wiederum von den jeweils historisch konkreten organisatorischen Materialisationen (Institutionen legalisierter Interessenrepräsentation) gelöst werden.[29] Diese strukturelle Kopplung von Institut, Institution und Organisation ist nicht statisch, sondern unterliegt einem ständigem Veränderungsdruck. Insofern sind empirisch fundierte Analysen der organisatorischen Strukturierung und Entstrukturierung von institutionalisierten Rationalitätskriterien und ihrer Legitimitationsstrategien – als Institutionenwandel – unabdingbar, um die gesellschaftlichen Entwicklungspfade und -krisen im Sinne einer Theorie mittlerer Reichweite historisch adäquat reflektieren zu können. Dieser permanente soziale Wandel dürfte zureichend weder auf der lebensweltlichen Mikroebene noch auf der systemischen Makroebene rekonstruiert werden können, weshalb ich für empirisch fundierte Organisations-, Funktions- und Wirkungsanalysen von Institutionen plädiere, die auf der Mesoebene agieren und als Repräsentanten paradigmatischer Werte die Strukturdominanz spezifizierter Rationalitätskriterien für ausdifferenzierte gesellschaftliche Handlungskontexte sichern, gleichzeitig aber zwischen den daraus resultierenden zentrifugal wirkenden Konflikten integrativ vermitteln und somit einen hohen Organisationsgrad aufweisen.

Ein wesentliches Entwicklungsmoment westlicher, demokratisch-marktwirtschaftlicher Gesellschaften ist eine massive und komplexe Ausdifferenzierung gesellschaftlicher Teilbereiche mit einer Vielzahl unterschiedlicher Institutionen, die innerhalb der einzelnen Teilbereiche Regulierungsfunktionen wahrnehmen

---

29 So entspräche beispielsweise dem Institut der Einkommenssicherung die Institution Gewerkschaft, wovon die konkreten Gewerkschaftsorganisationen zu unterscheiden sind, oder dem Institut des Privateigentums die Arbeitgeberverbände, wovon die konkreten Organisationen zu unterscheiden sind (vgl. Weinert 1995).

und/oder zwischen den Teilbereichen vermitteln. Diese Ausdifferenzierung erfolgt sowohl horizontal (Segmente) als auch vertikal (Ebenen) und hat die Pluralisierung von Werten und Divergenz von Interessen zur Grundlage. Das Spezifikum dieser Entwicklung stellt die Ausbildung eines eigenen Institutionentypus dar, nämlich „intermediärer", weitgehend von den Zentralgewalten unabhängiger Institutionen, die in der modernen Institutionenordnung eine tragende Rolle bei der Regulierung und Vermittlung der vielfältigen Segmente (und Ebenen) spielen. Institutionelle Ordnungen legen den Grad der Organisationsfähigkeit von Interessen und deren Durchsetzungschancen fest. Die Existenz intermediärer Institutionen sagt etwas über die Chancen von Gesellschaften aus, bestimmte ökonomische, soziale und politische Interessen artikulieren und durchsetzen zu können. Für westliche Gesellschaften ist eine unvollständige Regulierung der zwischen den einzelnen Subsystemen bestehenden 'Räume' charakteristisch, deren Verbindung durch spezifische, interessenorientierte Vermittlungsleistungen hergestellt wird, was wiederum eine Vielheit intermediärer Institutionen voraussetzt (vgl. Weinert 1995).

Analytisch können gesellschaftliche Vermittlungsleistungen nach verschiedenen gesellschaftlichen Ebenen differenziert werden. Von der Vermittlung zwischen der Mikro- und Makroebene *(vertikale Interessenvermittlung)* ist die Dimension *horizontaler Interessenvermittlung* zu unterscheiden, die die Regulierungs- und Überwachungsleistungen innerhalb eines gesellschaftlichen Teilsegments sowie die Vermittlungs- und Übersetzungsleistungen in andere, horizontal benachbarte Teilsegmente umfaßt. Die Funktion dieser intermediären Vermittlung ist in beiden Fällen die Erhöhung der Anpassungselastizität des Gesamtsystems; sie wird vor allem durch eine Erhöhung der Partizipation der Betroffenen realisiert.

Mit diesem mesotheoretischen Zugriff auf die Analyse von Institutionen und deren Wandel, ergeben sich primär Anknüpfungspunkte zu den differenzierungstheoretischen Arbeiten, wie sie von Renate Mayntz, Uwe Schimank oder Karl Otto Hondrich verfolgt werden, aber auch mit dem systemtheoretischen Konzept der Interpenetration von Richard Münch (1984). Der wesentliche Unterschied zwischen dem hier vorgeschlagenen Ansatz und den Theorien sozialer Differenzierung ist die Zentrierung auf Institutionen und Institutionenwandel, mit dem selbst die differenzierungstheoretisch zentrale Frage: Wie ist gesellschaftliche Integration möglich? – adäquat analysiert werden kann. Denn die allgemeine Tendenz zur Ausdifferenzierung neuer gesellschaftlicher Teilbereiche erhöht zwar die Anpassungselastizität moderner Gesellschaften, stellt gleichwohl keinen Automatismus zur Lösung jeder neuen Konfliktlage dar, so ist etwa bekannt, daß Institutionenbildungen scheitern können oder zur Verschärfung von Konfliktlagen führen (Rieger 1992). Wie die derzeitige Diskussion über den „Umbau des Sozialstaates" zeigt, geben schrumpfende öffentliche Ressourcen oder gar verschärfte materielle Armut den Anstoß für Reformen und Neuordnungsdiskussionen, die für Experimente wenig Spielraum lassen; umgekehrt erlahmt in Perioden materiellen Wohlstands der politische und ökonomische Antrieb für strukturelle Innovationen, obwohl gerade diese die besten Voraussetzungen dafür bieten würden. In beiden Fällen bedeuten Reformen und Neuordnungen zugleich Auseinandersetzungen und Kämpfe zwischen Interessen und Institutionen und damit über Ressourcen.

Ein solcher mesotheoretischer Ansatz, wie er hier vorgeschlagen wird, wäre in Verbindung mit den Überlegungen Priddats historisch gesättigt und in der Lage, längere Stabilitätsphasen ebenso zu erklären wie strukturelle Bruchsituationen. Sowohl die neue Institutionenökonomik als auch neuere sozialwissenschaftliche Ansätze zur Analyse des institutionellen Wandels gehen entweder vom zwar umfassenden, aber langsam-kontinuierlichen gesellschaftlichen Wandlungsprozeß (Gebhardt 1992) oder vom Wandel bzw. der Neubildung von Institutionen im Kontext eines insgesamt weiterbestehenden gesellschaftlichen Systems (Rieger 1992) aus, während radikale Strukturbrüche des politischen Systems weitgehend vernachlässigt werden; dies ist um so erstaunlicher, als gerade für das Kontinentaleuropa des 20. Jahrhunderts radikale Veränderungen im Institutionengefüge prägend sind; in diesem Zusammenhang sei nur auf die gesellschaftspolitische Entwicklung mit der Herausbildung neuartiger supranationaler EU-Institutionen verwiesen. Mit Hinweis auf Europa kommt Johan P. Olsen zu dem Ergebnis, daß diese radikalen Veränderungen in Westeuropa und die damit einhergehenden institutionellen Änderungen durch keine der herrschenden Theorien erklärt und in ihrem weiteren Verlauf beurteilt oder gar vorausgesagt werden können. Denn eine angemessene „general theory of institutional dynamics" existiere nicht und „a priori assumptions about the primacy of macro-, meso- or micro-explanations" oder ähnliches seien beim gegenwärtigen Stand der Forschung auch gar nicht erstrebenswert. Notwendig seien vielmehr zunächst detaillierte komparatistisch orientierte historisch-institutionelle Analysen (Olsen 1992, S. 262, 266).

Damit gewinnt Robert K. Mertons alte Einsicht wieder an Aktualität, daß die Soziologie nur in dem Maße voranschreiten wird, wie sie ihr Hauptinteresse auf Theorien mittlerer Reichweite lege, andernfalls würde sie sich gewissermaßen ständig selbst frustrieren (vgl. Merton 1995, S. 6). Für die aktuelle Entwicklung scheint mir dieses Problem besonders virulent zu sein: Die Modernisierungstheorie kann soziale Realitäten nicht gänzlich erfassen, weil sie extreme diachrone Ungleichheiten begrifflich nicht zureichend erklären kann; gleichzeitig haben sich die synchronen Heterogenitäten in kurzer Zeit derart erhöht, so daß eine ganzheitliche Theoriebildung zusätzlich erschwert wird. Mertons Satz, daß beides gebraucht werde, die allgemeine Theorie und besondere Theorien, verliert vor diesem Hintergrund seinen scheinbar banalen Charakter.

## Literatur

Alexander, Jeffrey, 1994: Modern, Anti, Post and Neo: How Social Theories Have Tried to understand the „New World" of „Our Time", in: Zeitschrift für Soziologie 23. Jg., S. 165-197.

Bach, Maurizio, 1995: Ist die europäische Vereinigung irreversibel? Die Europäische Gemeinschaft in institutionentheoretischer Perspektive, in: Birgitta Nedelmann (Hrsg.), Politische Institutionen im Wandel, Opladen, S. 368-391.
Balzer, Wolfgang, 1993: Soziale Institutionen, Berlin.
Beck, Ulrich, 1991: Der Konflikt der zwei Modernen, in: Wolfgang Zapf (Hrsg.), Die Modernisierung moderner Gesellschaften. Verhandlungen des 25. Deutschen Soziologentages in Frankfurt am Main 1990, Frankfurt a.M., S. 40-53.
Beck, Ulrich, Anthony Giddens und Scott Lash, 1994: Reflexive Modernization, Cambridge.
Bendix, Reinhard, 1964: Nation-Building and Citizenship, Berkeley.
Bendix, Reinhard, 1980: Könige oder Volk, 2 Bde., Frankfurt a.M.
Berger, Johannes, 1996, Editorial: Modernisierung und Modernisierungstheorie, in: Leviathan 24. Jg., S. 8-12.
Berger, Johannes, 1996a: Was behauptet die Modernisierungstheorie wirklich – und was wird ihr bloß unterstellt?, in: Leviathan, 24. Jg., S. 45-62.
Burns, Tom R. und Thomas Dietz, 1995: Kulturelle Evolution: Institutionen, Selektion und menschliches Handeln, in: Hans-Peter Müller und Michael Schmid (Hrsg.), Sozialer Wandel, Frankfurt a.M., S. 340-383.
Camic, Charles, 1990: „Prolegomena to a Theory of Social Institutions" by Talcott Parsons. An Historical Prologue, in: American Sociological Review, 55. Jg., S. 313-319.
Camic, Charles, 1991, Introduction: Talcott Parsons before The Structure of Social Action, in: Talcott Parsons, The Early Essays, Chicago, S. ix-xix.
Coleman, James S., 1990: Commentary: Social Institutions and Social Theory, in: American Sociological Review, 55. Jg., S. 333-338.
Dahrendorf, Ralf, 1989: Einführung in die Soziologie, in: Soziale Welt, 40. Jg., S. 2-10.
Dahrendorf, Ralf, 1991: Der moderne soziale Konflikt, Stuttgart.
Eisenstadt, Shmuel N., 1979: Tradition, Wandel und Modernität, Frankfurt a.M. (zuerst 1973).
Gebhardt, Winfried, 1992: Individualisierung, Pluralisierung und institutioneller Wandel, in: Der Staat, 23. Jg., S. 347-365.
Göhler, Gerhard (Hrsg.), 1987: Grundfragen der Theorie politischer Institutionen, Opladen.
Göhler, Gerhard, 1990: Einführung: Ökonomische Theorie politischer Institutionen, in: Gerhard Göhler, Kurt Lenk und Rainer Schmalz-Bruns (Hrsg.), Die Rationalität politischer Institutionen, Baden-Baden, S. 155-167.
Göhler, Gerhard, 1990a: Politische Ideengeschichte – institutionalistisch gelesen, in: Gerhard Göhler, Kurt Lenk, Herfried Münkler und Manfred Walther (Hrsg.), Politische Institutionen im gesellschaftlichen Umbruch. Ideengeschichtliche Beiträge zur Theorie politischer Institutionen, Opladen, S. 7-19.
Göhler, Gerhard, 1994: Politische Institutionen und ihr Kontext, in: ders. (Hrsg.), Die Eigenart der Institutionen. Zum Profil politischer Institutionentheorie, Baden-Baden, S. 19-46.
Göhler, Gerhard, 1997: Der Zusammenhang von Institution, Macht und Repräsentation, in: ders. u.a., Institution – Macht – Repräsentation. Wofür politische Institutionen stehen und wie sie wirken, Baden-Baden (im Druck).
Göhler, Gerhard, Kurt Lenk und Rainer Schmalz-Bruns (Hrsg.), 1990: Die Rationalität politischer Institutionen, Baden-Baden.
Granovetter, Mark, 1985: Economic Action and Social Structure: The Problem of Embeddedness, in: AJS, 91. Jg., S. 481-510.
Hondrich, K. Otto, 1982: Sozialer Wandel als Differenzierung, in: ders. (Hrsg.), Soziale Differenzierung. Langzeitanalysen zum Wandel von Politik, Arbeit und Familie, Frankfurt a.M., S. 11-71.
Huntington, Samuel P., 1968: Political Order in Changing Societies, New Haven.
Huntington, Samuel P., 1991: The Third Wave. Democratization in the Late Twentieth Century, Norma, Okl.
Joas, Hans, 1996: Die Modernität des Krieges, in: Leviathan, 24. Jg., S. 13-27.

Lehmbruch, Gerhard, 1994: Institutionen, Interessen und sektorale Variationen in der Transformationsdynamik der politischen Ökonomie Ostdeutschlands, in: Journal für Sozialforschung, 34. Jg., S. 21-44.
Lehmbruch, Gerhard, 1995: Die Rolle der Spitzenverbände im Transformationsprozeß, in: Berliner Debatte INITIAL, Heft 6, S. 89-105.
Lepsius, M. Rainer, 1990: Ideen, Interessen, Institutionen, Opladen.
Lepsius, M. Rainer, 1993: Demokratie in Deutschland, Göttingen.
Lepsius, M. Rainer, 1995: Institutionenanalyse und Institutionenpolitik, in: Birgitta Nedelmann (Hrsg.), Politische Institutionen im Wandel, Opladen, S. 392-403.
Lepsius, M. Rainer, 1995a: Plädoyer für eine Soziologisierung der beiden deutschen Diktaturen, in: Christian Jansen, Lutz Niethammer und Bernd Weisbrod (Hrsg.), Von der Aufgabe der Freiheit. Politische Verantwortung und bürgerliche Gesellschaft im 19. und 20. Jahrhundert. Festschrift für Hans Mommsen, Berlin, S. 609-615.
Luhmann, Niklas, 1970: Institutionalisierungs-Funktion und Mechanismus im sozialen System der Gesellschaft, in: Helmut Schelsky (Hrsg.), Theorie der Institution, Düsseldorf, S. 27-41.
Luhmann, Niklas (Hrsg.), 1985: Soziale Differenzierung, Opladen.
March, James G. und Johan P. Olsen, 1989: Rediscovering Institutions. The Organizational Basis of Politics, New York.
Mason, Bob, 1994: The Changing Structure and Strategies of Employers' and Employees' Organisations: The Case of Central and Eastern Europe, in: Transformation of European Industrial Relations – Consequences of Integration and Disintegration. 4th European Regional Congress of the International Industrial Relations Ass. in Helsinki, Plenary 3, Helsinki, S. 97-147.
Mayntz, Renate, 1988: Funktionelle Teilsysteme in der Theorie sozialer Differenzierung, in: dies., Bernd Rosewitz, Uwe Schimank und Rudolf Stichweh (Hrsg.), Differenzierung und Verselbständigung. Zur Entwicklung gesellschaftlicher Teilsysteme, Frankfurt a.M., S. 11-44.
Mayntz, Renate, 1995: Zum Status der Theorie sozialer Differenzierung als Theorie sozialen Wandels, in: Hans-Peter Müller und Michael Schmid (Hrsg.), Sozialer Wandel, Frankfurt a.M., S. 139-150.
Mayntz, Renate, 1996: Gesellschaftliche Umbrüche als Testfall soziologischer Theorie, in: Gesellschaften im Umbruch. Verhandlungen des 27. Kongresses der Deutschen Gesellschaft für Soziologie in Halle an der Saale 1995, hrsg. von Lars Clausen, Frankfurt a.M., S. 141-153.
Merton, Robert K., 1995: Soziologische Theorie und soziale Struktur, Berlin (zuerst 1949).
Mills, C. Wright, 1963: Kritik der soziologischen Denkweise, Neuwied.
Müller, Hans-Peter/Schmid, Michael, 1995: Paradigm lost? Von der Theorie sozialen Wandels zur Theorie dynamischer Systeme, in: dies. (Hrsg.), Sozialer Wandel, Frankfurt a.M., S. 9-55.
Müller, Klaus, 1991: Nachholende Modernisierung?, in: Leviathan, 19. Jg., S. 261-291.
Müller, Klaus, 1995: Der osteuropäische Wandel und die deutsch-deutsche Transformation, in: Rudi Schmidt und Burkart Lutz (Hrsg.), Chancen und Risiken der industriellen Restrukturierung in Ostdeutschland, Berlin, S. 1-42.
Müller, Klaus, 1995a: Vom Postkommunismus zur Postmodernität? Zur Erklärung sozialen Wandels in Osteuropa, in: Kölner Zeitschrift für Soziologie und Sozialpsychologie, 47. Jg., S. 37-64.
Nedelmann, Birgitta (Hrsg.), 1995: Politische Institutionen im Wandel, Opladen.
Nedelmann, Birgitta, 1996: Zusammenbruch des Sowjetsystems – Herausforderungen für die soziologische Institutionenanalyse, in: Bálint Balla und Anton Sterbling (Hrsg.), Zusammenbruch des Sowjetsystems – Herausforderungen für die Soziologie, Hamburg, S. 115-137.
North, Douglass C., 1988: Theorie des institutionellen Wandels, Tübingen.
North, Douglass C., 1992: Institutionen, institutioneller Wandel und Wirtschaftsleistung, Tübingen.

Olsen, Johan P., 1992: Analyzing Institutional Dynamics. Staatswissenschaften und Staatspraxis, 3. Jg., S. 247-271.
Parsons, Talcott, 1951: The Social System, London.
Parsons, Talcott, 1954: Essays in Sociological Theory, Glencoe, London.
Parsons, Talcott, 1964: Beiträge zur soziologischen Theorie, hrsg. von Dietrich Rüschemeyer, Neuwied.
Parsons, Talcott, 1972: Das System moderner Gesellschaften, München.
Parsons, Talcott, 1990: Prolegomena to a Theory of Social Institutions, in: American Sociological Review, 55. Jg., S. 319-333.
Powell, Walter W. und Paul J. DiMaggio (Hrsg.), 1991: The New Institutionalism in Organizational Analysis, Chicago.
Priddat, Birger P., 1995: Ökonomie und Geschichte: Zur Theorie der Institutionen bei D.C. North, in: Eberhard K. Seifert und Birger P. Priddat (Hrsg.), Neuorientierungen in der ökonomischen Theorie, Marburg, S. 205-239.
Rehberg, Karl-Siegbert, 1990: Eine Grundlagentheorie der Institutionen: Arnold Gehlen, in: Gerhard Göhler, Kurt Lenk und Rainer Schmalz-Bruns (Hrsg.), Die Rationalität politischer Institutionen, Baden-Baden, S. 115-144.
Rieger, Elmar, 1992: Strategien der Institutionenbildung, in: Journal für Sozialforschung, 32. Jg., S. 157-175.
Roth, Roland, 1994: Demokratie von unten. Neue soziale Bewegungen auf dem Wege zur politischen Institution, Köln.
Rothschildt, Kurt W., 1994: Marx und Keynes – Haben beide zukünftig noch Bedeutung?, in: Arne Heise, Werner Meissner und Hartmut Tofaute (Hrsg.), Marx und Keynes und die Krise der Neunziger. WSI-Herbstforum 1993, Marburg, S. 17-34.
Rucht, Dieter, 1994: Modernisierung und neue soziale Bewegungen. Deutschland, Frankreich und die USA im Vergleich, Frankfurt a.M.
Schimank, Uwe, 1996: Theorien gesellschaftlicher Differenzierung, Opladen.
Schülein, Johann August, 1987: Theorie der Institution, Opladen.
Seifert, Eberhard K. und Birger P. Priddat, 1995: Einleitung – Neuorientierungen in der ökonomischen Theorie, in: dies. (Hrsg.), Neuorientierungen in der ökonomischen Theorie, Marburg, S. 7-54.
Siegel, Jay, 1994: Industrial Relations and the Forging of a New Workplace Governance System in Russia, in: Transformation of European Industrial Relations – Consequences of Integration and Disintegration. 4th European Regional Congress of the International Industrial Relations Ass. in Helsinki, Plenary 4, Helsinki, S. 121-135.
Simon, Gerhard, 1995: Warum ging die Sowjetunion unter? Berichte des Bundesinstituts für ostwissenschaftliche und internationale Studien Nr. 52.
Streeck, Wolfgang, 1981: Gewerkschaftliche Organisationsprobleme in der sozialstaatlichen Demokratie, Königstein.
Streeck, Wolfgang, 1994: Staat und Verbände: Neue Fragen. Neue Antworten?, in: ders. (Hrsg.), Staat und Verbände, Opladen, S. 7-34.
Swiatkowski, Andrej, 1994: Transformation of the Industrial Relations in Central and Eastern Europe: Insider's Summary Report, in: Transformation of European Industrial Relations – Consequences of Integration and Disintegration. 4th European Regional Congress of the International Industrial Relations Ass. in Helsinki, Plenary 4, Helsinki, S. 15-46.
Wagner, Peter, 1995: Soziologie der Moderne, Frankfurt a.M.
Weede, Erich, 1992: Mensch und Gesellschaft. Soziologie aus der Perspektive des methodologischen Individualismus, Tübingen.
Weinert, Rainer, 1994: Das Ende der Gemeinwirtschaft. Gewerkschaften und gemeinwirtschaftliche Unternehmen im Nachkriegsdeutschland, Frankfurt a.M.
Weinert, Rainer, 1995: Intermediäre Institutionen oder die Konstruktion des „Einen". Das Beispiel der DDR, in: Birgitta Nedelmann (Hrsg.), Politische Institutionen im Wandel, Opladen, S. 237-253.
Weinert, Rainer, 1996: Vereinheitlichung oder Vielfalt der Theorien. Neue und alte Ansätze in der Ökonomie, in: Soziologische Revue, 19. Jg., S. 43-51.

Wessels, Wolfgang, 1994: Institutionen der Europäischen Union: Langzeittrends und Leitideen, in: Gerhard Göhler (Hrsg.), Die Eigenart der Institutionen, Baden-Baden, S. 301-330.

Wollmann, Hellmut, Helmut Wiesenthal und Frank Bönker (Hrsg.), 1995: Transformation sozialistischer Gesellschaften: Am Ende des Anfangs, Opladen.

Zapf, Wolfgang, 1991: Modernisierung und Modernisierungstheorien, in: ders. (Hrsg.), Die Modernisierung moderner Gesellschaften. Verhandlungen des 25. Deutschen Soziologentages in Frankfurt am Main 1990, Frankfurt a.M., S. 23-39.

Zapf, Wolfgang, 1996: Die Modernisierungstheorie und unterschiedliche Pfade der gesellschaftlichen Entwicklung, in: Leviathan, 24. Jg., S. 63-77.

Zapf, Wolfgang (Hrsg.), 1969: Theorien sozialen Wandels, Köln.

*Karl-Siegbert Rehberg*

# Institutionenwandel und die Funktionsveränderung des Symbolischen*

## I. Vorbemerkung

Wo es um „Institutionenwandel" geht, verbindet sich Zeitdeutung mit der Frage nach der Erklärungskraft einer theoretischen Perspektive. Ich will deshalb die Institutionen-Begrifflichkeit (vgl. Acham 1992, S. 33; Göhler 1994a, S. 37 ff.; Melville 1992, S. 3 und 1996, S. 12 ff. und Rehberg 1994, S. 56 f.) ausdrücklich auf Deutungen gegenwärtiger Zustände beziehen.

*Zeitdiagnosen* (vgl. Rehberg 1996, S. 290) sind problematisch, weil sie – wie viele der Gegenstände, die sie beschreiben oder von denen sie ausgehen – Themenkonjunkturen unterworfen sind, weil ihre Plausibilität mit modischen Wahrnehmungsverschiebungen zusammenhängt. Wer will noch immer vom alten „Kapitalismus" hören, vom doktrinären Schwung der avantgardistischen Moderne, von grauen Begrifflichkeiten wie „Herrschaft" oder „Patriarchat" (letzteres vielleicht noch am ehesten). Wie in den Künsten müssen die Begriffsproduktionen sich überbieten, was in beiden Fällen leerlaufen kann. Allerdings erweisen sich die, modernen Kulturmustern folgenden, schnellen perspektivischen Wechsel doch auch als leistungsfähig: die Sensitivität für neue Wahrnehmungen wird gesteigert, bisher Unterschätztes kann – zuweilen durch Überziehung und Übertreibung von Einfällen – prägnant sichtbar gemacht werden. So war es mit dem Begriff „Postmoderne" (vgl. Welsch 1987; dazu Rehberg 1991a), so kann es auch mit dem Heraufbeschwören neuer Anomien sein, also der Vorstellung, daß wir in einer Zeit nicht nur der Pluralisierung sondern der Ordnungsauflösungen leben, der kleinen aber durchdringenden Korrosionsprozesse, der schleichenden Selbstzerstörung der Bedingungen von Individualisierung und Freiheitsgewinnen durch Formen eines – nicht nur in den Massenuniversitäten unvermeidlichen – Sozialautismus und Rückzugsindividualismus.

Wenn man gesellschaftliche Zustände – gegenwärtige wie vergangene oder vermutet zukünftige – behandelt, sollten die begrifflichen Mittel auf die Blickrichtung, der sie folgen, zurückbezogen werden. In dieser reflexiv-wissenssoziologischen Weise wird hier das Potential der „Institutionenanalyse" eingeführt.

---

* Dank sage ich für Hilfe beim Schreiben und für wichtige Ratschläge Rose-Marie Schulz-Rehberg sowie für die Unterstützung der Korrekturarbeiten Andreas Pischel.

Dabei erscheint die Institutionenkategorie aktuell und anachronistisch zugleich, wovon bei der Prüfung ihrer Erklärungskraft auszugehen ist. Institutionenanalysen ermöglichen zumindest zwei der Leistungen, die Axel Honneth (Honneth 1995a, S. 82) von Sozialtheorien erfüllt sehen will, nämlich Machtanalyse und „Kulturdiagnose" – umstrittener dürfte die von ihm erwähnte normativ-begründende Dimension der Begriffsbildung sein, denn an vorschreibenden Institutionen-„Lehren" fehlt es nicht, ja es ist ein Problem dieser Kategorie, mit konservativen Stabilisierungs-Ideen geradezu synonym gesetzt zu werden. Auch das ist ja „normativ". Zwar kann Institutionentheorie einer „Perspektive der Betroffenheit" (Rehberg 1973) folgen, jedoch muß sie sich gerade dann davor hüten, die Wahrnehmung durch geschichtsphilosophische Selbstsicherheiten oder normative Wünschbarkeiten einzuengen.

## II. „Institution" – Begriffsvermeidung und Begriffskonjunktur

Zuerst aber fällt auf, daß der Begriff „Institution" Konjunktur hat, daß er in den Sozialwissenschaften seit den 90er Jahren wieder hoffähig wurde. Es gibt eine stillschweigende Einbeziehung dieser Kategorie in verschiedenste Arbeitskontexte, aber auch explizite Konversionsbekenntnisse wie das von Lord Dahrendorf, der früher (1970) dem Irrtum einer zu schlichten (damals rollentheoretisch formulierten) Dichotomie zwischen zwingender Gesellschaft und authentischem Individuum aufsaß. Jetzt spricht er selbstironisch sogar von seiner „anarchistischen" Phase (Dahrendorf 1989), wodurch sein liberales Menschen- und Sozialmodell wohl etwas dramatisiert wird. Dahrendorf (1991, S. 148) meint verkürzend, daß der Soziologie „irgendwann, irgendwie" die Institutionen „verlorengegangen" seien: „Institutionen: Gestalt gewordene Normen, Entscheidungs- und Sanktionsinstanzen"; gerne spricht er auch von „Ligaturen". Zwar teile ich seine Vermutung nicht, nach welcher die Soziologie sich in eine „Bewegungswissenschaft" aufgelöst habe, wohl aber ist er ein guter Zeuge für die in diesem Fach lange wirksame Abwehr gegenüber dem Institutionenbegriff.

Tatsächlich befürchteten kritische Soziologen, sozialen Zwang, eine schlechte Wirklichkeit, begrifflich – wie Adorno formuliert hätte – zu „verdoppeln". Durch Begriffsvermeidung meinte man der Gefahr entgehen zu können, zur Apologie „des Bestehenden" beizutragen – sei es auch nur mittelbar, d.h. durch die Verwendung normativ überreizter Kategorien. Seither häufen sich die Fälle einer begriffspolitischen Lockerung des Tabus. Als Beispiele sind – wie ich an anderer Stelle (Rehberg 1994, S. 49-52) gezeigt habe – neben Dahrendorfs Eintreten für die analytische Stärkung der institutionellen Perspektive M. Rainer Lepsius (z.B. 1993 und 1995) und Hans-Peter Dreitzel zu nennen. Und sogar in der Habermas-„Schule" bemerkt man seit einiger Zeit eine deutliche Wendung zum Institutionen-Konzept, zuerst in Axel Honneths „Kritik der Macht" (1989), dann auch bei Klaus Eder (1989) und Claus Offe, der seit einiger Zeit versucht, den Institutionenbegriff neu zu besetzen, etwa im Hinblick auf eine „intelligente Selbstbeschränkung" von Gesellschaften, die in Gefahr stehen, durch systemische Dynamiken und Globalverknüpfungen jede Kontrolle über die Entwicklung zu verlieren (vgl. z.B. Offe 1989, 1996a und 1996b).

Inzwischen hat Offe (1996a) noch eine andere Argumentationslinie eingezogen, nämlich die Prognose, daß die Menschheitsgeschichte „post-zivilisierte" (besser würde es heißen: innerzivilisatorische) Formen der Barbarei kenne: nicht mehr das ängstigende Fremde heißt „barbarisch", sondern die Methoden des Fremdmachens, der gewaltsamen oder doch gewaltandrohenden Ausschließung von Menschen bis zur Infragestellung ihres Lebens. Offe hat die These aufgestellt, daß die Hauptbedrohung unserer Zeit nicht mehr so sehr von staatlichen Institutionen ausgehe (erst recht nicht dort, wo diese rechtsstaatlich verfaßt sind), sondern von einer bedrohlichen Erosion des staatlichen Gewaltmonopols, auch in den „reichen" Industriegesellschaften. Ähnliches beobachtete Hans Magnus Enzensberger in seinem Bürgerkriegs-Essay (1993). Beide Autoren sehen die wirklichen Gefahren der heutigen Situation in der Ablösung staatlicher Kriege oder sogar der (durch objektivierbare Interessengegensätze ausgelösten) Bürgerkriege durch schnell wechselnde und ziellose Formen der Gewalttätigkeit. Nicht in den großen Machtzusammenballungen, sondern in den zerstreuten Konfliktherden, in „zeitgenössischen Ruinen von Staatlichkeit" (wie Offe, vor allem an das ehemalige Jugoslawien denkend, treffend formulierte) oder in nicht intakten Staaten entwickelten sich die Bedrohungen der mühsam gewonnen Zivilisiertheit. Das ist eine Situation, in der man glauben muß, daß ungebrochene militärische Befehlsketten „eher Gewähr als Gefahr für ein Minimum an Zivilität" böten (Offe 1996a, S. 271; vgl. dazu auch meine kritischen Anmerkungen: Rehberg 1996).

So ist Institutionenanalyse – gerade auch theoretisch – keine Domäne mehr der Konservativen. Hinzu kommen die Institutionalisierungsbedürfnisse noch nicht durchgesetzter Geltungsansprüche und Weltdeutungen. In diesem Sinne sind es die seit den 60er Jahren entstandenen sozialen Bewegungen, die auf Eigen-Institutionalisierung drängen, wovon die Parlamentarisierung (z.B. der Bündnis 90/Grünen) nur eine Variante ist. Die Angst der Europäer in ihren befriedeten, weil reichen Gesellschaften, vor den ihre Grundfesten erschüttern könnenden Unordnungs- und Diffusionsprozessen (z.B. in Rußland oder auf dem Balkan), erst recht vor der ökologischen Selbstzerstörung wird zum Anlaß, neue Formen der Institutionalisierung zu fordern. Gegen eine auch institutionell ausgeprägte Aktionsdynamik des Industrialismus werden Selbstbeschränkungs-Institutionen entworfen.

Übrigens ist es deshalb auch ein Kennzeichen unserer Zeit, daß Initiativethiken an Plausibilität verloren haben und „Ethik" heute fast automatisch mit der Restriktion von Handlungsmöglichkeiten gleichgesetzt wird, mit eingrenzenden und vermeidungsstrategischen Zukunftsprognosen, eben mit dem Abwägen der Folgen und Nebenfolgen (wofür komplexe Systeme eigene Instanzen der Selbstbeobachtung ausbilden müssen, die Industriegesellschaft also insbesondere eine die Grenzen ihrer Expansion bedenkende ökologische Selbstkontrolle). Wir haben es heute mit „*Veto-Ethiken*" zu tun (vgl. Rehberg 1991b), ganz anders als es die aktionsorientierten ethischen Diskurse seit der frühbürgerlichen Gesellschaft und noch am Beginn dieses Jahrhunderts waren (man denke an Webers Thema der ethischen Ermöglichungen kapitalistischer Wirtschaftsexpansion und -durchsetzung) – das hat Folgen für die institutionellen Regelungsformen.

Selbstbeschränkungs-Institutionalisierungen gab es allerdings auch schon früher, oft mögen institutionelle Erfolge überhaupt auf Selbstbeschränkungen beruhen, eben auf der Bündelung von motivationellen Energien. Erinnert sei an monastische Bewegungen – überhaupt an jede Geltungssteigerung durch Askese. Das kann man beispielsweise noch an den Debatten um die preußische Erneuerung der Universität ablesen, man denke an die von Fichte (z.B. 1971, S. 110 ff. und 170 ff.) erwünschte universitäre Lebensgemeinschaft, an das Ideal eines „Wissenschaftsklosters" (vgl. Schelsky 1963, S. 104); die englischen Colleges liefern hier Vorbilder bis heute (kein Zufall, daß ein Promotor der neuen Institutionendebatte, eben Ralf Dahrendorf, nach seinem LSE-Rektorat nun Warden des renommierten Oxforder St. Anthony's College ist).

In jüngst entwickelten Sozialtheorien wurden institutionelle Gemeinschaftsbindungen wieder aufgewertet. Als maßlos und bedrohlich erscheinen nicht mehr nur die großen Machtapparate, sondern auch der privatistische Individualismus. Die amerikanischen Kommunitaristen unterschiedlicher politischer und philosophischer Ausrichtung haben dieses Thema international ins Spiel gebracht. An der US-amerikanischen Gesellschaft wurde die Gefahr einer Aufzehrung der Grundlagen eines freiheitlichen Individualismus durch diesen selbst aufgezeigt. Die Abnahme der Bindungskraft von gemeinschafts- und (zuweilen) gemeinwohlbezogenen Formen verantwortlicher Individualität und deren Umschlagen in ein Selbstfindungs-Pathos (von romantischen Ausgangslagen bis zum modernen Konsumismus) wurden beispielsweise von Robert Bellah und seinen Mitarbeitern (1987) geschildert; andere Communitarians gehen in die gleiche Richtung. Gefürchtet wird das Abdriften ängstlicher Selbstgenügsamkeit in Privatismus und Therapiekultur oder ästhetisierende Nebenwelten. Bellah (1987, S. 319 f.) empfahl gegen die „Kultur der Vereinzelung" die Revitalisierung moralischer Verpflichtungen (wie sie in biblischen und republikanischen Traditionen Voraussetzung personaler Freiheit waren) durch „Erinnerungsgemeinschaften", das Anknüpfen an Gründungsmythen der amerikanischen Gesellschaft und ihrer Institutionen. Michael Walzer (1990 und 1991; vgl. auch Honneth 1995b) will den Zustand überwunden sehen, in dem intellektuelle Kritik sich vom Leben der Gemeinschaft esoterisch absondert, ihre Berechtigung nur aus der Distanz und reflexiven Selbstentfremdung ziehend, während es – wie in der Prophetie des antiken Judentums – doch die Einbindung in eine Gemeinschaft sei, die der Kritik einzig Sprengkraft verleihen könne. In solchem Denken zeigen sich Rückbesinnungen angesichts sich verschärfender gesellschaftlicher Krisen, welche zur Restabilisierung institutioneller Selbstverpflichtungen ebenso führen können wie zu einer Verschärfung institutioneller Kämpfe (etwa zu fundamentalistischen Vergemeinschaftungs-Kreuzzügen). In jedem Fall aber geht es um ein Revival der Stabilisierung institutioneller Ordnungsgarantien und Ideenfixierungen.

## III. Neue Ängste und alte Institutionen

Die verschiedenen Beispiele zeigen, daß die neue Zuwendung zu den Institutionen als Symptom erscheint. Darin drücken sich Krisenwahrnehmungen und damit verbundene Ängste aus, die hinter der Begriffskonjunktur des Institutionellen stecken (womit dessen Realitätsgehalt nicht bestritten werden soll). Mit Angst war die Institutionenthematik immer schon verbunden. Jede Politiktheorie (etwa die Machiavellis) beruhte auf der Unwahrscheinlichkeit und prekären Stabilisierbarkeit politischer Ordnungen und auf der Furcht vor dem Ordnungszerfall, vor der Auflösung der Institutionen und dem Hervortreten des Menschen in seiner Natürlichkeit (welche das hobbistische Schreckbild aller Konservativen ist). Davon war auch die höchst anregende Institutionenlehre Arnold Gehlens (1993 und 1986; vgl. Rehberg 1990) angetrieben, Institutionenbejahung als einzige Rettungsmöglichkeit vor der menschlichen „Entartungsbereitschaft". Und auch in Motiven wie den von Offe geäußerten, geht es um Ängste. Es zeigt sich, daß – unabhängig von den politischen Stellungnahmen – institutionelle Ordnungsformen ins Spiel kommen, wenn Unsicherheit, Orientierungslosigkeit und Bedrohlichkeit der gesellschaftlichen Zustände sich zuspitzen (oder wenn man das zu beobachten glaubt). Daß dies nicht nur vordergründige Befürchtungen betrifft, sondern daß als der Basis zivilisatorischer Zwänge eine tiefsitzende Verbindung von verinnerlichten Ängsten, von Schuldgefühlen und den Formen der kulturellen Selbstregulierung und Triebunterdrückung existiert, ist auch das zentrale Thema der Kulturtheorie Sigmund Freuds.

Institutionen haben als kulturelle Orientierungsfestlegungen etwas mit *Pazifizierung* zu tun. Und tatsächlich bildete sich eine der großen Leitinstitutionen der nachmittelalterlichen Welt, der moderne Staat, genau unter diesem Gesichtspunkt, als Stillstellung des Bürgerkrieges heraus. Das war nicht erst ein retrospektives Thema, etwa bei Carl Schmitt, sondern schon die Basis der Souveränitätstheorie von Jean Bodin. Und auch Norbert Elias' Zivilisationstheorie (1969) läßt sich genau in dieser Linie lesen: die Herausbildung des königlichen, später staatlichen Monopols (mit stehendem Heer und Steuerhoheit), das sich erfolgreich gegen die mächtigen regionalen, adeligen und wirtschaftlichen Teilmächte durchsetzte, sieht er als Hintergrund der von ihm beschriebenen Zivilisierungsschübe. Das geht nicht ohne Repression, ist alles weniger als gewaltfrei, also nicht „friedlich", aber: pazifizierend. Heute stellen sich diese Problemkonstellationen als die einer institutionell nicht verfaßten, also nur metaphorisch oder ideologisch als „Weltinnenpolitik" bezeichnenbaren Lage dar. Die Integrationsebene hat sich in den Weltmaßstab verschoben (daß dies auch wirtschaftlich gilt, wird in der Krise des

*Institutionenwandel und die Funktionsveränderung des Symbolischen* 99

Beschäftigungssystems der westlichen Industrieländer gerade im Augenblick schmerzlich erfahrbar). Für eine militärische Entmilitarisierung, für die waffengeschützte Abkühlung von Konflikten und die Separierung von Gegnern, für labile Gleichgewichtszustände, welche langfristige Lösungen vielleicht verbessern helfen, stehen UN-Soldaten in vielen „Blauhelmeinsätzen". Hier kann nicht erörtert werden, welche mächtigen Interessenzusammenballungen die Einsätze und Aufgabenbestimmungen mitbeeinflussen. Lediglich soll auf das Verhältnis von noch nicht ausgebildeten institutionellen Regulierungen zu intervenierenden Gewaltandrohungen verwiesen werden, die erfolgreich darin sein wollen, „partikulare" Gewaltsamkeit zu brechen. Es mag hier ein weiterer Grund für das Interesse an Institutionalisierungsprozessen liegen. Verbunden ist das mit dem Eingeständnis, daß diese sich nicht nur wie von selbst, „hinter dem Rücken der Beteiligten" herstellen, sondern – bei aller Unabsehbarkeit ihrer Erfolgschancen und Entwicklungen – gleichwohl auf Entscheidungen beruhen und zuweilen auf entsetzlichen Zielkonflikten (wie der Krieg im ehemaligen Jugoslawien erneut belegt). Institutionelle Bedingungen für „Auswege aus der Barbarei" müssen geschaffen werden; Kriterien formulierte z.B. Dieter Senghaas (1995 und 1996) mit seinem „zivilisatorischen Hexagon", also der Verbindung von Gewaltmonopol, Rechtsstaatlichkeit, Interdependenz und Affektkontrolle, demokratischer Partizipation, sozialer Gerechtigkeit und Konfliktkultur.

Die Brechung partikularer Mächte ist stets verbunden mit Legitimitätsentzug für die zu unterwerfenden Traditionen und institutionellen Regulierungen. So kann es dazu kommen, daß einstmals Institutionelles zur bloßen Überlebensform des illegitim Gewordenen und Abweichenden wird. Das kann zum vollständigen Verlust der institutionellen Geltung dynastischer, familialer oder ständischer Handlungsformen führen. Auch gibt es umgekehrt die kompensatorisch angemaßte Selbsttraditionalisierung; um ein Beispiel zu nennen, sind etwa Mafia, Cosa nostra oder wie sie sich paria-feudalistisch mit einstmals klingenden Namen schmücken mögen, heute zwar *organisiert*, aber schon längst nicht mehr unbestritten „institutionell". Das zu erkennen hätte es der kleinen, aber einschneidenden Symbolverschiebung nicht bedurft, von der ein medienvermitteltes Gerücht wissen will, daß man seit der Anklage gegen den „onorevole" Giulio Andreotti den Bruderkuß in „der Familie" abgeschafft hätte, weil derlei sprechende Umarmungen (durch Kameras und Polizeivideos konserviert) zu gefährlich geworden seien – so werden Vergemeinschaftungsformen sogar hier durch Technik bedroht. Allerdings sind es gerade die gleichwohl fortbestehenden *institutionellen* Legierungen der mafiosen Innenstrukturen, ist es die institutionelle Anmaßung des organisierten Verbrechens, die seine Einbindung in die Gesellschaft ermöglichen. Institutionell sind auch die Kämpfe und kontroversen Leitidee-Mobilisierungen, die innerhalb der katholischen Kirche darüber geführt werden, wie klar man sich öffentlich und wirksam vom Terror der „gläubigen" Kirchenmitglieder abzugrenzen habe. Auch die Unterwerfungsbereitschaft, das Schweigen und die Duldung des Terrors sind ohne ein Verständnis der institutionellen Bindungsansprüche und der dadurch verstärkten Ängste nicht zu verstehen, aber ebensowenig der Mut zur Gegenwehr, etwa der „Associazione donne siciliane contro la mafia" und schließlich sogar der staatlichen Organe (vgl. u.a. Raith 1986 und 1992 sowie Dalla Chiesa 1987).

Die Geschichte der innerstaatlichen Pazifizierung ist keineswegs abgeschlossen. In manchen Bereichen hat man eher den Eindruck eines Rückschlages und neu auftauchender Bestreitungsdynamiken. Die scheinbar fraglose Durchgesetztheit des „legitimen Gewaltmonopols" wird irritiert durch zunehmende Gefühle der Bedrohtheit im Inneren, denen die von außen kommenden entsprechen. So werden in den europäischen Staaten jedenfalls die Folgen der Umbrüche in Mittel-, Ost- und Südosteuropa wahrgenommen. Im Weltmaßstab könnte man sogar meinen, daß sich vertraute Orientierungsbegriffe der 60er Jahre inzwischen verschoben, daß „Peripherie" und „Zentrum" sich verkehrt haben: Macht, Reichtum, Rechtssicherheit, Multikulturalismus, aber auch die größeren Beängstigungen entwickeln sich nun in den privilegierten Randzonen der von Gewaltsamkeit, Hunger und Tod dominierten Weltzustände.

Angesichts der Korrosionsprozesse in den reichen Areas der Welt hat sich inzwischen schon eingebürgert, von einer „*neuen Anomie*" zu sprechen. In solchen Beschreibungen der Gesellschaft wird unterstellt, daß es vermehrte Unordnung, kleine entropische Diffusionszunahmen und Kontrollverluste gebe und daß dies charakteristisch für die neuesten Entwicklungszustände der Moderne sei. Den relativ reichen Gesellschaften stellen sich die Bedrohungen ähnlich dar, wie sie von den durch Wohlstand abgeschirmten Bewohnern der privilegierten Quartiere am Rande der Großstädte wahrgenommen werden: Gewalt sickert ein, macht die Verkehrsmittel, den öffentlichen Raum unsicher, es gibt „Übergriffe" schon durch die ästhetisch verletzenden Bilder der Armut, aber auch ein Vordringen der Habgier und offenen Aggressivität. All das versucht man durch Wegsehen zu bannen, ohne daß dies noch gelingen wollte. Es sind dies die modernen Varianten der von Hans Peter Duerr (1988, S. 165 ff.) für frühe Kulturen beschriebenen „Phantomwände" und Regeln der Blickvermeidung; sie sichern Intimität und Diskretion, können aber auch durch Angst verfestigt werden und der Sicherung von Gleichgültigkeit dienen. Und auch in den Sozialwissenschaften kann man eine Zeitlang wegsehen, als wenn die Bedrohungen sich dadurch auflösten. Das festzustellen bedeutet kein Plädoyer für Überreaktionen – theoretisierend so wenig als in gewaltsamer Aktion, auch nicht dafür, Einzelfälle vorschnell für das Ganze zu setzen. Aber eine sorgfältige, von Panikgerede nicht vernebelte Wahrnehmung wird nicht übersehen können, daß das Konfliktklima sich auch in vielen europäischen Städten verschärft hat, nicht nur in den deutlicheren Zuspitzungen der amerikanischen Metropolen. Selbst in den kleinen aufgeräumten Gesellschaften – zu denen etwa (selbst nach der Wiedervereinigung) die Bundesrepublik Deutschland, Dänemark, die Niederlande oder die Schweiz gehören – zeigen sich Armutsstrukturen und freier flottierende Ausstiege aus der „Wohlanständigkeit" deutlicher als früher.

Allerdings mag in alledem nicht nur eine Verschärfung sozialer (Verteilungs-)

Konflikte sichtbar werden. So bedrohlich manches erscheinen mag, läßt sich darin unter Individualisierungsgesichtspunkten auch eine Vervielfältigung von Aktionsformen entdecken. Zwar gibt es die beängstigende Realität wirklicher Sozialkonflikte im Hintergrund, werden strukturelle Spannungen durch symbolisch sich zeigende Gewaltbereitschaften präsent. Aber es entsteht – sozusagen als Preis der Freiheit – auch so etwas wie ein Zugewinn an fluktuierenden Ausdrucksformen, die nicht immer so festgelegt sind, wie die durch Unordnung erschreckten Bürger (und Soziologen) meinen; manch bedrohlich wirken wollende Jugendszene beispielsweise löst sich in anderen Interaktionszusammenhängen, erst recht in anderen Lebensphasen, sehr schnell und unauffällig auf (Soeffner 1992).

Wird die Lage aber wirklich beunruhigend, dann fallen auch den „singles", den individualisierten, auf sich gestellten und emphatisch autonomen Menschen noch zuerst starke, jedenfalls funktionierende Institutionen ein – auch dies vielleicht ein Motiv für das institutionentheoretische Interesse. Auf gesamtgesellschaftliche Prozesse bezogen zeigt sich das deutlich, wenn es um die institutionellen Bedingungen für die Demokratisierung der ehemals staatssozialistischen Gesellschaften geht. Hier hat Lepsius (1993) wichtige Hinweise gegeben und wiederum Claus Offe (1994 und 1996b), der die Schwierigkeiten aufzeigte, die sich daraus ergeben, daß in relativ kurzer Zeit Marktwirtschaft und parlamentarische Demokratie gleichzeitig etabliert werden sollen, während dies in der Geschichte Westeuropas aufeinanderfolgende Prozesse gewesen sind.

## IV. Institutionen als symbolische Ordnungen

In einer Welt der Ordnungsverschiebungen, in der man sich nach Restabilisierungen sehnt (sei es mit Vorsicht oder mit der großen Versprechung einer „neuen Weltordnung"), erleben wir auch die Umcodierung und Veränderung von *Symbolsystemen* und darin sich ausdrückende Wandlungen von Institutionen. Ehe ich darauf eingehe, soll der begrifflich-theoretische Rahmen der Argumentation, insbesondere der Zusammenhang von „Symbolizität" und „Institutionalität", skizziert (vgl. Melville 1992, S. 16) werden.

Gerhard Göhler hat in zahlreichen Publikationen (z.B. 1992, 1994b) und als Sprecher des von der Deutschen Forschungsgemeinschaft veranstalteten Schwerpunktprogramms „Theorie der politischen Institutionen" (Göhler/Schmalz-Bruns 1988; Göhler 1990, 1994a, 1995 und 1997) den Doppelaspekt von einerseits „instrumentellen" und andererseits „symbolischen" Leistungen der Institutionen deutlich gemacht (vgl. zur Unterscheidung von instrumentellen und expressiven politischen Akten auch: Edelman 1976, S. 10). Davon gehe auch ich aus. Ich schlage vor, „Institutionen" geradezu als „symbolische Ordnungen" zu betrachten. Damit wird nicht unterstellt, Institutionen seien „nur" zeichenhaft, wohl aber, daß jede „Ordnung" eine – mehr oder weniger ausgeprägte – institutionelle Form hat, in der die Ordnungsprinzipien zur Darstellung kommen. Das kann in jeder institutionell regulierten Handlung, in Gesten und materiellen Zeichen zum Ausdruck kommen. Es ist keine Organisation denkbar, die ganz ohne eine symbolische Repräsentanz ihrer Zielsetzung und Verfassungen funktionieren würde. Was wir gewöhnlich (in ungeklärtem Sprachgebrauch vor- und innerwissenschaftlich) als „Institutionen" bezeichnen, erweisen sich bei näherem Hinsehen als Organisationen oder Interaktionsformen, in denen die *Sichtbarkeit der Ordnung* in den Mittelpunkt gerückt ist, also z.B. Kirche und Staat, Familien- und Verwandtschaftssysteme, Bildungseinrichtungen, zuweilen auch Großbetriebe. Daran knüpft die hier zugrundegelegte „Theorie und Analyse institutioneller Mechanismen (TAIM)" an (Rehberg et al. 1996). Nicht jedes institutionelle Gefüge hat eine eigenständige (formale) Organisationsform – man denke an die literarisch und gesellschaftlich hoch elaborierten Normen und Symbole romantischer Liebesbeziehungen, an die bis zum Kult steigerbaren Formen der Freundschaft, an institutionell verankerte (auf Organisationsleistungen zwar gestützte, nicht aber selbst organisierte) Genres der Kommunikation wie den Briefwechsel. Jedoch kann auch all das organisiert, durch Spezialisten kontrolliert und satzungsmäßig fixiert werden – wie etwa die Freundschaftsbünde im 18. Jahrhundert. Also: nicht jede Institution ist organisiert, aber jede Organisation braucht zu ihrer Stabilisierung *auch* institutionelle Leistungen. Deshalb geht mein Vorschlag dahin, weniger von Institutionen als von *institutionellen Mechanismen* zu sprechen.

Die Symbolisierungsleistung des Institutionellen bezieht sich auch auf eine „Leitidee", auf eine als gültig empfundene Bestimmung dessen, was „der Staat", die römische Kirche, „die Kunst" etc. jeweils sein sollen. Die institutionelle Analyse kann dann zeigen, daß es sich dabei um die selektive Durchsetzung aus einer Vielzahl führender Ideen handelt, die miteinander konkurrieren und umkämpft sind. Jede durchgesetzte Leitidee zieht ihren Erfolg aus der (temporären) Herausgehobenheit aus einem Komplex oftmals unvereinbarer Orientierungsmöglichkeiten. Da sie ein Kampfprodukt ist und Synthese von Widersprüchlichem, werden in ihr oftmals viele der konkurrierenden Sinnsetzungen und Ordnungsentwürfe verleugnet. Aber gerade deshalb ist ihre Geltung nie unbestritten und von unterschiedlichen Situationen, Interessen und Trägerschichten abhängig. Die Leitidee des Kaisertums, auch des Papsttums (vgl. dazu z.B. Schimmelpfennig 1992), der französischen, deutschen oder englischen Monarchie war immer umstritten und wurde doch aus divergenter Interessenperspektive immer auch als einheitlich, als aus den authentischen Quellen gesichert und insofern als unwiderlegbar behauptet.

Entscheidend für die Analyse des „Institutionellen" ist, daß Ereignisse und Strukturierungen (Giddens 1988) in *symbolische Darstellungsformen* eingefügt werden, wodurch erst Eigenwert und Eigenwürde eines jeweiligen Ordnungsarrangements behauptet und Wertanerkennung sowie Normenerfüllung erfolgreich erwartet werden können. Dadurch entsteht „Dauer" (die instituiert ist, *als ob* sie ewig währte, während sie sich bei näherem Hinsehen oft als recht kurzfristig erweist). So wird eine selbst wieder symbolisch verstärkte institutionelle Eigenzeit produziert, die den Alltag der Beteiligten – wie in Arbeitsordnungen oder mönchischen Gebets- und Pflichtabläufen – akribisch regulieren kann und sich ihre eigenen normierenden Bezugsrahmen (etwa durch Kalender) schafft.

Zusammengefaßt kann also gesagt werden, daß solche folgenreichen Transformationen *kontingenter* Strukturierungen in *„notwendige"* Ordnungen das entscheidende Merkmal des Institutionellen sind. So verstanden können Institutionen idealtypisch als kulturelle Vermittlungsinstanzen zwischen Sozialstruktur und Sinnproduktion, zwischen kollektiven Ordnungen und den sie bedingenden Menschen verstanden werden, als Feld von „Wechselwirkungen", denn sie sind handlungsleitend und motivbildend.

Entgegen den Ansätzen zu einer theoretischen Neubestimmung des Institutionenkonzeptes traut der (denkt man an seinen großen Erstlingswurf über die formale Organisation – 1964) einst kongeniale Institutionenanalytiker Niklas Luhmann – auch in der Fußnoten-Aufmerksamkeit, die er dem DFG-Schwerpunktprogramm widmete – dem Institutionenbegriff nur mehr wenig zu, hält ihn neuerdings für untheoretisierbar und nicht trennscharf genug. Kein Wunder, daß er ihn aus seiner Theorie ausgeschieden hat, ihn neuerdings nur noch als Kontrastfolie für etwas merkwürdig „Geisteswissenschaftliches" verwendend. Der Begriff könne – sagt er zur Abschreckung – den Eindruck erwecken, „daß etwas Höheres, Sinnreicheres, vielleicht auch Geheimnisvolleres im Spiel sei" (Luhmann 1992, S. 92). Da er die konservative Angst vor dem Chaos durch die ruhige Selbstsicherheit des theoretischen Blicks ersetzen konnte, verschwindet bei ihm auch der Begriff „Institution", der nichts Anstößiges mehr hat (wie in der linken Protestbewegung und bei vielen der durch sie inspirierten Intellektuellen und Theoretiker), aber auch nichts mehr hoffen läßt (wie etwa für Dahrendorf, Lepsius oder Offe).

Die von mir skizzierte institutionelle Analyse ist nicht als Alternativtheorie zu Luhmanns scharfsinniger Heuristik angelegt. Man kann hinter Luhmann nicht zurück, wo es um seine diffizile Entzauberung von ontologischen Kurzschlüssen geht oder um seine genaue Rechenschaftslegung über die Grenzen des Beobachtbaren. Da jedoch diese – wie jede andere – Entscheidung für eine Abstraktionshöhe und Begriffswahl mit Ausblendungen, perspektivischen Verzerrungen und neuen blinden Flecken verbunden ist (wie gerade Luhmann sie als unumgehbar ausgewiesen hat) und weil ein Autor (den es, entgegen postmoderner Selbstauflösungsrhetorik, eben doch gibt) auf – auch „politische", will sagen: weltbildhafte – Akzentuierungen des von ihm Gefundenen und Kommunizierten festgelegt ist, soll hier eine mittlere Ebene der Entstehung und Verfestigung sozialer Beziehungsmuster herausgehoben werden, die bei Luhmann zunehmend übersehen und sozusagen unsichtbar gemacht wird.

Fragt man nicht nach dem „Wesen" der Institutionen oder welche soziale Strukturierung den Namen Institution verdiene und welche nicht, sondern – wie ich vorschlage – nach institutionellen Mechanismen der Stabilisierung sozialer Beziehungen, dann werden die Umformungsleistungen des Zufälligen in „Notwendigkeit" und „Dauer", die Herausbildung einer Eigenzeit und Eigengeschichte, die Durchsetzung singulär erscheinender „Leitideen" besser verständlich. *Dieser Aspekt sowohl zwingender und einschränkender als auch handlungsermöglichender Regulationen wird von einer institutionellen Analyse behandelt.* Zugleich werden Vermittlungen möglich zwischen den großgesellschaftlichen Bedingungsrahmen und typischen Handlungsmotiven, zwischen Objektivationen, die Material und Anschlußmöglichkeiten für Kommunikationsprozesse bereitstellen, und einer Theorie der Sozialität, der es – etwa in der Tradition George Herbert Meads – um die Konstitution menschlichen Handelns geht (z.B. Joas 1992). Institutionelle Stabilisierungsleistungen als Entlastungen, als Restriktionen, als Produktionsbedingungen für Neues, als Steigerungsform gewonnener Interaktions- und Wissensmöglichkeiten sollen hier zugleich immer zu Machtpotentialen in Bezug gesetzt werden, zu offenen oder versteckten Ungleichheitspositionen, zu den Abstufungen von Privilegien und ihres Gegenteils. Soziale Bindungskraft und die Voraussetzungen eines jeweiligen „Legitimationsglaubens" (Max Weber) sind eben nicht einfach zu verstehen und auch sozialpsychologisch nicht hinreichend aufgeklärt. Allerdings müßte auch diese Seite des Phänomens für ein Verständnis von Ordnungsleistungen beleuchtet werden, zumindest in der Form der Konstruktion typisierend anzunehmender psychischer Motivationslagen und historisch geformter Erlebnis- und Gefühlskonzepte. Max Horkheimers Entwurf einer „Kritischen Theorie", die aus diesem Grunde Disziplingrenzen nicht anerkennen sollte, hatte genau dies im Blick, verließ sich jedoch – darin von Marxismus und Psychoanalyse gleichermaßen verführt – vorschnell auf scheinbar objektive Tiefenkausalitäten, die vielleicht doch nur Projektionen, genauer gesagt: intelligente und sensible, aber historisch und schichtenspezifisch begrenzte Selbstdeutungen, waren.

Institutionenanalyse in dem hier verstandenen Sinn soll auch einen Beitrag zum Verständnis historischer Wandlungen leisten. Ich meine damit nicht nur den Austausch des Personals oder einzelner institutioneller Formen, also die sich ständig vollziehenden Veränderungen des sozialen Lebens, sondern Typen *prinzipiellen* Wandels gesellschaftlicher Ordnungsformen.

Dafür schlage ich eine grobe Ausgangsunterscheidung von Instituierungs*prinzipien* vor, von denen jeweilige Formen der Zentralherrschaft, des religiösen Lebens, Verwandtschaftssysteme, Sozialisations- und Bildungseinrichtungen, Strafinstanzen etc. so wenig abzulösen sind wie die im engeren Sinne kulturellen Institutionalisierungen. Epochenübergreifend sollen unterschieden werden: 1. die von Ethnologen und in Emile Durkheims (1981) Theorie des religiösen Ursprungs institutioneller Verpflichtungen untersuchten *segmentären Gesellschaften*, 2. die (unterschiedlich verfestigten) institutionellen Ordnungen im Bereich *hochkultureller (personaler oder verbandlicher) Herrschaft*, sodann sollen von diesen Monopol- bzw. Oligopol-Institutionalisierungen einer hierarchisch durchgeordneten Welt, 3. *nachlegitimistische Ordnungsprinzipien*, wie sie sich nach 1789 herausgebildet haben, unterschieden werden. Politische und kulturelle Konflikte sind von dieser Umbruchkonstellation bis heute beeinflußt (vgl. Rehberg 1994, S. 74 f. und Melville et al. 1996b, S. 24). Selbstverständlich sind das noch sehr grobe Einteilungen, mit denen man sich aber in der (guten) Gesellschaft von Emile Durkheim, Ferdinand Tönnies und Niklas Luhmann befindet. Es bedarf weiterer Differenzierungen, um Ordnungsprinzipien und deren historische Rahmenbedingungen genetisch zu erfassen. Aber Großunterscheidungen, wie sie auch in der älteren Kultursoziologie – etwa bei Karl Jaspers („Achsenzeit" – vgl. Rehberg et al. 1993 und Haude/Wagner 1996), Alfred Weber oder in Gehlens Annahme zweier „absoluter Kulturschwellen" (Gehlen 1957, S. 87 ff.) – konzipiert wurden, fördern die Hypothesenbildung, wirken simplifizierend erst, wenn man das Konstrukt für bare Münze nimmt.

Die Prinzipien institutioneller Formen haben sich gewandelt. So war beispielsweise traditionale Herrschaftsausübung an eine besondere Form der vergegenwärtigenden Repräsentation gebunden (vgl. Wenzel 1995; Göhler 1997; Münkler 1995 und Rehberg 1995). Auch verändern sich die Leistungsprinzipien und Kriterien der Personenauswahl sehr erheblich. Beispielsweise waren Genealogien für die Nachfolgedesignation von Fürsten und Königen ausschlaggebend, ebenso mußten Herrschertugenden in rituell anerkannten Formen vergegenständlicht und durch die Präsenz des Trägers eines Charisma oder eines Amtsanspruches verbürgt werden – wenigstens mußte, wer sich durchsetzen wollte, all dies ins Feld führen (so wie heute Leistungsbehauptungen zur Voraussetzung der Besetzung vieler Positionen geworden sind). Auch Institutionenkonkurrenzen (etwa zwischen Papst und Königen, später zwischen Kirche und Staat, Adeligen und Zentralherrschern, Juristen und Kriegern) waren davon geprägt. Deshalb sind auch die historischen Formwandlungen der *Öffentlichkeit* (vgl. z.B. Habermas 1990 und Bermbach 1995; Rehberg 1995; Schmalz-Bruns 1995 und Greven 1995) für die institutionelle Analyse wichtig. Was gestern noch Hoheitszeichen war oder vitale Widerstandskraft zeigte, kann heute auf den Müllhalden der Geschichte, den Denkmalsfriedhöfen oder auf dem Schrottplatz landen, kann übermalt, übertüncht, jedenfalls seiner Brisanz beraubt werden.

*V. Die Verflüssigung von Symbolen*

Fragt man nach institutionellen Wandlungen in unserer Zeit, so ist man vor allem mit der Vermutung konfrontiert, daß Zentralität und Einheitlichkeit abnehmen, während Vielgestaltigkeit und das Nebeneinandertreten von Lebenskreisen und Ordnungsformen zunehmen. Es gibt eine Gleichzeitigkeit von Verbindlichkeit und Geltenlassen. Das Hinnehmen aller möglichen Ordnungsarrangements, Weltbilder, Einstellungen, Lebensformen, Sexualpraktiken, ästhetischen Normen oder politischen Ansichten löst die prinzipielle Bejahung ebenso ab wie die prinzipielle Bestreitung. Die Konturen des Institutionellen scheinen sich dadurch teilweise verflüchtigt zu haben, ihre Differenzierungs- und Unterscheidungsleistungen beruhen nicht mehr auf ausdrücklichen Oppositionen. Es sieht aus, als sei die demonstrative Geschlossenheit, die nach außen gerichtete Eindeutigkeit von Ordnungssymbolisierungen zurückgegangen, wenigstens die verpflichtende Bedeutung für „alle", d.h. für die meisten Mitglieder einer Gesellschaft. Prozessionen, Fahnen, Uniformen, Orden, die dem Alltag enthobenen Räume wie Kirchen oder Denkmale, Zeitordnungen wie die des Betens oder des Essens sind nicht mehr Erkennungsmerkmale, die für alle verbindlich wären. Wo sie gleichwohl existieren, fungieren sie als interne Erkennungssysteme von Teilgruppierungen, als Zeichen für Subkulturen und -systeme, die sich in einem Feld der Gleich-Gültigkeit selbst stabilisieren. Das gilt auch für Etikett-Symbole (Wappen, Fahne und trotz der unerwarteten Publikumsteilnahme am Kruzifix-Urteil der Karlsruher Verfassungsrichter auch das Kreuz), die nicht mehr so weit herausgehoben scheinen wie in Zeiten ihrer unrelativierten Vollgeltung. Aber es gibt immer Übertragungsleistungen des erinnernden Erkennens oder der Neukombination: so mag sich die auf dem Fußballfeld bei Länderspielen gespielte oder gesungene Nationalhymne schon im Arenageschrei der Parteigänger auflösen, aber immer noch ist sie selbst ein emotionaler Antriebsfaktor für ebendieses Geschrei, das sie verschlingt.

Religiöse oder herrschaftliche Vereinheitlichungsleistungen produzieren symbolische Einheits- und Eindeutigkeitsfiktionen. Aber es kann sich eine ebensolche Prägnanz der Verweisungszeichen im Widerstand herstellen, in der Mobilisierung von Gegen-Sinn, erst recht in deren Besiegelung in Aufständen oder Revolutionen. Untergrundliteratur, das subversive Wissen in den offiziell nicht anerkannten Diskursen, die schnell sich verdichtenden Wiedererkennungszeichen sichtbarer Verweigerungen und Demonstrationen, das Beispielhafte der Empörung oder der Gegengewalt – auch all das schafft eine vereinheitlichende symbolische Struktur, die sich zugleich vieldeutig geben muß, und sich oft aus einer oppositionellen Verkehrung ergibt, aus der binären Polarität zu den herrschenden Zeichensystemen. Die Vervielfältigung der Verweisungsformen, das Flüssig-Werden der Zeichen und die Offenheit von Bedeutungen werden oft als Zersetzung einstmaliger Einheitssuggestionen beschworen. Sie könnten jedoch auch darauf verweisen, daß wirkliche soziale Kämpfe, tiefgreifende Auseinandersetzungen und zukunftsentscheidende Alternativen nicht aktuell sind. Es kann sich eben um spielerische Varianten von Mikro-Oppositionen handeln, in denen es um nichts Grundlegendes geht.

Das gilt auch für die Sozialstruktur. Wenn die Trägergruppen eines strukturell polaren Interesses und einer substantiell alternativen Weltsicht fehlen, verunklären sich auch die Ungleichheitsverhältnisse, etwa diejenigen, die mit einer Klassenbegrifflichkeit zu fassen wären (ohne daß deshalb die „Klassengesellschaft" zu existieren schon aufgehört hätte). Dann treten nicht nur Nivellierungs- und Ausgleichsverhältnisse deutlicher hervor, Tendenzen der Angleichung von Lebenslagen, sondern es entfalten sich nebeneinanderstehend potenzierte Möglichkeiten der Ausgestaltung von Lebensstilen, biographischen Mustern und Umorientierungsmöglichkeiten innerhalb eines einzelnen Lebens. Die institutionellen Bezüge werden als weniger determinierend erfahren. Erlebt man institutionelle Zwänge in zugespitzten Konfliktkonstellationen vielleicht übertrieben stark, so kommt man in Zeiten der Zunahme von Individualisierungs- und Wahlmöglichkeiten eher zu einer Unterschätzung des Institutionellen. Krisensituationen – persönliche wie kollektive – erzwingen dann aber nicht selten auch in dieser Hinsicht einen schnellen Erfahrungswechsel.

Mit dem Undeutlichwerden der Klassen- und Schichtenstrukturen, mit der Vervielfältigung von Erlebnisoptionen (vgl. Schulze 1992) und Milieukontakten, geht eine – für die Moderne schon von Georg Simmel beobachtete – Verfeinerung der Andeutungssysteme einher, damit auch der Interpretations- und Deutungsmöglichkeiten. Dadurch mögen sich auch pointierte und festgefahrene Gegnerschaften auflösen, womit wiederum auch eine Abnahme der demonstrativen Prägnanz von Selbstdarstellungsformen sowie der für sie eingespannten Symbole der Selbsterhöhung verbunden ist.

Eine solche Betrachtungsweise ist evident, wenn man von traditionell festgelegten Institutionalisierungsformen und deren Symbolisierung spricht. Aber es gibt Ersatzformen, Transformationen (die nicht immer nur Surrogatcharakter haben). Status- und Konsumsymbole, Markenzeichen, die Sicherstellung des Wiedererkennens durch die in der Werbung eingespielten Signale und die durch Einschaltquoten beglaubigte TV-Repräsentation von Realität führen zu neuen Verweisungsstrukturen, die durchaus mit Geltungsansprüchen verbunden sind. Auch die durch Massenmedien erzeugte Sichtbarkeit von Stars oder einer „High Society", bei der es oft schon genügt, ihre Unsichtbarkeit zur Darstellung zu bringen, gehören hierher. Und in diesen flexibleren Formen hierarchischer Welten in Zeiten funktionaler Ausdifferenzierung zeigt sich dann die Existenz von Distinktionssystemen und institutioneller Sicherung der Ungleichheit – aber eben in veränderter, moderat erscheinender Form.

Schon Max Scheler (1976) hatte ein „Zeitalter des Ausgleichs" prognostiziert; und auch Karl Mannheims Vermutung über die Unumkehrbarkeit eines Sozial-Relativismus, der methodisch zum Relationismus zwingt, mag durch neueste Gesellschaftsentwicklungen bestätigt werden: die Zunahme von Interdependenzen bei gleichzeitiger Dezentralisation und die damit einhergehende Pluralisierung zumindest der Wahrnehmung, zuweilen auch der Kenntnis unterschiedlicher Kulturen und Wertzusammenhänge führen zu einer Erweiterung von Orientierungsmöglichkeiten und damit verbunden zu einer Pluralisierung auch der Symbolwelten. Der Mehrdeutigkeit aller Zeichen korrespondiert eine steigende Kompetenz zur Mehrfachcodierung von Wahrnehmungen, insofern reflektiert subjektive Kultur die objektive. „Erfahrungen zweiter Hand" (Gehlen 1957, S. 47 u.ö.) als Orientierungsform in Wissens- und Mediengesellschaften führen zur Abnahme normativer Eindeutigkeit wie auch zur Vermehrung von Alternativvorstellungen.

Neuerdings war es Jean Baudrillard, der die fluktuierenden Zeichensysteme und die Zunahme ihrer Bedeutung essayistisch am markantesten nachgezeichnet hat, wie also die Wirklichkeit fluide Symbolisierungen erzeugt und vernichtet und „Simulacren" zunehmend für die „Realität" stehen. Allerdings wird man sagen müssen, daß auch frühere Zeichensysteme so statisch nicht waren, austauschbar und nur in kurzen Zeitzusammenhängen mit einer bestimmten Geltung versehen. Zur Vorstellung einer neuen Fluidität der Ordnungszeichen gehört die Gleichzeitigkeit differenter, traditionell unvereinbar erscheinender Symbolfelder und -schichten oder eine sich durchdringende Überschreibung des je Vorhergegangenen – *Palimpsest* als Überlagerungsprinzip, als Gleichzeitigkeit von historischen Schichten. In jüngster Zeit sah man verschiedentlich gerade in derlei Synchronien nicht nur ein Signum der Moderne oder ihrer Weiterungen, sondern auch eine Berührung mit früheren Zuständen – die Analyse verfährt, wie sie es ihrem Gegenstand zumißt. So hat etwa der Kunsthistoriker Werner Hofmann (Hofmann 1987, S. 464-473 und 1994) die These aufgestellt, die neueste Kunst sei der mittelalterlichen dadurch verwandt, daß sie „polyfokal" sei, daß es damals wie heute eine Nichtfestgelegtheit und Vieldeutigkeit der Symbolkombinationen und Bezeichnungssysteme gegeben habe. Ähnlich sah man „Fragmentierung" – eine Deutungskategorie des modernen kulturellen Bewußtseins um die Jahrhundertwende (Lichtblau 1996) – bereits als Eigenheit mittelalterlicher Weltauffassung, wenn beispielsweise das Jüngste Gericht als Wiederherstellung des zerstückelten Menschen (und damit auch der in Teilwirklichkeiten aufgespaltenen Welt) gedeutet wurde (Bynum 1990). Das Mittelalter erscheint dann nicht mehr „dunkel" wie der Renaissancestolz uns lehrte, sondern – postmodern illuminiert – geradezu bunt. Übrigens findet man sich auf ironische Weise an die erwähnten Parallelisierungen von Moderne und Mittelalter erinnert, wenn man liest, daß die Systemtheorie eines wirklich modernen (in manchem mit postmodernen Motiven spielenden) Theoretikers, die Niklas Luhmanns nämlich, als „fast unverzeihlicher Rückfall in alle Sünden einer begrifflichen Scholastik" gebrandmarkt wird (Esser 1993, S. 616).

Aber die eben erahnten Analogisierungen von prä- und „post"-moderner Zeit mögen – ignoriert man die unterschiedlichen kulturellen Kontexte – vielleicht doch nur metaphorisierende Gedankenspiele sein, deren Vorteil allenfalls darin liegt, eine je neue und interessante Lesart von Vergangenheiten zu eröffnen. Die ausschlaggebende *Differenz* ist jedenfalls, daß sich die mittelalterliche Pluralität (ohne Pluralismus!) und die weite Variation von Symbolisierungsmöglichkeiten auf eine göttlich gestiftete „Einheit" bezogen, die sich in diesen Zeichen offenbarte. Diese ideelle Universalität ist zerbrochen, wie nicht erst die Künder modernster Pluralisierungsethiken, sondern schon Max Weber bemerkte, wenn er sich – allerdings nicht ohne schmerzliche Ambivalenz – mit der ihm eigenen konsequenten Schroffheit von allem Hegelianismus verabschiedend vom „Polytheismus" der Werte in der Moderne sprach. Festzuhalten ist, daß wir nicht die Erstmaligkeit des Heterogenen erleben, allerdings eine neue Form, nämlich die vernetzte, koordinierbare. Heute trifft man deshalb eher auf Modellvorstellungen der gesellschaftlichen Strukturierung, die Internet-Phantasmen folgen, als den Bildern einer essentiellen Personen- und Gruppenunterschiedenheit, wie sie in den mittelalterlichen Krieger- und Agrargesellschaften vorherrschten.

Im Mittelalter mag es den ideellen Einheitsbezug auf eine kosmologische Ordnung (wenn auch gewiß nicht die idealistisch gerne zurückprojizierte reale Einheitlichkeit „des Abendlandes") gegeben haben, sozusagen einen Ordo des Deutungswissens bei struktureller Heterogenität. Heute dagegen haben wir es mit Vervielfältigungen der Deutungsschemata zu tun, wie sie erst durch globale Vereinheitlichungstendenzen möglich sind. Diese – allerdings durch eine Umkehrung erreichte – Annäherung historisch weit auseinander liegender Zustände wird erst durch einen weiteren Kontrastfall konturenreich. Zwischen diesen analogisierbaren Zuständen liegt nämlich die hohe Zeit der europäischen Herrschaftsinstitutionalisierung. Was wir heute unter „Institutionen" verstehen, hängt ganz wesentlich (neben ihren, etwa von Emile Durkheim und Arnold Gehlen beschworenen, archaischen Ursprüngen) in der aufeinander bezogenen, konkurrierenden und zugleich sich gegenseitig steigernden Herausbildung von absolutistischem Staat und gegenreformatorischem Katholizismus. Letzterer war tragischerweise die bis zur Gewaltsamkeit gesteigerte Antwort gerade auf den essentiellsten Bruch der Einheit, nämlich auf die Reformation. In dieser Doppelbewegung der restabilisierenden Ordnungsdurchsetzung sollten die Symbolwelten endgültig hierarchisiert und zu eindeutigen Herrschaftszeichen werden. Selbst das Exklusive wurde mit einer Verbindlichkeit schaffenden Ausstrahlungskraft auf alle ausgestattet. Die Umgangs- und Sprachformen, die Schloßanlagen und Uniformen, Denkmale und Stadtplanungen verschmolzen zum großen Symbol der einen, der politisch sich manifestierenden Ordnung. Dem verstreuten symbolischen „Animismus" früherer Zeiten konnte nun die bis zur hysterischen Geste steigerbare Einheitlichkeit folgen, die große Symmetrie der Repräsentativbauten setzt sich durch – um nur ein Beispiel zu nennen: in Rom wurde das vielschichtige und aus unterschiedlichsten Elementen zusammengefügte Baukonglomerat Alt-St. Peter schließlich durch den steinernen Zwang des von Michelangelo betreuten Bramante-Baues ersetzt und durch die pathetische Bernini-Platzgestaltung eingerahmt. Diese vereinheitlichende Steigerung war aber ihrerseits überbietbar, etwa in der brutalen Hypertrophie des italienischen Nationalmonumentes für Vittorio Emanuele II., aus dem der beherrschende Eindeutigkeitswille des modernen Nationalstaates spricht. Für eine institutionelle Analyse ist es allerdings auch wichtig zu bemerken, daß solche Entwicklungen nie einlinig sind, daß institutionelle Konkurrenzen gerade durch den Erfolg angetrieben werden, durch den Gegen-Institutionalisierungen wahrscheinlich werden. Mit der Entdeckung der Antike, die man sich in „edler Einfalt und stiller Größe" dachte, durch Johann Joachim Winckelmann und seinen Dresdner Malerfreund Anton Raphael Mengs, sodann deren Propagierung durch Goethe, bildete sich eine Ästhetik der Abwendung vom Übersteigerten heraus – nachwirkend in den Gegensymbolen einer republikanisch-klassizistischen „Einfachheit".

*VI. Das Verschwinden der Institutionen oder die versteckte Macht*

Wenn man die erstaunliche Zunahme des Interesses an Institutionen beobachtet, so könnte die Zuwendung zu diesem Begriff auch bedeuten, daß der Gegenstand, den er bezeichnen soll, an Geltungskraft bereits verloren hat. Viele Begriffe – z.B. der des Standes – sind retrospektiv bedeutsam geworden, fassen zusammen, wovon ein prinzipieller Endzustand schon sichtbar ist; die Aufhebung der Selbstverständlichkeiten schärft die Reflexion. So könnten die Zuwendung zum Institutionellen und das Ende spezifisch institutioneller Ordnungsformen durchaus zusammenfallen, ganz so wie Arnold Gehlen das vermutet hat, der sah, daß nicht nur die Institutionen*kritik* der „Intellektuellen" (vgl. Gehlen 1978, bes. S. 239-347) Sprengsätze an die tradierten Ordnungsmuster legt, sondern daß sogar seine entschiedenen Begründungs- und Stabilisierungsabsichten, daß jede Apologie – da sie nur als Reflexion durchführbar ist – am Infrage-Stellen des Verteidigten selbst Anteil haben.

Die Vorstellungen über das Ende institutioneller Geltungen folgen zwei Entwicklungsmodellen, die auf ähnlichen Wahrnehmungen beruhen und von kontroversen Bewertungen ausgehen:

Zum einen sind in den Zeitdeutungen von Sozialtheoretikern und Soziologen in diesem an Umbrüchen und Katastrophen nicht armen Jahrhundert Prognosen von der Schwächung, der Auflösung, vielleicht dem Verschwinden der Institutionen allgegenwärtig. Von konservativer Seite wurde diese Destruktion der verpflichtenden Ordnungsgarantien seit je mit Nachdruck als Gefahr eines nur noch technisch und konsumistisch integrierbaren Atomismus der Individuen (zumindest in den hochentwickelten industriellen Gesellschaften) beschworen.

Zum anderen ist es das Überflüssigwerden der anachronistisch erscheinenden Institutionen, welche einer neuen Form der Superstabilität, nämlich der durchdringenden Beweglichkeit aller Zustände, weichen müssen. In diesem Sinne können die in den Differenzierungsdynamiken moderner Gesellschaften begründeten Vervielfältigungen sozialer Prozesse Zustände einer beruhigten Unordnung und systemhafter Normalität erzeugen. Die Entwicklung ausdifferenzierter Funktionssysteme, das Spiel der Subsysteme, die sich selbst steigern und alle möglichen Verknüpfungen zu anderen Subsystemen herstellen können, bedürfen nicht mehr der „altmodischen" Stabilisierung durch umschriebene Normbilder und Habitusformen. Dem korrespondiert die abgekühlte Sekundär- und Tertiärbeobachtung aufgeheizter Zustände.

So haben auch Systemtheorien – wie das anregendste Beispiel der „Großtheorie" Niklas Luhmanns belegt – Bilder des Funktionsverlustes von Institutionen befördert: bei ihm wird das freie Prozessieren autopoietischer Systeme an die Stelle von Institutionalisierungsprozessen und institutionell garantierten Ordnungsformen gesetzt. Insgesamt scheinen „Institutionen" zu etwas Rückständigem geworden zu sein, Sozialformen aus einer „stratifizierten" Welt. Zunehmend wurden sie ersetzt und sozusagen überboten von den systemischen Steuerungs- und Selbststabilisierungsdynamiken der Moderne – Institutionen erscheinen dann als etwas Anachronistisches, „alteuropäisch" in unseren Breiten, vielleicht altasiatisch oder altamerikanisch anderswo. Was wir im alltäglichen (Wissenschafts-)Sprachgebrauch als „Institutionen" bezeichnen, wären dann nur noch die Rest- und Kümmerformen vergangener großer Funktionalitäten.

Die Auflösung der personalen Zurechenbarkeit durch die Routine der Benutzung versteckter Macht und der Beschwichtigung als wichtigstem Herrschaftsmittel führt zu einem ideologisch stabilisierten und schließlich theoretisch geglaubten De-Personalismus (vgl. z.B. Luhmann 1996 und als kritische Anmerkung: Rehberg 1996, S. 303). Denn dann braucht man sich nach Verantwortlichen bald gar nicht mehr umzusehen, können alle gut damit leben, daß sie Marionetten sein sollen (wenn auch hochprivilegierte).

## VII. „Symbolische Politik"?

Wenn heute weniger die explizite Anerkennung einer Geltung als vielmehr das *Geltenlassen* Ordnungsfunktionen übernimmt, kann man das auch auf die symbolische Umcodierung des Zusammenhanges von Personalität und Handlungsemphase beziehen und am Verblassen der Erfolgschance „großer Persönlichkeiten" ablesen. Sie in den Mittelpunkt zu rücken war selbstverständlich immer schon eine institutionelle Fiktion, die nun aber an Ausstrahlungskraft eingebüßt hat. In der Politik in modernen Mediengesellschaften ist dieser Charismaverlust überall zu beobachten, wenn es auch kulturelle Unterschiede geben mag, so wenn man das – bei uns als etwas naiv empfundene – große Prestige (begleitet von den entsprechenden Negativaufladbarkeiten bis zum offenen Haß) betrachtet, das der amerikanische Präsident hat. Aus deutscher Sicht ist die Politik nüchterner geworden, entpersonalisierter – der letzte „Caesar" reicht offenbar für eine Weile, und auch im Osten ist man aller Varianten des „Personenkults" eher müde. Institutionentheoretisch fühlt man sich in negatorischer Form an Gehlens (1957, S. 118) einprägsame Formel erinnert: „Eine Persönlichkeit: das ist eine Institution in *einem* Fall". Zu der (nicht notwendig zu betrauernden) Versachlichung von Geltungsgarantien scheinen dann Führungspersonen zu passen, die – bei aller Energie und Intelligenz, die mitbringen muß, wer eine solche Karriere machen will – blaß und austauschbar wirken. Zuweilen scheint es, als bedienten sich die leitenden Personen nicht mehr nur institutioneller Fiktionen, sondern seien selbst eine geworden, die Vorstellung wachhaltend, daß es wirklich Handelnde, d.h. verändernd Eingreifende noch gäbe. Personalisierungen und Ent-Personalisierungen können Strukturen also verschiedenartig überlagern. Durch Personalisierung können strukturelle Zwänge und Entscheidungsbedingungen (bzw. Gründe für Entscheidungsverzichte) unsichtbar gemacht werden. Umgekehrt zeigt sich, daß ein eilfertiges Durchschauen der Rollenträger, welche man nur noch als Gesamtdarsteller nach außen versteht, die faßbar machen sollen, was in einem schwer zu kontrollierenden „Innen" ohnehin geschieht, ebenfalls ablenkenden Charakter haben kann.

Die Zurücknahme „demonstrativen Konsums" (Veblen 1957) gilt nicht nur für materielle Güter oder das Luxusleben der Reichen, sondern auch für den Gebrauch der Macht und für das Zur-Geltung-Bringen versachlichter Autoritätsformen. Diese werden unsichtbarer, ohne sich ganz aufzulösen. Es gibt Ressourcen, die nur noch halb ironisch verbalisiert und gleichwohl mobilisiert werden, wenn Interessen bedroht erscheinen. Das institutionelle Spiel ist schwieriger und komplizierter geworden, aber es ist nicht beendet, und vor allem haben sich die Mechanismen nur teilweise verschoben. So verschwinden manche Symbolisierungen, Machtdemonstrationen können als peinlich und störend empfunden werden – soviel „68" haben selbst die Privilegiertesten schon gelernt. Aber im Inneren etablierter Kreise gibt es durchaus Wiederbelebungen alter Differenzsetzungs-Formen oder wird wiederentdeckt, was man mit Reformen (auch den selbst propagierten) auch verlieren kann. Da das an prekäre Identitätsbestände rührt, wird es kaum von jemandem ausgesprochen. Gleichwohl gilt: wer demonstrativ wirkt, von dem rücken alle schnell ab.

Zunehmend gibt es eine demonstrative Bescheidenheit, etwa im Bereich der Politik. Dienstlich fahrradfahrende Abgeordnete und Spitzenbeamte oder der gegen den Medienzar Silvio Berlusconi im Wahlkampfbus tourende Romano Prodi, der auf diese Weise Ministerpräsident der „Ulivo"-Koalition wurde, sind dafür werbewirksam inszenierte Beispiele. Das steht in deutlichstem Kontrast zu öffentlichen Ritualen, die mangels anderer Ablenkungen noch ein Massenpublikum anzogen; man denke an die triumphalen de Gaulle- und Kennedy-Besuchsreisen im Deutschland der 60er Jahre. Vergleichbare Aktualmassen bringen augenblicklich nur siegreiche Fußballmannschaften, Olympioniken oder Rockbands auf die Beine. Arnold Gehlen (1957, S. 66) dürfte sich bestätigt fühlen: „Der Sport wird ein Asyl nationaler Ressentiments (...). Umgekehrt verliert die Politik das Pathos unserer Großväter und Väter, sie bekommt etwas Unterhaltsames".

Was – Apathie und privatistisches Desinteresse legitimierend – „Politikverdrossenheit" heißt, ist *auch* die Reaktion auf Wandlungsprozesse der symbolischen Vergegenwärtigung. Einst brauchte man die den Staatsoberhäuptern Zujubelnden ebenso wie die Präsenz öffentlicher Kritik, den personal repräsentierten Streit, die sichtbaren Vorlieben und Abneigungen. Die TV-Allgegenwärtigkeit der Ereignisse und Personen haben zur Trivialisierung beigetragen, sie der Aura machtgeschützter und machtstützender Enthobenheit beraubt. Obwohl es, wie jeder weiß, ganz erhebliche Gefälle der Amtsautorität und Ausstrahlungserwartungen noch gibt, wurde die Exklusivität des Sich-Zeigens doch zunehmend durch die Relativität von Auftritten ersetzt, denen die Spitzenpolitiker sich anpassen müssen, eingefügt entweder in nichtssagende Konferenzbilder, welche einzig durch tölpelhafte Selbstsicherheit – ich denke an jüngste Beispiele der „Freunde" Helmut Kohl oder Boris Jelzin – zuweilen noch etwas „zeigen", oder zur Hinnahme von ZAK-Schnoddrigkeit oder Jauch-Naivität gezwungen sind. Das aber ist wenigstens noch politisch gemeint, während es auch noch die peinlichen Show-Visitationen, die Paar-Interviews oder die unhonorierten Beteiligungszwänge an der Samstagabendunterhaltung gibt. All das leistet langfristig der Irrelevanz der Auftritte Vorschub, sogar jener Hauptrepräsentanten der „politischen Klasse", deren Namen und Amt weiteren Kreisen überhaupt bekannt und die populär genug sind, um auf Beliebtheitsskalen wenigstens schlechte Werte zu erhalten. Es ist für die Institutionalisierungen von Politik eben nicht gleichgültig, ob die Politiker (wofür es heillose Beispiele in allen Systemen gibt) zu Überpersonen verklärt werden, ob man in ihnen die identifizierbaren Repräsentanten bestimmter Handlungsziele anerkennt oder ob sie sozusagen als Pausenclowns der Mediengesellschaft verheizt werden. Eine (auch heilsam wirkend könnende) De-Personalisierung politischer Prozesse vollzieht sich auf der Grundlage komplexer gewordener Entscheidungsstrukturen. Davon sind die personalen Symbolisierungen und die medialen Formen ihrer Präsenz ebenso mitbetroffen wie sie wiederum auf das Bild der durch Personalisierung betriebenen Entpersönlichung zurückwirken.

Meine These ist, daß diese Struktur typisch ist für viele Institutionalisierungen und daß sie zusammenhängt mit der Legitimierbarkeit von Institutionen durch die potentiell größte Beteiligung und deren Spannung zur Sicherung letzter Exklusivitätsbestände. Viele Symbole werden nur noch wie die Folterinstrumente gezeigt, sind aber nicht mehr im Mittelpunkt und Bezugspunkt von irgendwelchen Gemeinsamkeiten, eher Sonderzeichen der Interessenartikulation. Aber auch dafür müssen sie gepflegt werden, dürfen sie den Nimbus des Transzendierenden nicht ganz verlieren. Paradox gesagt: moderne Symbolsysteme müssen Verfügbarkeit und Unverfügbarkeit in einem produzieren. Unter diesen Bedingungen ist ein neuer Institutionentyp empirisch zu beobachten oder normativ zu fordern, entstehen neue Kriterien der Legitimierbarkeit, neue Zeithorizonte (etwa in Protestbewegungen). Klaus Eder, Karl-Heinz Brand und an einer „Bewegungsforschung" interessierte Wissenschaftler setzen deshalb auf die zunehmende Bedeutung von Reflexivität als institutionellem Prinzip. Dieser Perspektivenwechsel kann an den schon von Helmut Schelsky (1959 und 1965) gegen einen rigiden Institutionalismus erhobenen Einwand anknüpfen.

Das alles hängt mit einer Verlagerung auch der Machtprozesse zusammen, mit dem, was ich Machtsteigerung durch „Machtverdrängung" nenne (Rehberg 1994, S. 70-73). Das kann so weit gehen, daß die Einflußressourcen den Handlungsträgern selbst nicht mehr gegenwärtig sind. Am Ende ist es nicht mehr nur eine legitimatorische Behauptung, daß man ja nichts beeinflussen könne, sondern in den Habitus der vorsichtigen Machtspeicherung durch deren Verleugnung eingegangen. Schon der Begriff „Herrschaft" hat etwas Unpassendes bekommen. Machtsteigerung wird durch deren Nicht-Sichtbarkeit möglich – das ist ein wirklicher Gegensatz zu Machtressourcen, die nur durch Anwesenheit oder doch wenigstens Verkörperung entfaltet werden konnten.

Dem korrespondieren die Gewöhnungen an politische Beschwichtigung und

Entdramatisierung, samt den (selbst-)ablenkenden Aufgeregtheiten des Tages. Politik ist heute so wenig als je nur manipulativ, bloßes Alibi für Handlungsverzichte oder geheimgehaltene Aktionen (wenngleich sie dies auch ist). Was Murray Edelman (1976) als ritualisierte Politik beschrieben hat, zeigt wichtige Prozesse der Instrumentalisierung von „Verdichtungssymbolen" (S. 5), also der Emotionalisierung politischer Themensetzungen und Handlungsalternativen, auch die rituellen Seiten von Wahlvorgängen und -kampagnen. Aber er zeigt nur *eine* Seite des Politischen, greift da zu kurz, wo „das Symbolische" nur als Täuschungsmanöver erscheint, als sozialpsychologisches Instrument der Selbst- und Fremdberuhigung. Institutionenanalytisch tragen seine Beobachtungen weit, aber sie machen nicht hinreichend verständlich, wie unterschiedlichste Motive politisch zur Geltung kommen, wie Kontrollen wirkungsvoll werden können und in Parlamenten, Regierungen und Administrationen Sachverstand und Redlichkeit durchaus keine Ausnahmen sind. Die verdeckende und gefühls-integrierende Seite der symbolischen Präsenz eines politischen Systems, einer Partei oder einer Einzel-Institution wie des Verfassungsgerichtes muß verbunden werden mit den leistungssteigernden und zieloptimierenden Wirkungen derselben Symbolik (vgl. auch Voigt 1989).

Die Symbolizität des Politischen als dessen institutionelle Form sollte also nicht verkürzend gleichgesetzt werden mit „symbolischer Politik", wenn damit der Ersatz politischen Handelns, der demonstrative Schein gemeint sind. Mit der Zunahme der (kränkenden) Einsicht, daß komplexe gesellschaftliche Prozesse sich kaum steuern lassen, erscheint es so, als würden Ersatzhandlungen und stellvertretende Gesten – etwa auch „Alibi-Gesetze" (Kindermann 1989) – immer häufiger. Aber ich denke, daß dies in allen Zeiten zur Legitimationsbeschaffung gehörte. Symbolisierung und Scheinwirklichkeit berühren sich in einer für die moderne Politik spezifischen Handlungssymbolik: schädlich ist für jeden Spitzenpolitiker ein Untätigkeits-Image; das läßt sich durch die empörten Reaktionen auf Konrad Adenauers Absenz nach dem Bau der Berliner Mauer im Jahr 1961 ebenso belegen wie durch den (weniger folgenreichen) Mißmut, den es auslöste, als Bundeskanzler Kohl 1992 an der Trauerfeier für die Opfer des Brandanschlags in Mölln nicht teilnahm. In der auch heute noch ungebrochenen Verpflichtung für Staatsoberhäupter, an Orten einer Katastrophe leibhaftig anwesend zu sein, zeigt sich das Fortwirken institutionell vermittelter Vorstellungen von der magischen Kraft des Herrschers. Im Polit-Alltag vollzieht sich das in einer Aktionsdarstellung der Krisenbewältigung und als Herkules-Arbeit am Interessen-Ausgleich: EU-Nachtsitzungen, Tarifverhandlungs-Marathons, erschöpfende Klausur-Tagungen und Bundeskanzleramts-„Runden" zeigen Tatkraft „live", nicht anders die Pendel-Diplomatie. Man sieht, daß „symbolische Politik" und eine ohne Symbolisierungen gar nicht denkbare Form des Politischen einander berühren, ohne daß beides einfach gleichgesetzt werden darf.

Man könnte manche der hier diskutierten Denkfiguren als diskursive Modeerscheinungen abtun, als wissenschaftlich belanglose Produktionen eines philosophisch-sozialhistorischen Zeitdeutungs-Feuilletonismus. Aber modische Intellektuellen-Debatten haben Symptomcharakter. In ihnen zeigt sich etwas vom Selbst- und Weltverständnis zumindest der Bildungsschichten und intellektuellen Meinungsführer in den westlichen Gesellschaften. Insofern sind derartige prognostische Interpretationen für eine theoretisch fundierte institutionelle Analyse anregend. Ehe eine „Theorie" des Institutionellen tragfähig wäre, bedürfte es erheblicher historisch-soziologischer Forschungsanstrengungen (vgl. Melville et al. 1996b und Strohschneider 1996); der begriffliche und perspektivische Rahmen dafür ist jedoch entwickelt.

## Literatur

Acham, Karl, 1992: Struktur, Funktion und Genese von Institutionen in sozialwissenschaftlicher Sicht, in: Gert Melville (Hrsg.), Institutionen und Geschichte. Theoretische Aspekte und mittelalterliche Befunde, Köln/Weimar/Wien, S. 25-71.
Bellah, Robert N. et al., 1987: Gewohnheiten des Herzens. Individualismus und Gemeinsinn in der amerikanischen Gesellschaft (amerik. zuerst 1985), Köln.
Bermbach, Udo, 1995: Plädoyer für eine ungeteilte Öffentlichkeit. Anmerkungen zum „normativen Begriff der Öffentlichkeit" von Jürgen Habermas, in: Gerhard Göhler (Hrsg.), Macht der Öffentlichkeit – Öffentlichkeit der Macht, Baden-Baden, S. 25-37.
Bynum, Carolyne Walker, 1990: Fragmentation and Redemption. Essays on Gender and the Human Body in Medieval Religion, New York.
Dahrendorf, Ralf, 1963: Die angewandte Aufklärung. Gesellschaft und Soziologie in Amerika, München.
Dahrendorf, Ralf, 1970: Homo sociologicus. Ein Versuch zur Geschichte, Bedeutung und Kritik der Kategorie der sozialen Rolle, 9. Aufl., Köln/Opladen.
Dahrendorf, Ralf, 1989: Einführung in die Soziologie, in: Soziale Welt 40, S. 2-10.
Dahrendorf, Ralf, 1991: Die offene Gesellschaft und ihre Ängste, in: Wolfgang Zapf (Hrsg.), Die Modernisierung moderner Gesellschaften. Verhandlungen des 25. Deutschen Soziologentages in Frankfurt am Main, Frankfurt a.M./New York, S. 140-150.
Dalla Chiesa, Nando, 1987: Der Palazzo und die Mafia, Köln.
Duerr, Hans Peter, 1988: Der Mythos vom Zivilisationsprozeß, Bd. 1: Nacktheit und Scham, Frankfurt a.M.
Durkheim, Emile, 1981: Die elementaren Formen religiösen Lebens (frz. zuerst 1912), Frankfurt a.M.
Edelman, Murray, 1976: Politik als Ritual. Die symbolische Funktion staatlicher Institutionen und politischen Handelns (amerik. zuerst 1964), Frankfurt a.M./New York.
Eder, Klaus, 1989: Politik und Kultur. Zur kultursoziologischen Analyse politischer Partizipation, in: Axel Honneth et al., Kritik der Macht. Reflexionsstufen einer kritischen Gesellschaftstheorie, Frankfurt a.M., S. 519-548.
Elias, Norbert, 1969: Über den Prozeß der Zivilisation (zuerst 1939), 2 Bde., 2. verm. Aufl., Bern/München.
Enzensberger, Hans Magnus, 1993: Aussichten auf den Bürgerkrieg, Frankfurt a.M.
Esser, Hartmut, 1993: Soziologie. Allgemeine Grundlagen, Frankfurt a.M./New York.
Fichte, Johann Gottlieb, 1971: Deduzierter Plan einer zu Berlin zu errichtenden höheren Lehranstalt (zuerst 1807/1817), in: Fichtes Werke. Hrsg. v. Immanuel Hermann Fichte, Bd. VIII. Photomech. Nachdr. d. Ausg. v. 1845/46, Berlin, S. 97-204.
Fichtenau, Heinrich, 1992: Lebensordnungen des 10. Jahrhunderts. Studien über Denkart und Existenz im einstigen Karolingerreich, München.
Gehlen, Arnold, 1957: Die Seele im technischen Zeitalter. Sozialpsychologische Probleme in der industriellen Gesellschaft, Hamburg.
Gehlen, Arnold, 1986: Urmensch und Spätkultur (zuerst 1956), 5. Aufl., Wiesbaden.

Gehlen, Arnold, 1978: Arnold-Gehlen-Gesamtausgabe Bd. 7: Einblicke. Hrsg. v. Karl-Siegbert Rehberg, Frankfurt a.M.
Gehlen, Arnold, 1993: Der Mensch. Seine Natur und seine Stellung in der Welt (zuerst 1940), 2 Teilbde. Hrsg. v. Karl-Siegbert Rehberg, Frankfurt a.M.
Giddens, Anthony, 1988: Die Konstitution der Gesellschaft. Grundzüge einer Theorie der Strukturierung (engl. zuerst 1984), Frankfurt a.M./New York.
Göhler, Gerhard et al. (Hrsg.), 1990: Die Rationalität politischer Institutionen. Interdisziplinäre Perspektiven, Baden-Baden.
Göhler, Gerhard, 1992: Politische Repräsentation in der Demokratie, in: Thomas Leif et al. (Hrsg.), Die politische Klasse in Deutschland, Bonn/Berlin.
Göhler, Gerhard (Hrsg.), 1994a: Die Eigenart der Institutionen. Zum Profil politischer Institutionentheorie, Baden-Baden.
Göhler, Gerhard, 1994b: Politische Institutionen und ihr Kontext. Begriffliche und konzeptionelle Überlegungen zur Theorie politischer Institutionen, in: ders., Die Eigenart der Institutionen. Zum Profil politischer Institutionentheorie, Baden-Baden, S. 19-46.
Göhler, Gerhard (Hrsg.), 1995: Macht der Öffentlichkeit – Öffentlichkeit der Macht, Baden-Baden.
Göhler, Gerhard et al., 1997: Institution – Macht – Repräsentation, Baden-Baden (im Druck).
Göhler, Gerhard und Rainer Schmalz-Bruns, 1988: Perspektiven der Theorie politischer Institutionen (Literaturbericht), in: PVS 29, S. 309-349.
Greven, Michael Th., 1995: Macht in der Öffentlichkeit in der Demokratie. Kritischer Kommentar zu R. Schmalz-Bruns (1995), in: Gerhard Göhler, Macht der Öffentlichkeit – Öffentlichkeit der Macht, Baden-Baden, S. 75-84.
Habermas, Jürgen, 1990: Strukturwandel der Öffentlichkeit. Untersuchungen zu einer Kategorie der bürgerlichen Gesellschaft (zuerst 1962), 2. Aufl. m.e. Vorw., Frankfurt a.M.
Haude, Rüdiger und Thomas Wagner, 1996: „Unverfügbarkeit und Reflexivität". Abschlußbericht an die DFG, Aachen/Dresden.
Hofmann, Werner, 1987: Die Grundlagen der modernen Kunst. Eine Einführung in ihre symbolischen Formen, Stuttgart.
Hofmann, Werner und Gottfried Böhm, 1994: Zum Wandel der ästhetischen Kriterien, in: Heinrich Pfusterschmid-Hardtenstein (Hrsg.), Zeit und Wahrheit. Europäisches Forum Alpach 1994, Wien, S. 598 ff.
Honneth, Axel, 1989: Kritik der Macht. Reflexionsstufen einer kritischen Gesellschaftstheorie, Frankfurt a.M.
Honneth, Axel, 1995a: Desintegration. Bruchstücke einer soziologischen Zeitdiagnose, Frankfurt a.M.
Honneth, Axel, 1995b: Kommunitarismus. Eine Debatte über die moralischen Grundlagen moderner Gesellschaften, 3. Aufl., Frankfurt a.M.
Joas, Hans, 1992: Die Kreativität des Handelns, Frankfurt a.M.
Kindermann, Harald, 1989: Alibi-Gesetzgebung als symbolische Gesetzgebung, in: Rüdiger Voigt (Hrsg.), Symbole der Politik. Politik der Symbole, Opladen, S. 257-273.
Lepsius, M. Rainer, 1993: Europa nach dem Ende zweier Diktaturen, in: Bernhard Schäfers (Hrsg.), Verhandlungen des 26. Deutschen Soziologentages in Düsseldorf, Frankfurt a.M./New York, S. 16-21.
Lepsius, M. Rainer, 1995: Institutionenanalyse und Institutionenpolitik, in: Birgitta Nedelmann (Hrsg.), Politische Institutionen im Wandel (= Sonderheft 35 der Kölner Zeitschrift für Soziologie und Sozialpsychologie), Opladen, S. 392-403.
Lichtblau, Klaus, 1995: Kulturkrise und Soziologie um die Jahrhundertwende. Zur Genealogie der Kultursoziologie in Deutschland, Habil.schr. Kassel.
Luhmann, Niklas, 1964: Funktionen und Folgen formaler Organisation, Berlin.
Luhmann, Niklas, 1992: Universität als Milieu. Kleine Schriften. Hrsg. v. André Kieserling, Bielefeld.

Luhmann, Niklas, 1996: Jenseits von Barbarei, in: Max Miller und Hans-Georg Soeffner (Hrsg.), Modernität und Barbarei. Soziologische Zeitdiagnose am Ende des 20. Jahrhunderts, Frankfurt a.M., S. 219-230.
Melville, Gert, 1991: Zur Funktion der Schriftlichkeit im institutionellen Gefüge mittelalterlicher Orden, in: Frühmittelalterliche Studien 25, S. 391-417.
Melville, Gert (Hrsg.), 1992: Institutionen und Geschichte. Theoretische Aspekte und mittelalterliche Befunde, Köln/Weimar/Wien.
Melville, Gert (Hrsg.), 1996a: De ordine vitae. Zu Normvorstellungen, Organisationsformen und Schriftgebrauch im mittelalterlichen Ordenswesen, Münster.
Melville, Gert et al. (Red.), 1996b: Antrag auf Einrichtung eines DFG-Sonderforschungsbereiches „Institutionalität und Geschichtlichkeit", Dresden.
Miller, Max und Hans-Georg Soeffner (Hrsg.), 1996: Modernität und Barbarei. Soziologische Zeitdiagnose am Ende des 20. Jahrhunderts, Frankfurt a.M.
Münkler, Herfried, 1995: Visibilität der Macht und die Strategien der Machtvisualisierung, in: Gerhard Göhler (Hrsg.), Macht der Öffentlichkeit – Öffentlichkeit der Macht, Baden-Baden, S. 213-230.
Offe, Claus, 1989: Fessel und Bremse. Moralische und institutionelle Aspekte „intelligenter Selbstbeschränkung", in: Axel Honneth et. al. (Hrsg.), Zwischenbetrachtungen. Im Prozeß der Aufklärung. Jürgen Habermas zum 60. Geburtstag, Frankfurt a.M., S. 739-774.
Offe, Claus, 1994: Der Tunnel am Ende des Lichts. Erkundungen der politischen Transformation im Neuen Osten, Frankfurt a.M./New York.
Offe, Claus, 1996a: Moderne „Barbarei": Der Naturzustand im Kleinformat?, in: Max Miller und Hans-Georg Soeffner (Hrsg.), Modernität und Barbarei. Soziologische Zeitdiagnose am Ende des 20. Jahrhunderts, Frankfurt a.M., S. 258-289.
Offe, Claus, 1996b: Designing Institutions in East European Transitions, in: Robert E. Goodin, The Theory of Institutional Design, Cambridge, S. 199-226.
Raith, Werner, 1986: Die ehrenwerte Firma. Italiens Mafia auf dem Weg vom Paten zur Industrie, Berlin.
Raith, Werner, 1992: Mafia – Ziel Deutschland, Frankfurt a.M.
Rehberg, Karl-Siegbert, 1973: Ansätze zu einer perspektivischen Soziologie der Institutionen, Aachen.
Rehberg, Karl-Siegbert, 1990: Eine Grundlagentheorie der Institutionen: Arnold Gehlen. Mit systematischen Schlußfolgerungen für eine kritische Institutionentheorie, in: Gerhard Göhler et al. (Hrsg.), Die Rationalität politischer Institutionen. Interdisziplinäre Perspektiven, Baden-Baden, S. 115-144.
Rehberg, Karl-Siegbert, 1991a: Utopien der Stagnation. „Postmoderne" und „post-histoire" als kulturkritische Zeitdiagnosen, in: Wolfgang Zapf (Hrsg.), Die Modernisierung moderner Gesellschaften. Verhandlungen des 25. Deutschen Soziologentages in Frankfurt am Main, Frankfurt a.M./New York, S. 212-227.
Rehberg, Karl-Siegbert, 1991b: Kapitalismus als ethisches Programm: Werner Sombart, Max Weber und Bernhard Groethuysen, in: Klaus Henning und Arno Bitzer (Hrsg.), Ethische Aspekte von Wirtschaft und Arbeit, Mannheim/Wien/Zürich, S. 35-61.
Rehberg, Karl-Siegbert et al., 1993: „Unverfügbarkeit und Reflexivität – Eine theoretische Analyse hochkultureller Formveränderungen von Institutionen" (DFG-Zwischenbericht).
Rehberg, Karl-Siegbert, 1994: Institutionen als symbolische Ordnungen. Leitfragen und Grundkategorien zur Theorie und Analyse institutioneller Mechanismen, in: Gerhard Göhler (Hrsg.), Die Eigenart der Institutionen. Zum Profil politischer Institutionentheorie, Baden-Baden, S. 47-84.
Rehberg, Karl-Siegbert, 1995: Die „Öffentlichkeit" der Institutionen. Grundbegriffliche Überlegungen im Rahmen der Theorie und Analyse institutioneller Mechanismen, in: Gerhard Göhler (Hrsg.), Macht der Öffentlichkeit – Öffentlichkeit der Macht, Baden-Baden, S. 181-211.

Rehberg, Karl-Siegbert, 1996: Ambivalente „Filter" (Anmerkungen zu Claus Offe), in: Max Miller und Hans-Georg Soeffner (Hrsg.), Modernität und Barbarei. Soziologische Zeitdiagnose am Ende des 20. Jahrhunderts, Frankfurt a.M., S. 290-305.

Rehberg, Karl-Siegbert et al., 1996: Theorie und Analyse institutioneller Mechanismen (Abschlußbericht für die DFG), Ms. Dresden.

Scheler, Max, 1976: Der Mensch im Zeitalter des Ausgleichs (zuerst 1927), in: ders., Gesammelte Werke Bd. 9: Späte Schriften. Hrsg. v. Manfred S. Frings, Bern/München, S. 145-170.

Schelsky, Helmut, 1959: Ist Dauerreflexion institutionalisierbar? Zum Thema einer modernen Religionssoziologie, in: Ztschr. f. Evangelische Ethik 3.

Schelsky, Helmut, 1963: Einsamkeit und Freiheit. Idee und Gestalt der deutschen Universität und ihrer Reformen, Reinbek.

Schelsky, Helmut, 1965: Über die Stabilität von Institutionen, besonders Verfassungen (zuerst 1949), in: ders., Auf der Suche nach Wirklichkeit. Gesammelte Aufsätze, Düsseldorf/Köln, S. 33-55.

Schimmelpfennig, Bernhard, 1992: Das Papsttum im Mittelalter: eine Institution?, in: Gert Melville (Hrsg.), Institutionen und Geschichte. Theoretische Aspekte und mittelalterliche Befunde, Köln/Weimar/Wien, S. 209-229.

Schmalz-Bruns, Rainer, 1995: Selbstorganisation, Selbstregierung, Selbstverwirklichung: Die Idee der Öffentlichkeit im Spiegel moderner Demokratietheorie, in: Gerhard Göhler (Hrsg.), Macht der Öffentlichkeit – Öffentlichkeit der Macht, Baden-Baden, S. 39-74.

Schulze, Gerhard, 1992: Die Erlebnisgesellschaft. Kultursoziologie der Gegenwart, Frankfurt a.M./New York.

Sennett, Richard, 1983: Verfall und Ende des öffentlichen Lebens. Die Tyrannei der Intimität, Frankfurt a.M.

Senghaas, Dieter (Hrsg.), 1995: Den Frieden denken, Frankfurt a.M.

Senghaas, Dieter, 1996: Auswege aus der Barbarei, in: Max Miller und Hans-Georg Soeffner (Hrsg.), Modernität und Barbarei. Soziologische Zeitdiagnose am Ende des 20. Jahrhunderts, Frankfurt a.M., S. 306-317.

Veblen, Thorstein B., 1957: Die Theorie der feinen Leute (amerik. zuerst 1899), Köln.

Soeffner, Hans-Georg, 1992: Stil und Stilisierung. Punk oder die Überhöhung des Alltags, in: ders., Die Ordnung der Rituale, die Auslegung des Alltags, Bd. 2, Frankfurt a.M., S. 76-101.

Strohschneider, Peter, 1996: Voraussetzungen und Geschichtlichkeit der höfischen Literatur im Mittelalter. Vorüberlegungen und Skizzen zu einem institutionalisierungstheoretischen Prospekt, Ms. Dresden.

Voigt, Rüdiger (Hrsg.), 1989: Symbole der Politik. Politik der Symbole, Opladen.

Walzer, Michael, 1990: Kritik und Gemeinsinn (amerik. zuerst 1987), Berlin.

Walzer, Michael, 1991: Zweifel und Einmischung. Gesellschaftskritik im 20. Jahrhundert (amerik. zuerst 1988), Frankfurt a.M.

Welsch, Wolfgang, 1987: Unsere postmoderne Moderne, Weinheim.

Wenzel, Horst, 1995: Hören und Sehen – Schrift und Bild. Kultur und Gedächtnis im Mittelalter, München.

Zapf, Wolfgang (Hrsg.), 1990: Die Modernisierung moderner Gesellschaften. Verhandlungen des 25. Deutschen Soziologentages in Frankfurt am Main, Frankfurt a.M./New York.

# Brennpunkte des
# Institutionenwandels

*Herfried Münkler*

Politische Mythen und Institutionenwandel.
Die Anstrengungen der DDR, sich ein eigenes
kollektives Gedächtnis zu verschaffen

Es ist keineswegs selbstverständlich, den Wandel politischer Institutionen mit der Frage nach Funktion und Wirkung politischer Mythen in Zusammenhang zu bringen; darum zunächst einige knappe Überlegungen zu Art und Funktion dieses Zusammenhangs, wobei ich damit beginne, daß ich – gleichsam als Bindeglied – einen dritten Begriff hinzufüge: den des kollektiven Gedächtnisses. Diese Begriffstriade von „Institution", „politischem Mythos" und „kollektivem Gedächtnis" wird auch im weiteren die Grundstruktur meiner Überlegungen bilden, die sich in systematischer Hinsicht mit dem Zusammenhang zwischen Institutionenbegründung bzw. Institutionenwandel, politisch legitimierenden und sinnhaft orientierenden Narrationen, also politischen Mythen, sowie dem kollektiven Gedächtnis einer politischen Gemeinschaft beschäftigen. Exemplifizieren will ich dies an der Geschichte der DDR, konkret an deren Versuch, durch die Schaffung eines eigenen kollektiven Gedächtnisses den Bruch sinnfällig zu machen, der mit der Gründung des „ersten deutschen Arbeiter-und-Bauern-Staates" gegenüber der deutschen Geschichte bis 1945 vollzogen wurde, und zugleich die Distanz zu markieren, die sie, die DDR, von der Bundesrepublik Deutschland als dem anderen nach 1945 bzw. 1949 auf dem Territorium des Deutschen Reichs entstandenen Staat trennte. Dieses eigene kollektive Gedächtnis war für die DDR nicht zuletzt auch darum so bedeutsam, weil sich die Bundesrepublik als Rechtsnachfolgerin des Deutschen Reiches verstand und ihr Grundgesetz den Anspruch erhob, für alle Deutschen Geltung zu haben, also auch für jene, die auf dem Boden der DDR lebten. Gegen diesen durch den Verweis auf eine gemeinsame Geschichte getragenen Wiedervereinigungsanspruch der Bundesrepublik setzte die Partei- und Staatsführung in der DDR nach ihrer deutschlandpolitischen Wende in der Mitte der 50er Jahre (vgl. Weber 1993, S. 44 f.), als sie die zuvor vertretene Vereinigungsperspektive aufgab und zu einer langfristig angelegten Politik der Eigenstaatlichkeit der DDR überging, den Versuch, sich ein eigenes kollektives Gedächtnis zu verschaffen, das sich von dem der Bundesrepublik klar unterschied. Die Arbeit an einem eigenen kollektiven Gedächtnis begann jedoch nicht erst mit dieser deutschlandpolitischen Wende, sondern reicht zurück bis in die unmittelbare

Nachkriegszeit, d.h. in die Kontroversen um die Konsequenzen, die aus den Erfahrungen des Nationalsozialismus zu ziehen seien. Aus vielerlei Gründen bietet sich gerade die DDR zur Exemplifizierung der Überlegungen zum Zusammenhang zwischen Institutionenwandel, politischen Mythen und kollektivem Gedächtnis an: Zunächst handelt es sich bei ihr um ein mit dem Jahre 1990 abgeschlossenes politisches Experiment. Damit steht dem sozialwissenschaftlichen Beobachter etwas zur Verfügung, was er sich immer wünscht, aber so gut wie nie bekommt: ein Institutionenensemble, bei dem klar markiert ist, wann es begonnen und wann es geendet hat, dazu eine geschichtliche Dauer, die sich über einen gut überschaubaren Zeitraum erstreckt und die obendrein innerhalb eines kulturell relativ homogenen Raumes stattgefunden hat, so daß Binnendifferenzierungen nur in Ausnahmefällen vonnöten sind. Gleichzeitig haben sich in der Geschichte der DDR aber auch so viele Veränderungen und Brüche abgespielt, daß ein Wandel, um den es bei der politikwissenschaftlichen Analyse von Institutionen ja immer auch geht, ebenfalls beobachtet werden kann. Es kommt hinzu, daß die Forschung inzwischen weitgehenden Zugriff auf die Archive hat, so daß die von der politischen Führung bei dieser und jener Entscheidung angestellten Überlegungen, die vorgebrachten Argumente sowie die Abstimmungsverhältnisse exakt recherchiert werden können. Darüber hinaus befinden wir uns als sozialwissenschaftliche Beobachter innerhalb desselben kulturellen Deutungssystems, so daß wir es bei der Interpretation politischer Symbole, Narrationen und Riten nicht mit jenen Übersetzungsproblemen zu tun haben, wie sie bei vergleichbaren Beispielen aufzutreten pflegen. Zunächst aber einige grundsätzliche Überlegungen zum Zusammenhang zwischen politischen Institutionen, politischen Mythen und kollektivem Gedächtnis.

## I. Das kollektive Gedächtnis: Institutionenstabilität und herrschaftselitärer Zugriff

Gerhard Göhler hat bei dem Versuch, die Summe eines mehrjährigen DFG-Schwerpunkts zur Theorie politischer Institutionen zu ziehen, zwischen Willens- und Symbolbeziehungen unterschieden, die er als die beiden grundsätzlichen Formen begreift, in denen politische Institutionen und Bürger aufeinander bezogen sind und miteinander kommunizieren bzw. interagieren (Göhler 1997). Zwecke und Absichten auf seiten der Menschen wie der Institutionen konstituieren danach die Willensbeziehung, wohingegen moralische Bewertungen und politische Orientierung durch die Symbolbeziehung vermittelt wird. Nun ist diese Differenzierung, das sieht auch Göhler durchaus, nicht gegenstandskonstitutiv, sondern analytisch, denn bei der genaueren Untersuchung der Steuerungs- und Integrationsleistungen von Institutionen sehen wir, daß die beiden Beziehungen zwischen Menschen und Institutionen, die Willens- wie die Symbolbeziehung, auf komplexe Weise miteinander verflochten sind. Was je gewollt wird und wie dieses gewollte

Was gewollt wird, ist nicht unabhängig von der Symbolbeziehung, also den moralischen Bewertungen und politischen Orientierungen menschlichen Handelns. Umgekehrt müssen aber auch die Symbolbeziehungen, wenn sie Bestand haben sollen, gewollt und, nicht immer und aktuell, aber doch periodisch oder latent, als zweckhafte Form der Integration bejaht werden. Diese Verwobenheit der nur analytisch separierbaren Willens- und Symbolbeziehungen zwischen Bürgern und Institutionen kommt auch in den Konzeptionen des kollektiven Gedächtnisses zum Ausdruck, das begriffen werden kann als der Ort, an dem Struktur und Muster der Verknüpfung beider Beziehungen zu studieren sind. Ich knüpfe dabei an die älteren Arbeiten von Maurice Halbwachs (1985a und 1985b) sowie die jüngeren Studien von Jan und Aleida Assmann an, in denen diese versucht haben, das kollektive Gedächtnis als zwischen dem je individuellen Gedächtnis und der Summe des verfügbaren historischen Wissens liegend zu definieren (Aleida Assmann 1991, S. 11-25; Dietrich Harth/Jan Assmann 1992; Jan Assmann 1992, S. 34 ff.). Dabei ist das kollektive Gedächtnis etwas grundlegend anderes als die Gesamtheit der individuellen Gedächtnisse, insofern in ihm nur das präsent ist, was den Einzelnen nicht als Einzelnen, sondern als Angehörigen des je zur Rede stehenden Kollektivs, seien es nun Familie, Religionsgemeinschaft, soziale Gruppe oder Nation, betrifft. Zugleich ist es auch etwas anderes als die Summe des historischen Wissens, insofern hier nicht der Daten, Ereignisse und Entwicklungen gedacht wird, die prinzipiell wißbar sind, sondern daraus nach Maßgabe ihrer Bedeutsamkeit für die Identität der jeweiligen Gemeinschaft ausgewählt wird. Die Beziehung zu ihnen – und das besagt ja gerade Gedächtnis – kann also ebenso eine des Erinnerns wie eine des Vergessens oder gar Vergessen-Machens, des Verdrängens, sein. Indem bestimmte Ereignisse und Entwicklungen mit „Bedeutsamkeitsinvestitionen" (Tenbruck) versehen werden, werden nicht nur Erinnerungsmuster und in ihnen Erinnerungskorridore bzw. -blockaden hergestellt, sondern es werden zugleich Perzeptionsmuster strukturiert, durch die gefiltert gegenwärtige Ereignisse wahrgenommen und zukünftige Entwicklungen erwartet werden. Das macht verständlich, warum politische Konflikte immer auch als Kämpfe um das kollektive Gedächtnis der politischen Gemeinschaft ausgetragen werden: vom Konflikt um die offizielle bzw. die verbindliche Darstellung der Geschichte (wie jüngst im sog. Historikerstreit) bis zur Benennung von Straßen, von der Kanonisierung der Literatur bis zur Aufstellung von Denkmälern. Das kollektive Gedächtnis ist der zentrale Ort dessen, was in den 70er Jahren im Anschluß an Gramsci als kulturelle Hegemonie bezeichnet worden ist. Die Verfügung über das kollektive Gedächtnis entscheidet nicht nur über die moralischen Bewertungen und politischen Orientierungen, sondern auch, um noch einmal auf die Unterscheidung zwischen Willens- und Symbolbeziehungen zurückzukommen, über die Zwecke und Absichten, die die Menschen verfolgen bzw. für verfolgenswert halten, insofern in ihm das implizite Wissen über das gesellschaftlich und politisch Gesollte und Erwartete enthalten ist. Wer über das kollektive Gedächtnis verfügt, hat Zugriff auf Stabilität wie Wandel politischer Institutionen.

Nun ist der politische Zugriff auf das kollektive Gedächtnis[1] selbst unter den Bedingungen eines totalitären Regimes nie ganz vollständig, und die Anti- bzw. schwarzen Utopien des 20. Jahrhunderts, von Samjatins *Wir* über Huxleys *Brave New World* bis zu Orwells *1984*, beziehen ihre Spannung und die Dramatik des geschilderten Geschehens gerade aus diesen Verfügungsdefiziten sowie den durch Widerstand Einzelner provozierten Anstrengungen der Herrschenden, die noch vorhandenen Lücken in der Verfügung über das individuelle wie kollektive Gedächtnis zu schließen. Die Schließung dieser Lücken, so die Sentenz der Anti-Utopien, ist zuletzt aber nicht mehr mit geschichtspolitisch-narrativen, bildlichen oder rituellen Mitteln, sondern nur noch mit medizinischen Eingriffen möglich. Das individuelle Gedächtnis muß durch operative Eingriffe oder mit Medikamenten ausgelöscht werden, wenn die politische Verfügung über das kollektive Gedächtnis total sein soll, und die Restlosigkeit dieser Verfügung ist der Fluchtpunkt der schwarzen Utopien. Wo die medizinische Intervention, die hier im pointierten Sinne utopisch heißen darf, nicht erfolgt und auch nicht angestrebt wird, politische Eliten also nur mit den herkömmlichen Mitteln der Geschichtspolitik arbeiten, stellen sich zumindest zwei Probleme, die auch für die Analyse des Institutionenwandels bedeutsam sind: die Frage nach der Identität oder Nicht-Identität von Deutungs- und Herrschaftseliten sowie die Frage nach dem Verhältnis zwischen den kommunikativen und den kulturellen Elementen im kollektiven Gedächtnis.

Zunächst zur ersten Frage, der nach dem Verhältnis von *Deutungs-* und *Herrschaftseliten*. Die Bezeichnung politischer Systeme als „theokratisch" etwa besagt, daß hier eine Identität von Deutungs- und Herrschaftselite vorliegt: Es gibt kein verbindliches Wissen außer dem, das durch den Herrscher (vor-)gegeben wird. Auch Platons Konzeption der Philosophenherrschaft sowie viele daran anschließende Sozialutopien von Morus und Campanella bis zu den angesprochenen schwarzen Utopien des 20. Jahrhunderts haben diese Identität von Herrschafts- und Deutungselite zum Ausgangs- oder Fluchtpunkt ihrer Überlegungen gemacht. Die Identität von Herrschafts- und Deutungseliten bzw. die bedingungslose Instrumentalisierung der Deutungs- durch die Herrschaftselite ist auch ein wesentliches Charakteristikum dessen, was die gleichnamigen Theorien als „Totalitarismus" bezeichnet haben. Seien es nun Stabilität im Sinne der Verhinderung sozialen und politischen Wandels oder Stabilität im Sinne seiner kontrollierten Forcierung

---

1 Die Thematisierung des politischen Zugriffs markiert eine wesentliche Differenz zwischen der älteren und der neueren Forschung zum kollektiven Gedächtnis. So hat Halbwachs zwar den Konflikt zwischen unterschiedlichen Gruppen um die Ausgestaltung des kollektiven Gedächtnisses gesehen, die Frage der politischen Verfügung darüber aber ausgeblendet. Das hat sich in der jüngeren Forschung geändert; vgl. hierzu die Beiträge in Harth/Assmann (1992). Dabei ist auch die zentrale Bedeutung der Intellektuellen in den Blick geraten; vgl. hierzu Eisenstadt (1991, S. 123 ff.), Giesen (1993, insbes. S. 130 ff.) sowie Aleida Assmann (1993). Paradigmatisch läßt sich diese „Wende" aufzeigen an der Differenz zwischen dem zweiten Band von Ernst Cassirers *Philosophie der symbolischen Formen*, der 1924 fertiggestellt wurde, und dem zweiten Teil, insbesondere dem „Die Technik moderner politischer Mythen" überschriebenen Schlußkapitel seines 1949 veröffentlichten Werks *Der Mythus des Staates*.

– in beiden Fällen wurde der direkte oder durch kontrollierte und willige Intellektuelle vermittelte Zugriff der Machthaber auf das kollektive Gedächtnis der jeweiligen Gemeinschaft als entscheidende Machtressource begriffen. Das Gegenmodell ist die Autonomie der Deutungs- gegenüber der Herrschaftselite, deren Entwicklung von Jaspers und Eisenstadt (1991) mit jener „Achsenzeit" verbunden worden ist, in der die gegebene Ordnung durch die Entwicklung einer transzendenten Ordnungsidee als unvollkommen und veränderungsbedürftig wahrgenommen zu werden begann.

Zu einer völligen Identität von Herrschafts- und Deutungselite ist es in der DDR nie gekommen, wenngleich der Spielraum der Deutungselite durch die Herrschaftselite immer eingeengt und begrenzt gewesen ist: einmal mehr, einmal weniger. Die politisch-klimatologischen Begriffe „Eiszeit" und „Tauwetter" waren immer auch Bezeichnungen dafür, wie klein oder groß diese Spielräume waren. So war es nicht immer so, daß die Historiker nur noch die Fußnoten zu einer von der Parteiführung präsentierten Geschichte der deutschen Arbeiterbewegung zu schreiben hatten.[2] Aber wer innerhalb der Deutungselite sich zuviel traute, mußte mit Sanktionen rechnen: von der Zwangsversetzung bis zum Publikationsverbot, von der Inhaftierung bis zur Ausbürgerung (vgl. Gransow 1975 und Emmerich 1996). Mit diesen Instrumentarien, zu denen neben den Sanktionen selbstverständlich auch Gratifikationen gehörten, sorgte die Herrschaftselite dafür, daß sich die Deutungselite bei der von ihr zu leistenden Arbeit am kollektiven Gedächtnis an die ihr gemachten Vorgaben hielt. Das ist in liberal-demokratischen Systemen grundsätzlich anders, insofern in ihnen den Deutungseliten ein gegenüber politischen Vorgaben weitgehend autonomer Bereich eingeräumt wird, wenngleich auch hier nicht prinzipiell ausgeschlossen ist, daß die Herrschafts- die Deutungseliten an die Kandarre nehmen möchten. Aber die Mittel, die ihnen dabei zur Verfügung stehen, sind geringer und schwächer, und in der Regel beschränken sie sich auf den Entzug finanzieller Zuwendungen. Man kann im Hinblick auf die uns beschäftigende Frage nach dem Zusammenhang zwischen Institutionenwandel und politischen Mythen im Sinne institutionenbezogener Legitimationserzählungen somit totalitäre, autoritäre und liberale politische Systeme anhand des Verhältnisses zwischen Herrschafts- und Deutungselite und der Art des Zugangs zum kollektiven Gedächtnis unterscheiden. Der über dieses kollektive Gedächtnis vermittelte Zusammenhang zwischen Institutionenwandel und der von Intellektuellen geleisteten Arbeit an den politischen Mythen (Blumenberg) müßte sich danach in der DDR und der Bundesrepublik erkennbar unterschieden haben.

Hinsichtlich des kollektiven Gedächtnisses selbst ist die Unterscheidung zwischen *kommunikativen* und *kulturellen* Elementen bedeutsam. Dabei sind unter dem

---

2   Als Beispiel hierfür sei auf Walter Ulbrichts Artikel „Die Novemberrevolution und der nationale Kampf gegen den deutschen Imperialismus" verwiesen, der 1949 in *Beiträge zur Geschichte der deutschen Arbeiterbewegung* erschien (Bd. I, S. 8-25); die „Dokumente und Materialien" hierzu wurden erst zusammengestellt, nachdem der Artikel geschrieben bereits vorlag; vgl. Grafton (1995, S. 26 f.).

kommunikativen Gedächtnis jene Bestandteile zusammengefaßt, die in der individuellen Erinnerung der Menschen präsent sind und auch in Alltagskommunikationen immer wieder zirkulieren, während das kulturelle Gedächtnis jene Erinnerungen umfaßt, die aus der persönlichen Erinnerung der Menschen und damit auch aus Alltagskommunikation verschwunden und somit auf öffentliche Vermittlung und Präsenz angewiesen sind. Aleida Assmann hat in diesem Zusammenhang unterschieden zwischen der Symbolsprache des Alltags, die eine Sprache der Nähe ist und in der die Lernprozesse der Sozialisation stattfinden, und der Symbolsprache des Festtags, die eine Sprache der Distanz ist und in der die Lernprozesse der Enkulturation stattfinden (Assmann 1991, S. 11). Doch ebenso wie bei der oben thematisierten Unterscheidung zwischen Willens- und Symbolbeziehungen ist auch diese Unterscheidung analytisch und hat eine vorwiegend heuristische Bedeutung. Aber auch wenn kommunikative und kulturelle Elemente des kollektiven Gedächtnisses einander durchdringen, so überwiegen im einen Fall doch diese und im anderen jene, und die Art der Gewichtung ist aus politikwissenschaftlicher Sicht bedeutsam. Vergleicht man etwa die Gründungs- und Orientierungsmythen der Bundesrepublik und der DDR unter diesem Gesichtspunkt miteinander, stellt man also den Mythos des antifaschistischen Widerstandes neben den der Währungsreform und des Wirtschaftswunders (vgl. hierzu Münkler 1995, S. 1181 ff.), so haben in der Bundesrepublik die kommunikativen, weil je individuell erinnerbaren und darum auch in Alltags-Kommunikationen zirkulierenden, in der DDR hingegen die kulturellen Elemente im kollektiven Gedächtnis überwogen, da es ob dessen geringer Breite nur wenige individuelle Erinnerungen an tatsächlich geleisteten antifaschistischen Widerstand gab und dieser dementsprechend offiziell inszeniert und repräsentiert werden mußte. Demgemäß hat es sich die Bundesrepublik leisten können, ein im offiziellen politischen Bereich eher symbolarmer Staat mit minimaler öffentlicher Mythenvermittlung zu sein, während die DDR auf die öffentliche Präsentation und Vermittlung ihrer politischen Mythen in vergleichsweise hohem Ausmaß angewiesen war.

Grundsätzlich lassen sich drei Formen der Vermittlung politischer Mythen unterscheiden: die narrative, die ikonische und die rituelle Form. Unter der *narrativen* Form werden die verschiedenen Varianten erzählerischer Vermittlung zusammengefaßt; sie reichen von einem bestimmten Typus der Historiographie über die belletristische Literatur bis zu politischen Texten und Losungen, die in formelhafter Ausprägung stets aufs neue wiederholt werden. Zur *ikonischen* Form zählen Denkmäler und Mahnmale, die auf öffentlichen Plätzen wie an geschichtlich bedeutsamen Orten errichtet worden sind und in bildhafter Verdichtung das narrativ Vermittelte repräsentieren. Als *rituelle* Form der Vermittlung politischer Mythen werden öffentliche Versammlungen, Gedenkveranstaltungen und Aufmärsche bezeichnet, bei denen in regelmäßiger Wiederholung und gemäß einer feststehenden Liturgie jener Ereignisse und Personen gedacht wird, denen der politische Mythos entscheidende Bedeutung zuspricht. Alle drei Formen der Vermittlung politischer Mythen ergänzen und verstärken sich wechselseitig, wobei freilich die narrative Vermittlung das Fundament darstellt, auf dem die ikonische wie die rituelle Form aufbauen, indem sie das zuvor narrativ Vermittelte ikonisch verdichten und rituell intensivieren. Ohne Rückbezug auf die Narration bleiben sie unverständlich oder verwandeln sich in ein leeres Ritual, das die ihm zugedachte politische Funktion nicht zu erfüllen vermag. Diese „Basisfunktion" des Narrativen ist auch der Grund, warum ich mit Blick auf die Formulierung des kollektiven Gedächtnisses den Institutionenwandel nicht mit politischen Symbolen, sondern mit politischen Mythen in Zusammenhang gebracht habe. Allen drei Formen der Mythenvermittlung nun ist gemeinsam, daß es sich bei ihnen um Agenturen des kollektiven Gedächtnisses handelt. Das Ausmaß, in dem politische Gemeinschaften auf diese Vermittlungsformen angewiesen sind, variiert entsprechend der Art, in der kommunikative und kulturelle Elemente im kollektiven Gedächtnis miteinander verbunden sind und in dem die jeweilige Herrschaftselite sich auf die Kontrolle des kollektiven Gedächtnisses angewiesen glaubt.

Ich will diese einleitenden Überlegungen abschließen mit einigen knappen Bemerkungen zu dem, was ich im weiteren unter politischen Mythen verstehe. Dabei schließe ich an Hans Blumenbergs *Arbeit am Mythos* an, derzufolge die narrative Bewältigung der Wirklichkeit, aus deren Unmittelbarkeit der Schrecken der Kontingenz und Gleichgültigkeit erwächst, das Wesen des Mythos, auch des politischen Mythos, ausmacht. Was im Mythos weggearbeitet wird, ist was Blumenberg den „Absolutismus der Wirklichkeit" nennt; die numinose Unbestimmtheit der Welt wird qua mythischer Narration in nominale Bestimmtheit überführt; das Unheimliche, Unvertraute und Namenlose wird im Mythos vertraut und ansprechbar. Der Mythos ist für Blumenberg, und damit führt er unausgesprochen Ernst Cassirers Überlegungen fort, ein System des Willkürentzugs gegenüber der Wirklichkeit, denn durch den Mythos wird sichergestellt, daß sich die Menschen nicht länger der reinen Willkür der Welt ausgeliefert fühlen. Mythen sind in diesem Sinne Garanten von Vertrautheit, Stifter von Zutrauen, Ermöglicher von Orientierung. Blumenberg hat diese Überlegungen nicht auf archaische Mythen begrenzt, sondern dieselbe Funktion an mythischen Narrationen bis zum 19. Jahrhundert, bis zur Mythisierung der Gestalt Napoleons, beschrieben. Politische Mythen, so läßt sich, an seine Überlegungen anschließend, zusammenfassen, sind Sinnstiftungen und Orientierungshilfen, Garantieversprechen und Perspektivierungen, mit deren Hilfe die Kontingenz geschichtlicher Verläufe wegerzählt und die Komplexität ökonomischer, sozialer und politischer Prozesse reduziert wird (Münkler 1994, S. 21 f.). Durch politische Mythen wird die Vergangenheit in einen Bürgen der Gegenwart verwandelt, und die Ungewißheit der Zukunft wird überzogen von der Versicherung, daß auch in Zukunft sein werde, was in der Vergangenheit gewesen ist.

## II. Der Antifaschismus als Gründungsmythos der DDR

Kernstück des antifaschistischen Gründungsmythos der DDR war die Überzeugung, Faschismus und Kapitalismus gehörten untrennbar zusammen. Demgemäß wurde der Aufstieg des Faschismus in Deutschland auf die kapitalistische Verfügung über die Produktionsmittel zurückgeführt. „Der Faschismus", so wird Walter Ulbricht im *Lehrbuch Geschichte* für die 9. Klasse noch in der Ausgabe des Jahres 1970 zitiert (S. 159), „ist das Werk der aggressivsten, expansionistischsten Kräfte des Monopolkapitals, die mit den Mitteln der Militarisierung, der staatlich formierten Herrschaft und der Manipulierung der Menschen ein unmenschliches System schaffen". Das war eine nur geringfügige Variation der Faschismusformel Georgi Dimitroffs, wonach der Faschismus die „offene terroristische Diktatur der reaktionärsten, am meisten chauvinistischen und am meisten imperialistischen Elemente des Finanzkapitals" sei (Pieck/Dimitroff/Togliatti 1960, S. 87). Daraus wurde geschlußfolgert, daß die Sozialisierung der Produktionsmittel der entscheidende Schritt bei der Zerschlagung des Faschismus und seiner ökonomischen Basis war, was zugleich hieß, daß in der Bundesrepublik, wo die Konzerne und Großbetriebe nicht sozialisiert worden waren, auch die faschistische Gefahr fortbestand. So markierte der antifaschistische Gründungsmythos der DDR gleichzeitig den Bruch mit der bisherigen deutschen Geschichte wie auch die Frontstellung gegenüber der Bundesrepublik bzw. zunächst der in den Westzonen betriebenen Politik. Der Bruch im Gefüge der politischen Institutionen, der in der SBZ nach 1945 vollzogen und auf dem dann die DDR errichtet worden war, wurde wesentlich legitimiert durch den antifaschistischen Gründungsmythos (vgl. Boden 1995 sowie Jäger 1993).

Die geschichtspolitische Ansippung zunächst der SBZ und dann auch der DDR an den antifaschistischen Widerstand lag nicht zuletzt darum nahe, weil sich dadurch die Niederlage des Deutschen Reichs im Zweiten Weltkrieg nachträglich in einen Sieg verwandeln ließ – in der in der DDR verbreiteten Formel vom „Sieger der Geschichte" wird dies deutlich – und Verantwortung und Schuld für Krieg und Nazi-Verbrechen auf andere übertragen werden konnten. Die Mythisierung der Traditionslinien des antifaschistischen Kampfes – Mythisierung in der eingangs beschriebenen Form des Sinnhaft- und Bedeutsammachens von Ereignissen, aber auch im Sinne der Überdehnung und Übersteigerung, schließlich auch Verzerrung der Ereignisse – hatte den Vorzug, daß man gleichzeitig zu den Opfern und Siegern und nicht zu den Tätern und Verlierern gehörte. Was an der Vergangenheit störend und irritierend, bedrückend und beschämend war, wurde als etwas Fremdes markiert und aus dem Eigenen entfernt. Das Eigene war der Antifaschismus, in dessen Tradition man sich stellte; der Faschismus dagegen war etwas Fremdes, für dessen Folgen man demgemäß auch nicht aufzukommen hatte (das zeigte sich in der DDR insbesondere in der bis zuletzt defizitären Auseinandersetzung mit dem Massenmord an den Juden sowie in der Politik der DDR gegenüber dem Staate

Israel; vgl. Wolffsohn 1995, S. 177 ff.) und mit dem *moralisch* sich auseinanderzusetzen infolge seiner Fremdheit auch nicht vonnöten war. Der Mythos des antifaschistischen Widerstands war somit sowohl ein Instrument zur Legitimation kommunistischer Herrschaftsansprüche als auch ein Mittel bei der Bereinigung des kollektiven Gedächtnisses, und auch im zweiten Sinn kam er den strategischen Zielen der aus dem sowjetischen Exil zurückgekehrten Kommunisten durchaus zupaß. Denn viele kleine Mitläufer wurden solcherart bequem entlastet, und entsprechend bereitwillig wurde der antifaschistische Mythos von einem Großteil der Bevölkerung aufgegriffen.

Es ist aufschlußreich, hier einen vergleichenden Blick auf die Bundesrepublik zu werfen, wo der Antifaschismus nie gründungsmythische Bedeutung erlangte (vgl. zuletzt König 1996, S. 165 ff.) und statt dessen eher eine kritische Auseinandersetzung mit den politischen Institutionen der Weimarer Republik geführt wurde, deren Versagen, von der Struktur des Parteiensystems bis hin zur starken Position des Reichspräsidenten, für das Scheitern der Weimarer Republik verantwortlich gemacht wurde. Das hatte ebenfalls legitimierende wie orientierende Folgen für die spezifische Art des Institutionenwandels, der in der alten Bundesrepublik eingeleitet und vollzogen wurde. Wenn man so will, gehört es zum Gründungsmythos der Bundesrepublik, das Scheitern der Weimarer Republik auf die institutionellen Arrangements der Weimarer Verfassung zurückzuführen und sich infolge der im Grundgesetz niedergelegten veränderten institutionellen Ordnung gegen das Schicksal von Weimar leidlich gefeit zu dünken. Der eigentliche Gründungsmythos der Bundesrepublik war aber nicht *politischer*, sondern *wirtschaftlicher* Art, denn die Identifikation der Bürger mit ihrer Gemeinschaft wurde gestiftet über die Narrationen und Symbolisierungen von Währungsreform und Wirtschaftswunder. Mit dieser Erinnerung haben sich die Westdeutschen in ihrer überwiegenden Mehrheit als Symbol ihrer Leistungsbereitschaft und ihrer Fähigkeiten identifiziert, und zwar nicht so sehr in Form eines *kulturellen* als vielmehr in der eines *kommunikativen* Gedächtnisses, also durch individuelle Erinnerung, die zu einer jederzeit abrufbaren Beglaubigung für die Richtigkeit des kollektiven Gedächtnisses wurde. In kleiner Münze zumeist trug man das Symbol dieses Gründungsmythos mit sich: im Portemonnaie. Bis zum Ende der 60er Jahre war der Mythos des Wirtschaftswunders und der Währungsreform, ergänzt um einige Additionsmythen, wie etwa den des „Tags von Bern", den Sieg der deutschen über die ungarische Nationalmannschaft im Endspiel der Fußballweltmeisterschaft 1954 (vgl. Heinrich 1994), die vorherrschende Integrations- und Legitimationserzählung, die zugleich davon berichtete, wie die Zukunft des Gemeinwesens aussehen werde, wenn die Menschen so anpackten und arbeiteten, wie sie es damals getan hatten. Wie der antifaschistische Gründungsmythos der DDR gegen die Bundesrepublik, so war der bundesrepublikanische Gründungsmythos polemisch gegen die DDR gerichtet, machte er doch zentral eine Aussage darüber, auf welchem Gebiet die Systemkonkurrenz ausgetragen werden sollte und daß sich beim Wiederaufbau des zerstörten Landes die marktwirtschaftliche einer zentral gesteuerten Wirtschaftsordnung allemal überlegen erwiesen hatte und auch in Zukunft erweisen werde. Letzten Endes, so die Botschaft dieses Mythos, hing politische Stabilität an wirtschaftlicher Prosperität, und an deren Fehlen, so die implizite Aussage, war Weimar gescheitert. Das war natürlich auch eine Exkulpation derer, die unter diesen Umständen den Verführungskünsten der Nazis erlegen waren.

Bei allen Unterschieden und Gegensätzen, die die Gründungsmythen der beiden deutschen Staaten nach dem Zweiten Weltkrieg aufweisen, sollte aber auch ein ihnen Gemeinsames nicht übersehen werden: der tiefe Bruch, der in ihnen und durch sie gegenüber jenen politischen Mythen vollzogen wurde, die das kollektive Gedächtnis der Deutschen zwischen den Befreiungskriegen, der Reichsgründung und dem Zusammenbruch des Deutschen Reichs im Frühjahr 1945 beherrscht hatten. Weder von den Nibelungen noch von einem tief im Berge sitzenden und auf seine Wiederkehr harrenden Kaiser Rotbart, weder vom „Mirakel des Hauses Brandenburg" noch von Hermann dem Cherusker war in gründungsmythischer Perspektive fürderhin die Rede (vgl. Münkler/Storch 1988; Dörner 1996). Die alten politischen Mythen verloren ihre politisch integrierende und sinnstiftende Bedeutung und wurden wieder das, was sie ursprünglich gewesen waren: Literatur oder historische Gestalten und Ereignisse, denen keine Bedeutung für die Lösung gegenwärtiger, politisch bedrängender Fragen und Probleme beikam. Im politischen Mythos des antifaschistischen Kampfes ist dieser Bruch mit den Gründungs- und Orientierungserzählungen des Deutschen Reiches bewußt intendiert worden; im Mythos von Währungsreform und Wirtschaftswunder hat er sich eher unmerklich vollzogen. Wie sehr freilich die Währung, d.h. ihre Stabilität und Konvertibilität, zum Identität stiftenden und Vertrauen erweckenden Gründungsmythos zunächst der alten Bundesrepublik und schließlich auch des vereinigten Deutschland geworden ist, zeigt sich gegenwärtig in der tiefen Skepsis vieler Deutschen gegenüber einer europäischen Einheitswährung. Der Zusammenhang zwischen kollektivem Gedächtnis und Institutionenwandel ließe sich auch hieran exemplifizieren. Zunächst aber zurück zum antifaschistischen Gründungsmythos der DDR.

Der Hauptstoß des Faschismus, um dessentwillen ihn die „reaktionärsten Kräfte des Finanzkapitals" an die Macht gebracht hätten, hatte sich diesem Gründungsmythos zufolge gegen die Arbeiterklasse gerichtet. Der Faschismus, so die Formel im *Lehrbuch Geschichte* für die 9. Klasse (S. 159), „wurde im Interesse der reaktionärsten Kreise des Finanzkapitals an die Macht gebracht, um die Arbeiterklasse und alle anderen Schichten des deutschen Volkes zu unterdrücken". Dabei sei es dem Faschismus durch Demagogie und falsche Versprechungen gelungen, bei vielen Bauern, Handwerkern, Geschäftsleuten, Beamten und Angestellten Einfluß und Anhänger zu gewinnen, nicht jedoch oder allenfalls marginal bei der Arbeiterklasse. „Ein umfassender Einbruch in die Arbeiterklasse gelang der Hitlerpartei nicht", stellt das Geschichtsbuch fest (S. 136) – und damit ist exakt der Punkt bezeichnet, auf den es bei der Lancierung dieses politischen Mythos ankam:

*Politische Mythen und Institutionenwandel*

Das kollektive Gedächtnis sollte dahingehend geprägt werden, daß die wichtigste politisch-geschichtsphilosophische Institution des Marxismus-Leninismus, die Arbeiterklasse, die geschichtliche Etappe des Faschismus politisch und moralisch unbeschadet überstanden habe. Die Resistenz gegenüber der faschistischen Demagogie wurde also nicht aus individuellen Haltungen, Werten und Einstellungen, die in unterschiedlichen Milieus auch verschieden verteilt sein konnten, heraus begründet, sondern mit einer sozioökonomischen Lage verbunden, aus der beides, Resistenz wie Widerstand, erwachsen sei. So war es möglich, den Nationalsozialismus in Deutschland zu einem Spezialfall der Geschichte des Kampfes zwischen der Kapitalisten- und der Arbeiterklasse zu machen, und dementsprechend ist es in der Sicht des Antifa-Mythos Anfang der 30er Jahre in Deutschland auch nicht um die Verteidigung der Demokratie, sondern um die Zuspitzung der Klassenauseinandersetzungen gegangen, was hieß, daß die KPD damals die richtige Politik betrieben und die SPD versagt hatte. Diese Deutung war von erheblicher Bedeutung für die institutionelle Organisation der Arbeiterbewegung, konkret: für die Überwindung der Spaltung der Arbeiterklasse und den politischen Führungsanspruch der Kommunisten. Aus den Erfahrungen des Faschismus wie des antifaschistischen Widerstands nämlich wurde das Erfordernis abgeleitet, die während des Ersten Weltkriegs erfolgte Spaltung der Arbeiterbewegung in Deutschland definitiv zu überwinden. So wurde die (Zwangs-)Vereinigung von SPD und KPD zur SED durch den antifaschistischen Gründungsmythos ebenso legitimiert wie der Anspruch der Kommunisten auf die politisch führende Position innerhalb der politischen Organisationen der Arbeiterklasse. Da nämlich, so die Aussage des Gründungsmythos, die KPD die Hauptlast des Widerstandes getragen hatte, hatte sie auch Anspruch auf die politische Führung. Nach Art einer kanonischen Formel wird dort, wo vom Widerstand die Rede ist, stets ein „vor allem die KPD" hinzugefügt. Dagegen wurde im Hinblick auf die Sozialdemokratie zwischen der Masse der Mitglieder und einer verräterischen Führung unterschieden: Während für die einfachen Mitglieder die generelle Aussage vom antifaschistischen Charakter der Arbeiterbewegung galt, wurde von den Führern der SPD behauptet, sie hätten sich geweigert, „gemeinsam mit der KPD den antifaschistischen Abwehrkampf" aufzunehmen *(Lehrbuch Geschichte,* S. 147). Dementsprechend könne die Sozialdemokratie auch keinerlei Anspruch auf eine Führungsrolle in der Nachkriegszeit geltend machen, und die Überwindung der Spaltung der Arbeiterklasse durch die Vereinigung von KPD und SPD fand zwangsläufig unter Führung der Kommunisten statt. Da gleichzeitig die Niederlage der Arbeiterbewegung gegen den Faschismus mit deren Spaltung erklärt wurde, konnte die Überwindung dieser Spaltung als das stärkste Bollwerk gegen ein Wiedererstarken des Faschismus dargestellt werden. So heißt es in dem 1977 veröffentlichten *Lehrplan Geschichte* für die 10. Klasse (S. 18): „Die Gründung der Sozialistischen Einheitspartei Deutschlands im Jahre 1946 war die größte Errungenschaft in der Geschichte der deutschen Arbeiterklasse und des deutschen Volkes nach der Veröffentlichung des Kommunistischen Manifestes und nach der Gründung der KPD". Daß in der

Bundesrepublik dagegen die Arbeiterklasse gespalten blieb bzw. unter die Führung der Sozialdemokratie geraten war, war ein Indikator für die dort fortbestehende Gefahr eines Wiedererstarkens des Faschismus. Während die in den Westzonen sich etablierende Bundesrepublik, wie es hieß, die militaristischen und chauvinistischen Traditionen der deutschen Geschichte fortführe, feierte sich die aus der SBZ hervorgegangene DDR als den wahren Staat der deutschen Antifaschisten. Dementsprechend erklärte Otto Grotewohl in gründungsmythischer Reminiszenz (1979, S. 7), „die Gründung des ersten deutschen Arbeiter- und Bauernstaates (sei) ein Wendepunkt in der Geschichte unseres Volkes" gewesen. In zahllosen Varianten ist diese Wendepunktformel wiederholt worden. Ihre Botschaft war, daß mit der Gründung der DDR eine höhere Stufe in der deutschen Geschichte erreicht worden sei, auf der das zuvor immer wieder Krieg und Verderben über seine Nachbarn bringende Deutschland, zumindest in seinem östlichen Teil zu einer friedliebenden Nation geworden sei, die den Völkern der Welt freundschaftlich gegenübertrete. Damit seien jahrhundertealte Sehnsüchte der Deutschen, angefangen vom Bauernkrieg über die bürgerlich-demokratischen Revolution von 1848 bis zur Novemberrevolution von 1918, in Erfüllung gegangen, und in diesem Sinne war die DDR nicht bloß ein Ende der deutschen Misere, sondern vor allem auch der Erbe der besten Traditionen der deutschen Geschichte.

Der Umbau des Systems der politischen Institutionen in der SBZ bzw. ab 1949 der DDR erfolgte also auf der Grundlage einer gründungsmythischen Erzählung, aus der der Bruch mit den alten und die Entwicklung neuer Institutionen ihre Legitimation wie Orientierung bezog. Tatsächlich hing die Stabilität der politischen Institutionen in der DDR – wie der DDR in ihrer Eigenstaatlichkeit überhaupt – entscheidend an diesem Gründungsmythos und seiner Präsenz im kollektiven Gedächtnis des Gemeinwesens, und seine allmähliche Erosion in den späten 60er und frühen 70er Jahren sollte politisch erhebliche Konsequenzen haben.

*III. Inpflichtnahme durch Sakralitätstransfer*

Eine besondere Rolle spielten im Mythos des antifaschistischen Widerstands jene Personen, die von den Nationalsozialisten und ihren Schergen ermordet worden waren. Und unter ihnen hatte Ernst Thälmann, der im KZ Buchenwald gefangengehaltene und schließlich ermordete Vorsitzende der KPD, die Rolle der Identifikationsfigur Nummer Eins inne.[3] Thälmann wurde zum Gründungsvater der neuen Gesellschaft stilisiert (vgl. Azaryahu 1991, S. 151 ff.), und die nach ihm

---

3 Zeitweilig wurde neben Thälmann noch der ebenfalls im KZ Buchenwald ermordete sozialdemokratische Politiker Rudolf Breitscheid genannt, bzw. Thälmann und Breitscheid wurden gemeinsam auf Plakaten und Gedenkmünzen abgebildet. Das war in jener Phase, als man auf die in der SED mit den Kommunisten zusammengeschlossenen Sozialdemokraten noch glaubte Rücksichten nehmen zu müssen (vgl. Staritz 1996, S. 14-47); das änderte sich bereits im Verlaufe der 50er Jahre, als Thälmann zur alleinigen Symbolfigur des Martyriums linker Politiker in der Nazizeit wurde.

benannten Thälmannpioniere waren seine Schüler und Vollstrecker; sie standen ein für den Fortbestand der großen Idee, für die Thälmann gelebt und gelitten hatte. In den jungen Aktivisten war Thälmann wiedererstanden; sein Leben und Sterben erlangte durch sie im Nachhinein Sinn und Bedeutung. Sie trugen seinen Namen als „heilige" Verpflichtung, sein Vermächtnis zu bewahren und sein Werk fortzuführen. Noch vor Karl Liebknecht und Rosa Luxemburg, den Gründern der KPD und ebenfalls kommunistischen Märtyrern (zu ihrer symbolischen Präsenz im öffentlichen Raum der DDR vgl. Azaryahu 1991, S. 174 f.) war Thälmann der wichtigste Märtyrer im Gründungsmythos der DDR.[4] Seine herausragende Stellung zeigt sich insbesondere in der Anlage der Gedenkstätte des KZs Buchenwald, wo ihm eine eigene Stele gewidmet wurde: Ganz wie Jesus Christus in der christlichen Ikonographie erscheint er in der von Fritz Kremer geschaffenen Plastik seinen zur Trauerfeier versammelten Genossen und grüßt sie mit erhobener Faust (vgl. Frank 1970): Auferstehung, Himmelfahrt und Pfingsten in einem als Versprechen, daß am Schluß, allen Niederlagen und Demütigungen zum Trotz, die Kommunisten doch siegen würden. Die Beglaubigung dieses Versprechens war die Existenz der DDR, so wie umgekehrt die mythisierte Figur Thälmanns für die DDR eine heilsgeschichtliche Garantie darstellte.

Wenn ich hier auf eine theologische Begrifflichkeit zurückgreife, so erfolgt dies ganz bewußt, geht es doch darum, den im Gründungsmythos der DDR vollzogenen Sakralitätstransfer zu charakterisieren. In seinen Überlegungen zum Scheitern des Marxismus hat Ernest Gellner als dessen große Schwäche weniger „die formale Eliminierung des *Transzendenten*" als vielmehr „die übermäßige Sakralisierung des *Immanenten*" (S. 49) gesehen, die schließlich dazu geführt habe, daß die sozialistische Gesellschaft an einem Mangel des Profanen zusammengebrochen sei: „Die erste säkulare Religion der Welt scheiterte also vielleicht nicht deshalb, weil sie den Menschen des Transzendenten beraubte, sondern weil sie ihn des Profanen beraubte. Die Sakralisierung der diesseitigen Welt und vor allem ihrer weltlichsten Bereiche beraubte die Menschen jenes notwendigen Kontrastes von Hohem und Niedrigem und der Möglichkeit des Rückzugs ins Niedrige, wenn das Hohe vorübergehend scheintot ist. Die Welt vermag die Last von so viel Heiligkeit nicht zu ertragen" (Gellner 1995, S. 51). Eine durch und durch sakralisierte Welt ist unerträglich. Diese These Gellners läßt sich an der Gegenüberstellung der unterschiedlichen Gründungsmythen der DDR und der BRD gut bestätigen.

Mit der Betrachtung der Thälmann-Stele in Buchenwald sind wir von der narrativen zur ikonischen Form der Mythenvermittlung übergegangen. Allenthalben war die politische Führung der DDR bestrebt, ihren Gründungsmythos nicht

---

4 Der als marxistischer Theoretiker konturlose Thälmann war in der Schlußphase der Weimarer Republik ein getreuer Gefolgsmann und Erfüllungsgehilfe Stalins gewesen, während Rosa Luxemburg mehrfach mit scharfsinnigen Kritiken an dem von Lenin verfolgten politischen Kurs hervorgetreten war. Luxemburg zur dominierenden Symbolfigur der DDR zu stilisieren, hätte somit eine stets latente Distanzbekundung gegenüber der Sowjetunion dargestellt, während Thälmann Symbol bedingungsloser Loyalität war.

nur zu erzählen, sondern auch zu veranschaulichen. Die gegenseitige Verpflichtungs- und Garantieerklärung zwischen den antifaschistischen Märtyrern und den Heutigen, die in Frieden und Sicherheit lebten, sollte sinnfällig gemacht werden. Dementsprechend wurden an vielen zentralen Plätzen Denk- und Mahnmale für den ermordeten Kommunistenführer aufgestellt, so etwa das des sowjetischen Bildhauers Lew Kerbel auf dem Prenzlauer Berg, bzw. Straßen nach ihm benannt, um den Gründungsmythos im alltäglichen Bewußtsein zu halten (dazu eingehend Azaryahu 1991, S. 147 ff.). Da der Mythos jedoch, wie eingangs beschrieben, mehr im kulturellen als im kommunikativen Gedächtnis der Menschen verankert war, mußte er stilisiert und monumentalisiert werden, um nicht in Vergessenheit zu geraten. „Stilisierung", schreibt Aleida Assmann (1991, S. 14), „ist Wille zur Form mit der Absicht der Steigerung von Sichtbarkeit. Absichtsvolle Stilisierung ist ein Akt kultureller Zeichensetzung. Auch sie ist ein Zeichen, das auf sich selbst verweist. Vom Monument unterscheidet sie sich allein in der Reichweite ihrer Botschaft. Stilisierung setzt Zeichen, um mit der Mitwelt zu kommunizieren, Monumentalisierung setzt Zeichen, um mit der Nachwelt zu kommunizieren." Stilisierung und Monumentalisierung von Sinnbezügen heißt, den lebensweltlich impliziten Sinnhorizont des kommunikativen Gedächtnisses in den expliziten Sinnhorizont des kulturellen Gedächtnisses zu überführen. Die Fragilität kommunikativ gestifteter Erinnerung wird damit in die Stabilität und Konstanz einer kulturell monumentalisierten Erinnerung überführt. Die Stabilisierung erfolgt durch Explizitmachung des zuvor Impliziten, was jedoch nur um den Preis eines erheblichen Flexibilitätsverlusts und einer Erstarrung des Sinnhorizonts der politischen Gemeinschaft möglich ist. Die Stabilität und Konstanz des kollektiven Gedächtnisses wird somit erkauft durch einen zunehmenden Verlust seiner Orientierungsfunktion für die Gegenwart. Dies zeigt sich unter anderem auch darin, daß kaum etwas mehr Gefahr läuft übersehen zu werden als Statuen, Gedenktafeln und Mahnmale, an deren Existenz man sich mit der Zeit gewöhnt. Um dieser schleichenden Veralltäglichung sakralisierter Bedeutungsträger entgegenzuwirken, bediente sich die Partei- und Staatsführung der DDR periodisch-rituellen Zeremonien, in denen an die Bedeutung einer Person oder eines Ereignisses erinnert wurde; immer wieder inszenierte man den politischen Mythos, um seine sakrale Bedeutung wiederherzustellen. Zu nennen sind hier die alljährlich wiederkehrenden Gedenktage, aber auch die Gedenkjahre (Goethe-Jahr 1949, Schiller-Jahr 1955, Luther-Jahr 1983); Begehungen von Ehrenmalen, etwa des Ehrenmals für die Gefallenen der Roten Armee im Treptower Park oder der Gedenkstätte des KZs Buchenwald, gehörten dementsprechend zum festen Programm der Vorbereitung auf die Jugendweihe. Hier wurden die Jugendlichen in das kollektive Gedächtnis des Staates einsozialisiert, wurden sie moralisch in die Pflicht genommen, und es wurde ihnen deutlich gemacht, woher sie kamen und wohin sie gehen sollten.

Doch mit dem Fortgang der Zeit trat die Grundschwäche des antifaschistischen Gründungsmythos der DDR immer deutlicher und folgenreicher zutage, und was zunächst seine Stärke dargestellt hatte, wurde mehr und mehr zum Defizit: der negatorische Bezug zum Faschismus. Infolgedessen waren die im Antifa-Mythos vorgenommenen Bedeutungsinvestitionen von der erinnerten Präsenz eines realen Faschismus oder doch der Plausibilität seines Wiederauflebens abhängig. Mit dem Beginn der Entspannungspolitik und insbesondere seit Einleitung der neuen Bonner Ostpolitik begann diese Plausibilität mehr und mehr zu schwinden, denn die Bundesrepublik ließ sich nun kaum noch in die Kontinuität der faschistischen Bedrohung stellen; obendrein wurde die Generation, die den Nationalsozialismus noch erlebt hatte, immer älter, mit der Folge, daß die integrierende und sinnstiftende Funktion des Mythos mehr und mehr schwand. Der Gründungsmythos wurde zunehmend zu einer historischen Narration, der immer weniger orientierende und sinnstiftende Bedeutung für die Gegenwart zukam. Auf diese Situation glaubte die Partei- und Staatsführung reagieren zu müssen, und dementsprechend wurden Additionsmythen lanciert, die die schwindende Bedeutung des Mythos vom antifaschistischen Widerstand als Charter der DDR kompensieren sollten.

Eine Reihe von Künstlern und Intellektuellen, Bert Brecht etwa oder Johannes R. Becher, hatten in der deutschen Geschichte eine Verkettung des Mißlingens und Scheiterns, eine Misere eben, gesehen, auf die die neue sozialistische Ordnung allenfalls darin Bezug nehmen konnte, daß sie sich als Beendigung dieser Misere begriff. Demgegenüber war eine Mehrheit in der Partei- und Staatsführung schon früh zu der Auffassung gelangt, die deutsche Kultur und Geschichte enthalte ein positives Erbe, an das die DDR anknüpfen und als dessen Erfüllung sie sich begreifen könne. Dieses Erbe umfaßt mehr als bloß die antifaschistischen Traditionen der deutschen Arbeiterbewegung. Anknüpfend an Friedrich Engels hat Alfred Meusel bereits 1952 den Begriff der „frühbürgerlichen Revolution" geprägt, in dem er Reformation und Bauernkrieg zu einem „einheitlichen revolutionären Prozeß" zusammenfaßte und in ein marxistisches Geschichtsschema einpaßte (1952, S. 41). Die „revolutionäre Traditionslinie des deutschen Volkes", als deren Endpunkt sich die DDR begriff, wurde so bis an die Schwelle der Neuzeit verlängert: zunächst Thomas Müntzer und neben ihm bald auch Martin Luther erlangten einen Ehrenplatz im politisch-mythischen Traditionskabinett der DDR (vgl. Brinks 1992, S. 149 ff.).[5] Müntzer, so Erich Honecker in seinem Beitrag zur Konstituierung des Thomas-Müntzer-Komitees der DDR, sei „ein Wegbegleiter des Werdens und Wachsens des ersten Staates der Arbeiter und Bauern auf deutschem Boden" gewesen (Haun 1989, S. 150).

Solange man sich jedoch ausschließlich auf Müntzer und die aufständischen Bauern berief, redete man eher der Misere- als der Erbtheorie das Wort: Die Bauern waren geschlagen und Müntzer war nach der Niederlage von Frankenhausen hingerichtet worden. Indem man jedoch, Meusels Vorschlag folgend, Reformation und Bauernkrieg als einen „einheitlichen revolutionären Prozeß" begriff,

---

5   Im Unterschied zu Brinks (1992) sehe ich in der Eingliederung preußischer Gestalten in das kollektive Gedächtnis der DDR keinen Schritt zur deutschen Einheit, sondern im Gegenteil der Versuch, der DDR eine eigene „Vorgeschichte" zu schaffen, die ihren Anspruch auf Eigenstaatlichkeit unterbauen sollte.

war man nicht länger auf die von dem sowjetischen Historiker Smirin (1976, Bd. I, S. 13 ff. und 225 ff.) eingeführte Unterscheidung zwischen dem „Volksreformator" Müntzer und dem „Fürstenreformator" Luther festgelegt, sondern konnte sich auch auf Luther als Vertreter des gemäßigt-bürgerlichen Lagers im Prozeß der frühbürgerlichen Revolution als politisch-mythischen Akteur berufen. Auf einem Historikertreffen in Wernigerode im Januar 1960 erhielt diese Sicht offiziellen Charakter, und daran anschließend wandelte sich das Lutherbild der DDR von dem des „häßlichen Luther" der Bauernkriegsschriften zu dem eines Streiters für die deutschen Interessen gegen die Bevormundung und Ausplünderung durch den römischen Klerus. Pointiert formuliert: Luther erhielt einen antiimperialistischen Touch. „Luthers progressive Leistung", so Max Steinmetz in seinem *Lehrbuch der deutschen Geschichte* (1965, S. 92), „die ihn zeitweilig zum Helden des deutschen Volkes erhob, liegt nicht in seinen Lehren (...), sondern im praktischen Kampf gegen das parasitäre Wesen der römischen Kirche, mit der er die Klassenschlachten der frühbürgerlichen Revolution einleitete." Die frühbürgerliche Revolution, und in ihr neben Müntzer vor allem Luther, avancierte so mehr und mehr zu einem Additionsmythos, der die im Antifa-Mythos reklamierte Tradition revolutionären Widerstands in die Vergangenheit verlängern sollte. Unter anderem in dem 123 Meter langen und 14 Meter hohen Panoramagemälde „Frühbürgerliche Revolution in Deutschland" Werner Tübkes in der Bauernkriegsgedenkstätte in Bad Frankenhausen hat der gründungsmythische Bezug der DDR auf die frühbürgerliche Revolution seinen Niederschlag gefunden: Zwischen Hans Sachs, Veit Stoß, Tilman Riemenschneider und Jörg Ratgeb auf der einen und Erasmus von Rotterdam, Ulrich von Hutten, Johannes Gutenberg und anderen erscheinen in der Mitte Albrecht Dürer, Martin Luther und Lucas Cranach und bringen zum Ausdruck, daß sich die DDR hinsichtlich ihrer Traditionen keineswegs nur auf Müntzer und den „linken" Flügel der Reformation berufen mußte, sondern die endlich gelungene Verwirklichung eines lange und von vielen gehegten Traums war. Die gründungsmythische Bedeutung der frühbürgerlichen Revolution für das politische Selbstverständnis der DDR findet sich auch in einem anläßlich ihres 40jährigen Bestehens herausgegebenen Bild- und Textband, einem Buch also mit offiziösem Charakter, wo es im Anschluß an die Beschreibung der Staatsgründung, mit der „ein neues Kapitel im Buch der deutschen Geschichte aufgeschlagen worden war", heißt (S. 22): „Diese Geschichte, die mehr als ein Jahrtausend zurückreicht, weist eine Fülle von humanistischen und progressiven Traditionen aus. Die Bürger der DDR wissen, daß in ihrem Staat alles Reaktionäre ausgeräumt wurde, daß er die fortschrittlichen Traditionen fortführt und sich als Erbe der revolutionären Entwicklung der Ideen von Karl Marx und Friedrich Engels, Karl Liebknecht, Rosa Luxemburg und Ernst Thälmann versteht. Dazu zählt die frühbürgerliche Revolution – Reformation und Bauernkrieg von 1517 bis 1526. Martin Luthers Ideen erschütterten das Feudalsystem. Zum Höhepunkt wurde der Bauernkrieg von 1525, in dem das Volk erstmals versuchte, die Gesellschaft revolutionär umzugestalten. Thomas Müntzer stellte sich auf die Seite der Aufständischen und wurde

## Politische Mythen und Institutionenwandel 137

einer ihrer hervorragendsten Führer. Seine radikalen Forderungen wiesen weit über seine Zeit hinaus. 'Die Gewalt soll gegeben werden dem gemeinen Volk' – Verfassungswirklichkeit erst im sozialistischen deutschen Staat." Die Abbildungen der Luther-Statue in Erfurt und der Müntzer-Statue in Mühlhausen neben einem Ausschnitt aus Tübkes Bauernkriegspanorama im Bildteil des Bandes unterstreichen die gründungsmythische Inanspruchnahme Luthers für das kollektive Gedächtnis der DDR.

Zum Gründungsmythos der frühbürgerlichen Revolution trat als weiterer Additionsmythos der Bezug auf die Befreiungskriege von 1813/14 hinzu. „Im Befreiungskrieg von 1813/14", heißt es in dem bereits angezogenen Jubiläumsband zum 40jährigen Bestehen der DDR (S. 22), „gelang es dem deutschen Volk, die napoleonische Fremdherrschaft zu beseitigen und die Voraussetzungen für eine eigenständige nationale Entwicklung zu schaffen." Seit Anfang der 50er Jahre ist eine weitere gründungsmythische Traditionslinie hergestellt worden, durch die nicht nur die Waffenbrüderschaft mit der Sowjetunion bzw. Rußland geschichtsmythisch narrativiert, sondern auch die Aufstellung eigener Streitkräfte, schließlich die innere Militarisierung der Gesellschaft legitimiert werden konnte. Nirgendwo sind politischer Mythos und Institutionenwandel, konkret die Aufstellung einer Armee, die in ihrem optischen Erscheinungsbild an gerade vergangene Zeiten anknüpfte und doch etwas ganz Neues sein sollte, so eng miteinander verbunden wie hier. Dem durch die nationalsozialistische Eroberungspolitik diskreditierten deutschen Militär wurde durch den gründungsmythischen Bezug auf die Befreiungskriege eine neue Vorgeschichte verschafft, in der nicht die aggressive Wendung nach außen, sondern der Sieg über einen fremden Eroberer nach einem gerade auch von den Militärs vorangetriebenen Umbau der Gesellschaft im Mittelpunkt stand. Vor allem Scharnhorst, aber auch Gneisenau und Clausewitz wurden dabei für eine sozialistische Militärtradition fruchtbar gemacht. Vor allem Scharnhorst wurde in diesem Zusammenhang eine herausragende Rolle zugesprochen: „Die Grundgedanken des Scharnhorstschen Werkes", heißt es unter der Überschrift „Scharnhorst gehört der Arbeiter- und Bauernarmee" in einem Scharnhorst-Buch von Hansjürgen Usczek (S. 344), „wurden auf deutschem Boden einzig und allein in der DDR vollendet und auf sozialhistorisch höherer Stufe fortgesetzt. Die sozialistische Armee ist die Hüterin aller fortschrittlichen und patriotischen Ideen Scharnhorsts; sie steht fest an der Seite des gesellschaftlichen Fortschritts, sie ist eng verbunden mit dem werktätigen Volk, sie meistert erfolgreich die sozialistische Militärwissenschaft und steht auf der Höhe ihrer Aufgaben. Nur die Nationale Volksarmee, nicht aber die Bundeswehr kann sich zu Recht auf Scharnhorst berufen." Die Funktion des Gründungsmythos, Distanz zum anderen deutschen Staat zu markieren, ist auch hier unüberhörbar. 1966 wurde Scharnhorst dann zum bedeutendsten Helden der preußischen Geschichte ernannt, und ein zum zehnjährigen Bestehen der NVA gestifteter Orden trug seinen Namen (Azaryahu 1991, S. 140). Auch Gneisenau und Clausewitz wurden in ähnlicher Weise für die Traditionen der DDR und der NVA in Anspruch genommen, etwa durch die 1971 vorgenommene Umbettung der sterblichen Überreste Clausewitz' von Breslau nach Burg, dem Geburtsort des Militärtheoretikers, oder den immer wieder unternommenen Versuch, die Clausewitzsche Theorie als eine Filiation der Hegelschen Dialektik zu erweisen und sie darüber mit der Marxschen Theorie zu verbinden. Scharnhorst, Clausewitz und Gneisenau wurden gründungsmythisch ausgedeutet, um der NVA nicht nur eine Wehrmacht, Reichswehr und kaiserliches Heer überspringende Tradition, sondern auch politische Legitimation zu verschaffen. Dies fand seinen Höhepunkt in der Wiederaufstellung der Statuen Blüchers, Gneisenaus und Scharnhorsts im April 1963 gegenüber von Schinkels Neuer Wache. Hier, wo mit militärischem Zeremoniell der Opfer von Faschismus und Militarismus gedacht wurde, war auch der Ort, um die nichtmilitaristische Militärtradition, die die DDR für sich in Anspruch nahm, sinnfällig werden zu lassen. Das Zentrum der Stadt, so läßt sich pointieren, wurde semiotisch besetzt, um jede politische Auseinandersetzung über Funktion und Rolle des Militärs in der DDR zu unterbinden und ein kultisches Zentrum der Inpflichtnahme für die gegebenenfalls auch bewaffnete Verteidigung des ersten Arbeiter-und-Bauern-Staates auf deutschem Boden zu schaffen.

Es waren jedoch nicht nur die Militärreformen im Innern Preußens, die Scharnhorst und andere für die DDR attraktiv machten, sondern auch die Waffenbrüderschaft mit den Russen, die nach Napoleons Angriff auf Rußland und der Katastrophe des Rückzugs der Großen Armee mit dem Übertritt des Generals Yorck zum endgültigen Sturz Napoleons geführt hatte. So konnte der den Reformern eher distanziert gegenüberstehende General Yorck ebenfalls ins Pantheon der DDR aufgenommen werden. Die Ereignisse beim Jahreswechsel 1812/1813, bei denen übrigens auch Clausewitz durch seine Beteiligung am Abschluß der Konvention von Tauroggen eine gewisse Rolle gespielt hat, ließen sich als historische Parallele zu den Konstellationen des Zweiten Weltkrieges wie des anschließenden Ost-West-Gegensatzes lesen, und sie hatten obendrein den Vorzug, daß sie den Russen – so wie im Zweiten Weltkrieg der Sowjetunion – die entscheidende Rolle bei der Niederwerfung des Aggressors attestierten. Obendrein hatte das Gründungsmanifest des Nationalkomitees „Freies Deutschland" vom Juli 1943 bereits auf die preußischen Reformer Bezug genommen, als es zum Kampf gegen Hitler und zu dessen Sturz aufrief (Ueberschär 1995, S. 268). Dadurch ließ sich der Gründungsmythos des antifaschistischen Widerstands mit dem gründungsmythischen Bezug auf die Befreiungskriege verbinden.

Es ist ein dichtes Geflecht politischer Mythen, mit dem sich die DDR gegen den für ihre politische Führung furchtbaren Verdacht historisch-politischer *Kontingenz* abzusichern suchte, der periodisch immer wieder auftauchte und aus dem die wohl nicht unbegründete Befürchtung erwuchs, die Sowjetunion könne die DDR ihren außenpolitischen Interessen opfern. Mit Hilfe politischer Mythen wurde, wie Blumenberg dies beschrieben hat, diese Furcht wegerzählt. Und doch scheint die DDR nie von dem für sie lebensbedrohlichen Verdacht freigekommen zu sein, es handelt sich bei ihr bloß um eine kontingente Schöpfung, die so, wie

*Politische Mythen und Institutionenwandel* 139

sie entstanden sei, auch wieder vergehen könne. Gegen diese sich periodisch erneuernde Furcht waren die geschilderten politischen Mythen gerichtet, eingeschlossen den letzten, in dem der Soldatenkönig Friedrich Wilhelm und sein Sohn Friedrich II. seit den 80er Jahren mehr und mehr in die sozialistische Ahnengalerie einrückten (Azaryahu 1991, S. 146; zurückhaltender Brinks 1992, S. 294 f.) – bis zur Rückplazierung des Rauchschen Reiterstandbilds auf die Straße Unter den Linden. In gewisser Weise wurde damit die in der Sprengung des Berliner Stadtschlosses symbolisierte Distanzierung von den preußischen Traditionen revidiert. Für das Projekt der „sozialistischen Nation", wie es in dieser Zeit auftauchte, war ein sich bloß auf den Antifa-Mythos stützendes kollektives Gedächtnis nicht hinreichend, und so mußten neue politische Mythen lanciert werden, um den politischen Institutionen der DDR auch für jene Zeit Legitimation zu verschaffen, in der der negatorische Bezug auf den Nationalsozialismus oder die propagandistische Abgrenzung gegen die Bundesrepublik zur Begründung der Eigenstaatlichkeit nicht mehr genügen würden. Und so gelangte das zuvor verdammte und als Hort des Militarismus gebranntmarkte Preußen des 18. Jahrhunderts mehr und mehr zu neuen Ehren. In der zuletzt fast verzweifelt anmutenden Suche nach identitätskonstitutiven Gründungsmythen, in der Addition immer neuer Vorläufer, geriet das Mythensystem schließlich mit sich selbst in Widerspruch (vgl. auch Terray 1995, S. 191 ff.). Ohne die Möglichkeit des Rückgriffs auf und die Kontrolle durch ein kommunikatives Gedächtnis verselbständigte sich das politisch verordnete kulturelle Gedächtnis mehr und mehr, bis es zu einem leeren Zeremoniell wurde, das gegenüber der Mehrheit der Bürger keine bindenden Verpflichtungen mehr herzustellen vermochte. Sicherlich ist die DDR 1989/90 nicht nur an den Defiziten ihres kollektiven Gedächtnisses, sondern zunächst an ihrer katastrophalen ökonomischen Lage gescheitert, aber die Art ihres Scheiterns war auch ein Scheitern des kollektiven Gedächtnisses. Bei einer entsprechenden Bereitschaft zur Einschränkung des inzwischen erreichten Lebensstandards wäre das Projekt eines zweiten deutschen Staates unter den Voraussetzungen einschneidender Reformen im Prinzip fortführbar gewesen, aber dafür fand sich bei den Volkskammerwahlen vom 18. März 1990, den ersten freien Wahlen in der DDR, keine Mehrheit. Im Gegenteil: das Projekt Eigenstaatlichkeit wurde mit überwältigender Mehrheit abgewählt, und in dieser Abwahl wurde das Scheitern des Versuchs der DDR, sich ein eigenes kollektives Gedächtnis zu verschaffen, definitiv vollzogen.

Welche Schlußfolgerungen sind daraus bezüglich des Zusammenhangs zwischen dem Wandel von Institutionen und der Funktion und Wirkung politischer Mythen zu ziehen? Die Legitimation politischer Institutionen durch geschichtsmythische Narrationen, Symbolisierungen und Inszenierungen ist ausführlich beschrieben worden. Ganz offensichtlich fördern im kollektiven Gedächtnis einer politischen Gemeinschaft präsente Herkunftserzählungen politischer Institutionen deren Stabilität, aber ebenso offensichtlich gibt es einen Punkt, wo die weitere Steigerung dieser Stabilität kontraproduktiv wird und in Inflexibilität umschlägt. Der Inflexibilität der Institutionen scheint dabei die Überalterung des politischen

Personals zu korrespondieren. So hatte die Mehrheit der Politbüro-Mitglieder bis zum Sturz Honeckers ihre politische Sozialisation in der Zeit des antifaschistischen Widerstands erfahren und war durch entsprechende Wahrnehmungsmuster geprägt. Die als Charter, als Gründungsurkunde aufbereitete Erzählung zwingt den Institutionen eine starre Unveränderlichkeit auf, die jeden Institutionenwandel unterbindet, weil dies Verrat an den heiligen Ursprüngen, an den Gründungsvätern und Blutzeugen, an der Reinheit der Lehre usw. wäre. Ernest Gellner hat diese Tendenz als Übersakralisierung, als Profanitätsverlust gedeutet, und im Anschluß an Aleida Assmann läßt sich dies als Hypertrophie des Festtäglichen und Monumentalen gegenüber der alltäglichen Lebenswelt beschreiben. Der sich im Wechselspiel von kommunikativem und kulturellem Gedächtnis vollziehende kontinuierliche Institutionenwandel, der auf veränderte Konstellationen und Anforderungen reagiert, wird dadurch unterbunden oder doch extrem erschwert. Institutionenwandel ist unter diesen Umständen fast immer nur als Bruch im kollektiven Gedächtnis möglich, weil ein Austausch politisch sakralisierten Personals die Verdammnis zuvor als feststehende Wahrheiten geltender Orientierungen zur Voraussetzung hat. Beispiele hierfür lassen sich in der Geschichte der Sowjetunion, aber auch der DDR hinreichend finden. Doch die politischen Kosten solcher fundamentalen Veränderungen sind immens und offenkundig nicht beliebig oft zu erbringen. Auf das kollektive Gedächtnis einer politischen Gemeinschaft bezogen heißt das, daß das Wechselspiel von Erinnern und Vergessen nicht langsam und kontinuierlich erfolgt, sondern sich in abrupten Veränderungen vollzieht, bei denen wesentliche Bestandteile des Gedächtnisses mit einem Mal entwertet werden, während neue Bestandteile plötzlich und unvermittelt auftauchen. Was in solchen Brüchen zerstört wird, ist die Sakralität und Monumentalität des Erinnerten, die zuvor als wesentlicher Halt der politischen Ordnung gepflegt wurde. Neue oder gewandelte Institutionen können aus ihr dann keine Legitimität beziehen, und statt dessen machen sich Desinteresse und Apathie breit; politische Unterstützung kann dann nur noch mit Zwangsmaßnahmen sichergestellt werden. Als dieser Weg im Herbst 1989 versperrt war oder sich doch in der politischen Führung keiner fand, der ihn zu beschreiten bereit war, brach die DDR wie ein Kartenhaus in sich zusammen.

## Literatur

Assmann, Aleida, 1991: Kultur als Lebenswelt und Monument; in: Aleida Assmann und Dietrich Harth (Hrsg.), Kultur als Lebenswelt und Monument, Frankfurt a.M., S. 11-25.
Assmann, Aleida, 1993: Arbeit am nationalen Gedächtnis. Eine kurze Geschichte der deutschen Bildungsidee, Frankfurt a.M.
Assmann, Jan, 1992: Das kulturelle Gedächtnis. Schrift, Erinnerung und politische Identität in frühen Hochkulturen, München.
Azaryahu, Maoz, 1991: Vom Wilhelmplatz zum Thälmannplatz. Politische Symbole im öffentlichen Leben der DDR, Gerlingen (= Schriftenreihe des Instituts für deutsche Geschichte, Universität Tel Aviv, Bd. 13).

Blumenberg, Hans, 1979: Arbeit am Mythos, Frankfurt a.M.
Boden, Petra, 1995: Ornamente und Tabus. Antifaschismus als Herrschaftsdiskurs; in: Weimarer Beiträge 41, S. 104-119.
Brinks, Jan Herman, 1992: Die DDR-Geschichtswissenschaft auf dem Weg zur deutschen Einheit. Luther, Friedrich II. und Bismarck als Paradigmen politischen Wandels, Frankfurt a.M.
Cassirer, Ernst, 1964: Philosophie der symbolischen Formen. Zweiter Teil: Das mythische Denken, Darmstadt.
Cassirer, Ernst, 1978 (1949): Der Mythus des Staates. Philosophische Grundlagen politischen Verhaltens, Zürich/München.
Deutsche Demokratische Republik, hrsg. von Klaus Ullrich, Peter Seifert, Brigitte Müller, Horst Sauer, Leipzig 1989.
Dörner, Andreas, 1996: Politischer Mythos und symbolische Politik. Der Hermannmythos: zur Entstehung des Nationalbewußtseins der Deutschen, Reinbek.
Eisenstadt, Shmuel Noah, 1991: Die Mitwirkung der Intellektuellen an der Konstruktion lebensweltlicher und transzendenter Ordnungen, in: Aleida Assmann und Dietrich Harth (Hrsg.), Kultur als Lebenswelt und Monument, Frankfurt a.M., S. 123-131.
Emmerich, Wolfgang, 1996: Kleine Literaturgeschichte der DDR, Leipzig (Erw. Neuausgabe).
Frank, Volker, 1970: Antifaschistische Mahnmale in der DDR. Ihre künstlerische und architektonische Gestaltung, Leipzig.
Gellner, Ernest, 1995: Bedingungen der Freiheit. Die Zivilgesellschaft und ihre Rivalen. Aus dem Engl. von Siegfried Kohlhammer, Stuttgart.
Giesen, Bernhard, 1993: Die Intellektuellen und die Nation. Eine deutsche Achsenzeit, Frankfurt a.M. 1993.
Göhler, Gerhard, 1997: Der Zusammenhang von Institution, Macht und Repräsentation, in: ders. u.a., Institution – Macht – Repräsentation. Wofür politische Institutionen stehen und wie sie wirken, Baden-Baden (im Druck).
Grafton, Anthony, 1995: Die tragischen Ursprünge der deutschen Fußnote. Aus dem Amerikan. von H. Jochen Bußmann, Berlin.
Gransow, Volker, 1975: Kulturpolitik in der DDR, Berlin (West).
Grotewohl, Otto, 1979: Über Politik, Geschichte und Kultur. Reden und Schriften 1945-1961, Berlin (DDR).
Halbwachs, Maurice, 1985a: Das Gedächtnis und seine sozialen Bedingungen. Übers. von Lutz Geldsetzer, Frankfurt a.M.
Halbwachs, Maurice, 1985b: Das kollektive Gedächtnis. Mit einem Geleitwort zur dt. Ausgabe von Heinz Maus. Aus dem Franz. von Holde Lhoest-Offermann, Frankfurt a.M.
Harth, Dietrich und Jan Assmann, 1992: Revolution und Mythos, Frankfurt a.M.
Haun, Horst, 1989: Erbe und Tradition – Müntzerrezeption in der Geschichtswissenschaft der DDR, in: Ich, Thomas Müntzer, eyn Knecht Gottes. Historisch-biographische Ausstellung des Museums für deutsche Geschichte Berlin, Berlin, S. 150-154.
Heinrich, Arthur, 1994: Tooor! Toor! Tor! 40 Jahre 3:2, Berlin.
Jäger, Manfred, 1993: Kultureller Neubeginn im Zeichen des Antifaschismus, in: Studien zur Geschichte der SBZ/DDR, hrsg. von A. Fischer, Berlin, S. 117-135.
König, Helmut, 1996: Das Erbe der Diktatur. Der Nationalsozialismus im politischen Bewußtsein der Bundesrepublik, in: Leviathan, 24. Jg., Heft 2, S. 163-180.
Lehrbuch Geschichte. Klasse 9, Berlin (DDR) 1970.
Meusel, Alfred, 1952: Thomas Müntzer und seine Zeit, Berlin (DDR).
Ministerrat der DDR, Ministerium für Volksbildung: Lehrplan Geschichte. Klasse 10, Berlin (DDR) 1977.
Münkler, Herfried und Wolfgang Storch, 1988: Siegfrieden. Politik mit einem deutschen Mythos, Berlin.
Münkler, Herfried, 1994: Politische Mythen und nationale Identität, in: Wolfgang Frindte und Harald Pätzold (Hrsg.), Mythen der Deutschen. Deutsche Befindlichkeiten zwischen Geschichten und Geschichte, Opladen, S. 21-27.

Münkler, Herfried, 1995: Überholen ohne einzuholen. Deutsche Gründungserzählungen im Leistungsvergleich. Ein Gespräch mit Karl D. Bredthauer, in: Blätter für deutsche und internationale Politik 10, S. 1179-1190.

Pieck, Wilhelm, Georgi Dimitroff und Pietro Togliatti, 1960: Die Offensive des Faschismus und die Aufgaben der Kommunisten im Kampf für die Volksfront gegen Krieg und Faschismus, Berlin (DDR).

Smirin, M.M., 1976: Die Volksreformation des Thomas Müntzer und der große Bauernkrieg, Frankfurt a.M.

Staritz, Dietrich, 1996: Geschichte der DDR (Erw. Neuausgabe), Frankfurt a.M. (= Neue Histor. Bibliothek).

Steinmetz, Max, 1965: Deutschland 1476-1648. Lehrbuch der deutschen Geschichte, Berlin (DDR).

Terray, Emmanuel, 1995: Die unmögliche Erinnerung. Die Herstellung eines künstlichen nationalen Gedächtnisses in der DDR und ihr Mißlingen, in: Nation und Emotion. Deutschland und Frankreich im Vergleich, hrsg. von Etienne François u.a., Göttingen, S. 189-195.

Ueberschär, Gerd (Hrsg.), 1995: Das Nationalkomitee „Freies Deutschland" und der Bund deutscher Offiziere, Frankfurt a.M.

Usczek, Hansjürgen, 1972: Scharnhorst. Theoretiker – Reformer – Patriot. Sein Werk und seine Wirkung in seiner und für unsere Zeit, Berlin (DDR).

Weber, Hermann, 1993: Die DDR. 1945-1990, München (2., überarb. und erw. Aufl.).

Wolffsohn, Michael, 1995: Die Deutschland-Akte. Juden und Deutsche in Ost und West. Tatsachen und Legenden, München.

Vivien A. Schmidt

# European Integration and Institutional Change: The Transformation of National Patterns of Policy-making[1]

Much has been written on the impact of European integration on member-states with regard to how European economic policies have liberalized national economies and how European institutional structures and policymaking processes have added a supranational dimension to national structures and processes. Comparatively little exists on how the changes brought about by European policies, structures and processes have in turn affected member states' national patterns of policymaking. And even less focuses on the impact of all of this on each member-state's particular formula for democracy.

European integration has affected member-states' democracies in a variety of ways. These have sources both in the policies that have progressively altered the state's role in the economy and in the structures and processes that increasingly privilege European level institutions and relationships over national ones. Although the impact has been extremely positive in a great many ways, not the least of which involves ensuring more coordinated economic growth, more universal standards and rules governing business, and more equal treatment for individuals across member-states, in other ways its effect has been less halcyon.

The EU's economic policies on their own have served to alter the balance of power among major actors within the nation-state as well as to undermine state capacity to deal with social problems. Business, which has become more independent, mobile, and international in consequence of European deregulatory policies as well as of the internationalization of world trade, is less in need of the close relationships with government or of the compromises with labor of the past. Labor, by contrast, has become weaker with respect to business at the same time that it has increasingly been shut out of policymaking processes by liberalizing governments. And government, faced with the mounting pressures of international financial markets and the constraints of the European monetary and regulatory regime, and having already given up much of its macroeconomic control and many of its microeconomic instruments of intervention, has lost much of the

---

[1] A much shorter version of this has been published in the Journal of European Public Policy. The paper was prepared for presentation at the workshop: "The Transformation of Governance," organized by Beate Kohler-Koch, at the meetings of the European Consortium for Political Research (Oslo, March 29-April 1, 1996).

means not only to influence business or to respond to labor demands but also that necessary to attack the problems of unemployment and poverty.

At the same time, the EU's institutional structures and policymaking processes have served not only to weaken member-states' national governmental autonomy and control over national constituencies but also their traditional forms of governance. Because the decisions of the Council of Ministers, the EU Commission, the European Court of Justice, and European standard-setting bodies have come to take precedence over the decisions of national ministries, national courts, and national standard-setting bodies, national governments have lost independence in the formulation of national policies and flexibility in their implementation. And because the EU's own form of governance is more federal than unitary, more a confusion of powers than a separation of powers, more pluralist than statist or corporatist, and more bottom-up and technically based in decisionmaking than top-down and politically inspired, it often clashes with member-states' national patterns of policymaking. All of this, in turn, has contributed to a change in the balance of power within national governments, given that although judiciary power may be on the rise, legislative power has been eroding in the face of a general reinforcement of executive power by Brussels. This in turn has left societal interests, with the exception of business interests, with less voice in decision-making at the national level and little access to decision-making at the supranational level, thereby jeopardizing the traditional state-society relationship.

In short, EU institutional structures and policymaking processes, taken together with EU economic policies, have threatened member-states' particular formulae for democracy. But this has occurred in different ways and to differing degrees across European member-states, a function not only of the particular state-society relationship embodied in the policymaking process (corporatist, statist, or pluralist) and its fit with European policymaking processes but also of such factors as country size (small or large), culture, and history; governmental structure (federal or unitary) and capacity (to reform or not); labor history (conflictual or consensual) and organization (cohesive or fragmented); business size (large or small), organization (cohesive or fragmented) and orientation (domestic or international); and the extent to which the nation had to change in order to meet the competitive challenges created by the new international economic environment.

The challenge confronting European polities today, therefore, is how to adjust their particular formulae for democracy to the new realities created by a new European level of supranational government in an internationalizing, global economy. The main question for each country on its own, in other words, is how to provide new vehicles for democratic expression at the national level that also provide national democratic access to European-level decision-making. For European member-states collectively, the question is also how to make the EU more open to societal interests as well as how to continue with attempts at coordinating economic policy without jeopardizing social justice and political stability.

## I. EU Economic Policies and their Implications for Democracy

European economic policies that have demanded strict adherence to the requirements of monetary union and that have sought to liberalize markets and rationalize business regulation have diminished national governments' independence in macroeconomic matters, reduced the range of interventionist instruments at their disposal in microeconomic matters, and limited the amount of revenue available for social policy concerns. These effects, together with the internationalization of trade and the increasing global mobility of capital, have diminished governments' economic policy independence and reduced state capacity at the same time that they have made business not only more independent and mobile, but also less in need of the postwar compromises with governments and/or labor that aimed at maintaining national economic growth and political stability through jobs and income policies.

Business, and especially export-oriented big business, has become increasingly independent of the nation-state as a result of dramatic changes in its environment that include the macro-economic shift from Keynesianism to Monetarism and Neo-Liberalism; the technological innovations affecting financial markets as well as manufacturing processes; privatization and deregulation within member-states; and European integration.[2] Market liberalization has in particular increased business freedom from the rigid regulations and price controls of the past, while the end to borders and the commitment to free movement of capital, goods, and services, has promoted business mobility and encouraged cross-border as well as national business concentration through merger and acquisition. Moreover, internationalization has altered the size, location of operations, diversity, and, in some cases, management of major firms through cross-border mergers and acquisitions, strategic alliances, temporary networks, and share-swapping, thereby changing not only the way in which business is conducted but also blurring the identity of major firms as well as their regulation, if not control.[3]

All of these changes, taken together, have reduced traditional government control over business and have even led some to insist that multinational businesses have become "stateless."[4] This statelessness manifests itself in a variety of ways,

---

2 Vincent Wright, "Conclusion," in: Industrial Enterprise and European Integration: From National to International Champions in Western Europe ed. Jack Hayward (Oxford: Oxford University Press, 1995). See also: Vivien A. Schmidt, "Industrial Policy and Policies of Industry in Advanced Industrialized Nations," Comparative Politics vol. 28 (January 1996); Karl-Orfeo Fioretos, "The Limits of National Autonomy: Interdependence, Domestic Balances of Power, and European Integration." Paper prepared for the Fourth Biennial International Conference of the European Community Studies Association (Charleston, South Carolina, May 11-14, 1995).
3 Wright, "Conclusion." See also: Schmidt, "Industrial Policy." (see footnote 2).
4 William J. Holstein, "The Stateless Corporation," Business Week, May 14, 1990, pp. 98-100. See the discussion of this issue in: Vivien A. Schmidt, "The New World Order, Incorporated: The Rise of Business and the Decline of the Nation-State." Daedalus vol. 124, no. 2 (spring 1995), pp. 75-106.

including the dispersion of operations which makes corporations part of a "global web" that increasingly defies their categorization by national origin;[5] the loss of loyalty to home or host country when it comes to jobs and operations, so much so that even MNCs from countries such as Germany that have traditionally felt a social obligation to the community in which they operate have been relocating with an eye to lower taxes and wages; and the ability to avoid burdensome taxes, especially through transfer pricing.

For many, this means that MNCs have lost their national identity, thus rising once and for all above the nation-state. But operations are one thing, control another. And the control of most multinationals tends to remain identified with nationals of the company's country of origin. Moreover, the company itself tends to retain its ties to home country not only as a result of its home-country influenced management culture and operational practices, but also through its special relationship with the government, which it generally expects to come to its aid to protect existing markets and to help it penetrate new ones.[6]

In fact, the state has continuing power over big business. Not only does it have a greater regulatory role, but it continues to act as a "travelling salesman" for homegrown companies and a "seducer" for foreign investment; an "advocate" in the EU by promoting regulations and standards that benefit its own industries and opposing those that do not; and even occasionally as a "shield or protector" for strategic industries as well as a "cushion" for major firms in need of subsidies or tax relief (although nothing like in the past).[7] But the traditional close business-government relationships of member-states such as France is increasingly a thing of the past,[8] while even in countries where it was never so close, as in Great Britain, the relationship is becoming more distant,[9] in both cases the result of market-oriented reforms along with the state's greater regulatory role. Big business, in other words, is more independent and mobile, but it is not without state oversight.

Labor, by contrast, is much less mobile or powerful. Despite the Single Market Act that established the free movement not only of capital, goods, and services but also of people, capital mobility has far outstripped that of people. Language, culture, and family ties weigh heavily against movement, especially in the richer member-states. Labor has also lost bargaining power, with unions on the decline

---

5 See Robert Reich, The Work of Nations, (New York: Knopf, 1991).
6 For a lengthier discussion, see: Schmidt, "New World Order, Incorporated." (see footnote 4).
7 Wright, "Conclusion." See also: Schmidt, "Industrial Policy." (see footnote 2).
8 See Vivien A. Schmidt, From State to Market? The Transformation of French Business and Government (Cambridge and New York: Cambridge University Press, 1996); Vivien A. Schmidt, "The Decline of Traditional State Dirigisme in France: The Transformation of Political Economic Policies and Policymaking Processes," Governance (forthcoming June or October 1996).
9 Wyn Grant, "Great Britain: The Spectator State," in: Industrial Enterprise and European Integration: From National to International Champions in Western Europe ed. Jack Hayward (Oxford: Oxford University Press, 1995).

and workers generally much less militant than in the past, unwilling to risk their jobs at a time of continuing high unemployment (although they can be mobilized effectively in response to the threat of job cuts). Business mobility, moreover, has also contributed to labor's loss of clout, since workers are now much more vulnerable to company pressures to moderate their wage demands in the face of threats to move abroad.[10]

Most importantly of all, however, labor for the most part can no longer count on government as a protector, partner, or arbitrator in its relations with business. As governments have liberalized, they have often cut off the umbilical cord with labor – although some, such as the Thatcher government with the miners' strike, have done so more brutally than others. In most member-states, labor has seen the end of centralized wage bargaining and increasing wage differentials resulting from company-level negotiations. But even in countries where sector-wide wage negotiations continue, the contracts are much more flexible and often focused at the regional level, with plant-level agreements gaining greater currency. Moreover, however successful the process remains in a few member-states, employers are increasingly questioning whether it should continue, such as in Germany with the reaction to the generous 1995 wage agreement negotiated by the I.G. Metall.

The old compromises of the past brokered by governments with labor and business, in short, are for the most part either out or on their way out. But for some countries this happened earlier and/or more emphatically than for others, a result of differences in the size, organization, orientation, and level of internationalization of business; the organizational cohesiveness and cooperativeness of labor; and the size and strength of the economy as well as the extent to which it had to change in order to meet the competitive challenges created by the new international economic environment. The political leanings and ties of governments, although important at the beginning of the eighties, no longer mattered so much by the early nineties.[11]

Most smaller European countries noted for their systems of social concertation between business, labor, and government have had them thrown out of balance, although some earlier than others. EU members such as the Netherlands and Belgium found their particular brands of social concertation in jeopardy by the early eighties, the result of a combination of strong, internationally oriented financial institutions that acted as major advocates of financial integration and trade

---

10 P. Marginson and K. Sisson, "The Structure of Transnational Capital in Europe: The Emerging Euro-Company and its Implications for Industrial Relations," in: Frontiers in European Industrial Relations eds. R. Hyman and A. Ferner (Oxford: Basil Blackwell, 1994); Schmidt, "New World Order, Incorporated." (see footnote 4).

11 For a fuller picture of on the EU's economic policy impact on member-states as well as how it relates to the impact of EU institutional structures and policymaking processes, see Schmidt, "New World Order, Incorporated" (see footnote 4); and Vivien A. Schmidt, "Democracy at Risk? The Impact of European Integration on National Patterns of Policymaking." Paper prepared for delivery at the Fourth Biennial International Conference of the European Community Studies Association (May 11-14, 1995).

liberalization, fragmented and conflictual unions, and liberalizing center-right governments. By contrast, non-EC members Austria and Sweden, which benefited from more domestically rooted business and financial institutions, larger and more cohesive unions, and social democratic governments, were able to delay the impact of international economic constraints until the early nineties.[12]

Germany, by contrast, despite the similarities of its social concertation system, has not had the same problems as the smaller European nation-states, protected by the power of its economy and the nature and organization of its institutions. Given its position as the lead economy in the European Union and one of the most advanced of advanced industrialized nations, it has not been vulnerable to the same external pressures as the smaller European nation-states and has had to change little in order to retain international competitiveness. The level of internationalization of German business, its close, cooperative partnership with the banks, and its cooperative relations with labor have all made German business less vulnerable to outside pressures and more resilient. Nevertheless, the German formula for economic success may not be able to withstand the deregulatory pressures of globalization, as government negotiated coordination of capital and labor markets becomes increasingly difficult in the face of increasing labor as well as capital mobility.[13]

While Germany is one of the EU countries that has so far experienced the least change, France, pushed by the need to modernize its economy in response to the challenges of international competition, is one that has felt the most. France's *dirigiste* tradition of state intervention in the economy and close business-government relationship where the state leads and business follows have largely given way to a more market-oriented economy and a business-government relationship where business tends to lead and the state to follow.[14] The structure of French capitalism has also changed, as state ownership has progressively diminished and state control weakened in favor of the creation of a mixed economy in which public and private financial and industrial concerns own and control one another through cross shareholdings following the German model of banking-industry partnership.[15] All of this, together with the fact that French businesses themselves,

12 Paulette Kurzer, Business and Banking: Political Change and Economic Integration in Western Europe (Ithaca: Cornell University Press, 1993). See also: Schmidt, "Industrial Policy and Policies of Industry" (see footnote 2) for a discussion of Kurzer's book.
13 Wolfgang Streeck, "German Capitalism: Does It Exist? Can It Survive?" in: Modern Capitalism or Modern Capitalisms? eds. Colin Crouch and Wolfgang Streeck (London: Frances Pinter, 1995).
14 See Schmidt, From State to Market? (see footnote 8); Michael Loriaux, France after Hegemony: International Change and Financial Reform (Ithaca: Cornell University Press, 1991); and Peter Hall, Governing the Economy (Oxford: Polity Press, 1986); Vivien A. Schmidt, "Industrial Management under the Socialists in France: 'Decentralized Dirigisme' at the national and local levels." Comparative Politics vol. 21, no. 1 (Oct. 1988), pp. 53-72.
15 See: Vivien A. Schmidt, "An End to French Economic Exceptionalism? The Transformation of Business under Mitterrand." California Management Review vol. 36, no. 1 (Fall 1993), pp. 75-98.

having undergone increasing concentration and internationalization, now look more to one another than to the state for guidance or support, has ensured a loosening of the ties that have traditionally bound French business to government. By the nineties, in short, the traditional *dirigisme* in which French governments set macroeconomic policy relatively independently of the international economic climate and engaged in "micromanagement" of the microeconomic sphere had ended.

Great Britain has felt the impact of integration much less than has France or the smaller European countries, mainly because it anticipated many of the changes demanded by European integration in macroeconomic and microeconomic policies as well as in its openness to the international economy. Great Britain has historically had a more laissez-faire ideology, more open financial markets, and a less close business-government relationship than either France or Germany.[16] Moreover, Great Britain, unlike France, has traditionally had "an abiding prejudice which sees it as the natural business of government to react – not to act," in particular with regard to business. This, combined with the size of its markets, has always ensured the government a smaller role with regard to economic matters.[17] The advent of Thatcher ensured that this limited role would be diminished even further, as the "spectator state" would become even more distant through a radical program of privatization and deregulation, even before the pressures of European integration seemed to demand it.[18]

Like Great Britain, Italy has changed less in response to the pressures of European integration than has France, but not from a lack of need. Italy has been unable to carry out the reforms required by integration, given a traditionally weak executive and parliamentary paralysis that has in recent years given way to on-going governmental crisis. Unlike France or many of the smaller EU memberstates, it has only just begun to shift to strict monetary policies and to submit to the discipline of the market. During the eighties, in fact, at a time when other EC members were deregulating, privatizing, and instituting austerity budgets to reduce inflation and deficits, Italy was not. Moreover, its system of government managed bargaining between business and labor had also broken down – as had just about every other aspect of government. The "Italian miracle" has been that its economy remained strong and its businesses internationally competitive.

For most EU member-states, then, the often state-led or state-organized economies undergirded by traditional business-labor-government or business-government relationships are no longer viable. The demise of these relationships, however, is not necessarily in and of itself a bad thing. On the contrary, it may be highly

16 Andrew Shonfield, British Economic Policy since the War (London: Penguin, 1958); Susan Strange, Sterling and British Policy (London: Oxford University Press, 1971).
17 Andrew Shonfield, Modern Capitalism: The Changing Balance of Public and Private Power (Oxford: Oxford University Press, 1965), p. 386.
18 Grant, "Spectator State" (see footnote 9); Candace Hetzner, "Business and the Conservatives: Ideology, Social Class, and Economic Change," Administration and Society vol. 21, no. 2 (August 1989), pp. 134-154.

positive for those countries where the national-level business-labor agreements overseen by government were extracted by threat of social unrest, resulted in inflationary trends that had negative consequences for the economy as a whole, and were forces for stasis rather than change, as in Italy.[19] But even in those countries where the agreements were more beneficial, progressive, and consensual, the breakdown may not have as dire a set of consequences as some might suppose. For in many instances, the national level agreements between big business, big labor, and big government are being replaced by regional and even local agreements between business, whether big or small, labor, often represented by smaller, more autonomous and dynamic unions, and local authorities, often with greater independence of action resulting from decentralization reforms and more direct relations with the EU. In fact, regional and local networks of business, labor, and government are often performing the industrial policy tasks formerly monopolized by national governments. And they are often doing them more effectively, suggesting that a new economic dynamism and business-labor-government cooperation or "micro-social regulation" at the subnational level is where to look for solutions to the breakdown in the social democratic compromises at the national level.[20] Certain regions in the north of Italy are cases in point,[21] as are the regions commonly known as the "four motors of Europe" (Lombardy, Rhône-Alpes, Catalonia, and Baden-Württemberg).

But even if new relationships among actors are being forged at the subnational level that result in dynamic local industrial policy or social concertation networks, problems remain that only national governments can address. These are related to uneven development – where some regions fail to create effective local networks for a variety of reasons, including lack of adequate resources, human or physical, and absence of goodwill among local players – and to those "solidarity" or social justice issues such as unemployment and poverty that have ever since the inception of the welfare state been linked to public perceptions of government legitimacy. These are the problems with which national governments are having difficulty, because they find themselves lacking the necessary financial resources and microeconomic policy instruments to attack them effectively.

Governments' difficulties stem from the reduction in state capacity attendant upon the market-oriented reforms most member-states instituted beginning in the eighties as well as from the loss of economic policy independence attendant upon the pressures of European monetary integration and the globalization of the financial markets. With the growing openness of their economies, member-state governments have been increasingly constrained by capital markets that judge harshly any actions that appear to contribute to inflation, to discourage business

---

19 See: Richard Locke, Remaking the Italian Economy (Ithaca and London: Cornell University Press, 1995).
20 See Marino Regini, Uncertain Boundaries: The Social and Political Construction of European Economies (New York: Cambridge University Press, 1995).
21 Ibid.

investment, or to attack business profitability. Because they fear economic downturn and the resulting decreases in employment and income that would damage their popularity and even legitimacy, they have imposed austerity budgets aimed at cutting government deficits and public spending.[22] The result is that throughout Europe the concerns of the welfare state have taken a backseat to the needs of the competitive state, with a pervasive "subversive liberalism" essentially ensuring that welfare state autonomy is being eroded by European integration and globalization.[23] Although this has generally satisfied the markets, it has increasingly alienated voters concerned with issues of "solidarity" or social justice and/or unhappy about declining social services and rising unemployment.

Governments, in fact, are increasingly hamstrung, caught between their need to placate the markets and their desire to respond to their constituents, in particular those most in need. But because of the dual pressures of European integration and the capital markets as well as the austerity budgets they instituted in response to those pressures, they no longer have the resources to respond to problems of poverty or unemployment. In particular, member-states have less money to deal with the crisis of the welfare state, as governments have had to cut back pension payments, cap unemployment compensation, and reduce medical reimbursements all over Europe. And they have less flexibility to deal with the problems of the labor market, and in particular the high rate of unemployment, which for the EU as a whole was at 17.4 million jobless or 10.5 % in 1995, down from a high of 11.5 % in 1994. In fact, member states have not done much even to try to reduce the jobless rate through employment programs, with little correlation between the size of the unemployment rolls and member-states' spending on programs (spending looks to be better correlated with traditionally close business-labor-government relations and/or left-leaning governments) (see Table 1).[24]

Moreover, despite the problems faced by all member-states in the social policy arena, there is no apparent movement at the EU level to address these problems through some common policy initiatives, and there is certainly no European welfare state in the offing.[25] In fact, policymakers of Britain, France, and Germany deliberately accepted an "asymmetrical" Economic and Monetary Union (EMU) in which the monetary was highly developed and the economic only minimally because they did not want to consider national fiscal and social policies or the

---

22 For a discussion of capital markets' constraints on governments, see John Dryzek, "Democracy versus the International Political Economy." Paper prepared for presentation at the World Congress of the International Political Science Association (Berlin, August 21-25, 1994); Fred Block, "Capitalism without Class Power," Politics and Society vol. 20 (1977); Charles E. Lindblom, Politics and Markets: The World's Political-Economic Systems (New York: Basic Books, 1982); Joshua Cohen and Joel Rogers, On Democracy (Harmondsworth: Penguin, 1983), pp. 51-53.
23 Martin Rhodes, "'Subversive Liberalism:' Market Integration, Globalization and the European Welfare State," Journal of European Public Policy vol. 2, no. 3 (Sept. 1995).
24 Wall Street Journal, Nov. 30, 1995.
25 Pierson and Liebfried, "Introduction," 1995 (see footnote 34); and Rhodes, "'Subversive Liberalism.'" (see footnote 23).

*Table 1:* Relationship between jobless rate and government spending on employment programs

|  | Jobless rate Sept. 1995 (%) | 1994 Gov't spending on employment programs (% of GDP) | Average annual employment growth 1984-1994 (%) |
|---|---|---|---|
| Austria | 4.6 % | 1.90 % | 1.0 % |
| Belgium | 10.3 | 4.33 | 0.4 |
| Britain | 8.2 | 2.18 | 0.4 |
| Denmark | 9.8 | 7.00 | 0.1 |
| Finland | 17.0 | 6.73 | -1.7 |
| France | 11.4 | 3.31 | 0.3 |
| Germany | 9.2 | 3.84 | 0.8 |
| Greece | 9.6 | 1.20 (1993) | 0.6 |
| Ireland | 15.0 | 4.27 (1991) | 0.6 |
| Italy | 11.3 | 1.77 (1992) | -0.2 |
| Luxembourg | 3.8 | 1.12 (1993) | 2.7 |
| Netherlands | 6.6 | 3.82 | 1.8 |
| Portugal | 7.1 | 1.98 | 0.3 |
| Spain | 22.2 | 3.64 | 0.7 |
| Sweden | 9.1 | 5.44 | -0.8 |
| USA | 5.7 % | 0.69 % | 1.6 % |
| Japan | 3.2 | 0.41 | 1.1 |

*Sources:* Wall Street Journal, November 30, 1995; Eurostat, OECD, and EU member nations.

issues of wealth distribution at the supranational level, convinced that the issues were too politically sensitive and better left to piecemeal, national-level changes in response to the pressures of market forces.[26]

This loss of state capacity in the social policy arena has contributed to the increasing loss of national government legitimacy, as electorates throughout Europe are expressing distrust of their leaders, dissatisfaction with their policies, and much less eagerness than either mainstream politicians of the right or left to see a dismantling of the welfare state. This malaise of the electorate, however, is the result not only of the impact of European economic policies on member-states but also of European institutional structures and policymaking processes, which fit no traditional model of democracy and yet have served to disrupt member-states' traditional patterns of governance and, by implication, traditional formulae for democracy.

26 Amy Verdun, "Economic and Monetary Integration in the European Union: The Role of Experts in creating an 'Asymmetrical' EMU." Paper prepared for the Fourth Biennial International Conference of the European Community Studies Association (Charleston, South Carolina, May 11-14, 1995).

## II. EU Institutional Structures and Member-State Democracy

The European Union poses a special definitional problem for democratic theorists in that it fits no traditional model of democracy or even any accepted category of governance, whether of international organization or of the nation-state.[27] Although its institutional structures are more federal than unitary, it lacks the constitutionally-fixed balance of executive, legislative, and judicial powers undergirded by an electoral system of direct representation ordinarily found in federal systems. Instead, it exhibits a confusion of powers and ensures indirect representation at best, since the directly-elected legislature is primarily consultative, the indirectly-elected executive made up of member-state representatives plays mainly a legislative role, the bureaucracy takes on most executive functions, and the judiciary overlaps with the executive and legislative in its highly activist role.

Moreover, rather than a sovereign state within well-defined territorial limits with governmental autonomy and control over national constituencies, the EU is a supranational governance organization that includes within its territorial limits states which have subordinated their national institutions to the EU in exchange for the benefits of a "pooled sovereignty" and, in so doing, have diminished their own governmental autonomy and control over national constituencies. Finally, all of this together risks the oft-noted "democratic deficit"[28] at the EU level because of the lack of direct accountability between the governing and the governed.[29]

### 1. The Federal vs. Unitary State

The first difficulty for democratic theorists is to define the EU's governance structure, which conforms neither to that of a traditional unitary state nor to that of a federal state, although it is closest to the latter. For obvious reasons, the EU in no way resembles a unitary state. Instead of strong central control by a single level of government from which emanates all legislation for the periphery, the EU is weak in central control, given that the "periphery" of member-states is also the ultimate central authority in the EU through the Council of Ministers and the European Council, and that the member-states still formulate much of their own national legislation (even though this increasingly means transposing EU directives into national law) and implement all of it (even if with oversight by the EU

---

27 Stanley Hoffmann, "The European Community and 1992," Foreign Affairs vol. 68 (Fall 1989), p. 41; Alberta Sbragia, "The European Community: A Balancing Act," Publius vol. 23 (Summer 1993), p. 24.
28 Shirley Williams, "Sovereignty and Accountability in the European Community," in: The New European Community: Decision-Making and Institutional Change, eds. Robert O. Keohane, and Stanley Hoffmann (Boulder, CO: Westview, 1991).
29 Neill Nugent, "The Leadership Capacity of the European Commission," Journal of European Public Policy vol. 2, no. 4 (Dec. 1995), p. 603.

Commission and the ECJ). At best, therefore, the EU could be described as a collection of unitary states acting in supranational concert, with the unitary state defined more from the outside than the inside and used as a stand-in for the "sovereign state," as "state-centric" international relations theorists tend to portray relations in the EU.[30]

This is not stretching the approach of state-centric theorists as much as one might suppose. Their depiction of EU decision-making is one in which "states," represented by state executives, are seen as the primary movers in the EU and increasingly in the nation-state, and where the state is something of a national level "black box" out of which preferences emerge to be mediated and modified at the supranational level and into which the resulting decisions return, to be imposed on national constituencies by the executive. In other words, state-centric theorists tend to treat all member-states as if they were unitary – as rational, coherent actors with an inherent desire to defend and enhance their own central power.[31] In so doing, state-centric theorists overlook the fact that even unitary states (in the traditional definition) are not themselves very unitary, given fragmentation and conflicting agendas and interests within the state executive, let alone counter-powers exercised by parliaments, judiciaries and subnational authorities. More to the point, state-centric theorists do little to account for the multifarious ways in which institutional and other actors at EU, national, and subnational levels interrelate, and which make the institutional structure of the EU more akin to a federal system than any supranational collection of unitary states.

But although there is no question that the EU resembles more closely the model of a federal system than that of any unitary state, it is its own particular brand of federalism, and not all that close to the federalism of the United States. Germany is perhaps a more apt comparison.[32] European federalism is a "balancing act"

30 "State-centric" approaches include those of Stanley Hoffmann, "Reflections on the Nation-State in Western Europe Today," Journal of Common Market Studies vol. 21 (1982), pp. 21-37; Paul Taylor, "The European Community and the State: Assumptions, Theories and Propositions," Review of International Studies vol. 17 (1991), pp. 109-125; Andrew Moravscik, "Negotiating the Single European Act: National Interests and Conventional Statecraft in the European Community," International Organization vol. 45 (1991), pp. 651-688; Geoffrey Garrett, "International Cooperation and Institutional Choice: The EC's Internal Market," International Organization vol. 46 (1992), pp. 533-560; Alan Milward, The European Rescue of the Nation-State (Berkeley: University of California Press, 1992). For critiques, see: Marks, Hooghe, and Blank, "European Integration since the 1980s" (see footnote 42); Fioretos, "The Limits of National Autonomy." (see footnote 2).
31 Following John Mearsheimer, "The False Promise of International Relations," International Security vol. 19 (1994), pp. 5-49; Milward, European Rescue (see footnote 30); Alan Milward and Vibeke Sorensen, "Interdependence or Integration: A National Choice," in: The Frontier of National Sovereignty: History and Theory, 1945-1992 eds. Alan Milward, Ruggiero Ranieri, Federico Romero, and Vibeke Sorensen (New York: Brookings, 1993); Kenneth Waltz, "The Emerging Structure of International Politics," International Security vol. 18, (1993), pp. 44-79. See the discussion in Marks, Hooghe, and Blank, "European Integration since the 1980s." (see footnote 42).
32 See: Sbragia, "Thinking about the European Future;" and Arthur B. Gunlicks, ed.,

between the representation of territorial and nonterritorial interests, with territorial interests much more fully embedded in every institution than in the United States or Germany – with national governments appointing the judges of the ECJ and the commissioners of the EU Commission, with national ministers composing the Council of Ministers, and with members of the European Parliament elected by national electorates – and involved in the enforcement as much as the initiation of "federal" policies through regulations enforced by national governments and directives that are transposed into national law by national parliaments.[33]

Moreover, instead of the clearly-defined, constitutionally-established and formally unchanging separation of powers of a federal system, whether American or German, the EU exhibits a dynamic confusion of powers. This is the result of the system of "multi-level governance" in which supranational, national, and subnational actors are locked into a system of mutual dependencies in which there is a mixed pattern of contestation and collaboration, and where growing numbers of institutional actors gain decision-making clout through both formal and informal mechanisms.[34] Thus, although the EU Commission is the central policymaking authority, given the powers derived from its role as agenda setter, initiator of legislation, and collector and processor of information, other institutional actors such as the European Council and the European Parliament have been finding ways of honing in on the Commission's legally-mandated monopoly on policy initiation. The European Council manages this through general policy declarations that contain detailed pre-written drafts and through "soft law," through the ratification of common opinions, resolutions, agreements, and recommendations; the European Parliament, by its Maastricht Treaty (Article 138b, EC) right to request

---

"Federalism and Intergovernmental Relations in West Germany: A Fortieth Year Appraisal," Publius vol. 19 (Fall 1989).
33 Sbragia, "The European Community," p. 28 (see footnote 27).
34 See the definition and discussion in Marks, Hooghe, and Blank, "European Integration since the 1980s." (see footnote 42). See also James A. Caporaso and John T.S. Keeler, "The European Community and Regional Integration Theory." Presented at the Third Biennial International Conference of the European Community Studies Association (Washington, D.C., May 27-29, 1993). Proponents of this approach include: Gary Marks, "Structural Policy and 1992," in: The Political Consequences of 1992 for the European Community, ed. Alberta Sbragia (Washington, D.C.: Brookings, 1992); Gary Marks, "Structural Policy after Maastricht," in: The State of the European Community eds Alan Cafruny and Glenda Rosenthal (New York: Lynne Rienner, 1993); Alberta Sbragia, "Thinking about the European Future: The Uses of Comparison," in: Euro-Politics: Institutions and Policymaking in the "New" European Community (Washington, D.C.: Brookings, 1992); Sbragia, "The European Community" (see footnote 27); Scharpf, "Community and Autonomy" (see footnote 37); Philippe Schmitter, "The Emerging Europolity and its Impact upon Euro-Capitalism," in: Contemporary Capitalism: The Embeddedness of Institutions ed. Robert Boyer 1992b; Giandomenico Majone, "The European Community as a Regulatory State." Unpublished paper (1994); Stephan Liebfried and Paul Pierson, eds., European Social Policy (Washington, D.C.: Brookings, 1995); Markus Jachtenfuchs and Beate Kohler-Koch, "The Transformation of Governance in the European Union." Working paper. Mannheimer Zentrum für Europäische Sozialforschung, AB III/Nr. 11 (Mannheim 1995).

Commission production of proposals and Commission President Santer's pledge to renegotiate the code of conduct (1990) between the Commission and itself.[35] In addition, state executives not only play a significant role in spurring Commission initiatives, they also pass on any such initiatives as members of the Council of Ministers. But in this latter capacity they are not the sovereign power that state-centric theorists suggest, given qualified majority voting and the weight of Commission technical expertise that makes objections on purely political grounds difficult.[36] Finally, the ECJ also makes and implements policy, setting precedents that have expanded its own powers as well as those of the EU Commission.

The confusion of powers, however, involves not only the lack of traditional separation among the various institutions but also the mixing up of their very roles. The legislative function is more the domain of the formal executive than of the directly-elected legislature, the executive function is more the purview of the bureaucracy than of the formal executive to which it reports, and the judicial function, although the only one performed by the expected institution, encroaches on the executive and the legislative through the judiciary's activism.

2. The Legislative Function

The EU confines direct representation to the elected members of the European Parliament which, unlike most parliaments, performs primarily a consultative role, leaving the legislative function mainly to the member-state ministers in the Council of Ministers. In theory, representation is also situated in the Council of Ministers, with participating ministers the representatives (not even always elected, as in the cases of France and Italy) of elected national governments pursuing the national interest alone. But in practice, national interest is often diffused by virtue of the dispersion of subjects in different Councils and sometimes subordinated to the collective decision-making process in which national and supranational boundaries blur and ministers are both national and community actors.[37]

Thus, not only is the national interest not primarily represented through directly

---

35 Marks, Hooghe, and Blank, "European Integration since the 1980s" (see footnote 42); Nugent, 1995 (see footnote 29); Francis Snyder, "Soft Law and Institutional Practice in the European Community," in: The Construction of Europe: Essays in Honour of Emile Noel ed. Stephen Martin (Kluwer: Dordrecht, 1994).
36 See the critique of the state-centric view by Marks, Hooghe, and Blank, "European Integration since the 1980s." (see footnote 42).
37 Fiona Hayes-Renshaw and Helen Wallace, "Executive Power in the European Union: The Functions and Limits of the Council of Ministers," Journal of European Public Policy vol. 2, no. 4 (1995); Fritz Scharpf, "Community and Autonomy: Multilevel Policymaking in the European Union," Journal of European Public Policy vol. 1 (1994), pp. 219-242; and Christian Lequesne, Paris/Bruxelles: Comment se fait la politique européenne de la France (Paris: Presses de la Fondation Politique Nationale des Sciences Politiques, 1993).

elected representatives but it is also not always represented by the indirectly-elected representatives. As the EU has expanded its purview in recent years, the problems of representation have increasingly generated questions about EU legitimacy that manifest themselves in the greater difficulties of ratifying Council decisions in member-states and that have increased pressures to expand representation.[38] But there are no easy solutions to the question of how to expand representation, since any increase in the European Parliament's powers decreases those of the nation-state, as represented in the Council of Ministers, and risks usurping the powers of national parliaments.

As EU officials and integration theorists puzzle over these problems, the EU's democratic deficit remains. The Maastricht reforms that gave the European Parliament a legislative function and strengthened its control over the executive reduced but did not eliminate this democratic deficit.[39] Nor did the various reforms in member states that followed upon treaty ratification. In France, for example, although the role of the legislature has been enhanced with the revision of the constitution attendant upon the Maastricht Treaty ratification in April 1992, which obliges the government to inform Parliament of legislative proposals and enables deputies and senators "to vote resolutions and not just express opinions," this has done little so far to increase French parliamentary influence over EU decisions – it continues to be something of a rubber stamp for directives issued from Brussels negotiated by the French executive in the Council of Ministers.[40]

## 3. The Executive Function

At the same time that the Council of Ministers takes on the legislative function that is ordinarily the purview of parliament in the nation-state, it is formally the central executive power in the EU. But although its members represent the member-states and its decisions have the effect of law, it shares power with the EU Commission, which performs the primary executive role.[41] Despite the fact that the Council of Ministers is made up of the (mostly) elected nation-state executives,

---

38 See: Hayes-Renshaw and Wallace, "Executive Power in the European Union." (see footnote 37).
39 Philip Raworth, "A Trivial Step Forwards: Maastricht and the Democratization of the European Community," European Law Review vol. 19, no. 1 (February 1994); Jean-Louis Quermonne, "La Démocratisation du Processus de Décision Communautaire depuis le Traité de Maastricht." Paper prepared for presentation at the XVIth World Congress of the International Political Science Association (Berlin, August 21-25, 1994).
40 See Vivien A. Schmidt, "Loosening the Ties that Bind: The Impact of European Integration on French Government and its Relationship to Business," Journal of Common Market Studies vol. 34, no. 2 (June 1996); Robert Ladrech, "Europeanization of Domestic Politics and Institutions: The Case of France," Journal of Common Market Studies vol. 32, no. 1 (March 1994); Henri Oberdorff, "Les Incidences de l'Union Européenne sur les Institutions Françaises," Pouvoirs vol. 69 (April 1994).
41 Hayes-Renshaw and Wallace, "Executive Power in the European Union." (see footnote 37).

it is the EU Commission, with its un-elected civil servants, which functions as the executive, with policymaking powers of both initiation and enforcement.

The Commission has tremendous leadership capacity to develop new initiatives as well as to broker compromises among member-states.[42] In all its activities, the Commission, like many executives in federal systems, has acted as a "purposeful opportunist" to the extent that it has had an independent impact without having dominated the decisionmaking process or controlled its environment.[43] But unlike most executives, it is not the representative of an elected majority fulfilling an electoral mandate. And because it thereby lacks electorally-based political legitimacy, it has sought to build another kind of political legitimacy which is more interest-based through extensive consultation with those interests most affected by its initiatives at the same time that it depends upon the Council of Ministers for the political stamp of approval.

With its executive role as policy initiator and enforcer and its interest-based access, the EU Commission undermines member-state governmental autonomy and control over national constituencies. Not only does the Commission draft the directives that governments must then put into practice, once passed by the Council of Ministers, but it also rules on, and overrules, actions that governments used to decide unilaterally in such areas as industrial policy and regional policy. Moreover, its administrative culture, which puts the most value on decisions taken primarily on the basis of technical and economic arguments, enables the Commission to maintain its legitimacy while denying undue political influence to any individual country or its nationals.[44]

Member governments in consequence have limited control over the outcome of Commission decisions, regardless of the amount of political pressure they might seek to bring to bear, and despite the fact that their own citizens may be major players in the Commission. Even standard-setting in the EC/EU, although the result of complicated negotiations that can often result from the impetus of national standard-setting bodies or industry groups, represents a threat to national auton-

---

42 See Nugent, "Leadership Capacity" (see footnote 29); and Gary Marks, Liesbet Hooghe, and Kermit Blank, "European Integration since the 1980s: State-Centric versus Multi-Level Governance." Paper presented at the Conference on "Politics and Political Economy in Advanced Capitalist Democracies," Humboldt-Universität zu Berlin, (Mary 26-27, 1995).

43 On its purposiveness, see: Laura Cram, "Calling the Tune without Paying the Piper? Social Policy Regulation: The Role of the Commission," in: European Community Social Policy Policy and Politics vol. 21, no. 23 (1993). On the non-democratic nature of the appointment process for commissioners, see: Peter Ludlow, "The European Commission," The New European Community: Decisionmaking and Institutional Change eds. Robert O. Keohane and Stanley Hoffmann (Boulder, CO: Westview, 1991), pp. 123-124.

44 On the decision-making structure of the EU, see: Martin Donnelly, "The Structure of the European Commission and the Policy Formation Process,", in: Lobbying in the European Community eds. Sonia Mazey and Jeremy Richardson (Oxford: Oxford University Press, 1993); and Robert Hull, "Lobbying Brussels: A View from Within," in: Lobbying in the European Community ed. Mazey and Richardson (see footnote 44).

omy, especially since the institution of qualified majority voting.[45] Moreover, the extension of standard-setting to a range of domains outside the original charter such as in environmental protection (in the late 1960s), occupational safety and health (in the mid 1980s), and consumer protection (in the 1980s), all of which were extended in the 1990s with the Maastricht Treaty,[46] has also diminished national governmental autonomy. Only in the welfare and labor areas has governmental autonomy remained for the most part intact, with member-states essentially left alone to deal with the crisis of the welfare state and the problems of the labor market.

Thus, in those policy areas where nation-states currently have the greatest difficulties, they retain sole jurisdiction. Moreover, the national constituencies in these areas themselves have little access or impact at the European level. Those served by the welfare state – in particular the poor, the elderly, the indigent, and the disabled, have no Europe-wide organizations to speak of. And labor, although present at the European level, has little effective input into the European policy-making process (see below). Other constituencies, such as subnational authorities and business, by contrast, have had access and influence. And this has in turn served to undermine government control over these constituencies.

Subnational authorities, and in particular the regions, which have direct linkages to the EC/EU, often unmediated by national authorities, have escaped nation-state control in a variety of ways.[47] One of the most important ways has been through regional or "cohesion" policy and the structural funds which absorb approximately a third of the EU budget. Cohesion policy attacks the problems of uneven development generated by internal market and monetary and fiscal convergence as well as the risks of the "beggar-my-neighbor" characteristics of American states and municipalities where there is a lack of control over national spatial development incentives.[48] It involves Commission, national, regional, local, and social partners at all levels and stages of the policy process, although the extent and form of such participation and interaction varies across countries and even

---

45 On standard-setting, see: C.D. Ehrlemann, "The '1992 Project:' Stages, Structures, Results and Prospects," Michigan Journal of International Law vol. 11 (1990), pp. 1097-1118; Renaud Dehousse, "Integration v. Regulation? On the Dynamics of Regulation in the European Community," Journal of Common Market Studies vol. 30, no. 4 (December 1992), pp. 396-397. See also the discussion in Schmidt, "Democracy at Risk?" (see footnote 11).
46 Giandomenico Majone, "The European Community between Social Policy and Social Regulation," Journal of Common Market Studies vol. 31, no. 2 (June 1993), pp. 154-155.
47 On the whole range of issues involving Europe and the regions, see, for example: Brian Jones and Michael Keating, eds., The European Union and the Regions (Oxford: Clarendon Press, 1994); and Claude du Granrut, Europe, Le Temps des Régions (Paris: LGDJ, 1994).
48 Liesbet Hooghe and Michael Keating, "The Politics of European Union Regional Policy," Journal of European Public Policy vol. 1, no. 3 (1994). See also: R.R. Mackay, "A Europe of the Regions: A Role for Nonmarket Forces," Regional Studies vol. 27, no. 5 (1993).

within countries.[49] Although most central executives control the access of subnational actors, there is great variation in how much access is granted. Regional governments in Belgium and the Länder in Germany were basically responsible for regional development plans; Spain's central government framed the process, despite much regional involvement in planning; and the central governments of France, Greece, Ireland, and the United Kingdom dominated, with subnational actors playing a weak or insignificant role.[50] Subnational actors are also increasingly involved in committees on a vast number of issues, especially in federal or quasi-federal states such as Germany and Belgium, but also more recently in more unitary states such as France.[51]

The degree of access of subnational authorities depends very much on the institutional structures of member-states, with central authorities in states with more decentralized or federal arrangements generally more likely to give up control over their subnational constituencies than those with more centralized or unitary arrangements. The more centralized member-state governments have often been wary of their subnational governments' EU access, fearful of a loss of control, although most have not gone quite as far as the French in 1988 who put a subprefect in Brussels in order to ensure against the regions making European policy "behind the back of the state."[52] French governments, needless to say, with the country's long history of centralization and its regional level governments that alone in Europe are entirely without independent legislative powers, have been disquieted by the loss of control over subnational authorities. French governments' loss of control, however, has roots not only in the EU but also in the major decentralization reforms of the 1980s.[53] Spain, which had also been highly centralized but instituted even more far-reaching reforms earlier than France, in the 1970s, has been much less distressed over any loss of control.[54] By contrast, Great Britain, the only

49 Marks, Hooghe, and Blank, "European Integration since the 1980s" (see footnote 42); Marks, "Exploring and Explaining Cohesion Policy;" Hooghe and Keating, "Politics of EU Regional Policy." (see footnote 48).
50 Marks, "Exploring and Explaining Cohesion Policy."
51 See Marks, Hooghe, and Blank, "European Integration since the 1980s" (see footnote 42); On Germany, see Wolfgang Wessels, "L'Interaction Administrative Allemande et l'Union Européenne," in: Politiques Publiques en Europe eds. Yves Mény, Pierre Muller, and Jean-Louis Quermonne (Paris: L'Harmattan, 1994); Claus Götz, "National Governance and European Integration: Intergovernmental Relations in Germany," Journal of Common Market Studies vol. 33 (1994), pp. 91-116; On Belgium, see: Liesbet Hooghe, "Belgian Federalism and the European Community," in: Regions in the European Community ed. Michael Keating and Barry Jones (Oxford: Oxford University Press, 1995). On France, see Christian Lequesne, Paris/Bruxelles: Comment se fait la politique européenne de la France (Paris: Presses de la Fondation Politique Nationale des Sciences Politiques, 1993); Ladrech, "Europeanization of Domestic Politics and Institutions." (see footnote 40).
52 Vivien A. Schmidt, Democratizing France: The Political and Administrative History of Decentralization (New York: Cambridge University Press, 1990), p. 300.
53 Ibid.
54 For a comparison of the reforms, see: Vivien Schmidt, "La Décentralisation en France, en Europe, et aux Etats Unis: Une étude comparée," in: La Décentralisation Française

country in Europe to recentralize in recent years, is likely to be the most threatened by EU-generated loss of control, with the principle of subsidiarity increasingly difficult to reconcile not only with its own policies toward local governments but also with its own use of the subsidiarity principle to defend against the further shift of powers to EU institutions.[55]

Germany, by comparison, has been least bothered by the greater access accorded subnational governments in the EU policymaking process. The German federal system, with its respect for local government, is only reinforced by the EU principle of subsidiarity. Nevertheless, even in highly decentralized Germany, the EU not only has reduced central governmental control over its subnational units but has also undermined its autonomous and cooperative set of relations by compelling Germany to reduce areas eligible for regional aid, thus creating tensions between the central government and the Länder as well as among the Länder.[56] Finally, those countries with strong regional autonomy movements, regardless of their levels of decentralization, fear that the closer relationship with Europe will only encourage these regions to challenge the nation-state's power over them, Scotland, Catalonia, the Basque region, and Corsica being cases in point.[57]

Thus, although national policymakers on the whole appreciate the need for European regional policy and structural funds, many regret the loss of national control over regional authorities that European intervention entails. By contrast, they have welcomed business as full partners in the policy formulation process, despite the fact that this, too, represents a loss of government autonomy as much as control.

As the traditional ties between business and government at the national level have loosened with businesses becoming bigger, more mobile, and more international, business finds itself with greater direct access and influence at the European level.[58] In a large number of areas including product standard-setting and competition policy, businesses are major players alongside their national governments.

---

et l'Europe ed. Hughes Portelli (Paris: Editions Pouvoirs Locaux, 1993), pp. 49-56. On the general issues such changes have raised, see: Michael Keating, "Regional Autonomy in the Changing State Order: A Framework of Analysis," Regional Politics and Policy vol. 2, no. 3 (Autumn, 1992), pp. 45-61.

55 See: Andrew Scott, John Peterson, David Millar, "Subsidiarity: A 'Europe of the Regions' v. the British Constitution?" Journal of Common Market Studies vol. 32, no. 1 (March 1994).

56 Marks, Hooghe, and Blank, "European Integration since the 1980s" (see footnote 42); Jeffrey Anderson, "Germany and the Structural Funds: Reunification Leads to Bifurcation," in: European Integration, EU Cohesion Policy, and Subnational Mobilization ed. Liesbet Hooghe (Oxford: Oxford University Press: 1996).

57 See, for example, Michael Keating, "Le Monde pour Horizon: Québec, Catalonia, Scotland and International Affairs." Paper prepared for delivery at the International Congress of Political Science (Berlin, August 1994); and Michael Keating, State and Regional Nationalism: Territorial Politics and the European State (Hempel Hempstead: Harvesster Wheatsheaf, 1988).

58 Wayne Sandholtz and John Zysman, "1992: Recasting the European Bargain," World Politics vol. 42, no. 1 (October, 1992), pp. 116-120.

In fact, not only do national governments that formerly negotiated alone for their countries now do this primarily in tandem with national businesses, but some even assume that national businesses in pursuit of their own self-interest are at the same time acting in the national interest.[59] As a result of all this, policy interactions have shifted from an almost exclusive reliance on national government bargaining to one that includes, if it is not dominated by, business actors in the transnational private sector.[60]

The flip side of this emancipation of business from national government control is that national governments are themselves sometimes emancipated from national business influence. This has been truest in the case of agricultural interests, or of the national champions that often made inordinate demands. It also means that national governments can distance themselves from their national business counterparts where they assume it necessary to pursue instead the public interest against the pressures of national interest and/or narrower national business interest. On this score, the loss of autonomy is an added benefit, since it gives governments the alibi they need to plead weakness at the EU level and an inability to impose in order to get the outcome they desire.[61]

In brief, business, subnational governments, and national governments have all become increasingly independent actors at the EU level. But whereas for subnational governments and business this has only meant greater freedom, for national governments it has meant less control over these national constituencies as well as less autonomy. These are primarily a result of the expanding powers of the EU Commission in policy initiation and enforcement and the growing direct linkages between it and non-national governmental actors. Similar losses of autonomy and control are a consequence of the expanding purview of the European Supreme Court.

4. The Judicial Function

Only the European Court of Justice seems to occupy the role that traditional democratic theory gives supreme judicial courts, but it is one that the ECJ has conferred on itself. It, too, much like the EU Commission, acts as a "purposeful

---

59 On French attitudes about this, see: Schmidt, "Loosening the Ties." (see footnote 40).
60 See: Michelle Egan, "The Politics of European Regulation: Bringing the Firm Back In." Paper prepared for the International Conference of Europeanists, Council for European Studies (Chicago, March 31-Arpil 2, 1994). See also: Schmidt, "Democracy at Risk? The Impact of European Integration on National Patterns of Policymaking." Paper prepared for presentation for the Fourth Biennial International Conference of the European Community Studies Association (Charleston, S.C., May 11-14, 1995).
61 See: Beate Kohler-Koch, "The Strength of Weakness: The Transformation of Governance in the EU." Working paper, Mannheimer Zentrum für Europäische Sozialforschung, ABIII/no. 10 (Mannheim 1995).

opportunist."[62] And it, too, has played a leadership role in expanding the purview of the EC/EU, in the 1960s through decisions that established Community law precedence over national law; in the 1970s through decisions that paved the way for EC expansion in such social regulatory areas as environment, health and safety, and labor mobility; and in the 1980s through decisions that promoted expansion in economic regulation through the internal market.[63] In its leadership role, however, the ECJ has gone way beyond what we are generally used to even from activist supreme courts in federal systems that take the loosest constructionist approach to their constitutions. Most worthy of note within this context, therefore, is that although the ECJ has been acting as if it were the supreme court of a federal system in which it is the guardian of an entrenched written constitution by which it had been empowered, it is in fact the court of a loose economic federation which, although its decisions are binding on national governments, has no formal power over national legal systems and no enforcement powers.[64]

The ECJ has been a less noticed, but every bit as important, force in the subversion of national autonomy, in particular through its judicial activism. The most dramatic instance of this is the case of the fishing industry in Great Britain, when the ECJ ruled against Great Britain (Commission v. United Kingdom, 1991) on the grounds that the proposed directive blocked by it in the Council of Ministers should have been passed and therefore had become EC law, even though it had been defeated.[65] Another, less dramatic case involves the ECJ's 1987 decision that overturned the West German regulations limiting beer sold in Germany to that which was brewed in accordance with requirements established in 1516 and reconfirmed in 1952.[66]

Societal interests have also been able to use the ECJ to alter national practices. Although business groups have appealed to the ECJ the most in seeking to alter national practices that they find not in conformity with EU laws and directives, social interest groups have increasingly turned to the ECJ as well, generally to

---

62 Daniel Wincott, "The Role of Law or the Rule of the Court of Justice? An 'Institutional' Account of Judicial Politics in the European Community," Journal of European Public Policy vol. 2, no. 4 (1995).
63 See Wincott, "The Role of Law" (see footnote 62); Marks, Hooghe, and Blank, "European Integration since the 1980s" (see footnote 42); Giandomenico Majone, "The Development of Social Regulation in the European Community: Policy Externalities, Transaction Costs, Motivatinal Factors." Unpublished paper (1995); J.H.H. Weiler, "The Transformation of Europe," Yale Law Review vol. 100 (1991), pp. 2403-2483.
64 Eric Stein, "Lawyers, Judges, and the Making of a Transnational Constitution," American Journal of International Law vol. 75 (1981), pp. 1-27; Geoffrey Garret and Barry R. Weingast, "Ideas, Interests, and Institutions: Constructing the European Community's Internal Market," in: Ideas and Foreign Policy: Beliefs, Institutions, and Political Change ed., Judith Goldstein and Robert O. Keohane (Ithaca: Cornell University Press, 1993), pp. 195-196.
65 Garret and Weingast, "Ideas, Interests, and Institutions," p. 195 (see footnote 64).
66 Simon Bulmer, "Completing the European Community's Internal Market: The Regulatory Implications for the Federal Republic of Germany," in: The Politics of German Regulation ed. Kenneth Dyson (Aldershot, Hants: Dartmouth, 1992), p. 54.

force recalcitrant national governments to implement EC legislation. This has been very much the case in the United Kingdom in such areas as the quality of drinking water and equality between working women and men.[67]

Moreover, while the national courts have lost some measure of independence with the expansion of the powers of the ECJ, which can review national laws and policies for their conformity with EU law and serves as a superior level of judicial review, they have at the same time gained new national powers and autonomy vis-à-vis the executive. For in expanding its own powers, the ECJ has also served to expand those of national courts, especially the lower courts. Because they have been able to choose to seek "authoritative guidance" from the ECJ (as per Article 177), by contrast with the highest national courts which must seek preliminary rulings, the lower courts have the opportunity of changing national law (since ECJ interpretations are generally accepted as precedent-setting) while circumventing their own national judicial hierarchy.[68]

The ascendancy of the ECJ, thus, is another source of the loss of national governmental autonomy. Such ascendancy, however, along with the concomitant increase in the importance of national judiciaries, has been more difficult to accept by some member-states than others, mainly because of differences in the roles and powers of the courts. Neither Germany nor Great Britain have had great difficulty with this, primarily because the German emphasis on the importance of law as a regulatory instrument parallels EU practice, as does the traditional British respect for the law and the fact that British common law is similar in its precedent-setting approach to the EU. In consequence, despite the numerous negative decisions that have affected them, neither Great Britain nor Germany has questioned the validity of ECJ decisions or resisted their enforcement nearly as much as France or Italy, where the judicial authority has traditionally been more subordinated to administrative as well as political authority. In fact, even the French push for the Single European Act and the Maastricht treaty can be interpreted in part as attempts to limit judicial power (even as they consecrated judicial decisions, as in the standard of mutual recognition) in favor of political power.[69]

Thus, the ECJ's more activist judicial role, taken together with the EU Commission's central executive role, tends to subordinate national institutions and undermine member-state governments' autonomy and control over national constituencies. And therefore, although state-centric international relations theorists

---

67 Sonia Mazey, "European Community Action on Behalf of Women: The Limits of Legislation," Journal of Common Market Studies vol. 27, no 1 (1988), pp. 63-84; Mazey and Richardson, "Introduction," in: Lobbying in the European Community, eds. Mazey and Richardson, pp. 15-16 (see footnote 44).
68 Marks, Hooghe, and Blank, "European Integration since the 1980s" (see footnote 42); Anne-Marie Burley and Walter Mattli, "Europe before the Court: A Political Theory of Legal Integration," International Organization vol. 47 (1993), pp. 41-76.
69 See Schmidt, "Loosening the Ties." (see footnote 40).

may be correct in theory when they argue that the nation-state – by which they mean the executive – is strengthened by the EU, in practice they are not.

When state-centric theorists consider the impact of the EU on the nation-state, they see the EU enhancing the powers of the executive to the detriment of the legislature and societal interests through a "two-level strategy" to overcome domestic opposition: first, through its mantle of legitimacy and, second, through the creation of policies by way of an insulated process that offers national legislatures and societal interests few opportunities for comment or change.[70] This is no doubt for the most part true with regard to national legislatures, as noted above, as well as with those societal interests that are nationally focused and lack supranational access, for whatever reason. But this is not the case for business, and it is increasingly less so for subnational governments. European integration did promote the centralization of power in countries with highly decentralized systems such as Germany and Spain before the Treaty of European Union, because national governments alone participated in the Council of Ministers even though subnationals units were responsible for the policies in the national context. However, much of this has been offset since then with the rise of regional policy and the increasingly direct role subnational governments play in the EU, which has undermined national government control over subnational governments.

What is more, in making the argument that European integration has strengthened the nation-state by increasing the powers of the executive to the detriment of legislative bodies and societal interests, state-centric theorists assume a very limited definition of the nation-state, since by equating it with the executive they ignore the role of legislatures and societal interests in ensuring a "strong," meaning democratic, nation-state. And they take a very partial view of what the "strengthening" of the executive entails.[71] Although the power of national executives has increased at the European level, as the bilateral negotiations of the past have given way to the common European policies of the present, their policy autonomy at the national level has diminished, as they must negotiate with others at the supranational level on the approval of policies that in the past had been theirs alone. This is more complicated than a simple "pooling of sovereignty" among executives, because the "others" with which they must negotiate are not solely executives, but include a whole range of EU, national, and subnational actors, such that national executives no longer monopolize European level policymaking or the aggregation of domestic interests. Moreover, even the executive's ability to impose in the context of national policymaking has not been assured, given the rise in the powers of the judiciary at the national level and, for a country like France, the diminution in the executive's flexibility in policy implementation along

---

70 Robert D. Putnam, "Diplomacy and Domestic Politics," International Organization vol. 42 (1988), pp. 427-461; and Andrew Moravscik, "Preferences and Power in the European Community: A Liberal Intergovernmentalist Approach," Journal of Common Market Studies vol. 31, no. 4 (December 1993), p. 515.
71 See Moravscik, "Preferences and Power" (see footnote 70); and Milward, European Rescue of Nation-State (see footnote 30).

with executive autonomy in policy formulation.[72] Finally, the strengthening of the executive refers primarily to powers to impose on legislative and societal interests, and not to state capacity, which has in many cases been weakened. By liberalizing their trade policies, by deregulating their economies, and by privatizing their enterprises, national governments have much less control over what they can do in their own territory or what their own multinationals do elsewhere, and they no longer have the resources they had in the past to solve social problems.[73]

In sum, the EU's more federal than unitary institutional structure, together with its dynamic confusion of a profusion of powers, has served to subordinate member-states' institutional structures, whether federal or unitary, as well as to alter their traditional balances of powers. Similarly, the EU's policymaking processes, which are closer to the pluralist model of the United States than to the statist or corporatist models that are more typical of European polities, have served to alter national patterns of policymaking.

## III. EU Policymaking Processes and Member-State Democracy

There is little doubt that the EU's policymaking process is closest to the pluralist model found in the United States, in which governments formulate policies in conjunction with societal interests but implement them alone.[74] But although the EU's policymaking process resembles the pluralist much more than the statist or the corporatist in its openness to interest group influence in policy formulation and in its regulatory approach to implementation, it is less "pluralistic" in interest group access, given that business is the interest mainly represented, and it contains statist elements in its control of the process of interest representation and its greater insulation from undue influence. Therefore, although the system may be 'transnational pluralism' in form,[75] it is less so in content, at least ideally, given the dominance of civil servants as gate-keepers in the policy formulation process, the more one-sided nature of interest group politics, the relative absence of individual citizen participation, and the lack of control over the implementation process.

---

72 For a more detailed critique with regard to France, see Schmidt, "Loosening the Ties." (see footnote 40).
73 See Schmidt, "New World Order, Incorporated." (see footnote 4).
74 For a description of the pluralist model, see: David Held, Models of Democracy (Palo Alto, CA: Standford University Press, 1987).
75 Wolfgang Streeck and Philippe Schmitter, "From National Corporatism to Transnational Pluralism: Organized Interests in the Single European Market," Politics and Society vol. 19, no. 2 (June 1991).

## 1. The Pluralist Model and the EU

In the EU policy formulation process, the nature of interest group influence and access differs somewhat from the American. For one, the EU rules of the game better insulate policymakers against the pressures of special interests. This is because the legitimacy of the EU civil servants who have a primary role in the initiation and drafting of legislation, by contrast with that of U.S. legislators, depends more on their ability to produce well-reasoned technical arguments than to "bring home the bacon" (although special interest politics may be rising as the European Parliament gains influence). For similar reasons, clientelism of the Italian variety is also rare, given the EU bureaucratic culture that places more value on technical expertise than on pork barrel.[76] In addition, this system also ensures much more against capture in consequence of the wide range of business interests from different member-states seeking influence in each policy area.[77] Even here, however, Eurocrats risk falling into quasi-clientelistic relationships because the lack of technical knowledge, combined with the need to make decisions quickly, leads them to rely on industry experts.[78] But given the lack of any associated pecuniary interest on the part of EU policymakers within the Commission, any resulting clientelism can be nothing like it is in Italy or the United States.

At the same time that the EU may ensure a more balanced "pluralism" (as in the model) in the formulation of policy than the U.S., it is less open in its formulation process and less "pluralistic" (in the generic sense) in the kinds of interests represented as well as in their access and potential influence.[79] Whereas in the U.S., any interest that organizes itself is regarded as legitimate so long as it can make itself heard, in the EU, it is the EU Commission bureaucracy that has a primary role in legitimizing interests, by choosing which interests with which it will consult. This is a by-product of its strategy of gaining information and political support through the development of networks of advisory committees and working groups made up of experts, representatives of member-states at national and subnational levels, and societal interest groups.[80] Within this context, most business-related societal interests that knock at the door are allowed in, although their influence varies greatly from sector to sector.[81] Not so for many non-business-related societal

---

76 Robert Hull, "Lobbying Brussels: A View from Within," in: Lobbying in the European Community ed. Mazey and Richardson (see footnote 44).
77 Sonia Mazey and Jeremy Richardson, "Introduction," in: Lobbying in the European Community ed. Mazey and Richardson, pp. 10-11 (see footnote 44).
78 Ibid., pp. 21-22.
79 On the differences between the model of pluralism described by democratic theorists such as David Held and the generic sense of pluralism used here, see: Giovanni Sartori, "The Background of 'Pluralism'." Paper prepared for delivery at the XVI World Congress of IPSA (Berlin, August 21-25, 1994).
80 Les Metcalfe, "Après 1992: La Commission pourrat-elle gérer l'Europe?" Revue Française d'Administration Publique vol. 63 (1992).
81 Wyn Grant, "Pressure Groups and the European Community: An Overview," in: Lobbying the European Community, eds. Mazey and Richardson (see footnote 44).

interests, which sometimes, even when they come knocking, are not invited in, as was the case of the ad hoc consultative group on chlorofluorocarbons set up by DG XI (Environment) to negotiate targets for the reduction of CFCs – which significantly excluded environmental and consumer interests.[82]

Non-business interests often find that they must go to the European Parliament first in order to gain access to decision-making in the Commission (this is especially true for environmental and consumer interests) or to their national governments in order to have an impact in the Council of Ministers – unless, that is, they are officially sanctioned consultation committees set up by the EU Commission, such as the Consumer Consultative Council, composed of representatives of European and national consumer organizations and consulted on matters considered to affect consumer interest.[83] There is in fact evidence to suggest that the EU Commission has itself been taking steps to offer non-business groups greater access to information as well as more avenues for participation, especially in the environmental protection arena.[84]

The problems of non-business interests are not just ones of access but also of organization. The low level of Europe-wide mobilization and organization of non-business interests, especially by contrast with the U.S. as well as by comparison with business interests, is an added factor contributing to business' near monopoly on access. Although the years since the Single European Act have witnessed an explosion of interest representation, with up to 10,000 lobbyists in Brussels by 1994, this has primarily been of business interests, which represent 90 % of all lobbyists by contrast with only 2 % of non-commercial interests.[85] This ratio of business to non-business interest representation results primarily from the fact that whereas business has a clearly perceived interest in lobbying at the EU level and has been organizing itself to do so at an individual, national, and European level for a very long time now, non-business interests have had a much more difficult time organizing themselves, hindered by such factors as the differing levels of interest aggregation among member-states and the difficulties in arriving at a consensus on the issues, given cultural and political differences.

Environmentalists, for example, have very different agendas, political affilia-

---

82 Mazey and Richardson, "Introduction," in: Lobbying in the European Community ed. Mazey and Richardson, pp. 18-19 (see footnote 44).
83 Michael Nentwich, "Citizens' Involvement in European Politics: Towards a More Participatory Democracy?" Paper prepared for the Fourth Biennial International Conference of the European Community Studies Association (Charleston, South Carolina, May 11-14, 1995).
84 Beate Kohler-Koch, "The Evolution of Organized Interests in the EC: Driving Forces, Co-Evolution or New Type of Governance?" Paper prepared for presentation at the XVIth World Congress of the International Political Science Association (Berlin, August 21-25, 1994).
85 Nentwich, "Citizens' Involvement in European Politics" (see footnote 83); T. Venables, "Guide to the European Parliament: A User's Book for the Would-Be Lobbyist," The European Citizen, Guides and Documents (Brussels: ECAS, 3/1994); ECAS, Leaflet of the European Citizen Action Service (Brussels, 1994).

tions, objects of concern, levels of organization, and numbers of adherents. Germany is more politicized, left-leaning, and politically organized than, say, Great Britain, which is more pastorally focused (saving the badgers having perhaps the same value as banning the bomb did in the fifties) let alone in France, where the Verts arrived relatively late on the scene, and where nuclear power remains virtually a non-issue. Moreover, although labor has been more present and organized than the other non-business interests, it too has problems: the unions have been slow to organize at the European level, too busy trying to defend themselves against the impact of integration, and hampered by the lack of any pan-European labor movement; and they have been handicapped in their support of the expansion of social regulation by strong resistance on the part of member-states such as Great Britain as well as business lobbies.

Individual citizens have not done any better: Direct citizen influence on the EU is even less significant than that of citizens' groups. Although citizen involvement in the EU has been slowly increasing in recent years, it remains mostly indirect and non-binding. The EU Parliament, despite being the only vehicle for direct citizen representation and the official correspondent on individual citizen complaints, is itself not very representative of European citizens or concerns, given low voter turnouts, campaigns focused much more on national than EU matters, and nationally-based voting constituencies with no Europe-wide parties. Moreover, although citizens can contact the Commission directly, which then investigates, the Commission's relationship with citizens is much more one of information provision. With the ECJ, finally, citizen involvement tends to be an exceptional tool aimed at enforcing decisions already taken by member-states or the EU.[86]

In sum, the EU system of interest representation in policy formulation is less open than that of the U.S., with the overall number and variety of interests represented much more restricted and more heavily weighted in favor of producer interests, and with comparatively few organized interests representing consumers, labor, the elderly, immigrants, the public interest, and so on. Balancing this out somewhat, however, is the fact that the system is less subject to the abuses of undue influence, and that the system itself has been generating counter-weights to what might be seen as narrow business interest. It has managed this either by creating more avenues for participation or by introducing considerations of the "general interest" or the public good, of women's rights, of consumer protection, of environmental protection, and so forth, as by-products of EU Commission policy initiatives, ECJ decisions, and the generalization of prior member-state legislation.

Thus, in American pluralism, where the public interest is generally defined as the outcome of the conflict among all "interested" organized interests, as mediated by the (in theory) "impartial" elected servants of government, the resulting policies may be far from any public interest given problems of unequal interest access, undue special interest influence, and easily influenced legislators. In European

---

86 Nentwich, "Citizens' Involvement in European Politics." (see footnote 83).

pluralism, where the public good could be defined as the outcome of the cooperation among representative interests, the (more truly) impartial, un-elected civil servants of the EU Commission, and the more partial masters of the Council of Ministers, the resulting outcome may be much closer to the general good. And at the very least, there is more movement (especially since qualified majority voting), given that in the U.S. the pluralist formulation process leads to paralysis on most important issues except in moments of perceived crisis, and even then....(the health care reform fiasco of Hillary Clinton is a case in point).

But whereas the EU's pluralist policy formulation process may avoid some of the worst problems of the U.S., even admitting its own problems with regard to access and representativeness, the EU's policy implementation process courts many more than the U.S. Although the EU's pluralism greatly resembles that of the U.S. at the implementation stage, given a regulatory approach in which the rules are to apply equally to all, with any exceptions seen as illegitimate, there is one significant difference. In the U.S., federal civil servants for the most part implement the rules (albeit sometimes in tandem with or in addition to state-level civil servants), and therefore ensure great relative uniformity in application. By contrast, in the EU, the process is more complex, given that member-states themselves implement regulations as well as transpose directives into national law and then implement them. This means that unlike in the U.S., where the same federal civil servants apply the same federal law to all, in the E.U., there is much greater latitude given that each member-state's own civil servants apply the same EU regulations or interpret and apply the same EU directives. This has led to problems that are much greater than in the U.S. with respect to enforcing the equal application of the rules, given that member-states' implementation is often of necessity very different, given different regulatory cultures and practices.[87]

But whatever the differences between the EU's model and the traditional pluralist model, they are nothing compared to those between corporatist or statist models. And this has important consequences for those polities that conform to either one of the alternative models – which means most EU member-states.

2. The Statist Model and the EU

The EU is certainly not "statist" in the traditional manner, in which governments typically formulate policy unilaterally but allow societal interests in at the implementation stage with the politics of accommodation, cooptation, else risk confrontation.[88] Nevertheless, the EU could be said to exhibit statist elements in the

---

[87] See: Renaud Dehousse, "Integration v. Regulation? On the Dynamics of Regulation in the European Community," Journal of Common Market Studies vol. 30, no. 4 (December 1992), pp. 389-392.

[88] For a full description of this model, see: Schmidt, From State to Market? Chapter Two (see footnote 8).

formulation process with the primacy of elite civil servants in the drafting of policy and in the choice of interlocutors, much as in France or Great Britain, even if the interaction with interlocutors is generally more open than in any statist polity. Whereas the EU bureaucracy actively encourages lobbying, listens when it consults, and incorporates interest group recommendations in its own, in statist polities the bureaucracy regards the influence of lobbies as illegitimate, and traditionally uses its formal consultation process with a goal more toward informing than incorporating interest views. This is as true of Great Britain, although business lobbies do find other ways in, as of France, where American-style or EU-style lobbying is seen as corruption (even though it is encouraged for French companies by French officials at the EU level).[89] Italy, of course, is a different case entirely, or at least was until the collapse of its system of "partitocrazia" in which parties rather than civil servants (which are also not an elite comparable to that of France, Britain, or the EU) dominated the interest articulation process; where groups exercised influence as clients and/or patrons of political parties; and where corruption was endemic as a result of the system of *sottogoverno*, in which the spoils in the form of state contracts and jobs were apportioned according to the electoral weight of the parties.[90]

The attitude toward lobbying in statist polities such as France and Great Britain must, of course, be distinguished from the formal consultations of civil servants or from the personal relations that often characterize elite interaction. In France, illegitimate "lobbying" is differentiated from on-going consultation on everyday policies with the "professional organizations" legitimized by central administrators because they are seen as representing group interests as opposed to private interest[91] or from "lobbying à la française," which involves a more subtle process of influencing one's "camarades de promotion," or classmates from elite schools, in government.[92] This latter approach is clearly quite rare in the EU except at the

---

89  For France and lobbying the EU, see: Jean François-Poncet and Bernard Barbier, 1992: Les Conséquences pour l'Economie Française du Marché Intérieur Européen (Paris: Economica, 1989); and see Schmidt, From State to Market? Chapter Eight (see footnote 8).

90  G. DiPalma, Surviving without Governing: Italian Parties in Parliament (Berkeley: University of California Press, 1977); Gianfranco Pasquino, "Unregulated Regulators: Parties and Party Government," in: State, Market, and Social Regulation: New Perspectives on Italy ed. Peter Lange and Marino Regini (Cambridge: Cambridge University Press, 1989); Bruno Dente and Gloria Regonini, "Politics and Policies in Italy," in: State, Market, and Social Regulation ed. P. Lange and M. Regini.

91  On the differences between the U.S., Great Britain, and France, see: Schmidt, From State to Market? Chapter One (see footnote 8). On lobbying in France, see: Suleiman, Politics, Power, and Bureaucracy, pp. 337-340. Attempting to exert influence, of course, still goes on, but it is a more subtle game. See: José Frèches, Voyage au Centre du Pouvoir (Paris: Odile Jacob, 1989), and the discussion in Schmidt, From State to Market? Chapter Seven.

92  Schmidt, From State to Market? Chapter Eight (see footnote 8).

higher levels, where informal networks of influence operate alongside the more formal channels of power.[93]

Moreover, while the decision-making process in the EU is only minimally political for the vast majority of cases and the most important level is at the bottom, where the civil servant charged with the *dossier* has the most weight and the recommendation cannot be easily reversed on other than technical grounds,[94] it tends to be much more political in statist polities. In France, for example, ultimate decision-making is political and the most important level of decision-making is at the top such that any decision, however technically competent, can be reversed relatively easily for purely political reasons.[95] The resulting clash of administrative cultures is not only evident with the French, who had typically, and mistakenly, assumed that a telephone call to Delors would solve any problem (presumably they no longer feel they have the same access, given the change in Commission president).[96] It is also clear with the British, whose constant demands for "opt-outs" reflect their uneasiness with not being able to make a last minute political decision when they do not control the process. When they do, of course, as in the case of internal British decision-making, they do not expect the policy to change, and are therefore uncomfortable with the fact that EU white-papers often do change – by contrast with British ones. For the Italians, of course, the clash of cultures is even greater, given that any political decisions, albeit also emanating from the top, have been much more clearly political in being party and patronage-related.

In addition, although the EU's "statist" pluralism in policy formulation is one in which civil servants have much greater control over the process than in a wholly pluralist policy formulation process such as that of the United States, and greater power to resist "illegitimate" interests, they still have much less control than in a purely statist process of policy formulation. This is especially true for "statist" polities in cases where governments institute "heroic" policies absent any societal input at all other than electoral, that is, without any interest expressed other than that of the voters for a government's campaign platform, as consecrated by the government's election. Thus, whereas nationalization in France following President Mitterrand's elections in 1981 and privatization in France following Prime Minister Chirac's election in 1986 were both heroic affairs, taken without any consultation other than that of the ballot box,[97] the Single Market Act, the Maastricht Treaty, and other major initiatives were the result of a tremendous amount

---

93 C. Grant, Delors: Inside The House that Jacques Built (London: Nicholas Brealey, 1994).
94 Hull, "Lobbying Brussels," Lobbying in the European Community, in eds. Mazey and Richardson (see footnote 44); Martin Donnelly, "The Structure of the European Commission and the Policy Formation Process,'" in: Lobbying in the European Community ed. Mazey and Richardson.
95 See: Schmidt, From State to Market? Chapter Seven.
96 See: Schmidt, "Loosening the Ties." (see footnote 40).
97 On the specifics of heroic policymaking, see: Schmidt, From State to Market? Chapter Two (see footnote 8). On nationalization and privatization in France, see: Schmidt, From State to Market? Chapters Four, Five, and Nine.

of consultation not only of member-states amongst themselves but also with business interests, which were themselves a major impetus for the reforms.[98] The consultation here, however, in no way resembles the free-for-all of interests that one often sees with regard to major policy initiatives in the pluralist United States.

But whereas the EU's approach to policy formulation nevertheless bears certain resemblances to that of statist polities, the EU's approach to policy implementation is at complete counter-currents with that of statist polities. For whereas in the EU regulatory approach to implementation, exceptions to the rule are regarded as illegitimate, in statist polities' administrative approach to implementation, civil servants have great flexibility in interpreting policy – and necessarily so in cases where there has been little prior consultation.

The most significant characteristic of the implementation process in statist polities such as France and Italy is that it operates on the basis of making exceptions to the rules. In France, where Alexis de Tocqueville already noted years ago that "the rule is rigid, the application flexible," implementation is characterized by the politics of accommodation or cooptation, else there is confrontation. On average, French civil servants make exceptions to the rule 50 % of the time.[99] Italy, which follows the same pattern, is more extreme: exceptions to the rule seem to be in the offing 90 % of the time;[100] and confrontation is even more accepted when accommodation or cooptation are not available.[101] The pattern differs in Great Britain, given its greater emphasis on the rule of law, its less confrontational tradition, and its lack of the Napoleonic tradition of promulgating laws in order to ignore them – which may be why so much less is codified, to allow government and bureaucracy flexibility that they would not otherwise have.

These differences between the regulatory approach to implementation of pluralist EU and the administrative approaches of statist polities leads to clashes of policymaking cultures. And where EU policies take precedence over national policies, their implementation by statist member-states necessarily complicates policymaking processes, diminishes administrative flexibility, and reduces citizen access to national decisionmaking. These effects in turn may lead to more instances of confrontation in those statist polities such as France and Italy where the population is most accustomed to protest. In others, such as Great Britain, it may at the very least engender disaffection and an increasing loss of government legitimacy.

The EU's regulatory approach, to begin with, has complicated life generally

---

98 See Maria Green Cowles, "Setting the Agenda for a New Europe: The ERT and EC 1992," Journal of Common Market Studies (Dec. 1995).
99 See: Schmidt, From State to Market? Chapter Seven.
100 Peter Lange and Marino Regini, "Conclusion," in: State, Market, and Social Regulation ed. P. Lange and M. Regini, pp. 254-255 (see footnote 90).
101 Sidney Tarrow, Democracy and Disorder: Protest and Politics in Italy, 1965-1975 (Oxford: Oxford University Press, 1988); Sonia Stefanizzi and Sidney Tarrow, "Protest and Regulation: The Interaction of State and Society in the Cycle of 1965-74," in: State, Market, and Social Regulation, ed. P. Lange and M. Regini (see footnote 90).

for the bureaucracy, since it results in two different systems of law: the old administrative one and the new regulatory one. This dual system, with the inequities resulting from different avenues for recourse, is a bit like the differences in the United States between cases taken up by the Federal Trade Commission, which go through an administrative law process before any appeal can be made to the courts, and those taken up by the Justice Department, which go directly to the judiciary. The duality of the system is probably less disruptive in Great Britain, however, given general respect for the rule of law, than it is in France or Italy, given not only the politics of accommodation but also the dependent position of judges up until very recently.[102]

The EU is not the only impetus to change in statist member-state implementation processes, however. Deregulation and privatization within member-states has led to the establishment of independent regulatory agencies which have not only complicated the bureaucracy's administrative tasks. They have also tended to disrupt the traditionally close, often informal relationships of the past where ministries and industries were free to work things out amongst themselves, either without the constraints of formal rules, as in Great Britain (where regulation of business was for the most part not formalized and often left to private sector associations or "private governments"), or in ignoring those rules that existed, as in France (where some sectors had formalized rules and others not) and even more so in Italy.

The regulatory approach, in short, whether the direct effect of the EU or the result of internal reforms that may or may not have been inspired by the EU, has complicated the traditional circuits of power and influence, leaving many of the traditional actors frustrated. These include not only governments unable to control and parliaments unable to influence regulatory agencies the way they did central administrations but also outside interests, in particular business interests, frustrated with the more arm's length relationship that denies them the kinds of accommodations to which they had become accustomed.[103]

Most significantly, however, the primacy of the EU's regulatory approach over the national administrative one in cases of European law is likely to diminish government flexibility in implementation and, therefore, also citizen participation in policymaking. Citizen and non-business interests in statist polities that already find themselves without much direct access at either the EU or national level in policy formulation will now discover that they have less influence in policy implementation. Where EU laws or EU-instigated reforms apply, citizens, already denied access at the front end, are also likely to be cut out at the back end and, lacking accommodation or cooptation, are likely to have recourse to confrontation.

102 French Constitutional scholar Guy Braibant remarked on the specific problems for France in a speech at the Conference: "La Décentralisation en France et L'Europe" sponsored by the Institut de la Décentralisation and Le Monde, in Strasbourg, Nov. 17-18, 1992. See: Schmidt, "Loosening the Ties." (see footnote 40).
103 For France, see: Schmidt, "Loosening the Ties." (see footnote 40).

This was certainly the case with French farmers during the GATT negotiations. It was equally true for the French public sector workers in late 1995, whose three-week-long strike retained public support not only because the public sympathized with much of the substance of the protest but also because it objected to the government decisionmaking process, which had involved heroic policy declarations without any real consultation. The subsequent withdrawal of much of the substance of the reform suggests that without greater consultation and some change in its statist policy formulation process, France will find it increasingly difficult to institute the reforms it needs in order to comply with Maastricht.

Italian citizens, by contrast, have yet to feel deprived of decisionmaking access by the effects of the EU regulatory approach. This is not only because they ordinarily feel deprived by a government that has gone from unchanging paralysis to constant crisis, and have therefore normally found societal routes around blockages. It is also because the government has yet to implement many of the directives or to submit as completely as have the French to the pain of austerity budgets – although there were serious general strikes in 1994 at the time of the proposed revision in the social security system. Once they implement such reforms and apply EU directives faithfully, however, the loss of flexibility is likely to be a source of as much if not more citizen disenfranchisement than in France – if, that is, they do not follow the old pattern of making exceptions to the rule. If they do conform to the demands of the regulatory approach, though, it will most likely be the judiciary that ensures it, by contrast with France, where civil servants have already begun to adapt themselves to the new mode of operation.

The effect on the British citizens is a bit more difficult to assess, given their lesser tradition of confrontation and the greater role of Parliament in the vigorous debate of ideas, which enables it to give voice if not shape to public concerns. Moreover, governments have themselves been consistently protesting the loss of national sovereignty resulting from European integration, and promoting national interest almost exclusively in the collective-decisionmaking in the Council of Ministers,[104] thus giving British citizens at least the appearance that their interests are being represented, even as their access to decisionmaking diminishes. This is in contrast to the French, where Parliament has little voice and even less power, and where there was little debate on the EU until the debate on the ratification of the Maastricht Treaty. What is more, British governments have consistently resisted the institution of regulation in areas where it has little, and in particular in the social policy arena. When Margaret Thatcher in her famous speech in Bruges in 1988 declared that: "We have not successfully rolled back the frontiers of the state in Britain only to see them reimposed at a European level," she was indicating her opposition to any Brussels-generated rules that would result in a reduction in the space left open to administrative discretion or to the private sector – rules that Great Britain, at least, would find itself duty-bound to enforce. For we should

---

104 Hayes-Renshaw and Helen Wallace, "Executive Power in the European Union." (see footnote 37).

not forget that at the same time that Great Britain has been most vocal in its opposition to the extension of EU dominance, it has been faster at embracing a regulatory culture, and its greater respect for the rule of law means that it has one of the best implementation records of all EU member-states.

Thus, the EU's regulatory approach to implementation has to a greater or lesser extent, depending upon the member-state, affected citizen access to decision-making, while its more pluralist approach to policy formulation, despite certain "statist" elements, has led to a clash of administrative cultures. The impact has been less significant for corporatist polities at both policy formulation and implementation stages.

3. The Corporatist Model and the EU

The EU's policymaking model is also certainly not "corporatist" in the manner of Germany or the smaller European democracies, where certain privileged societal interests, primarily business and labor, represented by peak associations, formulate and implement policy together in conjunction with government, represented by state agencies.[105] In the EU, labor is virtually absent from the formulation of the large majority of economic recommendations of the EU Commission, while neither labor nor business is involved in the implementation of such decisions in any countries other than those already characterized by the corporatist policymaking process, and only for certain decisions. Moreover, the way in which business is involved in the EU formulation process is different from that of corporatist polities, since instead of being inside the process as a co-equal, it remains outside as a lobbyist, with civil servants firmly in charge.

Nonetheless, business interests from corporatist polities have a leg up in this process, in that they are used to influencing the policy formulation process from the ground floor up. This is in sharp contrast with businesses in a statist polity such as France, where lobbying has traditionally been considered illegitimate and influence is exerted in a more personalistic and political manner. French businesses have typically failed in EC/EU lobbying efforts because they have sought to apply political pressure late in the game rather than to provide technical arguments that might have swayed the Commission at an early stage. The de Havilland affair, where the Aerospatiate and Aléna were not allowed to acquire the company, was a case in point.[106] And even though French businesses have surely learned to do better, they still complain of being at a disadvantage compared to the Germans

---

105 On German corporatism, see: Kenneth Dyson, Party, State, and Bureaucracy in West Germany (Beverley Hills, CA: Sage Publications, 1977). On its contrasts with the other national models of policymaking, see: Schmidt, From State to Market? Chapter Two (see footnote 8).

106 Schmidt, "Loosening the Ties" (see footnote 40); Hervé Dumez and Alain Jeunemaître, "La France, l'Europe et la Concurrence: Enseignements de l'Affaire A.T.R./De Havilland," Commentaire no. 57 (Spring 1992).

as well as the British who, perhaps because of the more traditionally arms' length relationship between business and the government bureaucracy, have learned to lobby British government quite effectively through other means, in particular through Parliament, where MPs are often themselves recognized, paid lobbyists for large companies.[107] But even the British have been caught out in a manner similar to the French in the sale of Rover to British Aerospace.[108] The Italians, for other reasons, have a hard time adapting to the lobbying process, given that business influence has typically been handled under-the-table, as recent scandals have born out, or as part of the consociative process.

Corporatist polities, moreover, also do somewhat better in terms of citizen access in the face of European integration. German citizens tend to have fewer limits to access not only because of the federal system that guarantees the Länder a role in supranational decisionmaking but also because of the social concertation process that ensures greater access to supranational decision-making by citizens organized in unions which negotiate as equals with management and government. Because Germany has been committed to the "three 'Cs': consensus, corporatism and cooperative federalism," and because that consensus is institutionalized, both the 'social partners' in the tripartite relationship and the 'governmental partners' in the federal system have had access to supranational decision-making. Business and labor associations have been largely included in deliberations involving major moves forward on European integration (e.g., with conferences held in 1988 on the implications of the Single Act), while the Länder, which play a major role in policy implementation in a great number of areas affected by EU regulation, have been largely brought into the policy formulation process by the federal government.[109]

But even Germany's corporatist model of policymaking is not a panacea in terms of citizen access. For in basing major policy decisions on tripartite agreements in which labor and business are the major non-governmental players, corporatist democracy denies other groups similar access to and influence on decision-making, e.g., consumers, women, the elderly, immigrants, and so on. Thus, although German citizens are likely to have more input into supranational policymaking than the French, the Italians, or the British, those citizens already left out of the policymaking process at the EU level are also those who are left out at the nation-state level in Germany.

The problems of citizen access to decision-making remain, in short, regardless of the model of policymaking, even if the EU's pluralist model is more charitable in its impact on member-state democracies characterized by the corporatist model

107 On French views of lobbying, see: Schmidt, "Loosening the Ties." (see footnote 40).
108 Andrew McLaughlin and G. Jordan, "The Rationality of Lobbying in Europe: Why are Euro-Groups so Numerous and so Weak? Some Evidence from the Car Industry," eds. Mazey and Richardson, Lobbying in the European Community, pp. 141-142 (see footnote 44).
109 Bulmer, "Completing the European Community's Internal Market," pp. 66-67 (see footnote 66).

than the statist. And this is only compounded by the fact that the EU pluralist model has so far allowed greater access to business interests than to any other interests, even if the effects are not nearly as one-sided as one might have supposed, given counterweights in the common notions of the public good promoted by EU institutional actors or by the generalization of prior member-state legislation.

## IV. Conclusion

Thus, the European Union, whether because of its more pluralist model of policymaking or its more federal institutional structure, has affected the balance of member-states' institutions, altered their policymaking processes, and undermined their traditional formulae for democracy. Between court decisions, policy recommendations, standardization procedures, or business and regional access and influence, the EU has in many different ways diminished the autonomy of national governments in policy formulation, limited their flexibility in policy implementation, and reduced their control over national constituencies.

No one is complaining much, however, because in exchange for the loss of autonomy and flexibility has come a larger market, higher standards generally, better protections for all citizens of the EU, and greater economic stability, while the loss of control over national constituencies has often been balanced out by national constituencies' enhancement of national influence at the EU level as well as their diminished control over national governments.

The European Union has also served to unbalance the traditional relationships between business, labor, and government. While business has become stronger and more independent of national governments, labor has become weaker in relation to business and to liberalizing governments which have become more dependent upon Brussels and less able to respond to the problems of unemployment and poverty. Here, the response is more negative from those who worry about national governments' diminished capacity to deal with social problems or are nostalgic for traditional systems of social concertation in corporatist democracies. But although the loss of state capacity remains a serious challenge to democratic stability, the demise of national-level social concertation systems as well as collective bargaining agreements could even be a blessing in disguise, given that in many instances such national systems have been replaced by more dynamic regional business-labor-government relationships, more likely to be able to flourish in the globalizing, international economy.

In addition, the EU has done much to alter in positive ways the economic environment of business and the role of the state as a political and economic actor. The economic challenges represented by European integration have provided incentives for change that would not otherwise have been there and that have also served to prepare business for international competition, while the policy imperatives created by European integration have for the most part enabled national governments to overcome the resistance of entrenched interests and the institutional hurdles to change. The role of the state could even be said to have been transformed in a positive manner, from "authoritative allocation and regulation into the role of partner and mediator," as a "negotiating state," and an industrial-policy broker rather than industrial policy creator. This has led to a new mode of governance where, rather than the nation-state being seen as sandwiched between European and subnational levels, it is seen as the central relay in a system of networks that make up the different policy areas and that contribute to the complex, multi-level governance system that is the European Union and its member-states.[110]

Finally, national governments' loss of autonomy has not kept them from finding new ways around EU imperatives, with different countries having found different ways of continuing to intervene in the economy. They have often done this in tandem with the national constituencies over which they have lost control through such means as decentralization of economic policies and through changing policy concepts, such as by subsidizing research through public-private partnerships in technology transfer rather than through subsidies. Thus, although member-states may have lost formal authority, they have not lost the capacity to act or to pursue individual political preferences.[111]

What most national governments as well as scholars overlook in their assessment of the impact of European integration, however, are the problems related to democracy. Most member-states' traditional formulae for democracy have been threatened by the superimposition of European institutional structures and policymaking processes on their own structures and processes and by non-business societal interests' loss of access to decision-making at national and supranational levels. But the nature and degree of threat to member-state democracy and citizen access differs from one country to the next, with the democracies of member-states with more centralized, unitary states characterized by a statist model of policymaking more likely to be threatened by the EU's more federal structure and pluralist model of policymaking than those with more decentralized, federal states with a corporatist model of policymaking.

It is important to note that this decreased access is not necessarily a problem in cases where societal interests remain convinced that governments are representing their interests at the national as well as European level. But as national governments have continued to deregulate and privatize, to reduce taxes, and to diminish their own control over economic policies, they have generally had less and less capacity to meet societal needs in the face of economic downturn. This has the potential of becoming a destabilizing element for national governments in cases where citizens feel cut out of the decision-making process and/or disadvantaged by European integration. And therefore, unless nation-states make their citizens feel that they are participating in the supranational decisions that increas-

---

110 See: Kohler-Koch, "The Strength of Weakness" (see footnote 61).
111 Ibid.

ingly affect their lives, the legitimacy of both the European Union and the nation-state will be increasingly open to question.

Each member-state, however, has to find its own way of revitalizing its democracy, rebalancing its institutions, and ensuring greater citizen access to national as well as EU decision-making. Together, moreover, the member-states will have to consider how to increase the representativeness of EU institutions and access to its decision-making processes without, however, jeopardizing the delicate, productive balance between national and EU institutions or risking the excesses of a pluralist system such as that of the United States.

*Erhard Stölting*

# Wandel und Kontinuität der Institutionen: Rußland – Sowjetunion – Rußland

Der Rückgriff auf vorrevolutionäre Traditionen gehört inzwischen zur politischen Kultur in Rußland. Nižnij Novgorod besinnt sich auf seine Rolle als Messestadt, die es in vorsowjetischen Zeiten gespielt hatte. Die Periode, in der es sowjetische Waffenschmiede war und der Außenwelt verschlossen blieb, erscheint jetzt als bloße Unterbrechung einer Tradition, an die sich heute wieder anknüpfen läßt. Der Sozialismus habe die geschichtliche Kontinuität nur unterbrochen, die Tradition schlummerte (Schlögel 1991, S. 337-358). Der Zusammenbruch der übergreifenden sowjetischen Institutionen weckte also den Eindruck einer Diskontinuität, die sich durch die Konstruktion von Traditionen überbrücken ließ.

Ein Paradoxon dieser überbrückenden Konstruktion besteht aber darin, daß sie aus einem begrifflichen Material errichtet wird, das tatsächlich auf eine lange und sogar ununterbrochene Traditionslinie zurückblicken kann: die Entgegensetzung von Westen und Osten. Seit den slawophilen, den romantischen und den konservativen russischen Denkern des 19. Jahrhunderts standen zur Charakterisierung dieses Gegensatzes eine Serie dichotomisch aufgebauter Begriffspaare zur Verfügung: etwa rationalistische Kälte gegen seelische Tiefe, Rechtsformalismus gegen Gerechtigkeitsempfinden, Egoismus gegen Gemeinschaftsgeist, Dekadenz gegen jugendfrische Gesundheit. Diese Sicht auf den west-östlichen Gegensatz wurde in sowjetischer Zeit dem neuen Geschichtsbild angepaßt. Sie erschien nun im marxistisch-leninistischen Topos des trotz seines technischen Glanzes und seines materiellen Reichtums verfaulenden Westens. Der begriffliche Gegensatz hielt sich durch, die Kontexte wurden relativiert.

Die dichotomische Konstruktion eines abgründigen Gegensatzes zwischen Osten und Westen, orthodoxem und lateinischem Christentum, Gemütstiefe und kaltem Rationalismus, zwischen Barbarei und Zivilisation, zwischen Rußland und Europa konnte so – mit Variationen – auch während des Kalten Krieges und darüber hinaus präsent bleiben. Sie bündelte plausibel viele Beobachtungen, und sie hat viele tiefsinnige Erkenntnisse ermöglicht. Sie verdeckte aber auch Diskontinuitäten und das Auftauchen neuer Strukturen und Traditionen. Auch die russische Geschichte ist nicht die endlose Repetition des immer Gleichen. Das kann sich gerade an Institutionen erweisen, denn gerade an ihnen kristallisieren sich Traditionen.

Die Vielfalt der Institutionenbegriffe in der Politischen Soziologie unserer Zeit gestattet es, den Begriff dem Gegenstand anzupassen (Göhler 1987, 1994). Hier soll auf einen Begriff abgehoben werden, der die mögliche normative Aufladung gesellschaftlicher Verfestigungen mitbedenkt. Dabei sollen aber Institutionen nicht einfach auf verinnerlichte Werte bezogen werden, wie in Teilen des Strukturfunktionalismus und der Sozialanthropologie. Werte erscheinen einerseits als konstitutiv für Institutionen, ohne sie ist deren Existenz nicht denkbar und nicht entschlüsselbar. Aber ihre Wirkung ist nicht determinierend. Sie gehören zu einer sozialen Realität, die nicht in ihnen aufgeht. Institutionen, die einerseits durch Werte gesteuert werden sollen, weichen andererseits in ihrem wirklichen Funktionieren von diesen Werten ab. Immer sind Werte oder – mit einem Begriff Haurious – „Leitideen" organisatorischen Realisierungen zugeordnet, die anders funktionieren, als es in den normativen Selbstbeschreibungen vorausgesetzt wird. Parlamente, Banken oder Kirchen entsprechen selten ihren normativen Idealisierungen. Die Differenz zwischen der Leitidee von Institutionen und ihrem Funktionieren ist mithin konstitutiv für institutionalisierte soziale Realität (Rehberg 1990; Waschkuhn 1987). „Leitideen" entsprechen in dieser Hinsicht den „Selbstbeschreibungen" sozialer Systeme im Sinne Luhmanns, der allerdings stärker ihre Kontrafaktizität betont.[1] Sinngemäß läßt sich damit erwarten, daß unter normalen Bedingungen normative Leitideen und reales Funktionieren der Institution aufeinander verweisen bzw. einander benötigen und doch kontrafaktisch zueinander stehen.

Die Differenz von normativer Beschreibung und „wirklichem" Funktionieren macht nur dann einen Sinn, wenn beide als aneinander gekoppelt gedacht werden. Das „Wirkliche" am Funktionieren der Institutionen erhält seine Bedeutung erst im Kontrast zu den idealisierenden Beschreibungen und bleibt damit auf sie verwiesen. Der Begriff „wirklich" ist damit im vorliegenden Zusammenhang insofern ungenau, als erst das Zusammenspiel dieses Gegensatzes das Funktionieren der Institution ausmacht.

Im Zusammenspiel aber wird das Begriffspaar heuristisch fruchtbar. Die normative kontrafaktische Beschreibung einer Institution kann zu deren Legitimierung eingesetzt werden. Immer geht dann ein Druck auf die Beteiligten aus, die Institution als das zu akzeptieren, was die Selbstbeschreibung behauptet. Dieser Druck kann bis zur Zensur gehen, er kann von bestimmten Individuen verinnerlicht werden, er kann aber auch in zynischer Form akzeptiert werden: Man glaubt nicht an die normative Beschreibung, gibt aber aus anderen Gründen zumindest öffentlich vor, sie zu akzeptieren.

Diese Form des Umgangs mit der Differenz von normativem Anspruch und Realisierung war gerade für sozialistische Gesellschaften charakteristisch: Man

---

[1] Luhmann hat in späteren Versionen seiner Theorie den Begriff der Institution weitgehend vermieden. Im Anschluß an Neil MacCormick verstand er nun eine Institution als eine „rechtsimmanente Einschränkung des Prozessierens von Rechtsfragen" (Luhmann 1993, S. 355; MacCormick 1976); zur „Selbstbeschreibung" s. Luhmann (1984).

nahm die Differenz wahr und leugnete sie öffentlich. Es war den Beteiligten bekannt, daß die anderen die umgebende institutionelle Realität in gleicher Weise wahrnahmen, aber sie gaben es in der Regel nicht zu. Der Loyalitätsbruch, der geahndet wurde, bestand nicht in der zynischen Distanz zu den Werten, sondern darin, diese zynische Distanz öffentlich zu machen (Goldfarb 1989).

Eine letzte Reaktionsmöglichkeit auf die Differenz von Leitideen und „wirklichem" Funktionieren besteht in der Rebellion. Die Beteiligten nehmen dann den normativen Gehalt der Leitidee ernst, sehen die Differenz als Unglück und fordern ihre Beseitigung – sei es durch eine Reform der Institution, sei es durch ihre Abschaffung, sei es durch Auswechslung der in ihr handelnden Menschen usw.

Die Differenz von Leitideen und institutionellem Funktionieren kann mithin ganz unterschiedliche Auswirkungen haben. Sie kann Institutionen eine „Elastizität" verleihen, die immer wieder Anpassung an veränderte Umstände ermöglicht. Sie kann eine brüchige Stabilität bewirken, und schließlich sogar zur Destabilisierung beitragen.

Die Selbstbeschreibungen ihrerseits lassen sich auf unterschiedlichen Abstraktionsebenen differenzieren. Sie können bestimmten Formmechanismen folgen, die eine höhere Konstanz besitzen als die aktuellen konkreten Selbstbeschreibungen und erst recht als die organisatorischen Formen, die ihnen zugeordnet sind. Ein Beispiel dafür war die normativ aufgeladene Ost-West-Dichotomie, bei der sich hinter der sichtbaren sowjetischen Diskontinuität weitgehend eine begriffliche Grundstruktur durchgehalten hatte, die heute reformuliert wird.

Kontinuitäten und Brüche lassen sich daher auf verschiedenen Ebenen beobachten. Diese Möglichkeit zu berücksichtigen ist um so wichtiger, als die russischen Entwicklungen nach 1917 einen besonders markanten Traditionsbruch zur Folge hatten, der von wirklichen institutionellen Neubildungen begleitet war. Diese Neubildungen fanden in der zweiten Hälfte der achtziger Jahre des 20. Jahrhunderts ein Ende, welches aus westeuropäischer Perspektive ungewöhnlich schien und zugleich die theoretische Phantasie beflügeln konnte. Es bestand u.a. darin, daß Leitideen und institutionelle Kristallisationen, die sonst einander kontrafaktisch zugeordnet sind, sich voneinander lösten. Den institutionellen Resten fehlte weitgehend die normative Dynamisierung und die öffentliche Legitimierbarkeit.

Aber gerade diese – sicherlich nur zeitweilige – Trennung von normativ idealisierender Beschreibung und wirklichem Funktionieren machte die Konstanz bestimmter Hintergrundannahmen um so deutlicher erkennbar. In ihnen zeigte sich eine Kontinuität, die sonst eher verborgen geblieben war. Zugleich entstanden neue Formen, die sich als Traditionen ausgaben und die sich am besten in einem charakteristischen Kaufverhalten exemplifizieren lassen: Die neue Bourgeoisie kaufte auf den Trödelmärkten Stammbäume und Ölgemälde, die noch zu definierende Ahnen darstellten. Während die vorgeblichen Traditionen mithin gerade auf den Wandel und auf Emergenz verweisen, ist es die Krise, die tiefer liegende Kontinuitäten sichtbar macht.

## I. Die Neugründung einer Tradition: Kosaken

Die Kosaken und ihre Organisationen haben sich in den russischen Metropolen und vielen ihrer ehemaligen Hochburgen zurückgemeldet (Ormrod 1993). In ihren Selbstdarstellungen definieren sie sich in der Regel als Fortsetzer einer uralten, spezifisch russischen Tradition. In vielen Fällen mag es tatsächlich verwandtschaftliche Linien und Erinnerungen geben, die bis in die Gegenwart reichen. Von einer durchgängigen Traditionslinie kann aber schwerlich die Rede sein. Gerade die Traditionen der Kosaken wurden in der sowjetischen Zeit nachhaltig und wirkungsvoll unterdrückt (Sidorov 1994). Die Revitalisierung der Kosakenschaft ist also eher eine Neuschaffung als das Wiederauftauchen von etwas Unterdrücktem, das untergründig lebendig geblieben ist. Wie andere Bemühungen, versunkene Traditionen wiederzubeleben, lassen sich daher auch die der Kosaken den „erfundenen Traditionen" zuordnen (Hobsbawm/Ranger 1983).

Daß eine Tradition erfunden wurde, bedeutet aber nicht, daß sie für die Gegenwart irrelevant wäre. Sie nimmt, um sich zu legitimieren, nur eine geschichtliche Kontinuität in Anspruch, die so nicht besteht. Wo sie sich durchgesetzt hat, kann sie durchaus mächtig werden und das Geschichtsbild der Zeitgenossen prägen.

Die Bewegung der erneuerten Kosaken läßt sich den Bemühungen um eine Stärkung und Neufassung des nationalen Bewußtseins in Rußland zuordnen (Gehrmann 1992; Sergeev 1993; Skorik 1994; Ivannikov 1993). Das gilt sinngemäß auch für die Ukraine (Gehrmann 1994). In ihren kriegerischen Aspekten stehen die Kosaken der russischen Armee bzw. einem idealisierten historischen Bild dieser Armee nahe, in ihren nationalen Aspekten nehmen sie die expansiven Ideologeme der russischen Geschichte auf. Kulturell ordnen sie sich besonders emphatisch der orthodoxen Kirche zu. Damit stehen die Kosaken innerhalb der heutigen politischen Ordnung Rußlands im „national-patriotischen Lager" (Dunlop 1983; Solovyov/Klepikova 1995; Belin 1995; Gussejnow 1994; Lewinson/Schokarew 1994). Die Nähe zum Militärwesen gehört bei den Kosaken damit zum folkloristischen Kern der erneuerten Tradition. Ein Kosak solle bereit sein, sich überall dort als Freiwilliger zu melden, wo das Russentum in Gefahr sei. Der erste große Auftritt von Kosaken fand entsprechend in Transnistrien statt, das sich von der ehemaligen Sowjetrepublik Moldawien löste, als diese unabhängig wurde.

Wie jede neue Tradition reflektiert auch diese besondere zeitgenössische Wünsche und Einschränkungen. Der Antisemitismus etwa wird zumindest nach außen eher heruntergespielt, obwohl er vor der sowjetischen Zeit die kosakischen Denkweisen durchdrungen hatte (Löwe 1978; Kostyrchenko 1996). Anders als früher schließen sich die Kosaken heute weder ständisch noch ethnisch ab. Man muß nicht mehr nachweislich als Kosak geboren sein, um als solcher anerkannt zu werden. Sogar die Position der Frauen soll modernisiert worden sein. Zweifel sind sicherlich möglich (Schapiro 1986; Conquest 1996).

Die neuen Kosaken aus einer institutionellen Perspektive anzusehen, kann in eine erste Differenzierung hineinführen: Es besteht eine normativ bestimmte Leitidee, die eine Re- bzw. Neuorganisierung begründen, legitimieren und kontrafaktisch beschreiben kann. Diese Leitidee wird auf eine Tradition bezogen, die als alte geglaubt werden muß, um zu funktionieren. Das schließt Anpassungen an wichtige gesellschaftliche Veränderungen nicht aus. Es verweist aber darauf, daß bei den Leitideen die fiktiven und als solche bewußten von jenen unterschieden werden können, die Elemente tatsächlicher Kontinuität enthalten.

Über den Erfolg neu geschaffener Traditionen entscheidet, ob sie gegenwärtigen Bedürfnissen entsprechen. Sie müssen sich an die wahrgenommene Umwelt anpassen, und sie müssen die Befriedigung aktueller Bedürfnisse zumindest versprechen. Oft bestehen diese Versprechen nur in der Ermöglichung eines elitären Selbstgefühls und schmeichelhafter nationaler Selbstidentifikation. Im Falle der Kosaken wird jedoch auch ein Gut bereitgestellt, das in den nachsozialistischen Gesellschaften selten und kostbar geworden ist: Vertrauen (Sztompka 1995).

Mitglied einer Kosakengruppe zu sein, kann Fundament für jenes persönliche Vertrauen werden, das im Geschäftsleben unentbehrlich ist. Denn ihrem moralischen Anspruch nach können sich Kosaken auch im wirtschaftlichen Leben aufeinander verlassen. Sie verstehen sich nun auch als Hüter kapitalismusnaher wirtschaftlicher Tugenden, wie Fleiß, Sorgfalt und Zuverlässigkeit, und übernehmen eine Rolle, die Weber einst den protestantischen Sekten in den USA zuschrieb (Weber 1988, S. 207-236). Auch in dieser Hinsicht verstehen sich die erneuerten Kosaken in ihrer normativen Selbstbeschreibung als Kern einer russischen Erneuerung.

Die neue Kosakentradition führt also mehrere Tendenzen zusammen, die sich in die Gegenwart einpassen lassen. Auf der einen Seite greift sie auf begriffliche Bestände zurück, die in der antiwestlichen Tradition Rußlands im 19. Jahrhundert ausformuliert wurden (Masaryk 1992, Bd. 1, S. 209 ff., Bd. 2, S. 196 ff.; Walicki 1989; Goerdt 1995, S. 262 ff.). Auf der anderen Seite steht die wahrgenommene Notwendigkeit einer Erneuerung der wirtschaftlichen und öffentlichen Moral. Diese Erneuerung kann sowohl im klassischen Sinne der slawophilen Tradition gegen den „verfaulenden Westen" gewendet werden, der Rußland angesteckt habe, wie zugleich auch funktional der Wiederbelebung effizienter marktwirtschaftlicher Strukturen dienen. Die heutigen Kosaken sprechen damit zwei Bedürfnisse an: Erstens erleichtern sie die Suche nach einem Ort der historischen und kulturellen Selbstidentifikation.[2] Zweitens antworten sie auf ein wichtiges strukturelles Problem der gegenwärtigen sozialen Beziehungen in Rußland – die Schwierigkeit der Herstellung von Vertrauen. In diesem Sinne lassen sich die neuen Kosaken anderen informellen Gruppen und Netzen vergleichen, deren Funktion es u.a. ist, Vertrauen zu ermöglichen.

---

2 Dem dienen die vielen idealisierten Geschichten des Kosakentums, die jetzt erscheinen, u.a.: Nelepin (1995); Novickij u.a. (1991); Abdirov (1994).

Das Vertrauen ist dabei in einem ganz elementaren Sinne zu verstehen: Jeder Vertrag setzt die subjektive Gewißheit voraus, daß andere ihn einhalten werden. Damit etwa Verträge zustande kommen können, muß jede Seite überzeugt sein, daß die jeweils andere Seite den Vertrag einhalten wird. Die Möglichkeit des Vertrauens ist damit Voraussetzung von Gesellschaft und ein Grundproblem der soziologischen Reflexion. Die Unsicherheit muß durch einen Glaubensakt überwunden werden.[3]

Unter normalen Bedingungen gibt es eine Fülle informeller Mechanismen und sozialer Gebilde, die das Vertrauen immer wieder bestätigen und gegen Enttäuschungen konstant halten. Gemeinsame Herkunft, Verwandtschaft, Jugendfreundschaften, lange gemeinsame Mitgliedschaft in Vereinigungen, die auch die Person als solche sichtbar werden lassen, können eine Stütze bei der Herausbildung von persönlichen Vertrauensverhältnissen sein. Daß persönliches Vertrauen trotz eines hohen Formalisierungsstandes Funktionsvoraussetzung bleibt, erweist es als einen grundsätzlichen Mechanismus der sozialen Interaktion, der zu den religionsförmigen Mechanismen des sozialen Lebens gehört.

Das Vertrauen gewinnt an besonderer Bedeutung dort, wo formelle soziale Strukturen sich auflösen, verschwinden oder relativiert werden (Simmel 1968, S. 284). Je mehr die formellen Mechanismen an Geltung verlieren, desto wichtiger werden jene freundschaftlichen Beziehungen, auf die die Beteiligten glauben sich verlassen zu können. Das zeigt sich paradigmatisch in so wenig legalen Vereinigungen wie den Gangs, in denen die Möglichkeit persönlichen Vertrauens Existenzbedingung ist (Stölting 1983).

Letztlich kann sich niemand darauf verlassen, daß seine Erwartungen eintreffen. Es ist ein Glaubensakt, der die Unsicherheit aufhebt und das Vertrauen absichert, und er verweist auf eine weitere Perspektive. Indiz der Vertrauenswürdigkeit anderer ist die gemeinsame Bindung an eine institutionelle Leitidee. Sie muß für wahr und alt gehalten werden, um wirksam zu sein – ebenso wie bei religiösen Inhalten die Glaubensgewißheit sich immer wieder auf Alter, Indizien der Offenbarung, himmlische Zeichen usw. stützt.[4] Die fiktive Grundlage der menschlichen Vergesellschaftung wird an diesem Beispiel besonders gut erkennbar. Die vermeintlich wieder auftauchenden oder revitalisierten Traditionen, die tiefe geschichtliche Unterbrechungen gerade überbrücken sollen, suchen nach Indizien und nach bekräftigenden Riten, die auch neu geschaffen werden können.

---

3 „Vertrauen, als Hypothese künftigen Verhaltens, die sicher genug ist, um praktisches Handeln darauf zu gründen, ist als Hypothese ein mittlerer Zustand zwischen Wissen und Nichtwissen um den Menschen" (Simmel 1968, S. 265):
4 Immer wieder suche der Glaube nach empirischen Bestätigungen, Belegen usw." (Simmel 1968, S. 2639).

## II. Sowjetische Diskontinuität und Tradition

Nun gibt es zwar zweifellos auch Traditionen, die sich durchhalten. Aber Traditionen, die sich an rituelle Äußerlichkeiten halten, die „gepflegt" werden, wecken den Verdacht, neu erfunden zu sein, gerade weil sie das Gegenteil ausdrücklich behaupten. Je mehr eine Tradition bewußt ist, desto deutlicher lassen sich Indizien für historische und institutionelle Diskontinuität finden. Die wirklichen Kontinuitäten setzen sich meist in den alltäglichen Selbstverständlichkeiten fort, die kaum Gegenstand besonderer Überlegungen werden und die selbstverständlicher Sinnhorizont des Handeln bleiben. Es ist mithin Teil einer Beschwörung und Plausibilisierung von fiktiven Traditionslinien, wenn gegenwärtig die Kontinuität gegenüber den Veränderungen, die die sozialistische Zeit brachte, betont wird.

Die Einschnitte in Rußland waren jedoch offensichtlich besonders tief, tiefer als in den anderen ehemals sozialistischen Ländern Osteuropas. Der Sozialismus dauerte erheblich länger; vor allem aber war die Zeit des tiefen und gewaltsamen Umbruchs, des Terrors und der bewußten Zerstörung von Kontinuitätslinien nachhaltiger.

Die Aufmerksamkeit auf die Kontinuität historischer Traditionen fördert nicht nur eine Verzeichnung von erneuerten bzw. wieder erfundenen Traditionen. Sie führt leicht auch zu einer systematischen Unterschätzung der Verluste an historischer Erinnerung. Diese Verluste sind schon unter normalen Umständen erheblich. Das historische Erinnern ist selektiv. Einiges wird bewahrt und re-interpretiert, anderes verschwindet spurlos (Ash 1996). Das Erinnerte wird in je gegenwärtigen Kontexten benötigt (Halbwachs 1991; M. Bloch 1925; Funkenstein 1989; Wachtel 1986, S. 207-224).

Die Stalinzeit, in der es lebensgefährlich war, persönlich in unerwünschten historischen Kontinuitätslinien zu stehen und in der offene Kommunikation im privaten Rahmen tollkühn gewesen wäre, hat das Vergessen, das Verschwinden historischer Zusammenhänge gefördert. Zu den traumatischen Ereignissen, die die soziale Erinnerung unterbrachen, gehören die Kollektivierung und die mit ihr einhergehenden Schrecknisse, die die Bauernschaft und ihre Welt zerstörten (Fitzpatrick 1994; Horsborough-Porter 1993). Zerstört wurden auch die Reste der alten tragenden Sozialgruppen der vorsozialistischen Gesellschaft, Adel und Großbürgertum. Wer diesen Gruppen entstammte, versuchte den Makel seiner Herkunft zu leugnen oder zu minimieren und ihn seinen Nachkommen zu verschweigen. Traditionsbrüche gab es schließlich in der Arbeiterschaft selbst (Süß 1985, S. 39 ff.). Auf diese Weise verkürzte sich die Erinnerung. Selten reicht sie in vorstalinistische Zeiten zurück, fast nie in vorrevolutionäre (Hosking 1988). Auch in nachsowjetischen Zeiten scheint der kollektiven Erinnerung zufolge Rußland frühestens 1917 geschaffen worden zu sein. Was davor war, gehört zu einer undeutlichen mythischen Vorzeit.

Den Platz einer historischen Erinnerung besetzt im heutigen Rußland daher vor allem die sowjetische Zeit. Ihr Ende bzw. ihr Fortleben ist der Hintergrund, der bei der Frage nach der Kontinuität und der Unterbrechung mitbedacht werden muß. Die sowjetischen Kontinuitäten könnten entsprechend stärker sein als die russischen. Vorrevolutionäre Institutionen wären dann gerade durch sowjetische perpetuiert worden. Die Retraditionalisierung müßte damit ein ambivalentes Verhältnis zur sowjetischen Zeit haben: Insofern diese Zeit nicht als Teil der „echten" Geschichte gewertet würde, erschiene sie als bloße Unterbrechung. Sofern sie eine russische oder eine nur sowjetische Kontinuität transportierte, wäre sie unverzichtbar. Die Folge des ungeklärten Verhältnisses sind Unsicherheit oder Eklektizismus bei der Konstruktion von Traditionslinien.

Zum Teil wird im sogenannten patriotischen Lager die sowjetische Zeit als Fremdherrschaft gedeutet (Dunlop 1983; Alekseeva 1984, S. 396-411). Diese Art der Rückwendung zur Vergangenheit kann aber auch einem bestimmten Typus der sowjetischen Nostalgie eingepaßt werden. Teile einer wiedergeschaffenen russischen Tradition und Traditionsreste der sowjetischen Zeit werden dann zusammengefügt. Auch die antikommunistischen Patrioten verzichten nicht gerne auf den Stolz auf das untergegangene Sowjetreich.

Russischer Nationalismus, imperiale Tradition und sowjetische Affirmation waren allerdings schon unter Stalin zusammengebracht worden. Der offizielle Staatskult hatte sich unter ihm mehr und mehr von den alten marxistischen Dogmen abgewandt, die noch Mitte der zwanziger Jahre dominierten, und hatte die Verehrung der großen staatsbildenden und modernisierenden Herrscherpersönlichkeiten der russischen Geschichte zur offiziellen Pflicht gemacht. Während des zweiten Weltkriegs war dieses national-russische Element noch gestärkt worden. Selbst die orthodoxe Kirche erfuhr damals eine partielle Rehabilitierung als nationale Kraft (Deutscher 1949, S. 461 ff.; Wolkogonow 1990, S. 611 ff.).

Die Ambivalenz und Unsicherheit angesichts der russischen und sowjetischen Kontinuitäten und Diskontinuitäten wird an der *Armee* besonders manifest. Schon die Frage, ob die sowjetische Armee die kaiserlich russische fortsetzte oder nicht, ist für die Selbstidentifikation wichtig. Denn gerade diese Armee lud in besonderer Weise zur Identifikation ein. Der Große Vaterländische Krieg mit dem glanzvollen Sieg über einen fürchterlichen Aggressor hatte die Sowjetunion als eine Weltmacht bestätigt. Für die Bürger der Sowjetunion war das ein verlockendes Identifikationsangebot. Vielleicht liebte die Welt die Sowjetunion nicht, aber sie respektierte sie. Das alltägliche Leben war nicht einfach, aber in feierlichen Augenblicken konnte es beglücken, als Bürger der Sowjetunion an deren Stärke teilzuhaben und darüber Stolz empfinden zu dürfen. Für die aktive Kriegsgeneration und jene, die ihr nachfolgten, war und ist dieser Stolz etwas sehr Reales, denn in ihm ließ sich die große Geschichte mit der persönlichen Biographie verbinden. Die offizielle Politik unterstützte dieses Bild: Das Land bedeckte sich mit großen und erhabenen Denkmälern, in denen sich die Sowjetunion selbst darstellte. Periodisch wurde das Gefühl durch feierliche Zeremonien neu belebt.

Schon vor dem Krieg, und verstärkt nach ihm, zogen Stalin und seine Historiker eine russische Traditionslinie in die damalige sowjetische Gegenwart. Stalin selbst ließ sich in den Medien in eine Reihe autokratischer Herrscher einreihen: Aleksandr Nevskij, Ivan Groznyj, Peter der Große und schließlich er selbst: alle erschienen zugleich als Verkörperungen eines starken zentralistischen Rußland (Ward 1993, S. 151 ff.). Die Armee und ihre Rituale wurden in der Tradition eines autoritären und zentralistischen Rußland verankert.

Der in den Feiern und öffentlichen Darstellungen präsentierten Idee der russisch-sowjetischen Armee entspricht deren Realität nicht mehr. Die russische Armee ist in einer außerordentlich schlechten Verfassung (Fischer 1992; Henke/Fischer 1992). Bis in die unteren Ebenen hinein ist sie von Korruption durchsetzt, die laufenden Mittel reichen nicht aus, um das normale Funktionieren zu garantieren. Entsprechend niedrig ist die Moral der Truppen.

Spätestens im Afghanistan-Krieg, noch in sozialistischer Zeit also, wurde die Differenz zwischen idealisierender Beschreibung der russisch-sowjetischen Armee und ihrer Wirklichkeit auch öffentlich wahrnehmbar. Während der Zeit der Perestrojka wurde die Armee erfolglos und erratisch eingesetzt, um separatistische Bestrebungen zu bekämpfen. So stärkte sie den Widerstand in den separationswilligen Sowjetrepubliken. Den russischen Verehrern militärischer Stärke mußte die eigene Armee als schwächlich erscheinen. Sie entsprach nicht mehr dem glänzenden Bilde, das über Jahrzehnte gültig gewesen war. Der Rückzug aus Osteuropa, v.a. aus der DDR, war eine Schmach, die die Desorganisation und Ineffizienz dieser einst stolzen Streitkraft zeigte. Aus der Perspektive der Verehrer russischer Stärke setzte die militärische Unfähigkeit, die sich im Krieg um Tschetschenien zeigte, diese Tendenz nur fort.

Der lamentable Zustand der Armee zerstörte auch im selbständigen Rußland El'cins nicht einfach das alte Idealbild, er löste es nur tendenziell von der bestehenden Armee ab. Das Idealbild bestand fort, obwohl sich die Wirklichkeit von ihm weit entfernt hatte. Nun flottierte es frei als Nostalgie durch die russischen Medien und russischen Diskurse. Die Abgrenzung gegen die muslimischen Völker, gegen den Westen, gegen die Juden verband sich ebenso mit rechtsextremen Versatzstücken, die sich auf eine heidnische oder eine orthodoxe Vergangenheit bezogen, wie mit sentimentalen Erinnerungen an den Großen Krieg und an Stalin. Die schlimmsten Zeiten wurden als die goldenen verklärt. Stalins Epoche erschien so, wie sie die zeitgenössische Propaganda dargestellt hatte, als eine des Aufschwungs und des Enthusiasmus, an den spätere wieder anknüpfen sollten (Laqueur 1990, S. 295 ff.; Stites 1992, S. 64 ff.). Den großen Vaterländischen Krieg ohne seinen siegreichen Kriegsherrn zu feiern, war unvollkommen.

Zum 50. Jahrestages des Sieges über Deutschland wurde dies seitens der russischen Regierung in der populistischen Restauration sowjetischer Symbole erkennbar. Die Siegesfeiern waren bereits Teil des Präsidentschaftswahlkampfes von 1996. Der Jahrestag wurde mit sowjetischen Fahnen und sowjetischer Militärmusik so pompös gefeiert, weil die politische Führung des Landes davon überzeugt war, daß relevante Teile der Bevölkerung an den alten Idealisierungen hingen. Um allerdings den Eindruck zu mildern, daß Stalin und sein Regime gleich mit rehabilitiert werde, wurde anstelle Stalins General Žukov zum verehrten Kriegshelden erhoben.

Hinter der Verwirrung und dem Eklektizismus, der auf eine vorbegriffliche Sentimentalität verweist, zeichnet sich gleichwohl auf einer anderen Ebene ein Kontinuitätmuster ab. Die über Erinnerungen an die große Armee vermittelte Symbolik evoziert kaum irgendwelche marxistisch-leninistischen Inhalte, auch wenn Hammer und Sichel als Embleme auftauchen. In ihr verbindet sich vielmehr der Stolz darauf, Bürger einer Großmacht zu sein, mit Vorstellungen von Disziplin und Effizienz (Carrère d'Encausse 1979, S. 190 ff.). Erkennbar wird die militärische Disziplinierung als eine Leitidee der Armee und – über sie hinaus – der Gesellschaft überhaupt. Die sozial-utopische militärische Idee reicht in die Frühzeit des Stalinismus zurück, etwa in die pädagogischen Vorstellungen Makarenkos, die die stalinistische Pädagogik geprägt hatten (Pataki 1988, S. 194-207). Gereinigt von seinen marxistischen Rudimenten, prägte das Ideal einer militarisierten Gesellschaft bereits in der Spätzeit Brežnevs die einflußreichen „Staatsfreunde" („gosudarstvenniki"), eine Strömung innerhalb der sowjetischen literarischen Intelligenz, die durch die Armee selbst gefördert wurde (Dunlop 1993, S. 123-185).

Dieses disziplinäre Bild enthielt schon damals – und verstärkt in der Zeit der Perestrojka – kritische Potentiale, die nicht als demokratische Potentiale mißverstanden werden dürfen. Militärisches Denken, der Wille, das Land mit militärischen Mitteln zusammenzuhalten und einen entschiedenen Kampf gegen Egoismus und Korruption zu führen, bewegte die militärische Opposition gegen Gorbačëv. Heute bestimmt sie die Äußerungen von General Lebed' (Orttung 1995, S. 17 f.). In dieser Weise ist die Tradition der russischen Armee also trotz aller Rückbezüge auf frühere Zeiten zumindest in den äußeren Formen und den Symbolen genuin sowjetisch. Es sind zudem gerade diese äußeren Formen, die Nostalgien auslösen und politisch einsetzbar machen.

Das Auseinandertreten von idealisierten Beschreibungen und organisatorischer Wirklichkeit und die Selbständigkeit der sowjetischen Tradition gegenüber der älteren russischen wird an der *Kommunistischen Partei* noch deutlicher. Die Auflösung dieser Partei hat eine Leitidee freigesetzt, die sich an keine Organisation mehr wirklich anheften kann. Denn die KPdSU bündelte die Macht nicht nur, sie war auch deren Inkarnation. Deutlicher noch als die Armee war sie eine genuin sowjetische Schöpfung, die im alten Rußland keine Entsprechung besessen hatte.

Entscheidend war die subjektivierende Mystifikation der Partei selbst, die bereits unter Lenin begonnen hatte. Die Vorstellung, daß die Arbeiterklasse der soziale Träger der abschließenden historischen Umgestaltung sei, gehörte ebenso zum Kernbestand der leninistischen Doktrin wie die, daß die wahre historische Vernunft dieser Arbeiterklasse ihre Verkörperung in der Kommunistischen Partei finde. Vor allem seit den zwanziger Jahren erschien die Partei nicht mehr einfach als „Avantgarde", sondern als hypostasiertes historisches Subjekt, wie es zuvor schon die Arbeiterklasse hatte sein sollen. Entsprechend galt die Partei als fähig zu denken, zu entscheiden und moralisch zu empfinden.

Das Spiel der Hypostasierungen konnte fortgesetzt werden, indem etwa das Zentralkomitee die höhere Weisheit der Partei verkörperte oder der Generalsekretär unmittelbares Sprachrohr des Weltgeistes wurde. Bis in die achtziger Jahre hinein setzten philosophische Fachartikel Äußerungen des Generalsekretärs der KPdSU oder Beschlüsse des Zentralkomitees als Ausweis der Unterwerfung unter die Parteilinie und als Wahrheitsbeweis ein. Daß hinter den Vorstellungen einer Inkarnation eine letztlich theologische Denkfigur stand, wurde aus nahe liegenden Gründen selten deutlich gemacht. Die bis ins Theologische hineinreichende Selbstbeschreibung der KPdSU, der postulierte „demokratische Zentralismus", die verbindliche Parteigeschichte und die verbindliche Parteilinie waren Teil des sowjetischen Institutionengefüges.

Wie bei Leitideen überhaupt, bedeutet das nicht, daß die KPdSU so funktionierte, wie es ihre Leitidee forderte oder behauptete, sondern daß sie die bestimmte Gestalt, die die Herrschaft angenommen hatte, legitimierte. Ohne ihre Leitidee hätte die Institution KPdSU nicht so funktionieren können, wie sie es tat. Mit ihrer Leitidee war die Partei in das Funktionieren der sowjetischen Gesellschaft eingeschrieben. In ihr wurde die Wirtschaftslenkung, die Herrschaftssicherung und das ganze politische und administrative Leben der Sowjetunion organisiert. Gesellschaftlicher Aufstieg oder die Zumessung von Lebenschancen geschahen in einem Rahmen, der durch sie wesentlich bestimmt wurde. Die dynamisierende Rolle der Leitideen wird daran erkennbar, daß Gorbačëv in seiner Anfangszeit als Generalsekretär versuchte, eine Art Ur-Leninismus gegen die Verkrustungen seiner Zeit ins Feld zu führen und damit eine Zeit lang sogar Widerhall fand (Bowin 1988; Butenko 1988).

Das Bild einer monolithischen Einheit der KPdSU war aber immer schon kontrafaktisch gewesen. Immer wieder gab es Machtkämpfe und Fraktionierungen. Es gab regionale Machtzentren und eine weit verzweigte Korruption. Die Kommunistische Partei war eine Welt, innerhalb derer Individuen und Gruppen ihr Leben und ihren Aufstieg planten und teilweise durchsetzten. Da die Strukturen der Partei zwar im Ganzen instrumentalisierbar waren, aber immer auch den Machtstrategien von Individuen und Gruppen die Erfolgskriterien vorgaben, blieb die Partei zugleich elastisch und relativ stabil.

Wie in allen formellen Organisationen waren informelle Vertrauensbeziehungen auch in der Partei wichtig. Es waren Gruppen, die ihren Aufstieg gemeinsam machten und sich um eine Führerfigur gruppierten. Gemeinsam suchten sie Protektion auf den oberen und Verbündete auf den unteren Ebenen. Denn sie brauchten nicht nur Unterstützung von oben, sie mußten sich darauf verlassen können, daß ihre Politik, die sie auf Grund ihrer formellen Macht durchsetzen wollten, auf den unteren Ebenen auch umgesetzt wurde (Voslensky 1989, S. 281 ff.; Tucker 1987, S. 108-139).

Auch hier waren persönliche Vertrauensverhältnisse nützlich. Gruppen, deren

Mitglieder einander vertrauen können, haben gegenüber anderen einen strategischen Vorteil. Der Mechanismus, der für illegal operierende Gruppen gilt, wirkt auch bei informellen Gruppen. Der Unterschied zu vergleichbaren Gruppen in westlichen Ländern bestand darin, daß die intern durch Vertrauen zusammengehaltenen Gruppen sich nicht in Wahlprozeduren gegen Konkurrenten durchzusetzen hatten, sondern daß sie sich um höhere Protektion bemühen mußten. Auch hier allerdings setzten Machtverschiebungen langwierige Prozesse der Vertrauensbildung voraus, das Knüpfen von Verbindungen, das Ausnutzen hierarchischer Chancen usw.

Das Bild, in dem Individuen und informelle Gruppen Machtstrategien verfolgen und dafür informelle Beziehungen eingehen, entsprach zweifellos nicht dem Selbstbild der Kommunistischen Partei. Aber diese Partei war der Rahmen, innerhalb dessen die Positions- und Machtstrategien stattfanden. Und zu diesem Rahmen gehörte die Leitidee der Partei selbst. Auch wenn diese Leitidee kontrafaktisch war – und sein mußte –, so war sie doch Funktionsbedingung des Ganzen. Und da die Kommunistische Partei das gesamte Gefüge der politischen Institutionen zusammenband, war auch ihre kontrafaktische Leitidee ein tragender Teil der sowjetischen Realität überhaupt.

Diese mächtige Institution wurde von Gorbačëv systematisch demontiert. Ob gewollt oder ungewollt begann die Demontage damit, daß er zunächst „seine" Leute, denen er glaubte vertrauen zu können, in Schlüsselstellungen brachte und die Reste der Gruppe um Brežnev von der Macht verdrängte. Dies Verfahren entsprach noch dem traditionellen Verfahren des kollektiven Aufstiegs von Gruppen in den sowjetischen Apparaten.

Die Demontage der KPdSU begann also damit, daß die Macht tatsächlich weiter konzentriert wurde. Da andere Entscheidungspositionen schrittweise mit Personen besetzt wurden, denen Gorbačëv glaubte vertrauen zu können, waren mögliche Widerstände aus dem Apparat selbst geschwächt worden. Erst dann setzten Schritte zu einer internen Demokratisierung ein, die vorsichtig auf das ganze politische System ausgedehnt wurden. Die schrittweise Demokratisierung war Teil einer Strategie, in der Gorbačëv den bis dahin übermächtigen Apparat des Zentralkomitees entmachtete, ihn auf rein politische Aufgaben beschränkte und aus der unmittelbaren Wirtschaftslenkung herauszog. Schließlich wurde sogar die verfassungsmäßig fixierte führende Rolle der Partei aufgegeben. Die Folgen wurden rasch sichtbar. Parteimitglied zu sein, war nicht mehr Vorbedingung gesellschaftlichen Aufstiegs. Macht war auch anders erwerbbar. Die Kommunistische Partei begann ab 1989 rapide zu schrumpfen. In 18 Monaten, von 1990 bis 1993, traten vier Millionen Mitglieder aus der KPdSU aus, die zuvor 16 Millionen gehabt hatte (Mommsen 1996, S. 61-83).

Die Auflösung der alten Struktur der KPdSU war Teil der Auflösung der alten Machtstrukturen überhaupt. Etwas Neues trat nicht sofort an ihre Stelle. Es verschwanden nur die alten Klammern, die bislang das Ganze zusammengehalten hatten. Die einzelnen Verwaltungseinheiten begannen frei zu flottieren oder sich nach eigenen Mechanismen neu zu organisieren, mit anderen Elementen um Macht zu konkurrieren oder sie zu bekämpfen.

Damit drifteten aber auch organisatorische Elemente und Leitidee auseinander. In den weiter funktionierenden, aber freigesetzten Elementen wirkten die alten Herrschaftsmechanismen fort, aber es fehlte ihnen eine kontrafaktische Leitidee und mit ihr eine Legitimität, die über ihr bloßes Funktionieren hinausgegangen wäre. Die alten Leitideen ihrerseits verschwanden nicht sofort, nachdem die organisatorischen Formen, auf die sie sich bezogen hatten, verschwunden waren, im Gegenteil.

In der allgemeinen Desorientierung, die durch die Auflösung des Rahmens hatte entstehen können, blieben – wie im Falle der Armee – die idealisierenden Beschreibungen als nostalgische Sinnangebote erhalten. Indem sie zugleich der Kontrolle durch das organisierte Machtgefüge entzogen waren, erhielten sie die Beliebigkeit von Meinungen. Als Elemente, die in die Bildung von Meinungen und politischen Stimmungen eingingen, waren sie nun freier kombinierbar. Die Nostalgie, die sich auf die glänzenden sowjetischen Zeiten, die technischen Großtaten, die militärischen Siegesfeiern und den opferbereiten Enthusiasmus richtete, kombinierte immer wieder Bilder der Stalinzeit mit solchen, die der altrussischen Tradition entnommen waren oder die sich auf eine fiktive heroische Urzeit bezogen.

Eine solche Nostalgie, die eklektisch alte Bilder in Meinungen und Stimmungen einbaut, ist aber politisch nicht unschuldig. Nicht nur scheint sie in ihrer von institutionellen Bindungen freigesetzten Form für populistische Demagogie besonders empfänglich zu sein. Sie transportiert auch einen Traditionsbestand, der sich unterhalb des doppelten Institutionenbruchs, dem der sozialistischen Umwälzung unter Stalin einerseits und dem Abbruch der institutionellen Klammern der sowjetischen Welt andererseits, erhalten hatte. Dieser sich durchhaltende Traditionsbestand ist der der Autokratie.

## III. Die autokratische Tradition und das Flottieren der Teile

Zur leitenden Idee der Zeit imperialer Zentralisierung in Rußland gehört der starke, gestrenge, Ordnung schaffende Selbstherrscher. Je mächtiger er ist, je erbarmungsloser er seine Macht durchsetzt, desto mehr Chancen hat er, Ordnung zu schaffen und das Chaos, die Bedrückung der Schwachen durch die Stärkeren, zu mildern. Als grundlegend erscheint die Vorstellung, daß der Selbstherrscher die Regeln schafft, nach denen sich die Untertanen richten müssen. Der Herrscher selbst ist an die Regeln nicht gebunden, denn er hat sie gegeben und kann sie jederzeit verändern. Der Selbstherrscher handelt nicht im Namen des Gesetzes, er herrscht durch Dekret. Dieses Heraustreten aus der selbstgesetzten Legalität traf auch auf die frühen Jahre des Sozialismus zu. Anweisungen, Regeln, Gesetze, Verfassungen und Verordnungen galten stets nur für die subalternen Apparate. Der Gehorsam war zwar dem heiligen Ganzen geschuldet – dem Reich, der Sowjetunion, der Partei, der Arbeiterklasse usw. Aber all dies wurde gerade durch die führenden Persönlichkeiten inkarniert, die eben deshalb nicht an die eigenen Regeln gebunden waren. Lenin und Stalin wurden im Personenkult als charismatische historische Führergestalten dargestellt, die die Regeln setzen und die anderen führen. Das revolutionäre Ziel sollte widerstrebende abstrakte Rechtsordnungen durchbrechen; aber all jene, die den charismatischen Führern unterworfen sind oder sich ihnen unterworfen haben, sind zu bedingungslosem Gehorsam und zugleich freiwilliger und uneigennütziger Liebe verpflichtet (Stölting 1997).

In diesem poetischen Bild ist eine bestimmte Deutung von Herrschaft fixiert: Die gute oder die böse Macht konzentriert sich an der Spitze. Handelt es sich um eine gute Herrschaft, so ist der Herrscher gut und weise. Das Verhältnis der Herrschers zu seinen Untertanen ist im Idealfall von unparteiischer Gerechtigkeit bestimmt. Dabei kann der Herrscher auch streng sein, oder er sollte es sogar, um die anarchischen Tendenzen seiner Untertanen zu beschneiden, um sie auf die rechte Bahn zu führen. Der „strogij chozjain", der starke und strenge Hausherr, ist Bedingung für die Disziplin und Ordnung des Ganzen. Einem schwachen Herrscher hingegen gelingt es nicht, sein Reich in Ordnung zu halten. Jeder sucht nach seinem eigenen Vorteil, Aufstände und Bürgerkriege brechen aus (Brie/Böhlke 1992, S. 61-78; Cherniavsky 1961; Kämpfer 1978).

Denkbar sind natürlich auch böse Herrscher, Vertreter des Antichrist in altrussischen Zeiten, Verräter in sowjetischen. Denkbar ist auch, daß der gute Herrscher vom bösen Hof umstellt ist, daß er vom Wissen über die Nöte seiner Untertanen abgeschirmt wird. Könnte er den magischen und bösen Ring seines Hofstaats durchbrechen, kämen die Verhältnisse wieder in Ordnung. Auch diese Deutung von böser Herrschaft fand sich schon im alten Rußland. Sie erschien zu Zeiten des Bürgerkrieges und bei Opfern des Stalinschen Terrors. Sie tauchte schließlich sogar um den Kreml des kränkelnden El'cin auf (Stölting 1995).

Die Unordnung wird um so wirkungsvoller bekämpft, je mehr Macht der Herrscher auf seine Person konzentriert und je wirkungsvoller er es versteht, sie einzusetzen. Wenn sich Stalin also in seiner offiziellen Darstellung in eine Herrscherreihe mit Aleksandr Nevskij, Ivan Groznyj und Peter den Großen stellte, und zwar gerade ihre tyrannischen Züge positiv hervorhob, dann war dies kein frivoles Spiel mit dem Schrecken, sondern der offizielle Versuch, durch Strenge die Ehrfurcht der Untertanen und damit ihre Bereitschaft, sich unterzuordnen, zu wecken. Die Herstellung von Ordnung und die Verhinderung von Chaos war im Rahmen der leitenden Idee als ein schöpferischer Akt zu denken; sie stand im Kontext einer heiligen Ordnung bzw. eines Heilsplans.

Sicherlich hat der Herrscherkult in Rußland mehrfach tiefgreifende Veränderungen erfahren. Der Personenkult, wie er sich seit 1923 bei Lenin und spätestens seit 1928 bei Stalin entwickelte, fiel jeweils in eine Zeit des tiefgreifenden Umbruchs. Er war, wie alle modernen Kulte charismatischer Führer, ein Krisenphänomen (Cavalli 1981; Laqueur 1990, S. 235-264, 611 ff; Löhmann 1988, S. 27 ff.). Die Krisen konnten dabei wirkliche oder nur durch die Medien erzeugte sein:

Entscheidend war, daß sie ein Krisenbewußtsein herstellten. Krisen sind jedoch nicht auf Dauer zu stellen. Sie können in Elend umschlagen, das zur Gewohnheit wird; sie können mit jener Hysterie verfliegen, die sie erzeugte; sie können einer Phase ruhiger Normalität weichen. Immer bedeutet ihr Ende auch das Ende charismatischer Herrschaft.

Danach kann das Charisma nur noch nachgestellt werden. Den charismatischen Krisenzeiten folgen solche ritueller, aber inhaltlich folgenloser Verehrung. Der institutionalisierte Zynismus, in dem jeder weiß, daß der andere ungläubig ist, in dem jeder aber so tut, als wäre er gläubig und hielte die anderen für gläubig, ist die Folge.

In der Sowjetunion wurde die charismatische Herrschaft, die von Anfang an eine bewußt hergestellte Konstruktion war, durch einen solchen Kultus auf Dauer gestellt, in welchem die Bilder der Generalsekretäre in prächtigen Wechselrahmen hingen. Das Bild war austauschbar, der kostbare Rahmen blieb. Die entscheidenden Elemente dieses Kultus, der die bildliche Welt der Sowjetunion mit repräsentierte, waren einerseits die Verehrung Lenins, der den historischen Bruch mit der Vorzeit und den Beginn der neuen erlebten Geschichte repräsentierte. Die sich anschließende Identifikation der sowjetischen Geschichte mit der Person Stalins wurde durch Chruščëv unvollkommen beendet. Die Verbrechen Stalins wurden nur partiell verdammt, ihr wirkliches Ausmaß verschwiegen. Auf diese Weise blieben der Enthusiasmus der dreißiger Jahre, die Kollektivierung und die Industrialisierung Stalins einerseits, die heroische Zeit des Zweiten Weltkriegs andererseits, Teil des mythischen Alltags, auch wenn gleichsam die Stelle, an der das Stalinbild gehangen hatte, noch erkennbar war.

Die Verehrung der späteren Generalsekretäre stützte sich nicht auf die Verunsicherungen, die die künstlichen und die echten Krisen der Stalinzeit hervorgerufen hatten. Die öffentliche Verehrung verriet zuweilen die Eitelkeit des Amtsinhabers, aber sie entsprach einem Grundzug des politischen Lebens nach Stalin. Die Regeln der offiziellen Darstellung und die offiziellen Gebote wurden zwar sorgfältig beachtet. Sie bezeugten aber nur noch die Bereitschaft des sich Unterwerfenden, am rituellen politischen Spiel teilzunehmen und die Herrschaftsmechanismen so, wie sie de facto funktionierten, zu respektieren. Das gefährdete schließlich das Funktionieren der Leitideen selbst.

Die Tatsache, daß Leitideen kontrafaktisch konstruiert sind, zeigt einerseits, daß die wirklichen Machtprozesse anders ablaufen, daß sich aber die politische Konstruktion durch Leitideen legitimiert. Es ist in der Regel den an den Machtprozessen Beteiligten auch bekannt, daß die Leitideen, zu denen sie sich selbst bekennen, ihr Handeln nicht wirklich bestimmen. Aber das öffentliche Bekenntnis zu diesen Ideen zeigt die Bereitschaft zur Kooperation innerhalb der bestehenden Ordnung an.

Auf der anderen Seite können Leitideen, gerade weil sie kontrafaktisch konstruiert sind, zur Kritik an der Herrschaftskonstruktion motivieren. So wie es immer wieder christlich motivierte Kritik an der Kirche gegeben hatte, gab es zumindest Ansätze einer marxistischen Kritik am stalinistischen Herrschaftssystem. Hätte eine derartige immanente Kritik in der Sowjetunion Äußerungsmöglichkeiten gehabt, hätte sie das Herrschaftsgebilde immer wieder zu Anpassungen gezwungen und es auf diese Weise elastischer gemacht. Die vollständige Unterbindung auch solcher Kritik, die sich auf die ideellen Voraussetzungen der Gesamtkonstruktion berief und sie damit ernst nahm, hat letztlich nur scheinbar stabilisierend gewirkt. Statt dessen wurde der Umgang mit den idealisierenden Selbstbeschreibungen entweder überwiegend prinzipiell ablehnend, wie bei den Dissidenten, oder er wurde zynisch. Das Bewußtsein der Differenz zwischen Leitideen und realer Konstruktion kulminierte nicht in der Kritik, sondern im Witz (Oswald 1995).

Andererseits war die von den Leitideen legitimierte institutionelle Ordnung alltäglich erfahrbar. Sie prägte damit die Orientierungen auch jener, die dem Ganzen distanziert gegenüber standen. Lenin war überall präsent und sakrosankt, die Bilder des aktuellen Generalsekretärs hingen in den Amtsstuben. Es gab rituelle Demonstrationen, Fahnen, Bilder, Statuen, Anstecknadeln, Spruchbänder. All das war Teil der gewohnten Ordnung geworden. Auch bei jenen, die sie ablehnten, mußte ihre grundlegende Störung desorientierend wirken.

Die Erwartungen, die sich an das politische System richteten, waren noch an den alten autokratischen und – in ihrer krisenhaften Fassung – charismatischen Strukturen orientiert. Konflikte erschienen in den Medien und über sie vermittelt in der Wahrnehmung des politischen Publikums als Kämpfe zwischen Personen und Personengruppen – Guten und Bösen, Helden und Verbrechern, Rettern und Verderbern. Wer den Machtkampf für sich entschied, konnte die Verehrung der eigenen Person, die wiederum das Ganze inkarnieren sollte, verlangen.

Und dennoch wurden auch hinter dieser autokratischen Fassade strukturelle Muster erkennbar – etwa ein sich fast überall abspielender Konflikt zwischen nomineller Exekutive und nomineller Legislative. In einigen Nachfolgestaaten der Sowjetunion, etwa in Turkmenistan oder Kasachstan, wurden diese Verfassungskonflikte eindeutig zugunsten der Präsidialherrschaft entschieden, die kaum noch Unterschiede zu Diktaturen zeigen, die sich auch als solche ausgeben. In Rußland selbst wurde mit der neuen Verfassung, die 1993 nach dem Sturm auf das Parlament erlassen wurde, die Position des Präsidenten außerordentlich gestärkt. Grund waren nicht einfach politische Richtungskämpfe, sondern ein strukturell angelegter Konflikt.

Die Auflösung der sowjetischen Klammern während und nach der Zeit der Perestrojka führte dazu, daß Elemente des ehemals sowjetischen Staatsapparates ohne die sekundären Kontrollstrukturen, die sie bislang zusammenklammerten, funktionierten. Beispielhaft für dieses freie Flottieren der Fragmente waren die für das ganze postsowjetische System charakteristischen Konflikte zwischen parlamentarischen und präsidialen Strukturen (Mommsen 1996, S. 156-177). Die unscharfe Abgrenzung von Legislative und Exekutive hatte bereits in sowjetischer Zeit bestanden. Sie erschien aber als weniger gravierend, da das eigentliche Machtzentrum in der Parteispitze lag, die ohnehin keine Gewaltentrennung kannte. Als die bisherige Klammer fortfiel, wurden die darunter liegenden Strukturen wichtig, und die bislang unscharfen Konstruktionen lösten Machtkämpfe aus. Nun strebte die Legislative, das Parlament, nach einer weitgehenden Kontrolle der Exekutive. Die Exekutive ihrerseits hatte seit alters her die Befugnis, Dekrete mit Gesetzeskraft zu erlassen: das Parlament störte nur, wenn es nicht akklamierte.

Ein anderer strukturell angelegter Konflikt war der, den der Verlust der institutionellen Klammer im Verhältnis von Zentrale und Regionen hervorrief. Auch dieser Strukturkonflikt war schon in sowjetischer Zeit und vorher angelegt. Ein Gebilde mit zentralistischer Machtstruktur muß diesen Zentralismus selbst absichern, also Rebellionen der nachgeordneten Strukturen und damit Abspaltungen oder Anarchie verhindern. Entsprechend erschien aus autokratischer Perspektive eine Ursache des Zerfalls der Sowjetunion die Schwäche des Zentrums zu sein. Es konnte die auseinanderstrebenden Teile nicht mehr zusammenhalten. Aus dieser Sicht schienen die Auflösungstendenzen nur dann behebbar, wenn das Zentrum stark wurde und die zentrifugalen Tendenzen unterdrücken konnte.

An El'cins eigenen Richtungsänderungen läßt sich zeigen, wie diese autokratische Denkform historische Prozesse plausibilisieren kann. Will man den Machthaber stürzen, schürt man klugerweise die Unordnung. Sie zeigt den Herrscher als Schwächling und damit als politisch illegitim. So war El'cin bis zur triumphalen Auflösung der Sowjetunion im Dezember 1991, also während seines Machtkampfes mit Gorbačëv, eine treibende Kraft bei der Auflösung der Sowjetunion gewesen. In seinem folgenden Machtkampf mit dem russischen Parlament hatte er die Autonomiebestrebungen von Regionen und nationalen Einheiten unterstützt und sich dafür ihre Unterstützung gesichert. Das schlug sich u.a. in der weitgehenden Autonomie Tatarstans nieder. Gerade an die Führung Tatarstans gewandt sagte El'cin im August 1990: „Nehmt Euch so viel Macht, wie Ihr vertragen könnt! Den Rest gebt per Vertrag an Rußland ab" (Mommsen 1996, S. 198; Laba 1996).

Nach seinem Sieg über das Parlament und mit der Verfassung von 1993 kehrte sich seine Position um. Er vertrat nun die territoriale Integrität Rußlands und die ungeschmälerte Macht des Zentrums, das er jetzt selbst darstellte. Diese neue Tendenz äußerte sich nun in seinem Bestreben, die regionalen Autonomien dadurch einzuschränken, daß er die regionalen Administratoren so weit wie möglich selbst ernannte und regionale Wahlämter, die über eine eigene demokratische Legitimierung verfügten, so weit wie möglich entmachtete oder verhinderte. Schließlich setzte er Streitkräfte in Tschetschenien ein. Die alte Idee des souveränen Zentrums, von dem ein einheitlicher politischer Gestaltungswille ausgeht, trat wieder hervor.

## IV. Schwäche und Chance

Selbst wo diese Form der Zentralisierung sich durchsetzte, blieb ein strukturelles Problem virulent, das schon in sowjetischer Zeit existiert hatte. Es war zwar möglich, daß die Zentrale als letzte Quelle der Macht von den nachgeordneten Instanzen ausdrücklich anerkannt wurde, daß also die Fassade des politischen Gebäudes intakt gehalten wurde. Das verhinderte aber nicht, daß die nachgeordneten Instanzen taten, was sie für richtig hielten, ohne sich weiter um die Zentrale zu kümmern. Die Dekrete des Zentrums wurden in diesen Fällen ausdrücklich oder emphatisch als legal und legitim anerkannt, aber nicht befolgt.

Dies war nicht nur ein Problem des kaiserlichen Rußland gewesen, es wurde als gravierend auch in der Zeit wahrgenommen, als Stalin seine absolute Macht im Zentrum bereits gesichert hatte. Seit Ende der zwanziger Jahre gab es kaum noch Widerstand gegen Stalins Alleinherrschaft. Aber die Territorialherrscher, die begeistert in Stalins Personenkult einstimmten, verfolgten doch ihre eigenen Strategien. Eine Erklärung für den Terror der großen Säuberungen war u.a. das Bemühen des Zentrums, die regionale Unabhängigkeit zu brechen und die Macht nicht nur symbolisch, sondern auch faktisch bis nach unten hin durchzusetzen.[5] Die permanente Mobilisierung, der Enthusiasmus, das Krisenbewußtsein, der Terror selbst und der mit ihm verbundene Eindruck einer Allwissenheit der Geheimpolizei lassen sich entsprechend als Instrumente sehen, die formelle Machtzentralisation faktisch durchzusetzen und so die idealisierende Selbstbeschreibung des institutionellen Gefüges seinem faktischen Funktionieren anzunähern.

Die Differenz von öffentlicher Anerkennung der absoluten Macht der Zentrale und der wirklichen Durchsetzung dieser Macht blieb auch in den Zeiten nach Stalin wichtig. Geradezu bestimmend für den Herrschaftsaufbau wurde sie zur Zeit Brežnevs (Tucker 1987, S. 108-139). Seine Herrschaftsformel bestand genau in der Anerkennung der Differenz zwischen vorgeführter und wirklicher Macht. Anders als Chruščëv, der sich noch um tiefgreifende Reformen bemüht hatte und damit den Parteiapparat gegen sich aufbrachte, erkannte Brežnev faktisch die Selbständigkeit von untergeordneten oder regionalen Machtzentren an; sie hatten jenseits der wirtschaftlichen Vorgaben der Zentrale und ihren finanziellen Bedürfnissen weitgehend freie Hand und mußten keine Eingriffe befürchten. Dafür mußten sie allerdings öffentlich der Zentrale gegenüber unbedingt loyal sein. Diese Struktur förderte die Entstehung regionaler Eliten der Nomenklatur, die nicht mit demokratischen und nationalen Oppositionen identisch waren und in nachsowjetischer Zeit über erhebliche Ressourcen und Erfahrungen im Umgang mit der Macht verfügten.

Diese Ressourcen konnten sie nutzen, als die Sowjetunion aufgelöst worden

---

5 Zentral für den institutionellen und sozialstrukturellen Ansatz von Rittersporn u.a. ist die Differenz von formeller Zentralisierung und Maßnahmemacht einerseits und der wirklichen Beherrschung gesellschaftlicher Prozesse andererseits. Die Zeit des Terrors zeigt danach gerade die Unfähigkeit der Zentrale, gesellschaftliche Prozesse wirklich zu beherrschen. Daß das Führungspersonal wie Zauberlehrlinge agierte, muß natürlich nicht bedeuten, daß es nicht verbrecherisch war (Rittersporn 1980-81, 1979 1984; Getty 1985). Heftigen Widerspruch formulierte Conquest. Die Verbrechen erklären sich allein aus der Mentalität der Verbrecher. Die Pathologie der Strukturen erklärt nichts ohne die Paranoia des Diktators. Vgl. die große Darstellung von Conquest (1990).

war. Nur in jenen ehemaligen Sowjetrepubliken, die über eine starke, antikommunistische und ihrem Selbstverständnis nach demokratische Nationalbewegung verfügt hatten, wurden die alten Eliten von der Macht verdrängt oder mußten sie mit neuen Kräften konkurrierend teilen. Überall sonst blieb der alte autokratische Denktypus Basis des politischen Denkens.

Diesen Denktypus übernahm El'cin in wesentlichen Zügen bruchlos, nachdem er erst einmal die formelle Macht erkämpft hatte. Auf Konkurrenz oder Rebellion reagierte er immer wieder mit Strategien, die formelle Macht immer weiter auf die eigene Person zu konzentrieren. Der dahinter stehende Gedanke, der auch offiziell als Begründung vorgebracht und akzeptiert wurde, war, daß ein starker Reformer an der Spitze sich leichter gegen reformfeindlichen Widerstand durchsetzen und daher weitergehende Reformen realisieren könne.

Gerade diese Konzentration formeller Macht warf das Problem der Durchsetzung dieser Macht nach unten hin wieder auf. Wieder wurde die operative Macht des Zentrums nicht so sehr durch demokratische Gegengewichte oder eine institutionalisierte Gegenmacht eingeschränkt, was Abstimmungen, Kompromisse und Verhandlungen erfordert, als vielmehr durch die Schwierigkeit, das politische Gebilde wirklich zu beherrschen. Es entwickelte sich damit eine paradoxe Situation: je mehr formelle Macht der Präsident akkumulierte, je erfolgreicher er mögliche Konkurrenten verdrängte, desto weniger schien er tatsächlich bewegen zu können. Was sich bewegte, geschah jenseits der formellen Herrschaftsstruktur, in jenen Fragmenten, die die zerfallene sowjetische Klammer freigelassen hatte. Intern setzten diese Fragmente die sowjetischen Herrschafts- und Verwaltungsmethoden fort – jedoch ohne legitimierende Leitideen. Margareta Mommsen fand für diese Struktur den schönen Terminus einer „Nomenklaturdemokratie" (1996, S. 203 ff.).

Diese Zeit der relativ frei flottierenden Elemente der sowjetischen Machtstrukturen ist eine des Übergangs, bei dem unklar ist, in welcher Weise sich die politischen Institutionen wieder stabilisieren können. Mehrere Entwicklungswege stehen offen. Das Endstadium ist noch nicht erkennbar. Denn erstens handeln die freigesetzten Elemente in überkommenen Strukturen, aber gerade durch die Freisetzung können sie sich in neue, bislang unbekannte Richtungen rekonstituieren und zu neuen Institutionen kristallisieren. Sie sind schon aus praktischen Gründen dazu gezwungen, miteinander zu kooperieren, strittige Fragen auszuhandeln, relative Kräfte zu messen usw.

Soziale Machtgruppen finden in diesem Gefüge zuweilen keinen unmittelbaren Ausdruck, aber sie haben feste Bündnispartner, die mehr und mehr auch im Parteiengefüge verankert werden. Das politische Leben in Rußland gewinnt Konturen, die so in der Zeit der Perestrojka und in den frühen neunziger Jahren noch nicht erkennbar waren.

Aber auch die alten sowjetischen Leitideen, wie sie in der Armee und in der Partei erkennbar wurden, flottieren. Das gilt vor allem für die autokratischen Sinnhorizonte. Auch sie könnten in der – aus autokratischer Perspektive – fortbestehenden Unordnung unter Wandlungsdruck geraten.

Zwar richten sich viele Sehnsüchte auf ein großes, starkes und zentralistisches Rußland, das einerseits von einem guten, energischen und klugen Demokraten beherrscht wird, und das andererseits eklektisch in teils altrussischen, teils sowjetischen Bildern und Symbolen beschworen wird. Aber auch dieser Eklektizismus, der sich zu keiner neuen Einheit gefügt hat, verleiht dem politischen Leben etwas Theatralisches. Die flottierende Symbolik verweist auf die alten Strukturen, ohne sie mehr erzwingen und ohne sich an ihnen verankern zu können.

Bedenkt man, daß viele Institutionen in politischen Kämpfen entstanden sind, die sie gleichsam regulieren und handhabbar machen, dann sind einige Anzeichen aus Rußland ermutigend. Aus einem verständlichen Mißtrauen heraus haben die Kommunisten anläßlich der Präsidentschaftswahlen 1996 in alle Wahllokale Beobachter entsandt, um zu überprüfen, daß die Wahlen formell ordentlich abliefern. Sie zwangen damit nicht nur ihre Gegner, überpersönliche Regeln anzuerkennen, sie unterwarfen sich ihnen auch selbst.

Die Zukunft ist mithin offen. Unter populistischem Rückgriff auf die flottierenden Elemente der sozialistischen Vergangenheit könnte es zu einer Re-Institutionalisierung kommen, in der die autokratische Hintergrunddeutung konstant bleibt. Rußland könnte scheinbar ein neues Gesicht erhalten, die rekombinierten Leitideen neuen Institutionsbildungen zuordnen, und doch zur Autokratie zurückkehren. Es könnte aber auch ausgehend von der jetzigen „Unordnung" zu einer Re-Institutionalisierung kommen, die gleichsam von den konfligierenden Elementen her aufgebaut wird. Die neuen Institutionsbildungen würden den älteren westeuropäischen insofern gleichen, als auch sie politische Konflikte regulieren, verfriedlichen und auf Dauer stellen. Institutionenvielfalt in diesem Sinne könnte dem System – im Unterschied zu der eher gußeisernen Festigkeit der politischen Strukturen in sowjetischer Zeit – insgesamt stabilisierende Elastizität geben (Weinert 1995; Lepsius 1990). Sie bedürfte nicht mehr des allmächtigen und verehrten Herrschers, sondern würde, als idealisierte Selbstbeschreibung, die Herrschaft der Regel anerkennen. Das wäre auch dann neu, wenn die symbolische Folklore, die die Herzen wärmt, besonders altrussisch gewandet daher käme.

Das aber könnte selbst die alte dichotome Differenzierung zwischen Ost und West verflüssigen helfen. Sie könnte die Wahrnehmung erleichtern, daß autokratische Denkformen dem Westen nie fremd waren und daß der Osten nie nur autokratisch war: daß Traditionen in Institutionen montiert werden können, die sie nur zu beschreiben scheinen und daß die Kontrafaktizität von institutionellen Selbstbeschreibungen die historische Evolution fördert.

*Literatur*

Abdirov, Murat Zetkergenovič, 1994: Istorija kazačestva Kazachstana, Almaty (Kazachstan).
Alekseeva, Ljudmila, 1984: Istorija Inakomyslija v SSSR, Benson, VT: Khronika Press, S. 396-411.

Ash, Timothy Garton, 1996: Hungary's Revolution – Twenty Years on, in: The New York Review, vol. XVII, No. 14, S. 18-22.
Belin, Laura, 1995: Ultranationalist Parties Follow Disparate Paths, in: Transition, Bd. 1, Mo. 10, S. 8-12.
Bloch, Marc, 1925: Mémoire collective, tradition et coutume, in: Revue de synthèse historique 40, S. 73-83.
Bowin, Alexander, 1988: Perestroika – Die Wahrheit über den Sozialismus und sein Schicksal, in: Juri Afanassjew (Hrsg.), Es gibt keine Alternative zur Perestroika: Glasnost, Demokratie, Sozialismus, Nördlingen: Greno, S. 600-639.
Brie, Michael und Ewald Böhlke, 1992: Rußland wieder im Dunkeln. Ein Jahrhundertstück wird besichtigt, Berlin: Aufbau.
Butenko, Anatoli, 1988: Über die revolutionäre Umgestaltung des staatlich administrativen Sozialismus, in: Juri Afanassjew (Hrsg.), Es gibt keine Alternative zur Perestroika: Glasnost, Demokratie, Sozialismus, Nördlingen: Greno, S. 640-661.
Carrère d'Encausse, Hélène, 1979: Staline. L'ordre par la terreur, Paris: Flammarion.
Cavalli, Luciano, 1981: Il capo carismatico. Per una sociologia della leadership, Bologna: Il mulino.
Cherniavsky, Michael, 1991: Tsar and People. Studies in Russian Myths, New Haven.
Conquest, Robert, 1990: The Great Terror: A Reassessment, New York: Oxford University Press.
Conquest, Robert, 1996: Stalin and the Jews, in: The New York Review, July 11, S. 46-50.
Deutscher, Isaac, 1949: Stalin, New York: Oxford University Press.
Dunlop, John B., 1983: The Faces of Contemporary Russian Nationalism, Princeton, N.J.: Princeton University Press.
Dunlop, John B., 1993: The Rise of Russia and the Fall of Soviet Empire, Princeton, N.J.: Princeton University Press.
Fischer, Siegfried, 1992: Zerfall einer Militärmacht: Das Ende der Sowjetarmee in Dokumenten, Quellen und Kommentaren, Wissenschaftliches Forum für Internationale Sicherheit e.V. (Hrsg.), Bremen: Ed. Temmen.
Fitzpatrick, Sheila, 1994: Stalin's Peasants: Resistance and Survival in the Russian Village after Collectivization, New York: Oxford University Press.
Funkenstein, Amos, 1989: Collective Memory and Historical Consciousness, in: History and Memory 1, S. 5-26.
Gehrmann, Udo, 1992: Das Kosakentum in Rußland zu Beginn der neunziger Jahre: Historische Traditionen und Zukunftsvisionen, Köln: Bundesinstitut für Ostwissenschaftliche und Internationale Studien.
Gehrmann, Udo, 1994: Die Kosaken: Traditionalismus und nationale Erneuerung in der Ukraine, Köln: Bundesinstitut für Ostwissenschaftliche und Internationale Studien.
Getty, J. Arch, 1985: Origins of the Great Purges. The Soviet Communist Party Reconsidered, 1933-1938, Cambridge: Cambridge University Press.
Göhler, Gerhard, 1987: Institutionenlehre und Institutionentheorie in der deutschen Politikwissenschaft, in: G. Göhler (Hrsg.), Grundfragen der Theorie politischer Institutionen: Forschungsstand – Probleme – Perspektiven, Opladen: Westdeutscher Verlag, S. 15-47.
Göhler, Gerhard, 1994: Politische Institutionen und ihr Kontext. Begriffliche und konzeptionelle Überlegungen zur Theorie politischer Institutionen, in: ders. (Hrsg.), Die Eigenart der Institutionen. Zum Profil politischer Institutionentheorie, Baden-Baden: Nomos, S. 19-46.
Goerdt, Wilhelm, 1995: Russische Philosophie, Freiburg: Alber.
Goldfarb, Jeffrey C., 1989: Beyond Glasnost: The Post-Totalitarian Mind, foreword by Jan Jozef Szczepanski, Chicago: University of Chicago Press.
Gussejnow, Gassan, 1994: Die Elemente der Freiheit zersetzen das Volk. Über die Sprache des russischen Nationalismus, in: Wolfgang Eichwede (Hrsg.), Der Schirinowski-Effekt. Wohin treibt Rußland, Reinbek: Rowohlt, S. 81-99.
Halbwachs, Maurice, 1991: Das kollektive Gedächtnis, Frankfurt a.M.: Fischer.
Henke, Sergej und Siegfried Fischer, 1992: Streitkräfte in der zerfallenden Sowjetunion, Frankfurt a.M.: Haag und Herchen.

Hobsbawm, Eric und Terence Ranger (eds.), 1983: The Invention of Tradition, Cambridge: Cambridge University Press.
Horsborough-Porter, Anna (ed.), 1993: Memories of Revolution. Russian Women Remember, London: Routledge.
Hosking, Geoffrey A., 1988: Memory in a Totalitarian Society: The Case of the Soviet Union, in: Thomas Butler (ed.), Memory: History, culture and the mind, Oxford: Blackwell, S. 115-130.
Ivannikov, B.D. (Hrsg.), 1993: Problemy vozrozdenija kazacestva: sbornik statej ucastnikov Vtorej Vserossijskej naucno-prakticeskoj konferencii, Stavropol: Stavropolskey gospedinstitut.
Kämpfer, Frank, 1978: Das russische Herrscherbild. Von den Anfängen bis zu Peter dem Großen. Studien zur Entwicklung poliitscher Ikonographie im byzantinischen Kulturkreis, Recklinghausen: Bongers.
Kostyrchenko, Gennadi, 1996: Out of the Red Shadows: Anti-Semitism in Stalin's Russia, New York: Prometheus Books.
Laba, Roman, 1996: How Yeltsin's Exploitation of Etnic Nationalism Brought Down an Empire, in: Transition, Bd. 2, No. 1, S. 5-13.
Laqueur, Walter, 1990: Stalin: Abrechnung im Zeichen von Glasnost, München: Kindler.
Lewinson, Alexej und Wladimir Schokarew, 1994: Wer wählt rechts? Eine Analyse, in: Wolfgang Eichwede (Hrsg.), Der Schirinowski-Effekt. Wohin treibt Rußland, Reinbek: Rowohlt, S. 157-170.
Löhmann, Reinhard, 1988: Der Stalinmythos. Studien zur Sozialgeschichte des Personenkultes in der Sowjetunion (1929-1935), Münster: Lit.
Löwe, Heinz-Dietrich, 1978: Antisemitismus und reaktionäre Utopie. Russischer Konservatismus im Kampf gegen den Wandel von Staat und Gesellschaft, Hamburg: Hoffmann und Campe.
Luhmann, Niklas, 1984: Soziale Systeme. Grundriß einer allgemeinen Theorie, Frankfurt a.M.: Suhrkamp.
Luhmann, Niklas, 1993: Das Recht der Gesellschaft, Frankfurt a.M.: Suhrkamp.
MacCormick, Neil, 1976: Law as an Institutional Fact, in: Law Quarterly Review 90, S. 102-129.
Masaryk, Thomas Garrigue, 1992: Russische Geistes- und Religionsgeschichte, Frankfurt a.M.: Eichborn.
Mommsen, Margareta, 1996: Wohin treibt Rußland: Eine Großmacht zwischen Anarchie und Demokratie, München: Beck.
Nelepin, Ronald Apollonovič, 1995: Istorija kazačestva, Sankt-Peterburg: Pravoslavnaja Rus'.
Novickij, Jakov Pavlovič, Arnold Leonidovič Sokul'skij und Vitalij Ivanovič Sevčenko, 1991: Narodnaja pamyat' o kazačestve, Zaporoz'e: Interbuk.
Ormrod, Jane, 1993: North Caucaus: Fragmentation or Federation?, in: Ian Bremmer und Ray Taras (Hrsg.), Nation and Politics in the Soviet Successor States, Cambridge: Cambridge University Press, S. 448-476.
Orttung, Robert W., 1995: Yeltsin's Most Dangerous Rival, in: Transition, Bd. 1, No. 22, S. 17-18.
Oswald, Ingrid, 1995: Zum Sozialen Gedächtnis: Der sowjetische Witz, in: Báling Balla und Anton Sterbling (Hrsg.), Soziologie und Geschichte – Geschichte der Soziologie. Beiträge zur Osteuropaforschung, Hamburg: Kramer, S. 205-222.
Pataki, Ferenc, 1988: Makarenoks Sozialismusbild, in: Götz Hillig (Hrsg.), Hundert Jahre Anton Makarenko – Neue Studien zur Biographie, Bremen: Temmen, S. 194-207.
Rehberg, Karl-Siegbert, 1990: Eine Grundlagentheorie der Institutionen: Arnold Gehlen. Mit systematischen Schlußfolgerungen für eine kritische Institutionentheorie, in: Gerhard Göhler, Kurt Lenk und Rainer Schmalz Bruns (Hrsg.), Die Rationalität politischer Institutionen: Interdisziplinäre Perspektiven, Baden-Baden: Nomos, S. 115-144.
Remnick, David, 1996: The War for the Kremlin: The Real Story Behind Boris Yeltsin's Victory, in: The New Yorker, July 22, S. 40-47.
Rittersporn, Gábor T., 1979: The State Against Itself: Socialist Tensions and Political Conflict in the U.S.S.R. 1936-1938, in: Telos 41, S. 87-104.

Rittersporn, Gábor T., 1980: Stalin in 1938: Political Defeat Behind The Rhetorical Apotheosis, in: Telos 81, 46, S. 6-42.
Rittersporn, Gábor T., 1984: Soviet Officialdom and Political Evolution. Judiciary Apparatus and Penal Policy in the 1930s, in: Theory and Society 13, S. 211-232.
Schapiro, Leonard, 1986: Nationalism in the Soviet Empire: The Anti-Semitic Component, in: Robert C. Conquest, The Last Empire: Nationality and the Soviet Future, Stanford, CA: Hoover Institution Press, S. 30-77.
Schlögel, Karl, 1991: Das Wunder von Nishnij, in: ders., Das Wunder von Nishnij oder die Rückkehr der Städte, Frankfurt a.M.: Eichborn.
Sergeev, Vladimir Nikitovič, 1993: Dviženije za vozroždenije kazačestva: učebnoe posobije dlja studentov, Rostov-na-Donu: Tsentr.
Sidorov, Vladimir, 1994: Krestnaja noša: tragedija kazačestva, Rostov-na-Donu: Izd-vo Gefest.
Simmel, Georg, 1968: Soziologie. Untersuchungen über die Formen der Vergesellschaftung, Berlin: Duncker & Humblot.
Skorik, A.P. (Hrsg.), 1994: Vozroždenije kazačestva: istorija i sovremennost': materialy k V. Vserossijskoj meždunarodnoj naučnoj konferencii: sbornik naučnych statej, Novočerkassk: Novočerkasskij gos. techničeskij universitet.
Solovyov, Vladimir und Elena Klepikova, 1995: Zhirinovsky: Russian Fascism and the Making of a Dictator, Reading, MA: Addison-Wesley.
Stites, Richard, 1992: Russian Popular Culture: Entertainment and Society Since 1900, Cambridge: Cambridge University Press.
Stölting, Erhard, 1983: Mafia als Methode, Erlangen: Palm & Enke.
Stölting, Erhard, 1994: Helden gegen Bürokraten in der kapitalistischen Revolution: Russische Politiker, in: Helmuth Berking, Ronald Hitzler und Sighard Neckel (Hrsg.), Politikertypen in Europa, Frankfurt a.M.: Fischer, S. 187-210.
Stölting, Erhard, 1995: Jelzindämmerung. Ein Rückblick aus prekärer Gegenwart, in: Kommune, 13. Jg., No. 8, August, S. 6-10.
Stölting, Erhard, 1997: Religionssoziologische Aspekte des politischen Führerkults, in: R. Faber (Hrsg.), Politische Religion – religiöse Politik, Würzburg: Könighausen und Neumann (im Erscheinen).
Süß, Walter, 1985: Arbeiterklasse als Maschine. Ein industrie-soziologischer Beitrag zur Sozialgeschichte des aufkommenden Stalinismus, Wiesbaden: Harassowitz.
Sztompka, Piotr, 1995: Vertrauen: Die fehlende Ressource in der postkommunistischen Gesellschaft, in: B. Nedelmann (Hrsg.), Politische Institutionen im Wandel, Opladen: Westdeutscher Verlag, S. 254-276.
Tucker, Robert C., 1987: Political Culture and Leadership in Soviet Russia, New York: Norton.
Voslensky, Michael S., 1989: Sterbliche Götter. Die Lehrmeister der Perestrojka, Wien: Straube.
Wachtel, Nathan, 1986: Memory and History: Introduction, in: History and Anthropology (special issue: Between Memory and History), V.2, Part 2, Oct., S. 207-224.
Walicki, Andrzej, 1989: The Slavophile Controversy: History of a Conservative Utopia in Nineteenth-Century Russian Thought, Notre Dame, IN: University of Notre Dame Press.
Ward, Chris, 1993: Stalin's Russia, London: Arnold.
Waschkuhn, Arno, 1987: Allgemeine Institutionentheorie als Rahmen für die Theorie politischer Institutionen, in: Gerhard Göhler (Hrsg.), Grundfragen der Theorie politischer Institutionen: Forschungsstand – Probleme – Perspektiven, Opladen: Westdeutscher Verlag, S. 71-97.
Weber, Max, 1988: Die protestantischen Sekten und der Geist des Kapitalismus, in: ders., Gesammelte Aufsätze zur Religionssoziologie I, Tübingen: Mohr/Siebeck.
Wolkogonow, Dimitri, 1990: Stalin, Triumph und Tragödie, Hamburg: Claassen.

Rainer Tetzlaff

# Der schleichende Institutionenwandel im Krisenmanagement für die Dritte Welt: Weltbank und Währungsfonds. Internationale Organisationen im Dienste der Globalisierung

## I. Die Bretton-Woods-Organisationen zwischen Kontinuität (ihrer Prinzipien) und Wandel (ihrer Aufgaben)

In Analysen zum internationalen System, vor allem in solchen, die der „realistischen Schule" zuzurechnen sind, wird häufig von der Prämisse ausgegangen, daß das internationale Staatensystem der Nachkriegszeit im wesentlichen durch *Anarchie* gekennzeichnet sei. „Dem internationalen System" – so wird gerne behauptet – fehle „eine politische Autorität, die staatliches Handeln koordiniert, internationale Absprachen garantiert und weltweit gültige Regeln durchsetzen kann" (Genschel/Plümper 1996, S. 4 f.). Dabei wird zwar nicht geleugnet, daß auch internationale Kooperation stattfindet, die wenigstens hin und wieder der permanenten Unordnung und dem Hobbesschen Kampf aller gegen alle einen Riegel vorschiebt, doch handele es sich dabei stets um eine internationale Kooperation unter anarchischen Bedingungen.

Versteht man unter *Anarchie* einen Zustand mangelnder Ordnung, in dem politische Akteure unberechenbar, autonom und gewaltsam handeln, weder an Gesetze noch an Verhaltenskonventionen gebunden, so gibt es einen solchen Naturzustand eigentlich nicht, wenigstens nicht im Bereich der Nord-Süd-Beziehungen, auf den sich die folgenden Ausführungen beschränken werden. Vielmehr ist auch nach dem Ende des Ost-West-Konflikts das eingefahrene und machtgestützte Beziehungsmuster zwischen Erster und Dritter Welt erstaunlich *konstant* und damit im großen ganzen *berechenbar* geblieben, selbst wenn der Differenzierungsprozeß innerhalb der Staatengruppe der „Dritten Welt" in erfolgreiche und weniger erfolgreiche „Entwicklungs"länder weiter voranschreitet. An den asymmetrischen Abhängigkeitsbeziehungen zwischen Erster und Dritter Welt hat sich nämlich nach der Selbstauflösung der einstigen Zweiten Welt eigentlich strukturell wenig geändert – eine interpretierende Aussage über die stark begrenzte politische Handlungsautonomie von Staaten, die auch dann gilt, wenn in Betracht gezogen wird, daß sich die meisten Entwicklungsländer heute in Transitionsprozessen der Demokratisierung von Staat und Gesellschaft befinden. Statt ungezügelter Anarchie herrscht vielmehr *institutionalisierte „potestas"* (im Unterschied zur kolonialen „violentia"), d.h. ein institutionalisiertes Regime im Dienste einer regulativen Idee mit universeller Ausstrahlung: demokratischer Pluralismus plus marktwirtschaftliche Ordnung. Seit 1989 ist dafür bei den Bretton-Woods-Institutionen der Begriff „good governance" gebräuchlich geworden – eine Art Beschwörungsformel für marktfreundlich-effizientes Staatsverhalten.

Daher ist wohl eher von einer unverhofften einseitigen Angleichung der Wirtschafts- und Gesellschaftssysteme an eine westliche Norm zu sprechen, selbst wenn nicht zu übersehen ist, daß sich staatliche Implosionen und Bürgerkriegssituationen in einigen Regionen der Weltperipherie häufen. Die von Robert Kaplan und anderen aufgestellte Pauschalprognose der „kommenden Anarchie" in der Staatenwelt oder die Beobachtung der Entstehung einer neuen zweigeteilten Welt in „Zonen des Friedens" und „Zonen der Turbulenzen", in ein „Reich der Zivilisierten" und ein „Reich der Barbaren", die zum „clash of civilisations" führen müßte (Huntington 1993), sind irreführende oder zumindest stark überzeichnete Metaphern (Matthies 1995, S. 167). Zudem verdecken solche einseitigen Perzeptionsweisen die historische Tendenz zur *internationalen Verregelung* von zwischenstaatlichen und transnationalen Beziehungen, die als politisch bewußte Reaktion auf globale Gefährdungen der Erde als einer globalen Risikogemeinschaft angesehen werden kann. Im historischen Kontext der Emergenz einer industriekapitalistischen Weltgesellschaft nimmt einzelstaatliche Souveränität ab, während die wechselseitigen Abhängigkeiten der Regierungen von internationalen Verhaltensstandards sowie von anderen Akteuren wie Nichtregierungsorganisationen (NROs) und internationalen Organisationen ständig wachsen.

Dieser Vorgang ist weniger das Resultat politischer Planung als Ergebnis von sachzwangbedingter Nötigung: De facto ist die universelle *Verpflichtung der Entwicklungsländer zur Strukturanpassung* (d.h. Anpassung an und Unterwerfung unter globale Muster sachgerechter Kapitalverwertung im Funktionsraum Weltmarkt) an die Stelle des nationalen Rechts zur eigenen Entwicklungsplanung und Zukunftsgestaltung getreten, will ein Land nicht den Anschluß an die technisch-wissenschaftliche Weltzivilisation verlieren. Strukturanpassung im Dienste der Erlangung oder Sicherung *internationaler Wettbewerbsfähigkeit* ist zum ehernen Gesetz des Krisenmanagements der Entwicklungspolitik geworden, zum alles beherrschenden Leitziel entwicklungspolitischer Bemühungen auf nationaler wie internationaler Ebene. Von der nationalen Handlungsautonomie der 50er und 60er Jahre, die starke Präsidialregierungen von Entwicklungsländern mitunter besaßen, können die heutigen Politiker – geplagt von der Globalisierung der Märkte, Überschuldungskrisen, Umweltkatastrophen und städtischer Massenarbeitslosigkeit – nur noch träumen. Die Epoche der Mao Tse-tungs, Pandit Nehrus, Kwame Nkrumahs, Julius Nyereres, Abdel Nassers oder Bros Titos, die noch mit *alternativen* Entwicklungsstrategien experimentieren konnten, scheint endgültig der Vergangenheit anzugehören.

Bei diesem Prozeß der internationalen Verregelung von politischem Handeln auf staatlicher Ebene spielen zwei internationale gouvernementale Organisationen eine wegen ihrer ressourcengestützten *Definitionsmacht* herausragende Rolle: Weltbank (WB) und Internationaler Währungsfonds (IWF). Das Erstaunliche an den beiden Organisationen ist zunächst die Tatsache ihrer *ungebrochenen Kontinuität als geschmeidige Leitorganisationen* der Nord-Süd-Kooperation, obwohl sich deren internationale politische und kulturelle Umwelt seit ihrer Gründung vor mehr als 50 Jahren erheblich verändert hat. So hatten im Jahr 1944 an der Gründungskonferenz von Bretton Woods im US-Bundesstaat New Hampshire erst 44 souveräne Staaten teilgenommen; seitdem hat sich die Mitgliedschaft bei den Bretton-Woods-Organisationen (BWO), denen heute 180 Staaten angehören, mehr als vervierfacht. Weltbank und Währungsfonds haben nach der Epochenwende von 1989 tatsächlich *universelle* Mitgliedschaft erreicht (Ausnahmen sind nur Nordkorea und Kuba), weil nach der Wende von 1989 auch alle einst sozialistischen Staaten ihr wirtschaftspolitisches Heil unter dem Dach der BWO suchten. Ein weiterer Unterschied zur Gründungsphase besteht darin, daß die früheren Kolonien Europas heute die Mehrheit der Mitgliedschaft bilden, während in den 40er und 50er Jahren die westlichen Industriestaaten, vor allem Nordamerika und Westeuropa, das Bild dominierten. Dennoch hat sich an den Handlungsmaximen und Zielen der BWO kaum etwas geändert, und konsensual getroffene Beschlüsse der 24 Exekutivdirektoren, die alle Staatengruppen der Welt repräsentieren, sind nach wie vor die Regel. Politische Kampfabstimmungen wie im Weltsicherheitsrat oder in den UN-Generalversammlungen gibt es hier nicht. Darin spiegelt sich die Tatsache wider, daß hier weniger Staaten und Personen Entscheidungen fällen, sondern etablierte Prinzipien und Erfordernisse kollektiver Vernunft im Rahmen industriekapitalistischer Rationalität handlungsbestimmend wirken.

Dennoch sind die BWO keineswegs statische Gebilde ohne korporative Lernfähigkeit, im Gegenteil. Am auffallendsten ist vielleicht der *Funktionswandel* der BWO im Bereich des Kreditgeschäfts und der Politikberatung. Während zum Beispiel die Weltbank in den ersten drei Jahrzehnten ihres Bestehens hauptsächlich Darlehen für kapitalintensive Infrastrukturprojekte – Straßen-, Hafen-, Kraftwerks- und Eisenbahnbau etc. – zur Verfügung stellte, ist sie heute zur Leitorganisation für Vorhaben der Armutsbekämpfung, für Umweltprojekte, Familienplanung und andere sogenannte *Querschnittsthemen* geworden. Der IWF, ursprünglich lediglich mit dem Mandat versehen, die Wechselkurse zu überwachen und Kredite für kurzfristige Zahlungsbilanzungleichgewichte anzubieten, ist seit Anfang der 80er Jahre (seit dem „Mexiko-Schock" von 1981) zur tonangebenden Institution für das Management der Verschuldungskrise in zahlreichen Entwicklungsländern avanciert. In einem 1995 erschienenen Bericht „Nachbarn in Einer Welt" der „*UN-Commission on Global Governance*" wurde dem IWF das Gelingen einer phantastisch anmutenden Metamorphose attestiert: „Der IWF ist als Kreditgeber" – so heißt es dort – „immer mehr zum letzten Ausweg für Länder – besonders in Afrika – geworden, die mit extremen Problemen bei internationaler Zahlungsfähigkeit, Armut und Anpassung kämpfen. (...) Dem IWF gebührt Anerkennung dafür, daß er sich von einem bedrohlichen Ungeheuer [das Schulden eintreibt] zu einer willkommenen Quelle konzessionärer Hilfe entwickelt hat" (Commission on Global Governance 1995, S. 207).

Dennoch – und das ist zunächst erstaunlich – haben sich die Statuten (die „articles of agreement") von Bank und Fonds sowie das antiquierte System der Stimmrechte nicht bzw. kaum geändert. Noch immer haben die USA als stärkster Wirtschaftsstaat mit mehr als 15 % aller Stimmen ein Vetorecht (Sperrminorität) im Gouverneursrat. Im 24-köpfigen Exekutivdirektorium, das für die laufenden Geschäfte verantwortlich ist, verfügen die OECD-Staaten als Club der reichen Staaten über knapp 50 % der Stimmen, während den restlichen 160 Staaten die andere Hälfte zufällt. Warum sich die Mehrheit der Staaten dieses Stimmrechtssystem, das die Machtkonstellation der vierziger Jahre widerspiegelt, noch immer gefallen läßt, soll im Verlauf der Erörterung – nach Klärung einiger anderer Aspekte – beantwortet werden.

## II. Von der Interimsorganisation zur globalen Institution des Krisenmanagements: Der Imagewandel von Weltbank und IWF

Im Unterschied zu manchen UN-Organisationen wie dem Entwicklungsprogramm (UNDP) oder den Organisationen für Erziehung, Wissenschaft und Kultur (UNESCO) und industrielle Entwicklung (UNIDO) werden heute Weltbank und IWF von wohl allen Regierungen als unentbehrliche Scharniere der Weltwirtschaft und normsetzende Katalysatoren für den geregelten Ressourcentransfer in Nord-Süd-Richtung angesehen. Trotz aller Kritik im einzelnen werden sie dabei doch als überwiegend *nützliche Einrichtungen* prinzipiell akzeptiert. Dabei ist als Pointe zu bemerken, daß sich die Gründungsväter von Bank und Fonds wohl niemals für diese Aufgabe zur Verfügung gestellt hätten, hätte man ihnen prophezeit, daß ihre Geschöpfe nach 50 Jahren immer noch existieren und gewissermaßen als dauerhaft in Dienst gestellte Propagandisten und Polizisten der Marktwirtschaft notwendig bleiben würden. Vor allem die primäre Aufgabe der Weltbank, nämlich Kredite staatlicherseits zu garantieren, damit private Investoren eine „zuverlässige Sicherheit für überseeische Kapitalexporte hätten" (zit. nach Mason/Asher 1973, S. 26), sollte nach Beendigung des 2. Weltkrieges ja in absehbarer Zeit erfüllt und damit endgültig erledigt sein.

Überhaupt sollte Entwicklungshilfepolitik (bzw. im heutigen Jargon „internationale Entwicklungszusammenarbeit") nur vorübergehend als notwendiges, kriegsbedingtes Übel wirksam sein, bis das freie Spiel der Marktkräfte die Welt wieder nach den Gesetzen von Angebot und Nachfrage, nach Gewinn- und Verlustrechnung regieren könnte. Denn die Idee, die fristgerechte Rückzahlung von Krediten an private Kunden von Regierungen garantieren zu lassen, unabhängig davon, ob sie für produktive Zwecke oder für „faule" Projekte verwandt wurden – bis heute eine zentrale Funktion der Weltbank –, dies war anfangs US-amerikanischen Geschäftsleuten, Bankiers und Politikern ein Greuel, etwas, was gegen die Ideologie der (Unternehmer-)Freiheit und die guten Sitten einer Erfolgsgesellschaft verstieß. Der Einsatz von „soft money" (durch den Steuerzahler subventioniertes Kreditkapital zu nicht-marktüblichen Zinsen) könnte nach der Argumentation der „Wall Street" dazu verführen, Investitionsprojekte zu finanzieren, die, in der entwicklungspolitischen Ausdrucksweise der Gegenwart gesprochen, nicht „sustainable", d.h. nicht aus eigener Kraft lebensfähig, weil unprofitabel wären.

Wer konnte damals ahnen, daß sich die frühzeitig vorgetragenen Argumente der Skeptiker bezüglich der Wirksamkeit von staatlich administrierter Entwicklungshilfe als so stichhaltig erweisen sollten (siehe z.B. Bandow/Vásquez 1994)! Die Weltgeschichte wäre wohl anders verlaufen, wenn nicht im Kalten Krieg der anmaßende Gedanke entstanden und als politische Waffe eingesetzt worden wäre, ganze Gesellschaften und fremde Kulturen nach den jeweils eigenen Maßstäben der entsprechenden Hegemonialmacht zu „entwickeln" bzw. einwickeln zu wollen. Wir hätten dann heute vielleicht weniger Fabriken, Plantagen, Büros, Luxusboutiquen oder andere moderne Einrichtungen in den Entwicklungsländern, aber sicher auch geringere Schuldenberge und mehr Selbstvertrauen sowie Eigeninitiativen der Menschen in der Dritten Welt, sich aus Abhängigkeit und Nicht-Entwicklung aus eigener Kraft herauszuarbeiten.

Gleichwohl wird es ein Zurück zu den Zeiten geringerer Vergesellschaftung auf Weltebene wegen des kollektiven Interesses am Überleben der Menschheit nicht geben – insofern hat die These der deutschen Friedensforschung „*Eine Welt oder Chaos*" tatsächlich einiges für sich (Meyer 1996). Die Herstellung dieser „einen Welt" ist ein gemeinsames Jahrhundertprojekt, für dessen Gelingen das Know-how und die Ressourcen der Industriemetropolen im Westen unverzichtbar sind. Komplex verregelte Interdependenzen und eiserne Abhängigkeitsketten haben den Spielraum für *eigensinnige* nationale Politiken stark beschnitten. Internationale Konventionen zur Regelung allgemein wichtiger Sachverhalte – von Weltproblemen – werden immer dringlicher. So ist wohl auch der inzwischen erreichte Konsens unter den früheren linken Kritikern der BWO zu verstehen, angesichts drohender Mittelkürzungen auch für Entwicklungsprojekte in Armutsländern die Existenz der Weltbankgruppe nicht mehr grundsätzlich in Frage zu stellen, sondern nur noch deren Reform in Richtung auf mehr Sozial- und Umweltverträglichkeit zu verlangen. Dieselben herrschaftskritischen Solidaritätsgruppen, unter Einschluß kirchlicher Gruppen, die noch im Jahr 1988 anläßlich der Gouverneurstagung der beiden Organisationen in West-Berlin Weltbank und IWF unter Mordanklage gestellt hatten – Krieg gegen die Umwelt, Krieg gegen die Armen –, plädieren heute für die Aufrechterhaltung der Funktionsfähigkeit dieser Einrichtungen (Tetzlaff 1996). Denn ohne die sehr günstigen Kreditmittel der Weltbanktochter IDA (International Development Association) würden die armen Länder – so das Argument – kaum noch multilaterale Hilfe zu Sonderkonzessionen (zinsfrei mit 50jähriger Rückzahlungsfrist) bekommen.

In dem angedeuteten Perzeptionswandel spiegelt sich der Funktions- und

Bedeutungswandel der beiden internationalen Organisationen zunächst zu globalen *Institutionen* des Krisenmanagements und schließlich zu internationalen *Regimen* wider.

## III. Die Flexibilität von Institutionen als Vermittlerinnen von Geltungsansprüchen einer bestimmten Herrschaftsordnung

Eine theoriegeleitete Verständigung über die hier zugrundeliegenden *Begriffe* dient dem Zweck, den *schleichenden Institutionenwandel* dieser beiden Organisationen klarer herausarbeiten zu können. Sozialwissenschaftliche Begriffe sind – wie Hermann Lübbe die alte Erkenntnis der Nominalisten kürzlich neu und pointiert formulierte – „als Produkte der Forschungspraxis und näherhin als forschungspraktisch entwickelte Schemata für Unterscheidungs- und Zuordnungshandlungen weder wahr noch falsch. Sie sind vielmehr zweckmäßig oder unzweckmäßig" (Lübbe 1996, S. 285). Danach handelt es sich bei der Analyse der beiden einflußreichsten Organisationen der internationalen (entwicklungspolitischen) Zusammenarbeit durchaus um *Institutionen,* wenn unter diesem in der Soziologie zuweilen ins Beliebige entgrenzten Begriff zweckmäßigerweise nur folgendes verstanden wird (in Anlehnung an Karl-Siegbert Rehberg 1994, S. 56/57): *Institutionen sind Orte der sozialen Regulierung, an denen Prinzipien und Geltungsansprüche einer gesellschaftlichen Ordnung zum Ausdruck gebracht werden. Sie sind somit Vermittlungsinstanzen kultureller Sinnproduktion, durch welche Wertungs- und Normierungsmaßstäbe verbindlich gemacht werden. Institutionalisierung* ist dann der politisch gewollte Vermittlungsprozeß zwischen Kultur und Gesellschaft – in unserem Fall zwischen der Industriekultur der dominanten Mitgliedstaaten und der kapitalistischen Weltgesellschaft. „Der Institutionenbegriff ist dann mehr als die Summe von Regulierungen, Verhaltensdauerhaftigkeiten, Organisationen, 'Einrichtungen'; er bezieht sich auf eine spezifische Problemstellung. Institutionenanalyse versucht, das Spannungsfeld zwischen Ideen und Verhaltensstrukturierung zu beschreiben und zu erklären" (Lepsius 1995, S. 394).

Mit diesem der Soziologie zu verdankendem Verständnis von Institution ist m.E. auch ein zweckmäßiger Zugang zur Analyse der BWO und zur Erklärung ihrer anhaltenden Bedeutung für die Nord-Süd-Dimension der internationalen Diplomatie gefunden. Denn diese beiden wandelten sich von eng definierten Organisationen mit spezifischen Funktionen zur Durchsetzung von kollektiven Sicherheitsinteressen der Vereinigten Staaten von Amerika und ihrer Verbündeten zu global wirksamen Institutionen. IWF und Weltbank propagieren und finanzieren seit der Präsidentschaft Robert McNamaras (1968-1981) international respektierte *Ideen* und *Weltbilder,* mit denen entwicklungsrelevantes Regierungsverhalten weltweit strukturiert wird, ohne daß sie als politische Impulsgeber selbst von einem Weltparlament (oder dessen funktionalem Äquivalent) kontrolliert werden könnten. Als organisatorisches Ensemble symbolisieren und repräsentieren sie die aufs Globale zielende Idee der liberalen privaten Marktwirtschaft, deren Eroberungszug durch die postkoloniale und postsozialistische Welt Weltbank und IWF ganz wesentlich vorbereitet und gestaltet haben.

Damit kommt eine *historische Mission* an ihr natürliches Ende, die mit der Industriellen Revolution in England begann, mit dem europäischen Kolonialismus des 19. und 20. Jahrhunderts ihren aggressiven Höhepunkt erreichte und die seitdem auch in die Herzen und Hirne der Macht- und Bildungseliten in der Dritten Welt als *Bedürfnis nach Modernität* eingedrungen ist. Mit Norbert Elias kann man hier von der Umwandlung von Fremdzwängen in Selbstzwänge sprechen, von einem gewaltträchtigen „*Prozeß der Zivilisation*", der in Europa einsetzte, sich rasch die beiden Amerikas unterwarf und der schließlich mit universellem Gültigkeitsanspruch auch in den entlegendsten Dörfern Asiens und Afrikas auftritt. Der fortlaufende Diskurs zwischen Nord und Süd, genauer gesagt zwischen Regierungen der einstigen Dritten Welt und ihren einheimischen Kritikern, über die Universalität der Menschenrechtsidee ist die jüngste Phase in diesem Formierungsprozeß.

In ihm sind die BWO nicht nur Akteure, sondern auch Resultate kollektiven Wandels: Sie mußten sich mit der Erstarkung der *Gesellschaftswelt* (wie Ernst-Otto Czempiel diesen Vorgang der Vergesellschaftung auf Weltebene genannt hat) politischen und ideologischen Umwelteinflüssen öffnen. Sie sind seitdem in einem schleichenden Institutionenwandel im Sinne ihrer Öffnung zu neuen Kooperationspartnern begriffen. Der Hauptgrund dafür liegt in der Notwendigkeit, die Existenz der eigenen Institution vor sich emanzipierendem Weltpublikum mit erhöhten Erwartungen zu rechtfertigen. Um dieser Aufgabe gerecht zu werden, haben Bank und Fonds eine Selbstdarstellungskunst entwickelt, die Kritiker als „Syndrom der strukturellen Exkulpation" (Hans Illy) bezeichnet haben, weil alle berechtigte Kritik jeweils der Vergangenheit zugerechnet wird und durch jeweils bereits eingeleitete Reformen als überholt und somit als gegenstandslos dargestellt wird. Hier liegt eines der größten institutionellen und politischen Defizite der BWO: obwohl ihre Repräsentanten selbst Demokratie, Wettbewerb und „good governance" von anderen fordern, unterwerfen sie sich selbst nicht demokratischen Rechtfertigungsprozeduren. Dennoch trifft das bekannte Diktum Karl Deutschs, 'Wer Macht hat, braucht von anderen nicht zu lernen', auf die BWO nur noch in begrenztem Umfang zu.

*Institutionenwandel* ist ein den empirisch arbeitenden Sozialwissenschaftlern vertrautes Phänomen, das in einer dialektischen Spannung zwischen *Flexibilität und Rigidität* analysiert werden kann. Internationale Institutionen der Entwicklungszusammenarbeit sind, wie schon angedeutet, als Vermittlerinnen zwischen der Idee der pluralen marktwirtschaftlichen Industriekultur und der Realität der kapitalhungrigen Weltgesellschaft zu interpretieren. Sie müssen flexibel genug sein, um auf neue Bedürfnisse und Problemlagen (z.B. „Frauenempowerment" oder den Schutz vor weiteren Umweltschäden) glaubhaft reagieren zu können. Gleichzeitig dürfen sie nicht zu rigide an alten (oftmals bewährten) Einstellungen festhalten, um nicht die Erwartungen in bezug auf die Lösungskapazität für neue Konflikte und aktuelle Aufgaben zu enttäuschen. Die je spezifische Mischung aus Flexibilität und Rigidität bestimmt Funktionstüchtigkeit wie Glaubwürdigkeit von Institutionen, wobei in beiden Richtungen bei Überbetonung des einen Pols die Gefahr der Bestandsgefährdung eintreten kann (nach Nedelmann 1995, S. 9).

Die Rigidität der Bretton-Woods-Institutionen (BWI) kommt vor allem darin zum Ausdruck, daß sie fünfzig Jahre lang am aristotelischen Prinzip „one dollar, one vote" festgehalten haben, während sich ihre Flexibilität darin gezeigt hat, alten Wein immer wieder in neue Schläuche und Fässer umzufüllen. Aber auch neue Weinberge wurden angelegt und neue Rezepte getestet. Mit anderen Worten: Thematisch hat sich das Aufgabengebiet der Weltbank enorm erweitert, in wohl alle kommerziellen und sozialen Entwicklungsaktivitäten hinein, mit zwei signifikanten Ausnahmen. Zum einen werden die Sicherheits- und Rüstungspolitiken den jeweiligen nationalen Armeen überlassen. Zum anderen haben sich die Transnationalen Ölkonzerne ihr Monopol in der Erdöl- und Erdgasförderung noch nie von staatlichen Entwicklungsagenturen streitig machen lassen (obwohl genau das der energischste Weltbankpräsident, Robert McNamara, im Zuge der Weltenergiekrisen der 70er Jahre versucht hatte).

Das Begriffspaar Rigidität/Flexibilität erlaubt eine erste Antwort auf die Frage nach den Gründen für die Beständigkeit der BWO/BWI: Weltbank und Währungsfonds zeichnen sich eben dadurch aus, daß ihre institutionellen Vorgaben bezüglich der Machtzuteilung auf Staaten und Ländergruppen im Prinzip kaum geändert wurden (also Rigidität hoch zu veranschlagen war), während gleichzeitig das Management der Bretton-Woods-Zwillinge hochgradig flexibel auf neue Problemlagen ihrer ärmeren Mitgliedstaaten reagierte, ohne je ihre korporative Identität aufs Spiel zu setzen.

Daß sich zuweilen Flexibilität auch im rein *Rhetorisch-Symbolischen* erschöpft und lediglich zur Irreführung oder Beruhigung aufgebrachter Geister inszeniert wird, soll noch am Beispiel der Umweltpolitik gezeigt werden. Zunächst aber muß noch eine weitere Dimension der Frage nach der Unentbehrlichkeit der BWI erörtert werden: ihre Verknüpfung mit der Welt der regulativen Ideen.

## IV. Regulative Ideen – eine unterschätzte Realität

Weltbank und Währungsfonds entstanden als Pfeiler einer neuen Weltwirtschaftsordnung, die auf dem Fundament der kapitalistischen Marktordnung beruhten. Sie sollten dabei den Part spielen, der Idee der politisch gesteuerten *Entwicklung*, genauer: der Idee der nachholenden Entwicklung im Sinne von kapitalabhängiger Modernisierung von Gesellschaften durch die gelenkte Entfaltung von Marktbeziehungen nach US-amerikanischem Vorbild, zum Durchbruch zu verhelfen.

*Normative Ideen* (im Unterschied zu kognitiven Ideen) beziehen sich nach der Unterscheidung „gut/schlecht" auf die reale Welt. Sie handeln nicht davon, wie die Welt ist, sondern wie sie idealiter sein sollte. Haben normative Ideen erst einmal in einer kritischen Handlungsmasse Wurzeln geschlagen, sei es in deren Interesse oder in deren Weltbild, können sie eine außerordentliche Dauerhaftigkeit (bezüglich der Verhaltensstrukturierung von Gruppen) entwickeln. Zyniker könnten behaupten, daß das entwicklungspolitische Ideal der „sustainability" durch politische Maßnahmen fast nirgends erreicht worden sei. Lediglich die Idee der marktorientierten, aber umweltvernachlässigenden „Entwicklung" durch internationale Zusammenarbeit, das, was Elmar Altvater die „harte Industrialisierung" genannt hat, sei als dauerhafte Verpflichtung oder Verheißung aufrechterhalten worden, und zwar auch dann noch, als deren Wünschbarkeit als universell anwendbares Prinzip (in Anbetracht der hohen Kosten für Umwelt und Nachwelt) zweifelhaft geworden war.

Das Bedenkliche daran ist, daß solche Ideen kaum falsifizierbar sind, sondern auch im Falle einer ihnen widersprechenden empirischen Realität weiterhin aufrechterhalten werden (Jachtenfuchs et al. 1995, S. 432). Die Geschichte der BWI läßt sich nun als eine Entwicklung verstehen, bei der eine normative Idee (US-amerikanischer Provenienz, und zugleich eng verknüpft mit den zunächst rein national definierten Eigeninteressen der USA) gegen erhebliche Widerstände, vor allem aus dem sozialistischen Lager, hartnäckig verfolgt wurde und dabei die internationale Umwelt erfolgreich und nachhaltig penetrierte.

Der hier verwendete *Ideenbegriff* bedarf einer kurzen Reflexion. Bekanntlich ist alles Wissen über die Welt gesellschaftlich vermittelt, und in diesem Prozeß spielen neben Interessen (an Macht und Reichtum) auch Ideen eine nicht zu vernachlässigende Rolle, denn sie tragen dazu bei, das Wissen über die Wirklichkeit in spezifischer Weise zu konzeptualisieren. Ideen – so wissen wir seit Max Weber – wirken nicht selten als Filter zwischen der Wirklichkeit und der Wahrnehmung materieller Interessen von bestimmten Akteursgruppen. Sie erlangen ihre konkrete Bedeutung im Kontext einer *politischen Kultur*, die sich als Bestand von Symbolen, Ritualen, Weltbildern und Normen bezeichnen läßt, die von konkurrierenden Akteuren in unterschiedlicher Weise zur Selbstrechtfertigung eingesetzt werden.

In der Teildisziplin der Internationalen Beziehungen ist in jüngster Zeit die *Bedeutung von Ideen* für das Verständnis von Politik neu bewertet worden. Diese Akzentverschiebung der Perspektive – die in den 60er und 70er Jahren im Zuge der intensiven Marxrezeption den Kolleginnen und Kollegen am OSI wohl mehrheitlich ein Greuel gewesen wäre (wenn nur an die törichte Tabuisierung oder gar Verteufelung Max Webers in den damaligen Diskursen erinnert werden darf)! – ist wohl auch auf die Erfahrung zurückzuführen, daß die im Rahmen realistischer Analyseverfahren betriebene Fokussierung auf Macht und Klasseninteressen von politischen Akteuren einige Phänomene nicht hinreichend erklären kann. Z.B. sind die doch erheblichen Unterschiede in den Entwicklungsleistungen und -resultaten in verschiedenen Weltregionen, in den asiatischen Schwellenländern einerseits, in den afrikanischen Militärdiktaturen oder Armutsländern andererseits, ohne Rekurs auf kulturell geprägte Verhaltensweisen von politischen Eliten kaum hinreichend zu erklären. Bei grundsätzlich vergleichbaren Interessen an Entwicklung zu Modernität und vergleichbaren externen Rahmenbedingungen für wirtschaftliches Wachstum sind die erzielten Entwicklungsleistungen doch sehr unterschiedlich.

Bezogen auf die BWI ist darauf zu verweisen, daß die Ideen von Demokratie und freier Marktwirtschaft (im aktuellen Gewand der Privatisierung und Deregulierung der Volkswirtschaften) auch überall dort propagiert werden, wo sie keinen materiellen Gewinn einzufahren versprechen, z.B. in Haiti, Bangladesch, Ruanda, Burundi, Somalia oder in Äthiopien. Man könnte meinen, daß hier normative Ordnungsvorstellungen (Ideen) kontextunabhängig zu *fixen Ideen* geworden sind, durch die soziale Wirklichkeit wie durch eine getönte Brille wahrgenommen bzw. eigentlich so erst als verzerrtes Abbild der realen Verhältnisse kreiert wird. Die praktischen Folgen dieser Weltsicht können zuweilen verheerend sein, weil unterentwickelte Gesellschaften in ihren Kapazitäten überfordert und zu sozialen wie finanziellen Opfern aufgefordert werden, die möglicherweise sinnlos sind, weil sie nicht innovativ strukturbildend für den Aufbau einer aktiven Bürgergesellschaft – der viel beschworenen „civil society" – genutzt werden können. Es kann in diesem Rahmen nur angedeutet werden, daß prinzipiell berechtigte, wenngleich abstrakte Ideen wie Demokratisierung von Staat und Parteien, Strukturanpassung der Haushalte, Deregulierung von Märkten oder Privatisierung von Dienstleistungen immer dann *kontraproduktiv* wirken, wenn die in ihnen enthaltenen gesellschaftlichen oder kulturellen Voraussetzungen noch nicht herangereift sind. Angesichts der Erkenntnis, daß die Institutionalisierung von Rechtsstaatlichkeit, demokratischer Partizipation und pluralistischem Wettbewerb das Spätprodukt einer langen zivilisatorischen Entwicklung im Okzident ist, ist bei der Forderung nach unverzüglicher Umsetzung normativer Gehalte hinsichtlich demokratischer Reformen oder „good governance" eine jeweils milieuabhängige Behutsamkeit zugleich ein Gebot der Vernunft als auch der Fairneß.

*V. Leistungen und Grenzen Internationaler Regime: Öffnung und Verengung von politischen Handlungsspielräumen*

Wohl nie zuvor in der Geschichte sind Ideen und Wissen von einem Kontinent auf andere so rasch und folgenwirksam transferiert worden wie in der Nachkriegsära. Daß auch bei dieser Aufgabe die BWO Pionierfunktionen gehabt haben, steht außer Frage. Ob sie dabei allerdings auch erfolgreich in dem Sinne waren, daß sie Ideen zu internationalen *Kooperations-Regimen* verdichten konnten, die dann auch ohne Gewalt oder Gewaltandrohung zum Nutzen aller Akteure funktionieren, muß bezweifelt werden.

Was ist hier mit *Regime* gemeint? Die gegenwärtige politologische Diskussion über „Regieren im internationalen System ohne Weltregierung" hat sicherlich interessante Einsichten, auch beim Erfassen der Wirkungen von Normen und Verhandlungsprozessen, zutage gefördert (Kohler-Koch 1993 sowie Böhret/Wewer 1993). Dabei wird zwischen diversen Modi des Regierens unterschieden: Verhandlungen, Normen und internationale Regime, die ihrerseits wiederum als ein Bündel von Prinzipien, Normen, Regeln und Entscheidungsverfahren zu verstehen sind (Müller 1993 und Rittberger 1994). Die praktische Anwendbarkeit der Überlegungen, wie sie im Kontext der Diskussion über *internationale Regime* entstanden sind, bleibt jedoch insofern unnötig begrenzt, als sie einen großen Teil der konkreten internationalen Kooperationsfälle zu wenig berücksichtigen, nämlich die zwischen politischen Akteuren mit prinzipiell unterschiedlicher „bargaining power". Gemeint sind die täglich und global tausendfach ablaufenden multilateralen Kooperationen zwischen Vertretern von Industriestaaten einerseits und Repräsentanten der Dritten Welt andererseits, die dem Typ hierarchischer Interaktion zwischen strukturell unterschiedlichen Spielern zuzurechnen sind.

Vor allem für das Politikfeld der Entwicklungskooperation treffen einige zentrale Annahmen der Kooperationstheorie nicht ohne weiteres zu. Von der Regimetheorie wird oft zuwenig bedacht, daß die miteinander kooperierenden Akteure (Staaten oder NGOs) von historisch bedingten, strukturell, nicht nur graduell, unterschiedlichen Handlungspositionen ausgehen, und daß Annahmen über politisches Verhalten der an Interaktionen beteiligten Akteure nicht mit denselben Begriffen formuliert werden können. Welchen Sinn macht es z.B., „rational choice"-Annahmen für kooperatives Verhalten zwischen Staatengruppen zugrunde zu legen, wenn nur eine der beiden eine wirkliche Möglichkeit hat, zwischen Kooperation und Nicht-Kooperation zu wählen, nämlich die Akteurseinheit, für die die „exit option" real besteht, d.h. die westlichen Industriegesellschaften?

Es macht sich nachteilig bemerkbar, daß die Erkenntnisse früherer Theoriediskurse im Bewußtsein der gegenwärtigen Diskutanten so ganz ins Abseits gedrängt worden sind. Aus der *Dependenztheorie-Diskussion* der 60er und 70er Jahre z.B., die dann durch Theoreme über das internationale Verschuldungsdilemma vertieft wurde, könnte in den heutigen Diskurs die Erkenntnis eingebracht werden, daß Regierungen der Dritten Welt im allgemeinen nicht als „egoistisch-rationale Akteure" konzipiert werden können, sondern eher als solche, die aufgrund struktureller Abhängigkeit, im Unterschied zu Industriestaaten, die „global players" sind, „local players" ohne das Privileg der Verfügung über Handlungsoptionen sind. Bis heute hat wenigstens eine Kernaussage der Dependenztheorie ihre Gültigkeit nicht ganz eingebüßt, nämlich die These, daß sich externe weltmarktvermittelte Abhängigkeiten in die *politischen Innenräume der Entwicklungsgesellschaften* hinein übersetzen und dort politische Handlungsspielräume konditionieren, wenn nicht gar determinieren.

Die theoretische Annahme der Kooperationstheoretiker, daß sich alle staatlichen Akteure als „rationale Egoisten" bzw. als Maximierer von Eigennutzen verhalten würden, verliert ihren Aussagewert, wenn die Mehrzahl von etwa 120 Staaten gar nicht in der Lage ist, ihr Eigeninteresse zu artikulieren und demgemäß zu verhandeln, weil ihre eigene Schwäche Reziprozität in den Außenbeziehungen nicht zuläßt. Die Regierungen der USA oder der Niederlande z.B. können wählen, ob sie bilaterale und multilaterale Entwicklungszusammenarbeit (EZ) ganz oder teilweise aufgeben wollen oder nicht. Die Regierung eines hoch verschuldeten Entwicklungslandes mit ungewissen Renteneinnahmen (via Rohstoffverkäufen auf den Weltmärkten) verfügt über solche Optionen kaum: bei Strafe des möglichen eigenen Sturzes muß Kooperation mit der internationalen Gebergemeinschaft nach den allgemein gültigen Spielregeln praktiziert werden, um Schlimmeres zu verhüten. Denn Nicht-Kooperation wird auf dem Wege des „*strategic non-lending*" bestraft: Ohne durch ein Stabilisierungs- und Bereitschaftsabkommen mit dem IWF das Gütezeichen („stamp of approval") für eine nationale Wirtschaftspolitik erworben zu haben, können Regierungen nicht hoffen, aus dem Ausland Kredite und Unterstützung für eigene Entwicklungsprojekte zu bekommen. Sie werden „kalt-" bzw. „ruhiggestellt", wie es beispielsweise in den 80er Jahren dem sozialistisch orientierten Tansania erging, dessen halsstarriger Präsident Nyerere ein hartes Spar- und Sanierungsabkommen mit dem IWF nicht akzeptieren wollte.

Die an sich plausible Annahme der orthodoxen Kooperationstheorie etwa, daß „internationale Kooperation unter rationalen Akteuren grundsätzlich auch ohne eine hierarchische, auf Zwang angelegte Ordnung möglich ist, wenn Interessenkonstellationen bestehen, in denen individuelles Handeln für *alle* beteiligten Akteure (...) zu suboptimalen Ergebnissen führt" (Gehring 1995, S. 200), ist für die Nord-Süd-Dimension ziemlich hypothetisch. Die internationale Ordnung ist und bleibt ein *hierarchisches* Herrschaftssystem, das ohne Zwang im Sinne sanfter Gewalt nicht auskommt und Strukturanpassung nur von *einem* Typ der Spieler verlangt: den kreditbedürftigen und ärmeren Entwicklungsländern, den Mitspielern ohne Optionen, während Industriestaaten wie die USA mit hohem Haushaltsdefizit oder Japan und Deutschland mit zuweilen gefährlich hohen Zahlungsbilanzüberschüssen, die die Handelsaussichten anderer negativ beeinträchtigen können, nicht zur entsprechenden Strukturanpassung im Interesse des internationalen Gemeinwohls (Recht auf freien Handel zum Nutzen aller) genötigt werden können. Hier gilt noch immer das Faustrecht des politisch Stärkeren, soweit nicht regionale horizontale Integrationssysteme wie das der Europäischen Union einzelstaatlichem Handeln Fesseln anlegen.

Was folgt aus dieser Überlegung für die Analyse internationaler Institutionen? Die *Möglichkeiten und Grenzen der internationalen Kooperation* zwischen Staaten und NGOs mit qualitativ unterschiedlichen Handlungsoptionen sind wohl am ehesten in der Weise zu analysieren, daß

- erstens historisch gewachsene und institutionell verfestigte Systemstrukturen (Institutionen),
- zweitens interessengeleitete Handlungspräferenzen dominanter Akteursgruppen
- und drittens die regulativen (normativen) Ideen, die sich zu Weltbildern verdichten und Handlungen strukturieren,

simultan und als fabrizierter Prozeß, nicht als natürliches, alternativloses Produkt der Geschichte betrachtet werden. Dazu bietet sich die Kategorie des *politischen Handlungsspielraums* zur Durchsetzung von Eigeninteressen und zum Werben für eigene Ideen und Standpunkte an. Obwohl durch die eigene Position im Weltsystem sowie durch Menge und Qualität eigener Mittel konditioniert, kann der politische Handlungsspielraum der lokalen Akteure

– entweder passiv (ohne großen eigenen Mitteleinsatz) genutzt,
– durch Nichtstun, falsche Allianzen oder teure, aber fruchtlose Alleingänge verspielt
– oder aber aktiv und zielgerichtet erweitert werden, allein oder in Verhandlungen mit anderen.

So läßt sich z.B. erklären, warum in Entwicklungsländer entgegen den politischen Präferenzen ihrer einflußreichsten Interessengruppen (den urbanen Mittelschichten) politisch unpopuläre Strategien verfolgt werden, die als system-, nicht aber als handlungsrational gerechtfertigt werden können: Strukturanpassungsprogramme können *systemrational* sein, verletzten aber in aller Regel die Interessen und Ideale derer, die sich als *konfliktfähige Gruppen* im Demokratisierungsprozeß für institutionelle Verfassungs- und Rechtsreformen einsetzen (mit Ausnahme der für Märkte produzierenden Farmer; Schubert et al. 1994). Diese latente Inkompatibilität zwischen dem Ziel der aktiven Demokratisierung von unten und der Praxis der von oben angeordneten Strukturanpassungspolitik auf Kosten der Einkommen der urbanen Mittelschichten wäre wenn überhaupt nur auf dem Wege der Erweiterung der *Handlungsspielräume für umsetzungsfähige Reformen* durch Mitbestimmung aller betroffenen konfliktfähigen Gruppen zu überwinden.

Um hier Reformen zu erreichen, ist die Weltbank 1995 unter ihrem neuen Präsidenten *James Wolfensohn* einen beachtlichen Schritt auf die nationalen NGOs der USA sowie der zahlreichen NGO-Verbände in Entwicklungsländern zugegangen: in verschiedenen Ländern wurden Netzwerke zwischen lokalem Weltbankbüro und nationalen NGOs in Form von Arbeitskreisen ins Leben gerufen. Sie haben die Funktion, im Vorfeld mögliche Kritik an geplanten Weltbankprojekten zu orten, vermeidbare Fehler zu beheben und fähige Kritiker als hoch dotierte „consultants" im Auftrag der Bank beschäftigt zu halten. So sind ganze Universitätsabteilungen und Forschungseinrichtungen durch derartige Beratungsaufträge der Weltbank (und anderer Einrichtungen der Gebergemeinschaft, z.B. den politischen Stiftungen, Kirchen und Verbänden) informell an die mächtige Washingtoner Institution angekoppelt worden – ein Triumph der Kooperations- und Inklusionsstrategie!

Es kann festgehalten werden: Die vielleicht etwas voreilige Feststellung, daß „die Kooperationstheorie (...) ein Analysekonzept zur Untersuchung der Möglichkeiten und Voraussetzungen erfolgreicher Kooperation unter egoistisch-rationalen Akteuren *in Abwesenheit eines durchsetzungsfähigen Sanktionsapparates* (Hervorhebung von R.T.) zur Verfügung" stellen würde (Gehring 1995, S. 200), trifft beileibe nicht auf alle Kooperationsfälle zu, jedenfalls nicht auf den doch recht bedeutenden Bereich der Nord-Süd-Zusammenarbeit. Vielmehr kann unter Berücksichtigung dependenztheoretischer Erkenntnisse die These formuliert werden, daß Herrschaftsinteressen und normative Ideen in wechselseitiger Durchdringung existieren und noch immer auf „durchsetzungsfähige Sanktionsapparate" angewiesen sind. Was sich jedoch geändert hat, ist die Art der Sanktionsmittel. An die Stelle von Waffengewalt und Bestrafungen durch Ausschluß sind Kreditkonditionen und Investitionsversprechen getreten. Dabei spielen internationale Institutionen wie Weltbank und Währungsfonds als Impulsgeber für normative Diskurse und als Katalysatoren für handfeste Entwicklungskooperation eine zentrale, wenn nicht gar hegemoniale Rolle. Sie sind die Architekten der Systemstabilisierung: ihre Stärke liegt darin, daß die von ihnen propagierten Normen und finanziell geförderten Ideen sich im Laufe der Zeit zu allgemein akzeptierten Vorstellungen über die Lösung von bestimmten Entwicklungsproblemen schlechthin verdichtet haben.

Die so erzeugte internationale *Normalität* ist insofern nicht unproblematisch, als die dringend notwendige Suche nach alternativen, im umfassenden Sinne kostengünstigeren Lösungen – etwa im Bereich der umwelt- und klimaverträglichen Industrialisierung – immer mehr ins Abseits gedrängt wird.

## VI. GEF: Ein Beispiel für Entstehung und Wandel eines internationalen Kooperationsregimes

Am Beispiel der „Global Environment Facility" (GEF) soll die Arbeitsweise der Weltbank als dominante Mitgestalterin eines *internationalen Regimes* veranschaulicht werden. In weniger als zwanzig Jahren wandelte sich das Bild der Weltbank von einer Organisation, die im Rahmen der für notwendig erachteten Finanzierung von großen Staudamm-, Straßenbau- und Energieprojekten schwerwiegende Umweltschäden billigend in Kauf nahm, zu einer Organisation, die bei vielen das Image der Bannerträgerin der internationalen Umweltpolitik besitzt. Die Weltbank ist seit der Rio-Konferenz als Reaktion auf weltweite Proteste zu einem Hauptakteur der Etablierung eines internationalen Umweltregimes geworden.

*Regime* dienen – wie schon angedeutet – nicht der Beseitigung, sondern der friedlichen Bearbeitung von Konflikten. Die Regimeanalyse geht realistischerweise davon aus, daß zwischenstaatliche Konflikte unvermeidbar und insofern auch bearbeitbar und legitim sind. Aber es kommt darauf an, das Konfliktverhalten der Staaten konsensualen Regeln zu unterwerfen. Regime sind – der gängigen Definition zufolge (Müller 1995, S. 384) – international kooperierende Institutionen, die auf dem freiwilligen Zusammenschluß der teilnehmenden Staaten beruhen. Sie bestehen aus Prinzipien (Grundsätze und Ziele), Normen (Rechte und Pflichten), Regeln (Gebote und Verbote) und Verfahren (Entscheidungen betreffend; Kommunikation). Sie sind also breiter als rein rechtliche Verpflichtungen, in dem sie auch informelle politische und rein gewohnheitsmäßige Elemente enthalten. Sie sind auch breiter als internationale Organisationen, deren sie sich bedienen mögen, ohne mit ihnen identisch zu sein. Ihren komparativen Vorteil sehen die Regimeforscher wie folgt: „Sie schaffen Erwartungsstabilität über das wechselseitige Verhalten, klare Standards für konformes und abweichendes Verhalten" (S. 384).

Diesem Anspruch möchte auch die GEF als institutioneller Kern des internationalen Umweltregimes nach der Rio-Konferenz genügen. Eigentlich sollten die Initiatoren der GEF die Involvierung der Weltbank bei der Gestaltung eines internationalen Umweltregimes gerade vermeiden, um nicht den Verdacht einer einseitigen politischen Interessenwahrnehmung aufkommen zu lassen. Aber die Weltbank verfolgte eine Doppelstrategie, um sich die lästigen Öko-Kritiker ihrer Großprojekte in Brasilien, Indien und Afrika vom Hals zu schaffen. Zunächst baute sie seit 1987 eine eigene Umweltabteilung auf, die die Aufgabe erhielt, jedes Entwicklungsprojekt auf seine Umweltverträglichkeit zu überprüfen. Zwischen 1987 und 1992 vergrößerte sich die Zahl ihrer Umweltexperten von 2 auf 140, womit der zuständigen Fachorganisation der Vereinten Nationen, dem UNEP (United Nations Environment Programme), der Rang abgelaufen wurde. Nun konnte die Weltbank qua eigener Fachexpertise die Agenda für internationale Umweltpolitik entscheidend mitbestimmen. Der Umweltgipfel von Rio (die UN-Konferenz über Umwelt und Entwicklung, UNCED) im Juni 1992 sollte die Gelegenheit dazu bieten.

Im Jahr 1987 hatte die Direktion des UNDP dem „Welt-Ressourcen-Institut" (WRI) den Auftrag erteilt, die umweltrelevanten Konsequenzen des Brundtland-Reports zu studieren. Das WRI entledigte sich des Auftrags mit dem Vorschlag der Schaffung eines Kreditfonds für Umweltabkommen. Wenig später – im September 1989 – machte Frankreich, unterstützt von Deutschland, der Weltbank den Vorschlag, einen „Global Environmental Trust Fund" (GET) zu gründen. Daraufhin lud im März 1990 die Weltbank Vertreter von UNDP und UNEP zusammen mit 17 Geberstaaten zu einer Gründungskonferenz nach Paris ein.

Direktor der GEF wurde ein erfahrener Wissenschaftler des WRI, Mohammed El-Ashry. Er verließ die NGO und übernahm die neue Umweltschutzeinrichtung. In einer ersten Pilotphase wurden 1,411 Mrd. US $ für drei Ziele bzw. Projekte zur Verfügung gestellt: zum Schutze der Artenvielfalt, zur Verminderung der Klimaerwärmung, zum Schutz internationaler Gewässer. In der zweiten Phase (1993-1996) verdoppelte sich das Volumen der Zuschüsse auf 2,8 und schließlich auf 4,2 Mrd. $. Damit hatte sich die weltbankdominierte GEF als permanente Finanzierungsorganisation für Klima- und Umweltschutzprojekte etabliert: Sie gab die Finanzmittel (als „grants") und definierte die Vergabekriterien, während ihre Partner von den UN-Organisationen einige lukrative Verwaltungsposten zugeteilt bekamen und dem Gesamtunternehmen die notwendige Legitimation bei eventuellen Kritikern verschaffen sollten. Als dann die Mehrheit der Teilnehmer auf dem Umweltgipfel von Rio beschloß, einen eigenen Fonds für Umweltprojekte unter UN-Regie zu gründen, was auf den Widerstand der westlichen Industriestaaten stieß, bot sich als politischer Kompromiß die Instrumentalisierung der GET für internationale Umwelt- und Klimapolitik an. Aus dem Trust Fund (GET) wurde die „Global Environment Facility" (GEF). Manche Beobachter hatten den Eindruck, aus Geldmangel hatte man „den Bock zum Gärtner gemacht".

Doch so leicht waren die Umweltschützer der Dritten Welt nicht hinters Licht zu führen. Schon 1993 übten rund 50 Umweltorganisationen aus 20 Ländern Kritik an der Verwaltung der GEF, und 1994 erschien ein sehr kritischer Prüfungsbericht seitens einer unabhängigen Expertengruppe über die Pilotphase der GEF (Weltbank 1994). Die bekannte indische Ökologin *Vandana Shiva* kritisierte, daß über 80 % des Weltbankanteils an GEF-Projekten mit nicht-ökologisch orientierten Weltbankkrediten verbunden wären. Die Weltbankexperten wollten offensichtlich – so ihr Vorwurf – die GEF bloß dazu benutzen, um sich ein „grünes Mäntelchen" umzuhängen. Vor allem aber stieß bei Umweltschutzverbänden die Praxis auf Kritik, die Umweltverträglichkeit einzelner Umweltprojekte nur vom Schreibtisch aus zu prüfen. Sie verlangten daher Vorort-Kontrollen, was aber von der Weltbank zunächst abgelehnt wurde. Ursprünglich hatte sich die GEF verpflichtet, alle relevanten Informationen über die Projekte zugänglich zu machen. Dann aber setzte die Bank ihre eigene Informationspolitik unter der Devise „keine äußere Einmischung in innere Angelegenheiten" auch bei der GEF durch (nach „taz" vom 4.3.1993) – eine Haltung, die sich inzwischen geändert hat (Weltbank 1996).

Tatsächlich war hier ein ernstzunehmender Prinzipienkonflikt entstanden: Einerseits verpflichtet ihre Satzung die Weltbank zur Selbstbeschränkung auf eine quasi technokratische Darlehenspolitik. Dadurch sollten politische Konflikte über die Art und Weise der Umsetzbarkeit von Strukturreformen oder Strategieempfehlungen zwischen der Weltbank und den Ländern, die Kredite in Anspruch nehmen, vermieden werden. Diese Praxis begrenzt zumindest formal die Rechenschaftspflicht gegenüber den Weltbankeignern und NGOs. Andererseits verlangt der neue Ansatz der Weltbank zur gleichen Zeit, daß Partizipation und „ownership" bei Reformprogrammen eingefordert werden. Sie muß also die Qualität gesellschaftspolitischer Willensbildungsprozesse – Fragen der Demokratie und Menschenrechte – im Auge behalten. „Ownership" seitens der Regierung des Partnerlandes (also die Bereitschaft, ein von außen unterstütztes Hilfsprogramm mit allen, auch unangenehmen Konsequenzen vollständig anzunehmen) stellt hohe Anforderungen an die Kommunikationskanäle und Entscheidungsstrukturen in horizontaler wie vertikaler Hinsicht, d.h. etwa zwischen den Ministerien, aber auch zwischen Zentralregierung und lokalen Verwaltungen. Freie Meinungsäußerung und Versammlungsfreiheit müssen gewährleistet sein, sollen diese neuen Maximen der Weltbank nicht Makulatur bleiben. „Hier bewegt sich die Weltbank bei einigen ihrer größten Kreditnehmer (z.B. China oder Indonesien) in einem politischen Minenfeld" (Diekmann 1995, S. 423).

Die satzungsmäßig vorgeschriebene Politikferne der Weltbank kontrastiert also mit der zwangsläufigen Politiknähe ihrer Klientel – den Regierungen ihrer Mitgliedsländer. So muß sich eine Politik, die bei der Planung von Projekten auf politische Partizipation pocht, aber ihre praktische Umsetzung im betreffenden Land ignoriert, dem Verdacht der Unglaubwürdigkeit aussetzen. Die BWI sind – vielleicht wider Willen – zu höchst politisierten Kooperationsregimen avanciert. Eine Satzungsrevision ist daher überfällig: „Ein offener Umgang mit politischen Forderungen an die Darlehensnehmerländer sollte allmählich an die Stelle technokratischer Verkürzungen des Partizipationsansatzes treten ('capacity building, accountability, transparency etc.')" (S. 424). Auch hier erwies sich die Weltbank schließlich als lernfähige Organisation: der 1994 ins Leben gerufene GEF Council hat eine Ausführungsstrategie beschlossen, die eine konstruktive Antwort auf die vorgebrachte Kritik darstellt (Worldbank 1996).

*VII. Zusammenfassung und Ausblick: die BWI als „Inseln der Ordnung"?*

An einem Beispiel konnte exemplarisch gezeigt werden,

- daß die Annahme „anarchischer Zustände" im Bereich der entwicklungspolitischen Nord-Süd-Beziehungen nicht stichhaltig ist, sondern eher auf eine Fehlperzeption realer Abhängigkeiten hindeutet,
- daß „Regieren ohne Weltregierung" in bescheidenem Maße durch Erzeugung von Normalität bei alltäglichen Konfliktlösungen im Bereich von Entwicklungsplanung und Entwicklungsfinanzierung bereits stattfindet,
- daß weltmarktorientierte internationale Organisationen wie Weltbank und IWF durch universell gültig gemachte Normen und Erweiterung ihrer Funktionen zu Kernbestandteilen internationaler Regime avanciert sind
- und daß auch diese flexiblen Institutionen über Definitionsmacht und Sanktionsgewalt verfügen, denen zu trotzen für Entwicklungsgesellschaften höchst nachteilig sein kann.

Als Ergebnis einer schleichenden, weil zunächst kaum bemerkten Funktionserweiterung der Bretton-Woods-Institutionen hat also ein qualitativer Bedeutungssprung stattgefunden. Für die Nord-Süd-Dimension der Weltpolitik funktionieren sie als entscheidungsstarke Gremien des begrenzten Interessenausgleichs und des konzertierten Konfliktmanagements. Sie haben das Zusammenspiel der formal souveränen Staaten berechenbarer, stabiler, belastbarer und kohärenter gemacht. In 50 Jahren haben sie einer *Ära der internationalen Kooperation* in immer mehr „policy"-Bereichen das Gepräge verliehen – von der Energie- und Verkehrspolitik über die Agrar- und Industriepolitik bis hin zur Bevölkerungs-, Bildungs- und Umweltpolitik sowie anderen Querschnittsaufgaben. Um als Entwicklungsstaat handlungsfähig zu bleiben, bedarf es heute als Regelfall (für alle Staaten außerhalb der OECD-Gruppe) der aktiven oder passiven Unterstützung durch die BWI. Im engeren „policy"-Bereich der internationalen Entwicklungskooperation und des

Verschuldungsmanagements sind sie zu den tonangebenden Trägern des *internationalen Entwicklungsregimes* geworden.

- In bezug auf ihre **Prinzipien**, mit denen die Wirklichkeit interpretiert und kooperativ bearbeitet werden sollen, läßt sich festhalten, daß von allen Mitgliedstaaten erwartet wird, daß ihre Regierungen an das Ziel der nachholenden Entwicklung, an die Vorteile internationaler Zusammenarbeit, an die freien Wettbewerbsspielregeln der Weltwirtschaft sowie an friedlichen Interessenausgleich zwischen formal gleichberechtigten Staaten glauben. Am **Grundkonsens** „Entwicklung durch Modernisierung" (im Sinne von Industrialisierung, Urbanisierung und Alphabetisierung) und Integration in den Weltmarkt als universell gültige Prinzipien wird – trotz gegenläufiger Erfahrungen hier und dort – eisern festgehalten – Ziele, die unausgesprochen auf der Agenda der beteiligten Eliten stehen und die angeblich durch hinreichende Eigenanstrengung für jeden Staat erreichbar sind. Angestrebt wird die vollständige oder selektive Teilhabe am westlichen Konsum- und Industrialisierungsmodell, das wegen seiner historisch einmaligen Kombination von persönlichen Freiheitsrechten und materiellem Wohlstand für viele eine besondere Attraktion besitzt. Der Weg dorthin führt über entwicklungshilfegestützte Integration in eine flexible internationale Arbeitsteilung, die Positionsveränderungen, aber keinen Kurswechsel zuläßt.

  Was die **Normen** betrifft, so haben sich die Vorstellungen von korrekter privatwirtschaftlicher Wirtschaftsweise, „guter Regierungsführung", Strukturanpassung zur Sanierung des Haushalts, Liberalisierung des Handels und Stabilisierung der Währung sowie die Maßstäbe für umweltverträgliches und marktfreundliches Wirtschaftsgebahren tendenziell *globalisiert* und *vereinheitlicht*. Gleichzeitig haben nach dem Ende des sozialistischen Konkurrenzmodells Demokratie und Menschenrechte, Marktwirtschaft und säkularer rationaler Staat als regulative Ideen westlicher Provenienz an Boden gewonnen.

- Zu den im Prinzip kaum noch hinterfragten **Regeln des internationalen Entwicklungsregimes** gehören die (harten) Bedingungen für Kredite und die Sanktionen bei Zahlungsrückständen, die Koppelung von Kreditgewährung und politischen Reformen (politische Konditionalität) und die Bereitschaft, zugunsten internationaler Kontrollen und Auflagen nationale Souveränitätsrechte einschränken zu lassen.

- Was schließlich die festgelegten **Prozeduren** angeht, nach denen die Prinzipien, Normen und Regeln konkret umgesetzt werden, so hat es auch hier einige Flexibilität gegeben – vor allem die verschuldungskrisenbedingte Erweiterung der IWF-Fazilitäten. Aber auch auf dieser untersten Handlungsebene sind Verfahren der Kreditbeschaffung, der Ausschreibung von Aufträgen und der Implementierung der Ziele allgemeinverbindlich und somit berechenbar geworden. So sind in jüngster Zeit als Erweiterung der bestehenden Verfahren auch Nicht-Regierungsorganisationen als Kritiker und Mitspieler mit begrenzten Befugnissen (in den Bereichen Umweltschutz, Frauenförderung, Familienplanung etc.) akzeptiert und unterstützt worden. So sollte das Vertrauen in das Funktionieren des Gesamtsystems Entwicklungsmanagement erhalten bleiben.

Für das Funktionieren von Weltwirtschaft und Nord-Süd-Politik haben die BWI vor allem die Aufgabe erfüllt, den *zentrifugalen* Tendenzen des Weltsystems durch Normen und Regeln Einhalt zu gebieten. Mit der Aufnahme von „good governance" in ihren Prinzipienkatalog haben sie nationalstaatliche Souveränitätsrechte weiter stark ausgehöhlt. Daß sie dabei angesichts wachsender Globalprobleme auf Dauer „Inseln der Ordnung in einem Meer von Anarchie" bleiben können (wie es Joseph Nye einmal ausgedrückt hat, zit. nach Müller 1995, S. 384), ist allerdings aus der Nord-Süd-Perspektive betrachtet eine euphemistische These. Denn nicht alle Staaten werden die Voraussetzungen haben oder zu erträglichen Kosten erwerben können, beim allgemeinen Wettbewerb um Marktchancen auf globalisierten Märkten genug Handelseinkommen zu verdienen, um ihre wachsende Bevölkerung zu ernähren. Die kaum aufhaltsame Verelendung der marginalisierten Weltperipherien ist anscheinend der zwar nicht gewollte, aber doch in Kauf genommene Preis für das Wohlergehen der industriellen Zentren und der erfolgreichen „Schwellenländer". Ob nicht doch für solche unglücklichen bzw. unterprivilegierten Randstaaten, wenigstens vorübergehend, regional- und kulturspezifische Sonderwege der Entwicklung und des Überlebens erlaubt sein und ermöglicht werden sollten, wenn schon strukturelle Alternativen zum gegenwärtig vorherrschenden Entwicklungsmodell der „verschuldeten Industrialisierung" nicht in Sicht sind? Aus dieser Perspektive wäre ein weiterer Institutionenwandel der internationalen Organisationen der Entwicklungszusammenarbeit in Richtung auf Demokratisierung mehr als nur wünschenswert.

*Literatur*

Bandow, Doug und Jan Vásquez (Hrsg.), 1994: Perpetuating Poverty. The World Bank, the IMF and the Developing World, Washington.
Böhret, Carl und Göttrik Wewer (Hrsg.), 1993: Regieren im 21. Jahrhundert – zwischen Globalisierung und Regionalisierung, Opladen.
Brock, Lothar, 1996: Gewalt in den internationalen Beziehungen, in: B. Meyer (Hrsg.), Eine Welt oder Chaos?, Frankfurt a.M., S. 27-46.
Chatterjee, Pratap und Matthias Finger, 1994: The Earth Brokers. Power, Politics and World Development, London/New York.
Diekmann, Bernd, 1995: Einbeziehung allgemeinpolitischer Überlegungen in die Geschäftspolitik der Weltbank?, in: Nord-Süd-aktuell. Vierteljahresschrift für Nord-Süd und Süd-Süd-Entwicklungen. Deutsches Übersee-Institut Hamburg, IX. Jg., Nr. 3, S. 422-424.
Gehring, Thomas, 1995: Regieren im internationalen System. Verhandlungen, Normen und Internationale Regime, in: Politische Vierteljahresschrift, 36. Jg., H. 2 (Juni 1995), S. 197-219.
Genschel, Philipp und Thomas Plümper, 1996: Wenn Reden Silber und Handeln Gold ist: Kommunikation und Kooperation in der internationalen Bankenregulierung. Max-Planck-Institut für Gesellschaftsforschung, Köln, Mskt.

Göhler, Gerhard (Hrsg.), 1994: Die Eigenart der Institutionen. Zum Profil politischer Institutionentheorie, Baden-Baden.
Huntington, Samuel P., 1993: The Clash of Civilizations?, in: Foreign Affairs, Vol. 72, No 3 (Summer 1993), S. 22-49.
Jachtenfuchs, Markus, Thomas Diez und Sabine Jung, 1996: Regieren jenseits der Staatlichkeit? Legitimitätsideen in der Europäischen Union. Beitrag für die Tagung der Sektion Internationale Politik der DVPW über „Normen und Ideen in der internationalen Politik" in Arnoldshain, Februar 1996, Mskt.
Kohler-Koch, Beate, 1993: Die Welt regieren ohne Weltregierung, in: Carl Böhret und Göttrik Wewer (Hrsg.), Regieren im 21. Jahrhundert – zwischen Globalisierung und Regionalisierung, Opladen, S. 109-142.
Kaplan, Morton, 1996: Reisen an die Grenzen der Menschheit. Wie die Zukunft aussehen wird, München (aus dem Amerikanischen „The Ends of the Earth").
Lepsius, M. Rainer, 1995: Institutionenanalyse und Institutionenpolitik, in: B. Nedelmann (Hrsg.), Politische Institutionen im Wandel, Opladen, S. 392-403.
Lübbe, Hermann, 1996: Die Historizität des Totalitarismus, in: Hans Maier (Hrsg.), Totalitarismus und politische Religionen. Konzepte des Diktaturvergleichs, Paderborn, S. 285-290.
Mason, Edward S. und Robert E. Asher, 1973: The World Bank Since Bretton Woods. The Origins, Policies, Operations and Impacts of the IBRD and other Members of the World Bank Group: IFC, IDA, ICSID, Washington.
Matthies, Volker, 1995: Regionale Anarchie als globales Problem, in: Karl Kaiser und Hans-Peter Schwarz (Hrsg.), Die neue Weltpolitik, Bonn, S. 166-176.
Meyer, Berthold (Hrsg.), 1996: Eine Welt oder Chaos?, Frankfurt a.M.
Müller, Harald, 1993: Die Chance der Kooperation. Regime in den internationalen Beziehungen, Darmstadt.
Müller, Harald, 1995: Internationale Regime und ihr Beitrag zur Weltordnung, in: Karl Kaiser und Hans-Peter Schwarz (Hrsg.), Die neue Weltpolitik, Bonn, S. 384-395.
Nedelmann, Birgitta (Hrsg.), 1995: Politische Institutionen im Wandel, in: Kölner Zeitschrift für Soziologie und Sozialpsychologie (Sonderheft 35), Opladen.
Nuscheler, Franz, 1996: Im Süden nichts Neues?, in: B. Meyer (Hrsg.), Eine Welt oder Chaos?, Frankfurt a.M., S. 178-220.
Rehberg, Karl-Siegbert, 1994: Institutionen als symbolische Ordnungen. Leitfragen und Grundkategorien zur Theorie und Analyse institutioneller Mechanismen, in: Gerhard Göhler (Hrsg.), Die Eigenart der Institutionen. Zum Profil politischer Institutionentheorie, Baden-Baden, S. 47-84.
Rittberger, Volker, 1994: Internationale Organisationen. Politik und Geschichte. Europäische und weltweite zwischenstaatliche Zusammenschlüsse. Grundwissen Politik 10, Opladen.
Rosenau, James N. und Ernst-Otto Czempiel (Hrsg.), 1992: Governance without Government: Order and Change in World Politics, Cambridge etc.
Schmalz-Bruns, Rainer, 1995: Die Theorie kommunikativen Handelns – eine Flaschenpost? Anmerkungen zur jüngsten Theoriedebatte in den Internationalen Beziehungen, in: Zeitschrift für Internationale Beziehungen, 2. Jg., H. 2 (Dezember 1995), S. 347-370.
Schubert, Gunter, Rainer Tetzlaff und Werner Vennewald (Hrsg.), 1994: Demokratisierung und politischer Wandel. Theorie und Anwendung des Konzeptes der strategischen und konfliktfähigen Gruppen (SKOG), Münster/Hamburg.
„taz" vom 4.3.1993.
Tetzlaff, Rainer, 1996: Weltbank und Währungsfonds – Gestalter der Bretton-Woods-Ära. Kooperations- und Integrationsregime in einer sich dynamisch entwickelnden Weltgesellschaft, Opladen.
World Bank, 1994: Global Environment Facility. Independent Evaluation of the Pilot Phase, Washington.
World Bank, 1996: Global Environment Facility. Operational Strategy, Washington.

## Über die Entwicklung der Institutionen in Deutschland

*Peter Steinbach*

# Vom Kaiserreich zur Bundesrepublik: Kontinuität und Wandel der politischen Institutionen in Deutschland

*Für Klemens von Klemperer zum 80. Geburtstag*

## I. Politischer Institutionenwandel und Geschichtswissenschaft

Ob man aus der Geschichte lernen kann, ist eine der großen interdisziplinären, doch kaum jemals zuverlässig zu beantwortenden Fragen der historisch orientierten Sozialwissenschaften. Die Frage berührt nicht nur das Selbstverständnis einer Einzeldisziplin, sondern entscheidet über die Bereitschaft zur Kombination von Forschungsansätzen und Interpretationsrichtungen.[1]

Die methodisch alte Frage nach der Bedeutung der Geschichte geht wohl jeder Beschäftigung des Sozialwissenschaftlers mit der Vergangenheit voraus. „Lernen" zielt dabei weniger auf „Lehre" im Sinne einer „Erfahrung für das Leben".[2] Der Begriff des Lernens richtet sich in dem hier interessierenden sozialwissenschaftlichen Forschungszusammenhang vielmehr auf die Frage, ob sich durch historisch gerichtete Zugänge etwas „lernen" läßt, was zu erkennen ohne diese Perspektive schwerer fällt oder unmöglich ist. Damit zielt die Frage letztlich auf das Grundproblem, ob Geschichte als Ausdruck einer vergangenen Wirklichkeit im Zusammenhang einer longitudinal orientierten Fragestellung vom Sozialwissenschaftler mehr oder minder, möglicherweise sogar ganz vernachlässigt werden kann.

Obwohl unübersehbar ist, daß ein wichtiger Ansatz der Institutionentheorie sich geradezu programmatisch unreflektiert auf Geschichte konzentriert, ist augenscheinlich, daß eine historisch orientierte Institutionenanalyse keineswegs auf ihre systematisch begründete weitergehende Rechtfertigung verzichten kann. In dieser Feststellung spiegelt sich die Beobachtung, daß sich die historische Perspektive in den Sozialwissenschaften nicht aus sich selbst heraus versteht, sondern daß ihre Anerkennung allein mit ihrer Bedeutung für die Entwicklung von klugen Fragestellungen zur Beschreibung und Erklärung des sozialen Wandels zu begründen ist.

---

1 Vgl. Hans-Ulrich Wehler (Hrsg.), Geschichte und Soziologie, Köln 1972; dabei steht allerdings die Frage im Mittelpunkt, wie sich der Nutzen der Sozialwissenschaft für die Erforschung der Vergangenheit bestimmen läßt (vgl. etwa ebd., S. 20). Vgl. ferner Peter-Christian Ludz (Hrsg.), Soziologie und Sozialgeschichte, Köln 1972 (KZfSS-Sonderband).
2 Vgl. dazu Reinhart Koselleck, Vergangene Zukunft: Zur Semantik geschichtlicher Zeiten, Frankfurt a.M. 1979, S. 38 ff.

In diesem Sinne argumentiert auch Knut Borchardt, ein empirisch orientierter Wirtschaftshistoriker. Er fragt in seiner Mannheimer Antrittsvorlesung nach dem Erkenntnisgewinn von Geschichte für die sozialwissenschaftliche Forschung und macht in seiner Antwort deutlich, daß selbst die extrem szientistische Form von Sozialwissenschaft, die sich mit Umfrageforschung und Wahldaten dem Erkenntnisideal der quantifizierenden Naturwissenschaften verpflichtet fühlt, der Geschichte bedarf. Die Historie könne im Rang einer Hilfswissenschaft dazu beitragen, Probleme klarer zu erkennen, richtige Fragen zu stellen und auf möglicherweise interessante Antworten hinzuweisen. Die Vergangenheit wird zu einem Weg erklärt, „Inspiration für die Hypothesen aus der Geschichte zu holen".[3]

In der Forschung ist offen, ob wir Institutionen als Organisationen begreifen sollen, die nach bestimmten Regeln funktionieren und bestimmte Aufgaben erfüllen, ob wir sie als Regelmäßigkeit sozialen Handelns zu definieren haben, die auf Dauerhaftigkeit zielen oder ob wir sie schließlich gar als Instinkt-Ersatz bestimmen müssen und ihnen die Aufgabe zuschreiben, menschliches Verhalten zu stabilisieren.[4] In meinem Argumentationszusammenhang geht es indes weniger um theoretische Fragen der politischen Anthropologie als um die Frage, welche Rolle politische Institutionen im Regimeumbruch spielen. Denn politologisch ist natürlich von Interesse, die positiven oder negativen Funktionen von Institutionen für die Regelung gesamtgesellschaftlich anerkannter Herrschaft, nicht zuletzt für ihre Legitimierung und Tradierung, zu bestimmen.

Institutionen stützen sich nicht allein auf Durchsetzungsmacht, sondern zielen darauf ab, das Handeln einer unübersehbaren Vielzahl von Subjekten von Innen her zu regeln, sei es durch Normen, akzeptierte Sanktionen oder verinnerlichte Werte. Institutionen sind nicht nur Organisationen, sondern anerkannte Regeln und Normen, welche sich in formellen oder informellen Rechten und Verpflichtungen äußern, die Interaktion von Individuen und Gruppen erleichtern[5] und zur Stabilisierung des Gemeinwesens beitragen. Sie ermöglichen die Bildung stabiler Erwartungen. Das politologisch relevante Problem bezieht sich dann auf die Frage der Wertbildung, der Wertdurchsetzung und auf die konflikthaft-interagierende Propagierung, Sanktionierung und Modifizierung von Wertbezügen, vor allem insoweit sie sich auf das Gemeinwesen und seine Organisation, aber auch auf politische Strukturen und Beziehungen richten.[6]

---

3 Knut Borchardt, Europas Wirtschaftsgeschichte – ein Modell für Entwicklungsländer, in: Rudolf Braun u.a. (Hrsg.), Gesellschaft in der industriellen Revolution, Köln 1973, S. 356.
4 Vgl. Johann August Schülein, Theorie der Institution: Eine dogmengeschichtliche und konzeptionelle Analyse, Opladen 1987, S. 86 ff.
5 In diesem Sinne behaupteten Werner J. Cahnman und Alvin Boskoff, Soziologie und Geschichte, in: Hans-Ulrich Wehler (Hrsg.), Geschichte und Soziologie (s. Anm. 1), S. 158: „Der Soziologe befaßt sich mit der Institutionalisierung und Transformation von Interaktionsmustern".
6 Ebd.: „Alle Sozialwissenschaften einschließlich der Geschichte studieren den Menschen in seiner Assoziation und Konfrontation mit anderen Menschen".

Meine Institutionendefinition ist weiter angelegt als die politologisch engere,[7] die das Wirken von Institutionen vor allem in Staatsorganen begreifen will, welche die politische Willensbildung und alle damit zusammenhängenden Entscheidungsprozesse berühren. Politische Entscheidungen sind nach der engen Definition vor allem durch besonders kodifizierte Regelsysteme geprägt, die wir Verfassungen nennen. Diese Regelsysteme müssen von der Bevölkerung breit akzeptiert werden und zugleich einen Austausch zwischen den Bürgern ermöglichen, die durch die verfassungsmäßig organisierten Entscheidungen betroffen werden. Verfassungen zielen deshalb auf mehr ab als auf die Regulierung von Staatshandeln. Sie prägen nicht zuletzt politische Normen und damit auch das politische Verhalten von einzelnen Bürgern und Institutionsträgern.[8]

Es zeigt sich: die Definitionen von Institutionen sind nicht eindeutig. Mein Institutionenverständnis folgt M. Rainer Lepsius, einem der bewußt kategorial und zugleich historisch orientierten Soziologen: Er sieht in der Herausbildung von durchaus heterogenen Institutionen eine Erklärung für die „größere Freiheit in der Lebensführung, raschere Anpassungselastizität und höhere Differenzierung von Wertbeziehungen" westlicher Systeme.[9] Dies bedeutet, Institutionen nicht nur unter dem Aspekt von Stabilität und Kontinuität zu betrachten, sondern sie in den Kontext von politischen Konflikten zu rücken, die zwar durch Institutionen geregelt werden können, dabei allerdings ihrerseits Anpassungskapazitäten freisetzen müssen. Wichtig ist, daß dieser Zugriff es gestattet, einen Zusammenhang zwischen Institutionalisierungen und historischen Entwicklungen herzustellen. Besonders deutlich wird diese Verschränkung nach Systembrüchen.

Das spezifische Interesse des Historikers richtet sich bekanntlich auf die Zeit und den Wandel.[10] Seine Fragen zielen deshalb auch auf den Prozeß der Institutionalisierung, d.h. auf die Erklärung der Wahrnehmung, Wertschätzung und Anerkennung von Institutionen. Die Akzeptierung von Institutionen ist allerdings

---

7 Klaus von Beyme, Institutionentheorie in der neueren Politikwissenschaft, in: Gerhard Göhler (Hrsg.), Grundfragen der Theorie politischer Institutionen: Forschungsstand, Probleme, Perspektiven, Opladen 1987, S. 48 ff.
8 Diese Verbindung drückt sich besonders deutlich in der Forderung aus, politische Erziehung müsse wertbezogen sein und erhalte ihre entscheidenden Wertbezüge aus Verfassungsnormen. Vgl. die „parteiübergreifende Werteinitiative 1993 in Nordrhein-Westfalen", die einer entsprechenden Sektion „Werte in der demokratischen Gesellschaft" der Deutschen Vereinigung für Politische Bildung auf dem Erfurter Bundeskongreß 1994 die Ausgangsbasis einer diesbezüglichen Podiumsdiskussion lieferte: Bundeszentrale für Politische Bildung (Hrsg.), Verantwortung in einer unübersichtlichen Welt – Aufgaben wertorientierter politischer Bildung, Bonn 1995, S. 19 ff.
9 M. Rainer Lepsius, Interessen, Ideen, Institutionen, Opladen 1990; ders., Demokratie in Deutschland: Soziologisch-historische Konstellationsanalysen, Göttingen 1993.
10 Reinhart Koselleck, Moderne Sozialgeschichte und historische Zeiten, in: Pietro Rossi (Hrsg.), Theorie der modernen Geschichtsschreibung, Frankfurt a.M. 1987, S. 174, drückt einerseits das ausufernde Interesse der historischen Forschung, andererseits das Interesse des Forschers an der historischen Entwicklung im Zeitverlauf aus: „Es gibt inzwischen nichts mehr, was nicht in der historischen Zunft Unterschlupf gefunden hätte".

nicht allein zeit-, sondern auch systemabhängig. Dies verweist auf die Notwendigkeit einer Analyse der Institutionen und ihrer Funktionen im Wandel von Verfassungen und politischen Systemen.[11] Nach einem Rückblick auf die Systembrüche unseres Jahrhunderts und der durch sie bedingten Konflikte können wir davon ausgehen,

- daß Institutionen sich im Zeitverlauf verändern,
- daß sich die Funktionen der Institutionen für das soziale und politische System gewandelt haben,
- daß die Zeitgenossen den Institutionen gerade nach Systembrüchen mit ganz unterschiedlichen Empfindungen gegenübertreten und
- daß sie sich durch Institutionen in ihrem Verhalten beeinflussen lassen.

Die Entwicklung von Institutionen ist somit ohne Zweifel mit der Frage verknüpft, wie sich gesellschaftliche Interessen und die Steuerungs- und Legitimationsleistungen eines politischen Systems miteinander vermitteln lassen. Die Entdeckung des Staatsversagens[12] oder die Diskussion der angeblichen „Nichtregierbarkeit"[13] mochte vielleicht für den Sozial- und Politikwissenschaftler überraschend sein, für den Historiker war sie das nicht.[14] Denn er begegnet immer wieder schwachen oder ohnmächtigen, nicht selten völlig versagenden und dennoch keineswegs unbedeutenden Regierenden.[15]

## II. Von der konstitutionellen Monarchie zum liberaldemokratischen Verfassungsstaat

Institutionen sind mit wirtschaftsgeschichtlichen Entwicklungen verbunden, exemplarisch mit der Entstehung der grundlegenden Institution des Marktes. Sie stehen in einem engen Zusammenhang mit Kulturentwicklungen, die Weltsicht und Weltverständnis regeln und deshalb auch die Wahrnehmung der wichtigsten Bereiche der Politik prägen. Diese Wahrnehmung wird gleichsam durch Filter

---

11 Hans-Ulrich Wehler, Modernisierungstheorie und Geschichte, Göttingen 1975, der sich dabei insbesondere an den Konzepten der Forschergruppen orientiert, die politischen Wandel vergleichend analysieren wollen und dabei nach den „Systemleistungen" von Institutionen fragen.
12 Burkhard Wehner, Die Katastrophen der Demokratie, Darmstadt 1992; ders., Nationalstaat, Solidarstaat, Effizienzstaat, Darmstadt 1992; ders., Der Staat auf Bewährung, Darmstadt 1993; ders., Die Logik der Politik und das Elend der Ökonomie, Darmstadt 1995.
13 Wilhelm Hennis u.a. (Hrsg.), Regierbarkeit: Studien zu ihrer Problematisierung, 2 Bde., Stuttgart 1977 und 1979.
14 Theodor Schieder, Einmaligkeit oder Wiederkehr, in: Hennis, Regierbarkeit, Bd. 1, S. 22 ff.; Karl Otmar von Aretin, Das Problem der Regierbarkeit im Heiligen Römischen Reich, in: Hennis, Regierbarkeit, Bd. 2, S. 9 ff.; Theodor Eschenburg, Systemzusammenbruch als historisches Phänomen – Weimar, in: ebd., S. 47 ff.
15 Vgl. Christian Meier, Caesar, Berlin 1982; noch deutlicher: ders., Die Ohnmacht des allmächtigen Dictators Caesar, Frankfurt a.M. 1980.

bestimmt, die entscheidend durch Institutionen geprägt sind. Die Filter haben Wertstrukturen zur Voraussetzung, die verändert werden können durch historische Prozesse, aber auch durch politische Einwirkungen von Verbänden, Medien und Personen. Derart beeinflußte Institutionen erzeugen Wahrnehmungs- und Deutungsstrukturen und nicht zuletzt spezifische „Milieus". Sie prägen das Weltverständnis und die Weltsicht. Damit entscheiden Institutionen über die Wahrnehmung der Realitäten und schaffen mit ihren Deutungen zugleich neue Tatsachen – sie sind somit von zentraler Bedeutung für die durch Deutungen bedingte Überbrückung von Brüchen, die im Regimewechsel und Systemwandel sichtbar werden.

Institutionen sind auch entscheidend für Kräfte, die auf Systemumbrüche hinarbeiten. Dies war bereits vor dem Ausbruch des Ersten Weltkriegs deutlich geworden, als der Kaiser kritisiert, der Reichstag faktisch verändert, das Wahlrecht umkämpft und die staatliche Verwaltung in öffentliche Auseinandersetzungen hineingezogen wurde.[16] In den Konflikten über die Struktur und die Grenzen des Staates hat man krisenhafte Erscheinungen des sozialen Wandels sehen wollen. Ebenso lassen sich die Veränderungen als Ausdruck des Institutionenwandels deuten. Im Ersten Weltkrieg entstanden neue staatliche Steuerungsinstanzen, kam es zu bemerkenswert kräftigen Parlamentarisierungsschüben, wurde sogar eine wegweisende Wahlrechtsreform angestoßen – all diese Veränderungen lassen sich als Vorbereitung eines neuen Institutionengefüges deuten, das sich nach dem Umbruch der Novemberrevolution durchsetzte.

Die sich bereits vor 1918 wandelnden Institutionen lassen sich als Ausdruck der Schwächung des Deutschen Kaiserreiches und zugleich als Voraussetzungen der Konsolidierung der neuen politischen Ordnung der „Weimarer Republik" interpretieren. Institutionen sind offensichtlich nicht nur von entscheidender Bedeutung für die Steuerung von Systemen, sondern auch für die Überwindung der alten bzw. für die Akzeptanz der neuen Ordnung. Sie schaffen in ganz entscheidender Weise jene Deutungszusammenhänge, die sie mit der Existenz und Dynamik „sozialmoralischer Milieus"[17] verbinden. „Sozialmoralische Milieus" lassen sich ihrerseits als durch Institutionen mitgedeutete Wahrnehmungsmuster verstehen, die eine geradezu selbstverständlich anmutende Weltsicht, ein spezifisches Staats-, Gesellschafts-, Konflikt- und Politikverständnis bedingen. Diese Milieus sind ebenso von Sozialstrukturen wie von Wertmustern abhängig. Sie überdauern scharfe Systembrüche, verändern sich in der Regel nicht schlagartig, sondern nur allmählich durch eine Verschiebung von Regulationsmustern, die durch Institutionen konstituiert werden. Sie gelten deshalb als wichtige retardierende Faktoren für eine Umstrukturierung von Institutionen in Umbruchphasen.

16 Eine eindrucksvolle Gesamtsicht bietet Hans-Ulrich Wehler, Deutsche Gesellschaftsgeschichte, Bd. 3: Von der „deutschen Doppelrevolution" bis zum Beginn des Ersten Weltkrieges 1849-1914, München 1995, S. 848 ff.
17 Vgl. Klaus Tenfelde, Historische Milieus – Erblichkeit und Konkurrenz, in: Manfred Hettling und Paul Nolte (Hrsg.), Nation und Gesellschaft in Deutschland: Historische Essays, München 1996, S. 247 ff.

Institutionen entschärfen zuweilen Systemumbrüche, indem ihre Träger sich neuen Gegebenheiten nur äußerlich anpassen. Diese spezifische Form der Anpassung an neue politische und soziale Verhältnisse nach Umbrüchen charakterisiert vor allem den deutschen Konservatismus.[18] Eindrucksvoll läßt sich dieses Phänomen auch an einer Anekdote aus der Zeit der Novemberrevolution illustrieren. Friedrich Ebert war Mitglied des Rates der Volksbeauftragten, wurde aber innerhalb seiner Behörde mit „Herr Reichskanzler" angeredet. Er blieb geprägt durch Erfahrungen eines obrigkeitsstaatlich beschnittenen Parlamentarismus und kollidierte deshalb mit den Ansprüchen von politischen Basisbewegungen, die tendenziell die Gewaltenteilung aufheben wollten. In Eberts politischer Orientierung wird so eine Zurückhaltung sichtbar, die sein vielfältig geprägtes Dilemma spiegelte. Seine Orientierung auf die Grunderfahrungen seiner politischen Sozialisation in der Phase des sich parlamentarisierenden Konstitutionalismus ist unverkennbar.

Überkommene Institutionen vergehen offensichtlich ebensowenig wie sozialmoralische Milieus, so daß im Zuge eines Systemwechsels kaum von einem totalen Abbruch aller wichtigen Institutionen ausgegangen werden muß. Dies zeigt z.B. der Übergang von der Institution des Kaisers zu der des Reichspräsidenten als „Ersatzkaiser". Häufig werden Institutionen der älteren Systeme, die auch nach Systemumbrüchen fortbestehen, trotz tatsächlicher Wandlungen ihrer Funktionen in der rückblickenden Deutung oftmals später wieder in eine Kontinuität gerückt, welche entscheidend dazu beiträgt, die zunächst kaum zu bezweifelnden Veränderungen zu relativieren. Keine historische Darstellung einer Institutionen verzichtet auf die Beschreibung der Einrichtungen, die ihrer gegenwärtigen Rolle vorausgehen: Zum Bundestag gehört so der Reichstag, zum Bundesrat der Reichsrat, zum Bundespräsidenten der Landesherr als Repräsentant des Staates. Der Bundeskanzler wird in eine Verbindung zum Reichskanzler gerückt, die Einzelstaatlichkeit im Heiligen Römischen Reich Deutscher Nation als Ausgangslage eines modernen Föderalismus gedeutet – dies alles entspringt sicherlich dem Willen, Institutionen durch ihre lange Vorgeschichte in ihrer Stabilität sichtbar werden zu lassen. Funktionale Unterschiede geraten deshalb häufig aus dem Blick, obwohl gerade die Differenzierungen den Institutionenwandel deutlicher machen.

Dies zeigt sich etwa am Beispiel der Parteien,[19] die stets mit tatsächlichen oder angeblichen Vorgeschichten verbunden sind, obwohl bekannt ist, wie sehr gerade sie im Zuge von Systemumbrüchen neue Verhaltensmuster, Wertvorstellungen und Konstellationen auszuprägen haben. Denn in Systembrüchen stehen Parteien vielfach vor der Aufgabe, ihr überkommenes Klischee zu korrigieren und ein

---

18 Vgl. jetzt Christian F. Trippe, Konservative Verfassungspolitik 1918-1923: Die DNVP als Opposition in Reich und Ländern, Düsseldorf 1995.
19 Gerhard A. Ritter (Hrsg.), Deutsche Parteien vor 1918, Köln 1973; ders., Kontinuität und Umformung des deutschen Parteiensystems 1918-1920, in: ders. (Hrsg.), Entstehung und Wandel der modernen Gesellschaft, Berlin 1970, S. 342 ff.

neues Bild von sich zu entfalten, das dann im Zuge von Wahlkämpfen und Kampagnen in der öffentlichen Wahrnehmung durchgesetzt werden muß.[20]

Damit eröffnet sich im Zusammenhang mit einer Untersuchung des langfristigen Institutionenwandels die Möglichkeit, die kontrovers vermittelte und nicht selten im Konflikt durchgesetzte Deutung von Institutionen (etwa der Parteien) über Epochengrenzen und -brüche hinweg zu verfolgen. Die Auseinandersetzung um Kontinuität und Bruch in der Parteienentwicklung ist politisch besonders brisant, wie der geradezu periodisch aufbrechende Streit um angebliche Kontinuitätslinien in der Parteiengeschichte vor allem der Weimarer Republik zeigt.[21]

Je nach Zählweise haben wir es in Deutschland mit mindestens sechs politischen Systemen ganz unterschiedlichen Typs[22] zu tun:

- mit der konstitutionellen Monarchie,
- der parlamentarisch-pluralistischen Republik,
- der totalitären Diktatur des nationalsozialistischen Typs,
- der vierfachen Besatzungsherrschaft,
- dem liberaldemokratischem Verfassungsstaat und
- der sozialistisch-demokratischen Volksrepublik.

Diese Regimes lassen sich durch ihre unterschiedliche Dauer und ihre ganz verschiedenartigen Durchsetzungsansprüche charakterisieren. Deshalb unterscheiden wir totalitäre Regime[23] von Transformationsregimen.[24] Sie bildeten nicht nur spezifische Organisationsstrukturen heraus, die durchaus auf Langfristigkeit oder sogar – wie im Falle des NS-Staates – auf Endgültigkeit angelegt waren (im Gegensatz zu den zeitlich befristeten Lenkungsorganen in den westlichen Besatzungszonen nach 1945), sondern entwickelten auch ein je spezifisches Verhältnis zu den Vorgängerregimen. Teilweise setzten sie, wie die Weimarer Republik, auf bewußte Kontinuitäten zum Kaiserreich, wie sie an den gleichzeitig gültigen bei-

---

20 Vgl. dazu Hans Fenske, Strukturprobleme der deutschen Parteiengeschichte, Frankfurt a.M. 1974; Walter Tormin, Geschichte der deutschen Parteien seit 1848, Stuttgart 1970 (3. Aufl.).
21 Vgl. zu einzelnen Beispielen einer Revitalisierung der Parteiauseinandersetzungen Peter Steinbach, Politische Kultur und die „Krise der Demokratie", in: Erwin Oberländer u.a. (Hrsg.), Autoritäre Regime in Ostmitteleuropa 1919-1944, Mainz 1995.
22 Vgl. Ernst Rudolf Huber, Deutsche Verfassungsgeschichte seit 1789, 7 Bde. [bis zur Weimarer Republik], Stuttgart 1957 bis 1984, teilweise mehrere Auflagen. Vgl. ferner Ernst Wolfgang Böckenförde (Hrsg.), Moderne deutsche Verfassungsgeschichte 1815-1918, Köln 1972.
23 Bruno Seidel und Siegfried Jenkner (Hrsg.), Wege der Totalitarismus-Forschung, Darmstadt 1968; Eckhard Jesse (Hrsg.), Totalitarismus im 20. Jahrhundert: Eine Bilanz der internationalen Forschung, Baden-Baden 1996.
24 Eberhard Sandschneider, Stabilität und Transformation politischer Systeme: Stand und Perspektiven politikwissenschaftlicher Transformationsforschung, Opladen 1995; Holm Sundhaussen, Die „Transformation" Osteuropas in historischer Perspektive oder: Wie groß ist der Handlungsspielraum einer Gesellschaft, in: Hellmut Wollmann u.a. (Hrsg.), Transformation sozialistischer Gesellschaften: Am Ende des Anfangs, Opladen 1995, S. 77 ff.

den Flaggen und an höchst ambivalenten Verfassungsstrukturen – Art 48 WRVerf. in Verbindung mit Art. 25 WRVerf., Wertrelativismus entsprechend Art. 76 WRVerf. – sichtbar wurden. Oder aber sie fußten auf einem bewußt betonten, geradezu demonstrativen Bruch, wie etwa der NS-Staat mit den drei Notverordnungen vom Februar 1933. Zum Teil gründeten die Systeme auf der Proklamation eines Verfassungsvakuums wie die Besatzungsregimes. Mitunter verwiesen sie auf ihre Funktion bei der Überbrückung unmittelbar vorangegangener Epochen, wie etwa die Bundesrepublik, die sogar Weimarer Verfassungsartikel in ihre Verfassung integrierte und sich damit in die Kontinuität der deutschen Demokratie stellte. Und schließlich beanspruchten sie teilweise einen völligen Neuanfang durch neue Verfassungs- und Verwaltungsstrukturen wie etwa die DDR, die im Jahre 1952 sogar die Länder beseitigte, die in der Bundesrepublik nach Art. 79, 3 GG wiederum ebenso wie die Grundrechtsordnung mit der horizontalen Gewaltenteilung ganz besonders sanktioniert wurden.[25] Manche Institutionen entstanden erst nach den Verfassungen, wie etwa das Bundesverfassungsgericht, andere bildeten sich neben den überlieferten Institutionen des Verwaltungsstaates heraus, wie die Parteistrukturen der beiden deutschen Diktaturen.

Alle Regime verlangten auch einen ganz spezifischen Typ von Bürger; sie stilisierten dessen Bild und versuchten, es auf eine jeweils ganz besondere Weise, die wir politische Bildung nennen, hervorzubringen. Was in der Monarchie dem Ideal des „Leutnant Dr. von Staat" entsprach, wurde in der Republik von Weimar zum „Bürger", der sich nicht mehr als stummer Untertan definierte. Im NS-Staat bildete sich ein anderer Typus von Bürger aus, der kämpferisch, „rassenbewußt" und „opferbereit" seinem Führer dienen und alles für eine Gemeinschaft tun sollte, der „Volksgenosse".[26] In der Zeit der Besatzungsherrschaft war dann der lern- und wendefähige Zeitgenosse gefragt, der in selbstkritischer Distanz auf die NS-Zeit reagierte, der bereit war, sich von der Vergangenheit zu distanzieren, sich – wie auch immer[27] – zu seiner eigenen Vergangenheit zu bekennen und vor allem versprach, den „deutschen Sonderweg"[28] zu verlassen. Das bedeutete, daß er sich oft überraschend und wenig reflektiert und vor allem anpassungsbereit-reaktiv den Prinzipien der Demokratie öffnete. In den beiden deutschen Teilstaaten wurden ganz unterschiedliche Bürgerbilder gepflegt, gefordert und gefördert, unterstützt durch die politische Bildung und die Massenmedien, und dies über einen langen Zeitraum hinweg. So begleiteten nach 1950 vielfältige Aktionen den Alltag der Bürger, von der „Aktion saubere Leinwand" über die „Aktion Gemeinsinn"

---

25 Ich verzichte in diesem Zusammenhang auf weitere Belege und verweise auf Kurt G.A. Jeserich u.a. (Hrsg.), Deutsche Verwaltungsgeschichte, Bd. 3 bis 5, Stuttgart 1984 ff.
26 Vgl. dazu Peter Reichel, Der schöne Schein des Dritten Reiches: Faszination und Gewalt des Faschismus, München/Wien 1991.
27 Norbert Frei, Vergangenheitspolitik, München 1996 zeichnet die Ambivalenz der Vergangenheitsbewältigung nach, wenn er Vergangenheitspolitik als Versuch interpretiert, die Folgen der unmittelbar nachnationalsozialistischen Vergangenheitsbewältigung zu verarbeiten.
28 Dazu Hans-Ulrich Wehler, Gesellschaftsgeschichte Bd. 3 (wie Anm. 16), S. 449 ff.

bis zur „Aktion Miteinander – Füreinander", vom Werben für die „Berliner Kinder", für das „Müttergenesungswerk" und für die Kriegsgräberfürsorge oder schließlich für die Beteiligung an einer Kerzenaktion zur Erinnerung an die deutsche Einheit in den Mitsechziger Jahren bis zur „Gib-Aids-keine-Chance"-Kampagne.[29]

Dem Wandel des Bürgerbildes entsprach auch der Wandel des Institutionenverständnisses, wie sich leicht am Bild der nationalen Repräsentativorgane, am Wirken des Bundesverfassungsgerichts oder an der politischen Beteiligung der Bürger zeigen läßt. Allerdings ist die Kontinuität trotz der Regimebrüche und Wechsel bis 1945 nicht übersehbar. Das Merkmal der 1945 beendeten Epoche war die Orientierung an einem Ordnungsmodell, das auf die Dichotomie von Staat und Gesellschaft abhebt und in dieser Dichotomie die Voraussetzung für die Verwirklichung individueller Freiheit erblickt.[30] Dieses Bild steht in einem eklatanten Gegensatz zu dem ganz anders gearteten Ordnungsmodell, das von einer immer engeren Verzahnung der beiden Sphären ausging und deshalb gerade darauf abhob, Institutionen zu begründen, denen eine „Scharnierfunktion"[31] bei der Vermittlung der Sphären zukam.

Die politische Wirklichkeit der Institutionen wurde durch diese Konstruktion einer Dichotomie von Sphären ohne Zweifel verfehlt, denn bereits im Kaiserreich wurden durch Wahlrecht, Parteien und Verbände sowie durch die Presse Scharniere geschaffen, die nach 1918 dann auch verfassungsmäßig durchgesetzt und gesichert wurden. Faktisch belegte die NS-Propaganda bereits den Versuch, staatliche Institutionen politisch zu vergesellschaften. Dies fand dann nach 1933 eine geradezu unvermeidliche Fortsetzung in der totalen Durchstaatlichung der Gesellschaft. Auch wenn sich diese Durchstaatlichung als entscheidende Konsequenz einer Totalisierung politischer Bewegungsziele innerhalb der Gesellschaft deuten läßt, so ist doch unübersehbar, daß die Dichotomie gerade in totalitären Systemen ein Ende findet, was allerdings in bezug auf dieses negativ gedeutete Gegenmodell keineswegs die Forderung rechtfertigt, erneut für die Stabilisierung der vertrauten Dichotomie zu sorgen.[32]

Somit läßt sich die Auseinandersetzung mit den Veränderungen im Verhältnis

---

29 Vgl. Hermann Glaser, Kulturgeschichte der Bundesrepublik Deutschland, Bd. 2: Zwischen Grundgesetz und Großer Koalition, München 1986; ders., Bd. 3: Zwischen Protest und Anpassung, München 1989.
30 Besonders klar begründet diesen Zusammenhang Ernst Wolfgang Böckenförde, Staat, Gesellschaft, Freiheit: Studien zur Staatstheorie und zum Verfassungsrecht, Frankfurt a.M. 1976; ders., Staat, Verfassung, Demokratie: Studien zur Verfassungstheorie und zum Verfassungsrecht, Frankfurt a.M. 1991; ders., Recht, Staat, Freiheit: Studien zur Rechtsphilosophie, Staatstheorie und Verfassungsgeschichte, Frankfurt a.M. 1991.
31 Theodor Schieder, Staat und Gesellschaft im Wandel unserer Zeit: Studien zur Geschichte des 19. und 20. Jahrhunderts, München 1970.
32 Dieser Versuch wird greifbar in der Bestrebung, nach 1989 an Modellbildungen anzuknüpfen, die sich auf die Totalitarismustheorie beziehen. In der Konsequenz eines freiheitlich-verfassungsstaatlich orientierten zivilgesellschaftlichen Interpretationsrahmens läge hingegen die Betonung einer strikt antidiktatorischen Komponente.

von Staat und Gesellschaft im Zeitalter totaler Staaten und totalitärer Systeme nicht auf Konsequenzen reduzieren, die auf die Restrukturierung dieses Verhältnisses in postdiktatorischen Zeiten abzielen. Vielmehr kommt es darauf an, die Bedingungen der gegenseitigen Vermittlung dieser Sphären im liberalen Verfassungsstaat, der sich als *political* oder auch *civil society*[33] begreifen läßt, durch ein neues Institutionengefüge zu gestalten. Dies hat allerdings die radikale Veränderung von Wahrnehmungsmustern durch Institutionen zur Voraussetzung. Diese Muster berühren sowohl das Selbstverständnis der Amtsträger als auch das Vertrauen zu Mitbürgern. Sie bestimmen das Ausmaß des Mißtrauens gegenüber den Trägern des Staates und des Vertrauens in die Mitbürger in der Demokratie einerseits und begründen andererseits sowohl die Forderung, der Führung zu vertrauen, als auch die Proklamation des Mißtrauens gegenüber Mitbürgern in der Diktatur.

## III. Politische Gestaltung des Regimewechsels

Nach 1945 hat sich als einer der ersten der spätere Verfassungsrichter Gerhard Leibholz in der Umbruchphase dieses Jahres zu dem neuen Institutionengefüge bekannt, das er infolge seiner aus der Emigration stammenden Vertrautheit mit den englischen Verfassungsvorstellungen als *Civil Society* bezeichnete.[34] Er begründete damit ein neues deutsches Institutionenverständnis. Wertvorstellungen und Verhaltensweisen wurden nun nicht mehr als originäre Leistung von Institutionen begriffen, sondern umgekehrt wurden die Institutionen danach bewertet, ob sie der Stärkung, Entwicklung oder Durchsetzung von individualistischen und demokratischen Verhaltensmustern entgegenkämen. Damit wurden Institutionen selbst zum Objekt politischer Gestaltung, sie wurden Gegenstand und Instrument der Umorientierung.

Mit der Zeit entwickelte diese Veränderung eine eigene Dynamik. Ihre Problematik wurde vergleichsweise früh in der Rolle der Parteien deutlich, die Leibholz ganz bewußt stärken[35] und als Instrumente hin zur Partizipationsdemokratie nutzen wollte, während Kritiker wie Werner Weber[36] im Rahmen der berühmten

---

33 Vgl. Peter Häberle, Die Verfassung des Pluralismus: Studien zur Verfassungstheorie der offenen Gesellschaft, Königstein 1980, S. 45 ff., generell auch Detlef Lehnert und Klaus Megerle (Hrsg.), Pluralismus als Verfassungs- und Gesellschaftsmodell: Zur politischen Kultur in der Weimarer Republik, Opladen 1993.
34 Gerhard Leibholz, Staat und Gesellschaft in England, in: ders., Strukturprobleme der modernen Demokratie, Karlsruhe 1967, S. 206 ff.; von geschichtswissenschaftlicher Seite hat Gerhard A. Ritter dieses Konzept sehr fruchtbar gemacht. Vgl. allgemein Gerhard A. Ritter, Parlament und Demokratie in Großbritannien, Göttingen 1972, besonders seinen Diskussionsbeitrag Nation und Gesellschaft in England, in: HZ 198, 1964, S. 24 ff.
35 Gerhard Leibholz, Repräsentativer Parlamentarismus und parteienstaatliche Demokratie, in: Kurt Kluxen (Hrsg.), Parlamentarismus, Köln 1967, S. 349 ff.
36 Werner Weber, Der Staat und die Verbände, in: Rudolf Steinberg (Hrsg.), Staat und Verbände, Darmstadt 1985, S. 64 ff., dazu auch Gerhard Leibholz, Gesellschaftsordnung, Verbände, Staatsordnung, in: ebd., S. 97 ff.

Verbändedebatte der fünfziger Jahre in den demokratisch-pluralistischen Tendenzen eine Gefährdung des Staates erblickten – mit deutlicher Kritik an einer Konzeption, welche die integrative Funktion von Konflikten betonte.

Wir haben es in Deutschland aber nicht nur mit unterschiedlichen Regimen zu tun, die jeweils ein spezifisches Institutionenverständnis ausbildeten. Im Zeitraum der letzten Jahrzehnte können wir zugleich auch eine Vielzahl von Binnendifferenzierungen – Staatenbund, Bundesstaat, Einheitsstaat – sowie Teilungen und Abtrennungen – Oberschlesien, Danzig, Westpreußen, Hinterpommern, Elsaß-Lothringen, Saarland bis 1935, Sudetenland und Deutschösterreich – beobachten. Darüber hinaus die Teilung Deutschlands in vier Besatzungszonen, in zwei Staaten, in das Saarland (bis 1957) und in eine – zudem gespaltene – fiktive Hauptstadt, in Bundesländer hüben, in Bezirke drüben. Im Zeitverlauf gibt es überdies mannigfache Vereinigungen – Saarland 1935 und 1957, Österreich, den Beitritt der DDR zum Geltungsbereich des Grundgesetzes, die Vereinigung von Ost- und Westberlin. Alle diese Ereignisse beeinflußten die Entstehung, die Wahrnehmung und die Akzeptierung neuer Institutionen. Sie beeinflußten den Institutionentransfer, der eine neue Phase der Akzeptierung von Institutionen voraussetzte, vor allem aber einen inneren Wandel und die Veränderungen ihrer Wahrnehmung durch die Öffentlichkeit.

Regimewechsel, Abspaltungen und Vereinigungen fordern Institutionen in besonderer Weise heraus, denn sie haben die Integration der Gesellschaft zu gewährleisten, neue Handlungsorientierungen zu vermitteln, auch das Selbstverständnis politischer Rollenträger innerhalb von Institutionen zu beeinflussen und sozialmoralische Milieus zu erzeugen, die als Deutungsmuster nicht allein von den Sozialstrukturen abhängen, sondern in gleicher Weise auf medial vermittelte Interpretationsinstanzen und auf Erfahrungen verweisen. Im Zuge der Regimebrüche verändern sich ohne Zweifel die Institutionengefüge. Sie haben den Wandel zu bewältigen, der vor allem in politischer Hinsicht das Ensemble von Staat, Individuum und Gesellschaft verändert. Wenn man dies betont, huldigt man nicht einem funktionalistischen Verständnis, denn dieses geht ja von der Stabilität der Systeme aus, während der Ansatzpunkt meiner Analyse der Umbruch ist, der Ausdruck eines beschleunigten politischen Wandels.

Doch im Zuge des System- und Verfassungswandels werden überkommene Funktionen der Integration und der Steuerung vielfach nur auf neu benannte oder neu gebildete Institutionen übertragen.

Aus dem Reichstag des Kaiserreiches wird der republikanische Reichstag, aus den Landtagen, die aus dem Dreiklassenwahlrecht hervorgehen, Landesvertretungen, die sich auf das allgemeine und gleiche, geheime und direkte Wahlrecht stützen. Auf den Bundestag als Ländervertretung folgt der Reichsrat. 1949 wird der Bundestag hüben, die Volkskammer drüben geschaffen. Aus dem Reichsrat wird hingegen der Bundesrat. Die Funktion bleibt gleich und liegt in der Gesetzgebung bzw. in der Vertretung von Länderinteressen und der Institutionalisierung einer föderal strukturierten Gewaltenteilung. Auf der Ebene des Staatsoberhauptes folgt dem Kaiser der Rat der Volksbeauftragten, ein revolutionär anmutendes Organ, schließlich der Reichs-präsident und – davon unabhängig – der Reichskanzler in der Rolle des Ministerpräsidenten, 1934 dann der in Personalunion verbundene Reichskanzler und Führer, nach 1949 der Bundespräsident und der Bundeskanzler hüben, der Staatspräsident und der Vorsitzende des Ministerrats drüben. Die zentralen Institutionen gesamtstaatlicher Steuerung sollen hier allerdings weniger behandelt werden, weil es vor allem auf das Problem der gesellschaftlichen Anpassung nach Regimewechseln und Systembrüchen ankommt.

In diesem Zusammenhang sind neben den Verbänden vor allem die Parteien von Bedeutung. Ihre geradezu klassisch zu nennenden Funktionen zielen sowohl auf Adaption neuer Wertvorstellungen und Verhaltensprägungen als auch auf die Integration der Bevölkerung in politische Systeme als Folge von Artikulation, Mobilisierung und Partizipation. Parteien deuten die Welt, formulieren Zukunftsvorstellungen und Interessenlagen. Beim Blick auf das Parteiensystem ist überraschend, daß man von einer bereits nominell sichtbaren Kontinuität ausgeht. Diese prägt nicht nur das politische Selbstverständnis der Parteien, sondern schlägt sich auch in vielen Parteigeschichten nieder. Nominelle Kontinuität ist aber noch kein Hinweis auf strukturelle. Parteien gibt es seit dem Vormärz, aber in jeweils ganz spezifischer Struktur, mit einer ganz spezifischen Zielsetzung und auch mit ganz unterschiedlichen Funktionen.

Parteien existieren als politische Vereine, als Umfeld von Zeitungen, als Fraktionen, als Honoratiorenvereinigungen, als Wahlvereine und erst vergleichsweise spät als überregionale Assoziationen. Im Kaiserreich finden sie ihre Erwähnung im Zusammenhang mit dem Wahlgesetz. In der Weimarer Reichsverfassung werden sie nicht genannt, sondern nur aus dem Verhältniswahlrecht abgeleitet. Erstmals erwähnt das Grundgesetz Parteien als Mitwirkungsorgane politischer Willensbildung. In der DDR-Verfassung verkörpern sie geradezu ein unveränderliches Prinzip politischer Herrschaft, die Parteidiktatur einer politischen Avantgarde. Dennoch ist die nominelle Kontinuität nicht zu bestreiten. Auf parlamentarischer Ebene ist sie um so bemerkenswerter, als sich im Wandel des Wahlrechts der große demokratische Umbruch des politischen Systems zu vollziehen scheint und den Prozeß der Parlamentarisierung abstützt, der sich in anderen Institutionen bereits abzeichnet und seit 1916 durchsetzt.

Aus dem gleichen, geheimen und direkten Männerwahlrecht in Einmannwahlkreisen mit absoluter Mehrheitswahl, das während des Kaiserreichs neben dem Dreiklassenwahlrecht ganz unterschiedlichen Typs auf den anderen Systemebenen bestand, wird das Verhältniswahlrecht des Weimarer Typs, das auch den Frauen das Wahlrecht einräumt. Dieses Parteienwahlrecht wird im Dritten Reich plebiszitär überformt. Nach 1945 finden wir unterschiedliche Modifikationen des Wahlrechts, das sich mehrfach wandelt, nicht nur durch die Einführung der Sperrklauseln. Dies gilt auch für die Organisation der Staatsverwaltung. Fehlte im Kaiserreich das Mißtrauensvotum als grundlegendes Prinzip des parlamentarischen Systems, so läßt sich das Weimarer System dadurch charakterisieren, daß es gerade nicht zu einer Koordination von parlamentarischer Parteienmehrheit und parlamentarisch abgestützter Regierungsverantwortung kommt.

## IV. Institutionenwandel: Überbrückung von Diskontinuitäten

Die Beispiele ließen sich fortsetzen. Sie machen deutlich, daß in historischer Perspektive die Frage nach dem Institutionenwandel keine Frage nach der Kontinuität ist. Vielmehr geht es darum, die *Überbrückung von Diskontinuitäten* zum Mittelpunkt der Fragestellung zu machen. Oder handelt es sich bei dem Versuch, die genannten Phänomene ernst zu nehmen, vielleicht um ein Scheinproblem?

Weil wir auf Identitäten zielen, sprechen wir Symbolen eine große Bedeutung bei der Vermittlung von Institutionen zu. In Institutionen verkörpert sich, wie man etwa am Zapfenstreich sieht, die Wahrung eines Zusammenhangs, den wir auch der deutschen Geschichte des 20. Jahrhunderts unbeschadet aller politischen Proklamationen von Umbrüchen unterstellen müssen. Offensichtlich orientiert sich Geschichte eher an Räumen als an Systemen, und fast unbemerkt wird so eine fragwürdige Einheit gestiftet, etwa das „deutsche Reich". Aber was ist das? Das Reich in den Grenzen des Jahres 1937? Beziehungsweise wem fiele es heute ein, als Bereich der deutschen Geschichte etwa die Ausdehnung des Heiligen Römischen Reiches deutscher Nation zugrundezulegen?

Dennoch spielen Fixierungen auf Institutionen und ihre symbolischen Vermittlungsleistungen bei der Überbrückung von Systembrüchen eine ganz entscheidende Rolle. Daß gerade in epochalen Umbrüchen Symbole sehr umstritten, ja umkämpft sind, daß sich ihr Symbolgehalt in der Regel nur am Ende von Deutungskonflikten herausstellt, ist bei der Darstellung der Weimarer Geschichte nicht mehr umstritten und wird besonders regelmäßig im Zusammenhang mit dem Weimarer Flaggenstreit angesprochen, der sich als heftiger Konflikt um die Farbenkombination „Schwarz-rot-gold" darstellt.[37] Dieser Konflikt zeigt, wie heftig gerade nach Systembrüchen um die Deutung von Symbolen und Bedeutungen staatlicher Einrichtungen gestritten wird.

Die häufigen Systemwechsel brachten den Deutschen vergleichsweise viele Herausforderungen für ihre Umdeutungsbereitschaft, nicht zuletzt weil die Brüche als Katastrophen, als Niederlagen, als Scheitern zumindest eines großen Bevölkerungsteiles empfunden wurden. Der Anhänger der Monarchie etwa sah die „Weimarer" Republik des Jahres 1919 als Folge einer Revolution, die dem geliebten Kaiserreich ein abruptes, unvorstellbar trauriges Ende bereitet und alles entwertet hatte, was ihm persönlich wichtig war, insbesondere Thron und Altar, jene Institutionen mit der wohl wirksamsten verhaltensprägenden Kraft. Die Wucht des unerwarteten Umbruchs war so unglaublich, daß viele Deutsche gern die These

---

37 Wolfgang Ribbe, Flaggenstreit und Heiliger Hain: Bemerkungen zur nationalen Symbolik in der Weimarer Republik, in: Dietrich Kurze (Hrsg.), Aus Theorie und Praxis der Geschichtswissenschaft, Festschrift für Hans Herzfeld, Berlin 1972, S. 175 ff.

Hindenburgs vom „Dolchstoß in den Rücken des unbesiegten Heeres" wiederholten und den Verfassungsstaat als das Ergebnis des Wirkens von „Novemberverbrechern" sahen.[38]

Zu den neuen Institutionen der Republik fanden Monarchisten nur schwer Zugang, sie diffamierten den Reichstag als „Quasselbude". Anderen wiederum genügte der begonnene Umbau des wilhelminischen Obrigkeitsstaates in einen sich allmählich konsolidierenden Sozialstaat nicht; sie setzten sich von den heftig diffamierten angeblichen „Arbeiterverrätern"[39] ab und deuteten die Institutionen der Republik als letzte Verteidigungsmittel bürgerlich-kapitalistischer Herrschaft. Da Sozialdemokraten die Grundlagen der Weimarer Republik verteidigten, wurden sie und ihre Partei bald als eine besondere Variante faschistischer Herrschaft apostrophiert: als „Sozialfaschisten".[40] Andererseits reagierten diese in ähnlicher Form, indem sie nationalsozialistische und kommunistische Kritiker der „bürgerlichen Herrschaft" bzw. des „bürgerlichen Systems" des Weimarer Typs als nah beieinanderliegende Spielarten des Totalitarismus[41] zeichneten. Sie orientierten sich dabei offensichtlich an der Vorstellung, daß die Ablehnung der republikanischen Strukturen einen gemeinsamen Bezugspunkt in der Befürwortung diktatorischer Verfassungsstrukturen habe.

Die politischen Gruppierungen auf der Rechten, der Linken und in der Mitte bekämpften sich politisch heftig, nicht selten in bürgerkriegsähnlichen Formen;[42] sie bildeten eigene Institutionen aus, die ihrem Verhalten einen spezifischen Sinn und eine Richtung, vor allem auch Verhaltenssicherheit gaben, aber keinerlei positive Funktion für die Ausbildung stabiler bürgerschaftlicher Kooperationsmuster und Wertvorstellungen hatten.

Das Kennzeichen der Weimarer Politischen Kultur war nicht das Vertrauen in Institutionen, sondern tief empfundenes Mißtrauen.[43] Politische Beteiligung diente keineswegs automatisch der Bildung eines gemeinsamen Willens oder der Fixie-

---

38 Eberhard Kolb (Hrsg.), Vom Kaiserreich zur Weimarer Republik, Köln 1972; allgemein jetzt Heinrich August Winkler, Weimar 1918-1933: Die Geschichte der ersten deutschen Demokratie, München 1993.
39 Gerhard A. Ritter, Vom Wohlfahrtsausschuß zum Wohlfahrtsstaat: Der Staat in der modernen Industriegesellschaft, Köln 1973.
40 Hermann Weber, Die Generallinie: Rundschreiben des Zentralkomitees der KPD an die Bezirke 1929-1933, Düsseldorf 1981.
41 Walter Schlangen, Theorie und Ideologie des Totalitarismus: Möglichkeiten und Grenzen einer liberalen Kritik politischer Herrschaft, Bonn 1972, S. 61 ff.
42 Eva Rosenhaft, Beating the Fascists? The German Communists and Political Violence 1929-1933, Cambridge/Mass.: U.P. 1983.
43 Jürgen Bergmann und Klaus Megerle, Gesellschaftliche Mobilisierung und negative Partizipation: Zur Analyse der politischen Orientierung und Aktivitäten von Arbeitern, Bauern und gewerblichem Mittelstand in der Weimarer Republik, in: Peter Steinbach (Hrsg.), Probleme politischer Partizipation im Modernisierungsprozeß, Stuttgart 1982, S. 376 ff.; ders. und Detlef Lehnert (Hrsg.), Politische Teilkulturen zwischen Integration und Polarisierung: Zur politischen Kultur in der Weimarer Republik, Opladen 1990; Klaus Megerle (Hrsg.), Warum gerade die Nationalsozialisten?, Berlin 1983.

rung einer institutionell abgesicherten Verantwortlichkeit, sondern markierte die Grenzen des Vertrauens zu anderen politischen Gruppierungen. Die Institutionen der politischen Systeme hatten keine Bindewirkung, ihre Symbole wurden durch Partialsymbole ersetzt. Dadurch wurde jede institutionelle Selbstverständlichkeit zerstört. Jede Bewegung entwickelte ihre spezifischen Verhaltensmuster, spezifische Uniformen, besondere Formen des Grußes, schließlich geradezu ein eigenes politisches Subsystem. Hakenkreuz, Hammer und Sichel, drei eiserne Pfeile normierten ebenso die Wahrnehmung wie oft gehörte Grußformeln: „Rotfront", „Heil Hitler", „Frieden" oder Anredeformeln wie „Genosse", „Volksgenosse", „Kamerad".[44]

Im Übergang vom Kaiserreich zur Weimarer Republik hatten sich offensichtlich keine allgemein akzeptierten Institutionen herausgebildet. Es gab keinen „Grundkonsens", keine Selbstverständlichkeit der Anerkennung von Institutionen. Die Verfassung blieb umstritten, ebenso die Träger des höchsten Staatsamtes. Institutionen wie die Justiz galten als belastet, politisch als „Klassenjustiz".[45]

Seit dem Ende der zwanziger Jahre suchten alle Kräfte nach Alternativen – sie forderten „Bewegung" an sich, kritisierten die Parteien und den Staat und distanzierten sich auf diese Weise von einem parlamentarischen Institutionengefüge, welches erst nach 1949 positiver bewertet werden sollte. Für die Nationalsozialisten hing der politische Erfolg an der Diskreditierung des „Systems". Sie setzten sich gleichsam als Antiinstitutionalisten durch, proklamierten geradezu eine „deutsche Revolution" als Vollendung der Novemberrevolution und beschworen andererseits Prinzipien, die das Resultat eines Bewußtseins vom Wert und von der Stabilität überkommener Institutionen sein sollte, die es in der von den Nationalsozialisten beschworenen Form niemals gab.

Sie wollten die Bewegung verkörpern, die zur Überwindung des Weimarer Institutionengefüges führte und kollidierten mit anderen Bewegungen, die sich ebenfalls nicht zu diesem Gefüge bekannten. Die Sozialdemokraten waren durch Formeln zu begeistern wie „Demokratie, das ist nicht viel, Sozialismus ist das Ziel!".[46] Die Kommunisten verwarfen die Republik, indem sie die Konturen eines „Sowjetdeutschland" zeichneten, wie Klara Zetkin in ihrer Rede als Alterspräsidentin des Reichstages. Und die Deutschnationalen propagierten Strategien, die ebenfalls auf die Überwindung des Weimarer Institutionengefüges hinausliefen; sie suchten nach autoritären Modellen.[47] Politische Kräfte, die sich engagiert zum Weimarer Normengefüge bekannten, gab es kaum. Friedrich Meinecke sprach deshalb vom „Vernunftrepublikaner". Mit anderen Worten: Emotionale Bindewir-

---

44 Dietmar Schirmer, Mythos – Heilshoffnung – Modernität: Politisch-kulturelle Deutungscodes in der Weimarer Republik, Opladen 1992.
45 Ernst Fraenkel, Zur Soziologie der Klassenjustiz und Aufsätze zur Verfassungskrise 1931-32, Darmstadt 1968.
46 Susanne Miller, Die Bürde der Macht: Die deutsche Sozialdemokratie 1918-1920, Düsseldorf 1978.
47 Hans Mommsen, Die verspielte Freiheit: Der Weg der Republik von Weimar in den Untergang 1918 bis 1933, Berlin 1989, S. 443 ff.

kungen gingen von diesem Weimarer Verfassungssystem trotz seiner anfänglich bewiesenen Kraft zur Reform, trotz eines vorbildlichen Grundrechtekatalogs und trotz seiner Stabilität in der Mittelphase der Epoche nicht aus.

## V. Institutionalisierung und Deinstitutionalisierung

Der NS-Staat setzte sich bereits vor 1933 scharf vom Weimarer System ab. Für ihn war die Republik ein Staat der Bonzen. Sie beanspruchten, die „Systemzeit" zu beenden, ohne aber zum monarchischen System zurückkehren zu wollen. Sie legitimierten sich durch Revolutionsmetaphern und mußten letztlich doch alles auf die Bildung neuer Institutionen setzen. Die am meisten verhaßte Einrichtung, der Reichstag,[48] ging in Flammen auf; dies nutzten die Nationalsozialisten, um staatsstreichartig die Grundrechts- und die Verfassungsordnung zu beseitigen.

Die Phase einer Neuinstitutionalisierung unter dem Zeichen des Hakenkreuzes begann unmittelbar anschließend. Die Parteiuniform wurde ebenso wie die Hakenkreuzfahne unter den besonderen Schutz des Strafrechts gesetzt, neue Hochverratsbestimmungen wurden gesetzlich definiert.[49] Weitere Institutionen, in denen sich Terror und neuer Sinn sichtbar machen ließ, wurden vergleichsweise rasch errichtet: Konzentrationslager,[50] Schutzhaftbestimmungen,[51] Geheime Staatspolizei,[52] ordensähnliche Parteiformationen wie die SS.[53] Dies alles war für die Konsolidierung des neuen diktatorischen Institutionengefüges noch wichtiger als die Propaganda, deren Funktion sich institutionengeschichtlich durch die Aufgabe erklären läßt, „Schweigespiralen" als neue Bereiche öffentlicher Fraglosigkeit zu entwickeln. Wir können diese Funktion in der Tat als Erzeugung einer „Schweigespirale"[54] oder als die demonstrative Manifestation eines mit politischen Mitteln erzeugten Konsenses interpretieren, von dem abzuweichen lebensgefährlich wurde.

Es fällt bis heute schwer anzuerkennen, daß es den Nationalsozialisten gelang, ein neues Institutionengefüge zu errichten. Die größte verhaltenssteuernde und

---

48 Peter Hubert, Uniformierter Reichstag: Die Geschichte der Pseudo-Volksvertretung 1933-1945, Düsseldorf 1992.
49 Ernst Rudolf Huber, Verfassungsrecht des Großdeutschen Reiches, Hamburg 1939.
50 Johannes Tuchel, Konzentrationslager: Organisationsgeschichte und Funktion der „Inspektion der Konzentrationslager" 1934-1938, Boppard 1991.
51 Dazu demnächst eine Dissertation von Detlev Scheffler über die Entwicklung des Schutzhaftrechts der Nationalsozialisten, Diss.phil. FU Berlin.
52 Gerhard Paul und Klaus-Michael Mallmann (Hrsg.), Die Gestapo: Mythos und Realität, Darmstadt 1995.
53 Hans Buchheim, Die SS – das Herrschaftsinstrument. Befehl und Gehorsam: Anatomie des SS-Staates, Bd. 1, Olten 1965; Heinz Höhne, Der Orden unter dem Totenkopf, Gütersloh 1967.
54 Elisabeth Noelle-Neumann, Die Schweigespirale: Öffentliche Meinung – unsere soziale Haut, München/Zürich 1980; 3. Aufl. unter dem Titel: dies., Öffentliche Meinung: Die Entdeckung der Schweigespirale, Frankfurt a.M. u.a. 1991.

sinngebende Wirkung ging vom Begriff der Volksgemeinschaft[55] aus. Wurde zunächst als Verhaltensmaxime dieser Gemeinschaft definiert, „Gemeinnutz gehe vor Eigennutz", so beschrieb nach Hitler dieser Begriff eine neue „soziale Einheit der deutschen Menschen", die sich „über Klassen und Stände, Berufe und Konfessionen und alle übrige Wirrnis des Lebens hinweg" verwirkliche, ohne Ansehen des Standes und der Herkunft, „aber" – wie es hieß – „doch im Blute fundiert".[56] Aus dem Konzept der Volksgemeinschaft wurden Verhaltensweisen, Handlungsmuster, Sanktionen und Verpflichtungen abgeleitet, mit dem Ziel, die beklagte Atomisierung der Gesellschaft aufzuheben. Insofern macht das nationalsozialistische Konzept der „Volksgemeinschaft" den Anspruch von Diktaturen deutlich, „neue Menschen" durch Induzierung neuer Verhaltensweisen und Wertvorstellungen heranzuzüchten.

Die Proklamation neuer Institutionen sollte die sozialrevolutionär legitimierte Deinstitutionalisierung alter Normengefüge rechtfertigen, die als Ausdruck einer überholten und deshalb zu überwindenden Sozialstruktur und ihrer sozialmoralischen Milieus gedeutet wurden. An den Folgen der Proklamation der Volksgemeinschaft hatte die Nachkriegsgesellschaft später in vielfacher Hinsicht zu tragen, vor allem, weil ihre verhaltenssteuernden Muster so nachhaltig wirkten, daß sie bis weit in die fünfziger Jahre hinein spürbar blieben.[57]

Die Besatzungsmächte proklamierten zwar keine Revolution,[58] formulierten mit den vier großen D's aber ohne Zweifel die Begriffe für einen umfassenden Umbruch, der auf die Etablierung eines grundlegend neuen politischen Systems zielte: Denazifizierung, Demilitarisierung, Dezentralisierung und Demokratisierung wurden in Potsdam zum Strukturprinzip einer neuen politischen Ordnung, die postnationalsozialistisch und antifaschistisch sein sollte.[59] Die Institutionen des NS-Staates wurden nicht nur diskreditiert und abgeschafft, sondern kriminalisiert; bestimmte nationalsozialistische Organisationen wurden für verbrecherisch erklärt. Bei der SS, bestimmten Parteiorganisationen und der Gestapo stieß das auf wenig Widerspruch. Ganz anders sah dies aber bei nationalsozialistischen Jedermann-Organisationen aus, die den Alltag der Deutschen beeinflußt hatten, beim BdM und bei der HJ, bei den nationalsozialistischen Berufsverbänden und den Sportorganisationen. Und besonders heftig wurde immer wieder über die Frage gestritten, ob die Wehrmacht als eine verbrecherische Organisation bezeichnet werden kann. Diese Debatte betraf auch Berufsgruppen wie die Polizei, die Justiz, die Reichsbeamtenschaft – nach 1949 richteten sich viele standespolitischen

---

55 Vgl. Timothy W. Mason, Arbeiterklasse und Volksgemeinschaft: Dokumente und Materialien zur deutschen Arbeiterpolitik 1936-1939, Opladen 1975; Matthias Frese, Sozial- und Arbeitspolitik im „Dritten Reich", in: NPL 38, 1993, S. 403-446.
56 Vgl. Ernst Nolte (Hrsg.), Theorien über den Faschismus, Köln/Berlin 1967.
57 Peter Reichel, Politische Kultur der Bundesrepublik, Opladen 1981.
58 Klaus-Dietmar Henke, Die amerikanische Besetzung Deutschlands, München 1995, S. 205 ff.
59 Peter Reichel, Politik mit der Erinnerung: Gedächtnisorte im Streit um die nationalsozialistische Vergangenheit, München 1995, S. 34 ff.

Bestrebungen deshalb vor allem auf die Rehabilitierung dieser Institutionen und ihrer Funktionsträger aus. Deutlich wurde dies vor allem an der Bestimmung des Grundgesetzes, welche die Rechtsverhältnisse ehemaliger Angehöriger des öffentlichen Dienstes zu regeln hatte (Art. 131 GG).[60]

Hier wird deutlich, daß sich im Zuge des Institutionenwandels keineswegs nur deshalb Probleme und Konflikte ergeben, weil neue Institutionen entstehen. Die schwierigsten Fragen werfen vielmehr die Kontinuitätsprobleme auf, denn sie verlangen von den Zeitgenossen nach Umbrüchen in der Regel die Duldung alter Institutionen, die oft entscheidend diskreditiert worden sind. Die Klärung der möglichen Diskreditierung dieser Institutionen und ihres Personals ist von größter Bedeutung für die Begründung eines neuen Institutionengefüges.

Die Probleme wiederholen sich: Die beiden deutschen Staaten definierten sich bis 1989 gewiß durch ihre ganz eigenen und sehr spezifischen Verfassungsprinzipien, aber auch durch ihre ihnen gemeinsame, auf den jeweils anderen Staat bezogene Gegensätzlichkeit. Was hüben das Institutionenverständnis der freiheitlich-demokratischen Grundordnung mitsamt der Willensbildung von unten nach oben, war drüben das Prinzip des demokratischen Zentralismus und das Bekenntnis zur Vorherrschaft der SED als institutionalisierte Parteiavantgarde. Ohne Zweifel wurden in beiden Teilen Deutschlands viele neue Institutionen ausgebildet, andere abgeschafft. Der Westen Deutschlands definierte sich demonstrativ durch den Anspruch, den „deutschen Sonderweg" verlassen und das „Sonderbewußtsein" endgültig durch eine liberaldemokratische Bürgergesinnung ersetzt zu haben. Der Osten sah dagegen im „Antifaschismus" sein wichtigstes Strukturprinzip und proklamierte die sozialistische Wirtschaftsordnung als endgültige Überwindung kapitalistischer und damit potentiell faschistischer Prinzipien.

Im Westen bekannte man sich zu den Prinzipien des Berufsbeamtentums und der Gewaltenteilung und begünstigte so gerade die belasteten Träger von Institutionen, die den Institutionenwandel zur Institutionenkrise hatten werden lassen. Denn im NS-Staat hatten sich Institutionen nicht mehr durch ihre Aufgabe bestimmt, Steuerungsfunktionen zur Erhöhung von Anpassungskapazitäten zu übernehmen, sondern sie hatten sich nicht selten zu totalen Institutionen[61] entwickelt. Im Osten bekannte man sich hingegen zu einem ganz anderen Institutionengefüge, welches zunächst als Reaktion auf den NS-Staat gerechtfertigt wurde, innerhalb kurzer Zeit aber wiederum zu einer Struktur mit geradezu totalem Gestaltungsrecht erstarrte. Beide deutschen Staaten drückten ihr Selbstverständnis auch durch gegenseitige Abgrenzung aus, etwa durch den Anspruch, gerade nicht Ausdruck einer Wiederbelebung einer zweiten totalitären Diktatur – Vorwurf West gegen Ost – oder Ausdruck sozialer Restauration – Vorwurf Ost gegen West – zu sein.

---

60 Udo Wengst, Beamtentum zwischen Reform und Tradition: Beamtengesetzgebung in der Gründungsphase der Bundesrepublik Deutschland 1848-1953, Düsseldorf 1988, S. 152 ff.
61 Gerhard Leibholz, Das Phänomen des totalen Staates, in: ders., Strukturprobleme, S. 225 ff.

Die Vorgängersysteme blieben dennoch präsent, sei es, daß man von einem „roten Preußen" sprach, wenn man die DDR meinte, sei es, daß man sich im Westen immer wieder über die Frage erregte, ob Bonn noch, nicht mehr oder schon wieder Weimar sei.

## VI. Institutionenwandel als Deutungskonflikt: Die Rolle des Militärs

Besonders deutlich wird die Spannung von Kontinuität und Wandel, wenn man die „bewaffnete Macht" in den Blick nimmt, das Militär. Diese Institution überdauerte nicht nur die Systembrüche, sondern stützte sich ausdrücklich auf das jeweils vor den Umbrüchen bereits „im Dienst stehende" Personal und pflegte eine spezifische Tradition, die von den jeweiligen politischen Systemen unabhängig sein sollte.[62] Der Deutungskonflikt, der die Institution des „Militärs" trifft, ist unvermeidlich ein Politikum, d.h. ein Konflikt mit politischen Konsequenzen. Deshalb soll abschließend exemplarisch der Blick auf diese Institution gelenkt werden. Es geht also um jene Institution, die wir heute „Bundeswehr" nennen, die seit den fünfziger Jahren bis 1990 daneben „Nationale Volksarmee", bis 1945 „Wehrmacht", seit 1919 „Reichswehr", davor „Kaiserliches Heer" hieß und auf eine starke Personalkontinuität vor allem der militärischen Führung baute.[63]

Die „bewaffnete Macht" war und ist stets in besonderer Weise mit dem jeweiligen System verknüpft, das sie zu schützen und zu verteidigen hat. Die Soldaten grenzten sich überdies durch ihren Verhaltenskodex von ihrer Umwelt ab, sie besaßen ganz spezifische Wertvorstellungen und pflegten bei aller Systemnähe ein professionelles Selbstverständnis, welches Systemunabhängigkeit zu ermöglichen scheint.[64] Diese Haltung setzte und setzt sich in der Kultivierung ganz besonderer Verhaltensweisen fort, die als „Kameradschaft"[65] bezeichnet werden. Dies war möglich, weil sich das Selbstverständnis von Militärs aus einer ganz klar definierten Defensivfunktion abgeleitet hat und seine Träger dennoch besonders aufgerufen scheinen, in Gestalt eines angeblich selbstlosen und die eigene Person nicht schonenden Gemeinschaftsdienstes den Staat zu verteidigen, dessen oberster Repräsentant gleichzeitig den militärischen Oberbefehl ausübt. Kennzeichen der „bewaffneten Macht" ist die Unveränderlichkeit wesentlicher Verhal-

---

62 Wie schwierig diese Art systemübergreifender und dennoch regimeunabhängiger Konstruktion von Traditionssträngen ist, zeigt die jüngste Debatte über die Wehrmachtsausstellung des Hamburger Reemtsma-Instituts.
63 Vgl. Karl-Volker Neugebauer für das Militärgeschichtliche Forschungsamt (Hrsg.), Grundzüge der deutschen Militärgeschichte, Bd. 1: Historischer Überblick, Freiburg 1993.
64 Ove Ovens, Militärischer Professionalismus: zum Berufs- und Selbstverständnis der Streitkräfte, in: Wolfgang R. Vogt (Hrsg.), Militär als Gegenkultur? Streitkräfte im Wandel der Gesellschaft I, Opladen 1986, S. 257 ff.
65 Lutz Unterseher, Mehr als Kameraderie? Über Funktion, Genese und Verfall des Korpsgeistes, in: ebd., S. 283 ff.

tensmaximen und Werte – Befehl und Gehorsam, Tapferkeit und Kameradschaft, Verantwortungsgefühl und Opferbereitschaft werden ganz systemunabhängig gleichermaßen betont.[66] Dies ist die Voraussetzung für die Kontinuität der Deutungen, der systemunabhängigen Bedeutung vieler Symbole und Rituale, die in der Regel als Ausdruck der Tradition gelten und deshalb auch für Nachwachsende aus ganz anderen Sozialisationszusammenhängen verbindlich gemacht werden können.[67] Die Rolle des Militärs als Institution scheint so das geeignetste Untersuchungsobjekt zu sein, um deutlich zu machen, welche Chancen in der historisch orientierten Erforschung des Institutionenwandels liegen.

Kontinuität trotz eines Umbruchs der Systeme war und ist das Kennzeichen der „bewaffneten Macht". Das deutsche Kaiserreich endete 1918 augenscheinlich als Folge einer unabwendbaren militärischen Niederlage, die immer als Versagen der bewaffneten Macht gedeutet wird. Auflösungserscheinungen des Heeres zeigten die allgemeine politische Krise, vor allem aber den Zusammenbruch des militärischen Bezugssystems – Streiks, Meutereien, schließlich Übergriffe gegen Offiziere und die Bildung eines die Rangunterschiede nivellierenden Soldatenrates, in dem auch Offiziere saßen, kündigten die Niederlage an. Sie schienen zugleich der Begleitumstand der Parlamentarisierung des politischen Systems und der Demokratisierung der Gesellschaft zu sein.

Das Militär gründete bis 1918 tief in den Verfassungsvorstellungen und Verfassungsentwicklungen des 19. Jahrhunderts und bekannte sich ganz dezidiert zur strikten Trennung von Staat und Gesellschaft. Es verkörperte das Vorrecht der Monarchie zur Ausübung der Exekutive, denn es garantierte den Vollzug des Belagerungszustandes als letztes Mittel der Systemverteidigung. Die höchste Legitimation der „bewaffneten Macht" hing an der Person des Monarchen, der sich trotz seiner Bereitschaft, seinen Staat auch dem Prinzip der Volkssouveränität anzunähern, nicht endgültig vom monarchischen Prinzip distanziert hatte. Das Prinzip der Volkssouveränität hatte sich im Zuge einer vom Monarchen gewährten, nicht einer frei vereinbarten Verfassung durchgesetzt. Die Monarchie stützte sich auf die Macht loyaler Beamter, vor allem auf das Militär: der Monarch war der Inhaber des militärischen Oberbefehls. Mochten sich mit Parteien, Verbänden und Kammern auch intermediäre Institutionen entwickeln, konnten sich mit den liberalen Abwehrrechten auch die politischen Sphären ausweiten, veränderte sich schließlich durch die Ausweitung des Wahlrechts auch die Grundlage politisch folgenreicher Interessenartikulation in Richtung einer soliden und nicht mehr umkehrbaren Fundierung des Mitgestaltungsanspruchs der breiteren Bevölke-

---

66 Gerhard Vowinckel, Vom edlen Ritter zum Bürger in Uniform: Sozio-moralisches Orientierungswissen über die bewaffnete Macht im Wandel, in: ebd., S. 193 ff.
67 Wilfried von Bredow, Erkundungsziel „Militärwelt": Vorüberlegungen zu einer ethnomethodologischen Erweiterung der Militärsoziologie, in: Wolfgang R. Vogt (Hrsg.), Militär als Lebenswelt: Streitkräfte im Wandel der Gesellschaft II, Opladen 1988, S. 171 ff.

rung, so stand das Militär doch weitgehend außerhalb des politischen Konkurrenzsystem und des politischen Massenmarktes.[68]

Die unter der Fahne stehenden Männer hatten im Kaiserreich kein aktives, wohl aber das passive Wahlrecht. Damit kam das Militär in ganz besonderer Weise Vorstellungen entgegen, die wir als obrigkeitsstaatlich bezeichnen. Die Institution des Heeres übte eine große Faszination aus, bis weit in die Linke hinein, die sich zum Pazifismus bekennen mochte, aber auch von der Disziplin des Militärischen fasziniert war. So hatte die „bewaffnete Macht" innenpolitisch eigentlich keine Gegner von Bedeutung, nachdem die Republikaner in der Revolution von 1848 gescheitert waren.

Neue Institutionen der „Wehrkontrolle" durch das Haushaltsrecht kündigten sich in den südwestdeutschen Ländern und ihren Kammern an, welche die Möglichkeit durchsetzten, den Konstitutionalismus zum Parlamentarismus zu entwickeln und Regierungen zu bilden, die sich nicht mehr auf die Zustimmung des Monarchen, sondern auf parlamentarische Mehrheiten stützen konnten. Allerdings gelang es den Vertretern der monarchischen Prärogative, das Haushaltsrecht durch sich über Jahre hinweg erstreckende Haushalte, etwa den Septennat, und die gesetzliche Fixierung der Ersatzbeschaffung von Waffen zu entschärfen.[69] Die zunehmende Vermittlung der Sphären von Staat und Gesellschaft durch intermediäre Institutionen war unübersehbar, richtete sich aber primär auf die Beeinflussung der bürokratischen Willensbildung, nicht so sehr auf die Mobilisierung der Öffentlichkeit und die Fruchtbarmachung politischer Konflikte für die Verschiebung parlamentarischer Kräfteverhältnisse.

Ganz unberührt von diesen Wandlungen blieb die Stellung des Militärs. Das monarchische Prinzip verlangte, daß sich die Militärgewalt weiterhin allein auf die Krone stützte und der Reichskanzler vom Vertrauen des Monarchen abhängig blieb. Die immer wieder als Ausdruck eines besonderen deutschen Konstitutionalismus bekräftigte Trennung von Staat und Gesellschaft erschwerte gewiß die Verschränkung von politischen Vermittlungsinstanzen, begünstigte zugleich aber auch die Durchsetzung von Prinzipien der Rechtsstaatlichkeit, der Normierung staatlichen Handelns und der Institutionalisierung von Abwehrrechten in der Verfassung.

Ansätze einer Scharnierbildung zwischen der Sphäre des Staates und seiner Bürokratie sowie der Gesellschaft und ihren Interessen waren allerdings unübersehbar und wirkten sich vor allem seit der Jahrhundertwende auf den politischen Willensbildungsprozeß aus. Parteien, Wahlrecht, individuelle Abwehrrechte, kollektive Gestaltungsrechte, nicht zuletzt auch die liberalen Artikulationsrechte und insbesondere die Pressefreiheit machten deutlich, daß der spezifische deutsche

---

68 Vgl. allgemein Manfred Messerschmitt, Militär und Politik in der Bismarckzeit und im Wilhelminischen Deutschland, Darmstadt 1975.
69 Volker Berghahn, Der Tirpitz-Plan: Genesis und Verfall einer innenpolitischen Krisenstrategie unter Wilhelm II., Düsseldorf 1971; Michael Epkenhans, Die wilhelminische Flottenrüstung 1908-1914: Weltmachtstreben, industrieller Fortschritt, soziale Integration, München 1991.

Konstitutionalismus längst einer starken Veränderung unterlag, welche die Demokratisierung und Parlamentarisierung forcierte. Diese Veränderungen waren vor allem auf der parlamentarischen Ebene unübersehbar. Sie erleichterten die Deutung des Regimewechsels als Verfassungsfortschritt und damit zugleich auch als Ausdruck eines Institutionenwandels, trotz der geradezu ritualisierten Betonung des monarchischen Prinzips durch Wilhelm II. Dieser Monarch kollidierte immer häufiger mit dem Reichstag, der sich während des ersten Weltkriegs durch seinen Interfraktionellen Ausschuß nach dem Scheitern der Obersten Heeresleitung politisch allmählich selbstbewußter artikulierte.[70]

Um so überraschender, daß der isolierte militärische Bereich in den Systemen seit 1918 nicht in dieses Deutungsschema des Institutionenwandels einbezogen wurde. In der Novemberrevolution garantierte das Bündnis zwischen OHL und Gewerkschaften die vergleichsweise friedliche Rückführung der Truppen hinter die deutsche Grenze. Allerdings wurde deutlich, daß die Revolution die Exklusivität des Militärs beendete. Dennoch zerbrachen die militärischen Verhaltensmuster nicht, im Gegenteil: sie steigerten sich während der revolutionären Auseinandersetzungen, die bürgerkriegsähnlich verliefen, und in den kriegerischen Konflikten der Freikorps, die einmal mehr den Trend zu einer militärischen Rechtfertigung soldatischer Wertvorstellungen und soldatischer Verhaltensweisen fortsetzten und so zur Militarisierung der gesamten deutschen Gesellschaft in der Weimarer Republik beitrugen.

Diese Entwicklung bestimmte nach 1920 zunehmend die deutsche Gesellschaft: ihre Uniformisierung, Militarisierung und Ritualisierung ist geradezu das Kennzeichen einer politischen Kultur ohne politische Integrationskräfte. Verstärkt wurden die desintegrierenden Wirkungen militärischer Institutionen überdies durch das Selbstverständnis der militärischen Führung, die sich nicht auf die neuen republikanischen Strukturen einließ, sondern das Ideal eines überpolitischen, den gesellschaftlichen Konflikten enthobenen Staates im Staate kultivierte.[71] Gestützt wurde die Isolation der Armee im Verfassungsstaat nach 1920 natürlich durch völkerrechtlich begründete Probleme, aber auch durch soziale Statusängste der Angehörigen der radikal verkleinerten Armee, dem sog. 100.000 Mann-Heer. Dankbar nahmen die Berufsmilitärs und die Soldaten des ersten Weltkrieges die Bekundung auf, das deutsche Heer sei im Felde unbesiegt geblieben und nur durch einen Dolchstoß in den Rücken der Front in den „Schandfrieden von Versailles" getrieben worden. Diese Deutung betraf die gesamte in den ersten totalen Krieg Europas verstrickte deutsche Bevölkerung und mußte als „Sinngebung des Sinnlosen" ganz unausweichlich Widerhall finden.

Die Neigung, das eigene Verhalten zugleich mit der Institution des „Soldatentums" zu verteidigen, begünstigte die Übernahme der Normen des Militärs auch im nichtmilitärischen Leben und erklärt, daß die Isolation der Armee als „Staat

---

70 Vgl. Manfred Rauh, Die Parlamentarisierung des Deutschen Reiches, Düsseldorf 1977.
71 Heinz Hürten (Bearb.), Die Anfänge der Ära Seeckt: Militär und Innenpolitik 1920-1922, Düsseldorf 1979.

im Staat"⁷² nicht korrigiert wurde. Hitler kam diesem Faktum weitgehend entgegen, erstens durch die Militarisierung seiner „Bewegung", zweitens durch die demonstrative Respektierung der soldatischen Normen etwa während der Potsdamer Zeremonie (dem Bündnis zwischen Generalfeldmarschall und Gefreiten) und drittens auch durch das sehr früh abgelegte Bekenntnis zur weitgehenden politischen Autonomie der Reichswehr Anfang Februar 1933.

Hitler schien zunächst die Eigenständigkeit der „bewaffneten Macht" zu respektieren. Er rüstete auf und opferte ihr am 30. Juni 1934 sogar seinen eigenen Kampfverband SA. Schließlich aber nutzte er die Expansion des Heeres, der Luftwaffe und der Marine, um ein weltanschaulich stark auf nationalsozialistische Ziele hin orientiertes Offizierskorps zu schaffen, das jüngeren Offizieren beste Aufstiegschancen bot und sie schlagartig von den sozialen Problemen befreite, welche die Reichswehr nach der „Demontage" 1919 und der Versenkung der Flotte vor Scapa Flow gelähmt hatte.

Der Verhaltenskodex der Wehrmacht blieb nach 1933 zunächst noch traditionell geprägt – weiterhin empfanden sich viele Soldaten als Angehörige eines „Staates im Staate". Sie erklärten auch später oftmals, sie seien geradezu in die Wehrmacht „emigriert". Dennoch war und ist unübersehbar, in welchem Maße die Wehrmacht politisch für nationalsozialistische Ziele eingesetzt wurde und auch einsetzbar war. 1935/36 wurde die Wiederherstellung der staatlichen Souveränität zwar noch allgemein begrüßt; seit 1937 war aber deutlich, daß sich die Wehrmacht auf einen Angriffskrieg vorzubereiten hatte. Diese Einsicht ging mit einer schweren Führungskrise einher, die Hitler zu seinen Gunsten entschied. Hier war erstmals eine Verschiebung von Verhaltensnormen spürbar, die schließlich immer stärker die Durchpolitisierung der „bewaffneten Macht" forcierte. Sie war nach 1939 die tragende Säule einer militärischen Expansion, die der aggressiv betriebenen Etablierung eines Ostimperiums („Generalplan Ost") als Folge der Eroberung von „Lebensraum im Osten" diente. Damit öffnete sich die „bewaffnete Macht" immer stärker den Tendenzen, vor denen sie sich als angeblicher „Staat im Staate" abzuschließen versuchte. Die Wehrmacht wurde zu einer tragenden Säule des NS-Staates, sie wurde durchpolitisiert, was nicht zuletzt am Einsatz von weltanschaulichen Führungsoffizieren und an der Einführung des Hitlergrußes sowie an der denkbar engen Verzahnung von (Waffen-) SS-Verbänden und Wehrmachtsverbänden deutlich geworden ist.

Das Ende des Dritten Reiches war mehr als eine bedingungslos akzeptierte und bekräftigte militärische Niederlage; es war auch eine denkbar schwere Erschütterung des in Jahrzehnten gewachsenen Verhaltenskodex der Angehörigen einer Institution, die sich geradezu als unabhängig von Regimen empfunden hatte. Schließlich habe jeder Staat eine Armee, um sich zu verteidigen – ein Argument, das in ganz unterschiedlichen Systemen zur Rechtfertigung der „bewaffneten

---

72 Heinz Hürten (Bearb.), Zwischen Revolution und Kapp-Putsch: Militär und Innenpolitik 1918-1920, Düsseldorf 1977; ders., Das Krisenjahr 1923: Militär und Innenpolitik 1922-1924, Düsseldorf 1980.

Macht" vorgebracht wird. Das Problem lag nach 1936 aber nicht in der „Verteidigung", sondern im Angriff, und es lag vor allem in der Kombination von Krieg und Verbrechen.

Und dennoch haben jene nicht Unrecht, die betonen, daß zum Staat auch eine Armee gehört. Das institutionengeschichtlich schwierige Problem erwuchs deshalb nach 1950 vor allem aus der Frage, wie im Zuge des Neuaufbaus die neue Institution namens „Bundeswehr" begründet werden könnte: welcher neuen verhaltenssteuernden Prinzipien sie bedurfte, wie sie ihre Tradition im Verfassungsstaat herausbilden und die Geschichte der Wehrmacht als Instrument der nationalsozialistischen Diktatur und ihrer Rassenpolitik reflektieren könnte. Nicht zuletzt wurde der Neuaufbau einer „bewaffneten Macht" aber problematisch, weil sich die Bundesregierung dabei personell in erheblichem Maße auf höhere Wehrmachtsangehörige stützen mußte. Dabei berührte das Problem der Personalkontinuität die Ausbildung einer neuen, zumindest in ihrem faktischen Bestand zehn Jahre unterbrochenen Institution, deren Struktur öffentlich diskutiert, deren Legitimität bezweifelt, deren Notwendigkeit bestritten und deren Symbole „verbraucht" waren.

In den fünfziger Jahren sprach nur wenig für eine erfolgreiche, d.h. von der Bevölkerung akzeptierte „Wiederaufrüstung" und noch weniger für die Chance einer breiten sozialen Anerkennung des Militärs. Damit stellt sich das für die Erforschung des Institutionenwandels ganz entscheidende Problem der Deutungsüberlagerung – und dies galt ebenso für den Aufbau der zweiten deutschen Nachkriegsarmee, der „Nationalen Volksarmee". Voraussetzung der „inneren Anerkennung" war die Interpretation der Wehrmachtsgeschichte ohne Belastung durch die Verstrickung in Verbrechen und die überzeugende Begründung eines ethisch folgenreichen „inneren Wandels". Diese Wendung gelang 1950-1955 äußerlich überraschend gut, wie die Diskussion über Kriegsverbrecher, Kriegsverbrechen und Amnestie zeigt. Der zweite Schritt war der Neuaufbau einer Tradition, die Alternativen zur Verstrickung bot: Hier kam der Anknüpfung an die Widerstandsgeschichte durch klare Akzentuierung des militärischen Widerstands hüben, des Nationalkomitee Freies Deutschland drüben besondere Bedeutung zu.[73] Schließlich mußte ein neues Selbstverständnis entwickelt werden: Der „Bürger in Uniform".

Deutungsüberlagerungen führen allerdings immer wieder zu Konflikten, teils in Verbindung mit Traditionserlassen, teils in Verbindung mit Ausbildungsskandalen, teils in den Äußerungen hoher Militärs, in Verfassungsgerichtsurteilen oder Ausstellungsdiskussionen. Die Konflikte machen deutlich, daß die militärischen Institutionen sich nicht nur faktisch wandelten, sondern daß der Erfolg dieser Wandlungen in der Regel das Ergebnis eines langen Deutungskonfliktes war, der die Brüche der Regime spiegelte und dessen Lösung über den Erfolg der Institu-

---

73 Norbert Wiggershaus, Zur Bedeutung und Nachwirkung des militärischen Widerstandes in der Bundesrepublik Deutschland und in der Bundeswehr, in: Militärgeschichtliches Forschungsamt (Hrsg.), Aufstand des Gewissens, Herford 1984, S. 501 ff.

tionenanpassung entschied. Diese Anpassung hatte ohne Zweifel den intendierten Funktionswandel regimeübergreifender Institutionen zur Voraussetzung und stabilisierte zugleich die inhaltliche Bestimmung entscheidend.

## VII. Institutionenkontinuität im politischen Wandel

Damit kehre ich zu meiner eingangs gestellten Frage zurück: Institutionen*wandel* bekommt in historisch-politikwissenschaftlicher Perspektive seinen Reiz als theoretisches Problem aus der Institutionen*kontinuität*. Deutungskonflikte entstehen durch Überlagerungen und Deutungskonkurrenzen. Sie entscheiden über den Sinn, den Institutionen vermitteln und verkörpern.

Damit sind wir bei der historisch-politikwissenschaftlich interessanten Aufgabe angekommen, die Auswirkungen der Veränderungen von Institutionen auf Systemwandel und -stabilität, aber auch auf Mentalitäten und Wertvorstellungen zu bestimmen. Erklärungen des Institutionenwandels aus diesem Blickwinkel setzen beim Sozialwissenschaftler die Bereitschaft voraus, die Inspirationsfunktion der Geschichte zu nutzen. Der durch die Rückschau belehrte Blick auf Institutionen zeigt, daß es sich nicht nur um Regelsysteme handelt, die der Herstellung und Durchführung verbindlicher Entscheidungen für die gesamte Gesellschaft dienen, sondern daß um eben diese gesamtgesellschaftliche Bedeutung gestritten und gerungen wird und daß sich erst in dieser Auseinandersetzung die Kontinuität einstellt, die Verhaltensstabilisierung bewirkt.

Politische Institutionen erklären sich erst *nach* der Lösung von Deutungskonflikten „aus sich selbst". Sie stellen sich zwar oft als symbolisch vermittelt dar und gelten gerade deshalb als gesellschaftlich verwurzelt. Darauf gründen sie ihren Anspruch und ihre Funktion, zur Ausrichtung, Formierung und Orientierung einer Gesellschaft über Zäsuren und Brüche hinweg beizutragen. Aber auch Symbole werden erst nach Auseinandersetzungen akzeptiert, und dies erst dann, wenn es gelungen ist, sie über Epochenbrüche hinweg zu variieren, zu deuten und zu retten. Die ständige, in Konflikten durchgesetzte Deutung begleitet die intersubjektive Geltung von Bildern des Bürgers und seiner Eigenschaften, des Amtsträgers und seiner Funktionen, der Rolle von Parteien, Verbänden, Medien und Regierungseinrichtungen im öffentlichen Prozeß. Erst *akzeptabel gemachte* Deutungen verbinden politische und soziale Institutionen über Systembrüche hinweg. Erst so werden Institutionen zu jenen „relativ auf Dauer gestellten, durch Verinnerlichung verfestigten Verhaltensmustern und Sinngebilden", die auch außerhalb des politischen Rahmens regulierende und orientierende Funktionen ausüben.

M. Rainer Lepsius hat in seinem Beitrag für diesen Band deutlich gemacht, daß Institutionen immer umstritten und umkämpft sind. Sie verkörpern Orientierungs- und Deutungsansprüche, aber nicht widerspruchslos. Diese Erkenntnis bestätigt auch mein Rückblick auf die deutsche Geschichte der letzten einhundert Jahre: Die historische Forschung öffnet den Blick für die lebhaften und nachwirkenden Konflikte, die sich hinter der erreichten Stabilität von Institutionen verbergen, um nicht selten in Umbruchsituationen erneut aufzubrechen. Was die systematische Sozialwissenschaft als „De- und Reinstitutionalisierung" bezeichnet, ist in Wirklichkeit ein dramatischer Prozeß ohne einen definitiven Endpunkt. Versteinerte Konflikte lassen sich aus den Auseinandersetzungen zwischen den Trägern von Institutionen, aber auch aus der Bemühung um konflikthaft durchzusetzende Deutungsinhalte der Institutionen heraus oftmals leicht aktualisieren. Dies erklärt, weshalb sich politische Kontrahenten in ihren Auseinandersetzungen immer wieder auf zeitgeschichtliche Erfahrungen berufen. In dem Prozeß kontroverser Deutung von Institutionen wird nach Umbrüchen in stets neuer Konstellation jener sonderbare „Gehorsamswille" mobilisiert, der trotz politischer Konflikte, gesellschaftlicher Widersprüche und individueller Gegensätze die labile Stabilität einer Gesellschaft im Wandel ermöglicht.

*Dieter Fuchs*

# Wohin geht der Wandel der demokratischen Institutionen in Deutschland?

## Die Entwicklung der Demokratievorstellungen der Deutschen seit ihrer Vereinigung

## *I. Fragestellung*

Die Konstruktion und das Operieren politischer Institutionen sind seit Aristoteles klassische Fragestellungen der politischen Wissenschaft. Als in den ersten Jahrzehnten nach dem zweiten Weltkrieg die großen Theorieansätze, wie der Strukturfunktionalismus, der Marxismus und der Behavioralismus, die wissenschaftliche Diskussion dominierten, gehörten Institutionenanalysen nicht mehr zu dem „mainstream" politologischer Forschung. Bei der reduktionistischen Vorgehensweise dieser Theorieansätze wurden politische Institutionen nur noch als Ausdruck oder Konsequenz fundamentaler sozialer, ökonomischer und kultureller Faktoren ohne einen eigenständigen Erklärungswert verstanden (Rothstein 1996, S. 139).

Seit Beginn der achtziger Jahre änderte sich jedoch diese Sachlage und Institutionen wurden als Forschungsgegenstand gewissermaßen wiederentdeckt. Dafür waren zunächst einmal wissenschaftsinterne Gründe maßgeblich. Zum einen stieß die Erklärungskraft der reduktionistischen Ansätze an eine Grenze, und zum anderen konnte in vielen Studien gezeigt werden, daß institutionelle Variationen eigenständige Erklärungseffekte für relevante politische Phänomene haben.

Diese „rediscovery" von Institutionen (March/Olsen 1989) wurde dann am Ende der achtziger Jahre durch wissenschaftsexterne Ereignisse noch einmal forciert. Die durch den Zusammenbruch der staatssozialistischen Systeme in Mittel- und Osteuropa bewirkte Zeitenwende hatte zwei relativ unmittelbare Folgen für die Diskussion über *demokratische* Institutionen. Erstens stellte sich für die Länder Mittel- und Osteuropas die Frage nach dem „constitutional engineering" (Sartori 1994), d.h. der angemessenen Konstruktion demokratischer Institutionen. Zweitens wurden in den westlichen Demokratien nach dem Wegfall der Systemkonkurrenz wieder relative Unterschiede zwischen den einzelnen Demokratien Gegenstand des Interesses. Die Frage ist seitdem nicht mehr die Alternative zwischen Demokratie und Diktatur, sondern die Leistungsfähigkeit unterschiedlicher Varianten von Demokratie. Demokratie als solche ist zumindest in den westlichen Ländern bis auf unabsehbare Zeit alternativlos.

Der Bezugspunkt unseres Beitrages zur Analyse politischer Institutionen ist der *Wandel* der demokratischen Institutionen im vereinigten Deutschland. Genauer gesagt, wird nach der *Richtung* dieses Wandels gefragt. Das macht aber nur dann Sinn, wenn man einen solchen Wandel grundsätzlich für möglich hält. Da zumindest die frühere Bundesrepublik eine äußerst erfolgreiche Demokratie war, ist das jedoch erklärungsbedürftig. Nach ihrer Gründung im Jahre 1949 entwickelte sich die Bundesrepublik im Laufe der nachfolgenden Jahrzehnte zu einer der wohlhabendsten Gesellschaften der Welt, und ihre demokratische Herrschaftsordnung wurde von den Bürgern – auch im Vergleich zu den etablierten westlichen Demokratien – in einem überdurchschnittlich hohen Maße akzeptiert (Fuchs et al. 1995).

In den meisten westlichen Demokratien und auch in der Bundesrepublik gab es in den achtziger Jahren bereits eine Diskussion über eine „Herausforderung" der liberalen Demokratien (Dalton/Küchler 1990), die nur durch institutionellen Wandel zu bewältigen sei. Diese Herausforderung sollte in der strukturellen Unfähigkeit bestehen, die zugenommenen postmaterialistischen Werteprioritäten und die stärkeren politischen Beteiligungswünsche der Bürger ausreichend zu berücksichtigen. Wie vergleichende Längsschnittstudien aber zeigen, war diese Herausforderungshypothese empirisch nicht haltbar (Kaase/Newton 1995; Klingemann/Fuchs 1995). Die meisten westeuropäischen Demokratien waren durch Wandlungsprozesse *unterhalb* der Schwelle der institutionellen Ordnung in der Lage, sehr erfolgreich auf soziale Veränderungen zu reagieren. Die Frage bleibt also offen, wieso die Möglichkeit eines institutionellen Wandels eingeräumt werden soll.

Institutioneller Wandel ist aus unterschiedlichen Gründen möglich. Da ist erstens die Internationalisierung der Politik zu nennen. Die zunehmende Verlagerung von Entscheidungskompetenzen auf supranationale Institutionen könnte zu einem Anpassungsdruck der nationalen Institutionen in den einzelnen Ländern an diesen Strukturwandel führen oder wie Dahl (1989) sagt, zu einer dritten demokratischen Transformation (siehe dazu auch Held 1993). Zweitens könnte die Verschiebung der Problemagenda der modernen Gesellschaften, die seit dem Ende der achtziger Jahre zu beobachten ist – Verschärfung der globalen ökonomischen Konkurrenz, Immigrationsbewegungen in die entwickelten Gesellschaften etc. – die Frage aufwerfen, ob die Institutionen der existierenden liberalen Demokratien noch hinreichend effizient sind, um derartigen Problemen gewachsen zu sein.

Diese beiden Möglichkeiten, die alle modernen Demokratien betreffen, stellen für unsere Analyseperspektive – die Demokratievorstellungen der Bürger – aber lediglich Randbedingungen dar. Wir gehen dabei von der weitgehend akzeptierten Prämisse aus, daß die Stabilität eines demokratischen Institutionengefüges wesentlich davon abhängt, daß dieses mit den normativen Vorstellungen der Bürger übereinstimmt oder zumindest verträglich ist. Wenn eine Diskrepanz zwischen institutionell Gegebenem und normativ Gewünschtem entsteht, dann bedeutet das zumindest einen latenten Anpassungsdruck der institutionellen Wirklichkeit an das normativ Präferierte. Damit ein solcher latenter Anpassungsdruck auch praktisch wirksam werden kann, muß die Institutionalisierung einer anderen Demokratie als der bestehenden allererst zu einem Thema der politischen Auseinandersetzungen gemacht werden. Dieser weitergehende Aspekt wird lediglich im Schlußabschnitt noch einmal aufgegriffen. Im Mittelpunkt unserer Analyse steht die vorgelagerte Fragestellung, ob es bei den Bürgern des vereinigten Deutschlands Demokratievorstellungen gibt, die zu einem solchen latenten Anpassungsdruck führen können.

Es wurde bereits festgestellt, daß eine solche Annahme für die frühere Bundesrepublik wenig plausibel wäre. Durch die Vereinigung wurden aber die Bürger der ehemaligen DDR Mitglieder der politischen Gemeinschaft der Deutschen, die auf diese Weise einen anderen Charakter bekam. In einer kürzlich fertiggestellten Arbeit konnte empirisch gezeigt werden, daß die Bürger der neuen Länder zwar grundsätzlich eine Demokratie wollen, daß ihre normativen Vorstellungen von Demokratie sich aber von der in der Bundesrepublik Deutschland institutionalisierten Demokratie beträchtlich unterscheiden (Fuchs 1996). Aufgrund ihrer Sozialisation in der DDR bevorzugt die Mehrheit der Bürger der neuen Länder ein Modell des demokratischen Sozialismus. Unter anderem aus diesem Grunde stehen sie der Demokratie der Bundesrepublik eher skeptisch gegenüber. Diese Analyse beschränkte sich aber hauptsächlich auf die Einstellungen der Bürger zur Demokratie kurz nach der deutschen Vereinigung. Ein zumindest latenter Druck auf einen institutionellen Wandel in Richtung eines demokratischen Sozialismus ist aber nur dann plausibel, wenn es sich um dauerhafte Einstellungen der politischen Gemeinschaft handelt. Den Schwerpunkt des nachfolgenden Beitrages bildet demzufolge die Analyse der *Entwicklung* der Einstellungen zur Demokratie der Bürger seit der deutschen Vereinigung.

Diese Analyse wird in folgenden Schritten durchgeführt. Wir beginnen mit der Explikation eines begrifflichen Rahmens. Dieser enthält eine Diskussion des Institutionenbegriffs, die Darstellung eines Ebenenmodells der Demokratie und eine Erläuterung von vier normativen Modellen der Demokratie. Daran schließt sich die empirische Analyse der Entwicklung der Einstellungen zur Demokratie seit der deutschen Vereinigung bis etwa zum Jahre 1995 an. Diese beginnt mit einer Spezifikation der Erwartungen. Am Anfang der einzelnen empirischen Abschnitte wird jeweils die Ausgangslage kurz nach der deutschen Vereinigung festgehalten. Abschließend wird die Frage erörtert, ob vor dem Hintergrund der präsentierten empirischen Ergebnisse plausiblerweise von einem Institutionenwandel ausgegangen werden kann und welcher Art dieser sein könnte.

## II. Begrifflicher Bezugsrahmen

### 1. Der Begriff der politischen Institution

Das erneuerte Interesse an politischen Institutionen führte zu einer theoretischen Debatte darüber, was Institutionen überhaupt seien (Crawford/Ostrom 1995, S. 582). Wie viele traditionelle und verbreitete sozialwissenschaftliche Begriffe teilt auch der Institutionenbegriff das Schicksal ganz unterschiedlicher Verständnisweisen und einer uneinheitlichen Verwendung. Ein sinnvoller Versuch, größere begriffliche Klarheit zu gewinnen, besteht darin, den Bedeutungskern der verschiedenen Institutionenkonzepte herauszuarbeiten und von daher mögliche Ergänzungen oder Differenzierungen vorzunehmen.

Den Kern des Institutionenbegriffs bilden nach allgemeiner Auffassung *Regeln*, die das Handeln von Individuen in Situationen so steuern, daß regelmäßige Interaktionsmuster entstehen und eine soziale Ordnung konstituieren (Parsons 1969, S. 126; March/Olsen 1989, S. 22; Göhler 1990, S. 12; Levi 1990, S. 405; Habermas 1992b, S. 106; Crawford/Ostrom 1995, S. 582; Mayntz/Scharpf 1995, S. 40; Rothstein 1996, S. 145).

Auf der Grundlage dieser Minimaldefinition, daß Institutionen aus Interaktionsregeln bestehen, brechen dann aber wieder Differenzen zwischen verschiedenen Forschern auf. Diese entzünden sich vor allem an der Frage, was die Regeln ausmachen bzw. was ihnen zuzurechnen sei. Diese Differenzen lassen sich grob in drei Richtungen klassifizieren.

Die erste Richtung kann durch einen *restriktiven* Institutionenbegriff charakterisiert werden. Nach diesem Verständnis bestehen Institutionen lediglich aus formalisierten Regeln, die durch Sanktionen stabilisiert werden (z.B. Levi 1990; Mayntz/Scharpf 1995). Das klassische Beispiel für solche formalisierten Regeln sind die Rechtsnormen von Verfassungen, die politische Institutionensysteme definieren. Gegenüber diesem restriktiven Institutionenbegriff wird eingewendet, daß er von der Wirklichkeit zu stark abstrahiere. Das Handeln von Akteuren in Situationen wird diesem Einwand gemäß nicht nur von formalisierten Regeln, sondern auch von gemeinsamen Wertorientierungen und von informellen Routinen und Gewohnheiten gesteuert (siehe dazu Rothstein 1996). Diese zweite Richtung kann demzufolge durch einen *umfassenden* Institutionenbegriff charakterisiert werden. Ein prominentes Beispiel dafür sind March und Olsen (1989, S. 22): „By 'rules' we mean the routines, procedures, conventions, roles, strategies or organizational forms, and technologies around which political activity is constructed. We also mean the beliefs, paradigms, codes, cultures, and knowledge that surround, support, elaborate, and contradict those roles and routines". Bei einem derartig umfassenden Verständnis stellt sich allerdings die Frage, ob es analytisch auch fruchtbar gemacht werden kann.

Die dritte Richtung kann durch einen *klassischen* Institutionenbegriff charakterisiert werden. Klassisch deshalb, weil er auf Max Weber zurückgeht und von Parsons im Rahmen seiner Gesellschaftstheorie weiter ausgearbeitet wurde. Auf diese Konzeptualisierung von Parsons stützt sich auch Habermas weitgehend. Bei diesem Ansatz wird die kulturelle Ebene bzw. die Ebene von Werten und die strukturelle Ebene bzw. die Ebene von Regeln zunächst einmal analytisch separiert und dann aufeinander bezogen. Wenn man verschiedene Äußerungen beider Autoren über ihr Institutionenverständnis betrachtet (Parsons 1969, S. 126, 1971, S. 8; Habermas 1992b, S. 90 f., 106; siehe dazu auch Elster 1987, S. 231), dann kann man diese in der folgenden Definition zusammenziehen: *Institutionen sind selektive Implementationen von kulturell anerkannten Werten in Form von verbindlichen Handlungsregeln für bestimmte Handlungskontexte.* Sowohl Parsons als auch Habermas greifen einen weiteren Aspekt auf, den sie zwar nicht als ein direktes Definitionselement von Institutionen postulieren, aber letztlich doch als maßgeblich für institutionalisiertes Handeln ansehen. Nach beiden Forschern kann die Handlungssteuerung der Akteure durch die implementierten Regeln nur dann wirklich gelingen, wenn die Werte und Normen, die in ihnen inkorporiert sind, auch von den Akteuren *internalisiert* sind und d.h., eigene Handlungsmotive der Akteure darstellen (Parsons 1969, S. 126, 1971, S. 9 f.; Habermas 1992, S. 91). Nach diesem klassischen Institutionenbegriff liegen Institutionen in einem unverkürzten Sinne also nur dann vor, wenn die Handlungsregeln durch kulturell anerkannte Werte legitimiert werden können und wenn diese Werte gleichzeitig von den individuellen Akteuren internalisiert sind. Derartige Institutionen sind dann zwangsläufig von hoher Wirksamkeit und Stabilität und stellen in der Tat die „backbones" (Parsons 1969, S. 126) von sozialen Ordnungen dar.

Unter den drei dargestellten Institutionenbegriffen scheint uns der als klassisch bezeichnete der theoretisch durchgearbeitetste und analytisch klarste zu sein. Wir knüpfen deshalb an ihn an und greifen die drei unterschiedenen Analysedimensionen auf: kulturelle Werte, Handlungs-Regeln und Regel-Konformität im faktischen Handeln der Akteure, die diesem Institutionenbegriff entsprechend, vor allem durch Internalisierung zustandekommt. Wenn aber bereits definitorisch Handlungs-Regeln mit *anerkannten* Werten verkoppelt werden, dann wird u.E. für bestimmte Fragestellungen eine eher hinderliche Verengung des Blickwinkels vorgenommen. Implementierte Handlungs-Regeln und anerkannte kulturelle Werte können, müssen aber nicht korrespondieren. Die Geschichte der Bundesrepublik Deutschland ist dafür ein instruktives Beispiel. Durch die Einführung des Grundgesetzes wurde im Jahre 1949 eine demokratische Herrschaftsordnung verbindlich implementiert. In den ersten Jahren nach diesem Zeitpunkt war es durchaus eine offene Frage, ob die Werte und Normen, die diesem Grundgesetz zugrundeliegen und durch die das Grundgesetz legitimiert werden kann, von den Bürgern auch akzeptiert oder sogar internalisiert werden. Eine vergleichbare Sachlage bestand auch in einer Reihe von Ländern in Mittel- und Osteuropa nach dem Zerfall der sozialistischen Gesellschaftsordnung und der Einführung von Demokratie und Marktwirtschaft. Eine andere Möglichkeit des Verhältnisses von Werten und Regeln ist die Entwicklung von einer Konsonanz zu einer Dissonanz, weil sich die Werteprioritäten der Bürger – beispielsweise als Folge gesellschaftlicher Wandlungsprozesse – verändern. Die Relation von Werten und Regeln ist also variabel, und es ist eine empirische Frage, ob und inwieweit eine Konsonanz oder eine Dissonanz vorliegt. Wenn man diese Behauptung akzeptiert, dann gibt es aus der Perspektive der erörterten Institutionenbegriffe nur zwei Möglichkeiten. Die erste besteht darin, wieder den restriktiven Institutionenbegriff heranzuziehen und Institutionen synonym mit Regeln zu setzen, so daß man im Grunde des Institutionenbegriffs nicht mehr bedarf, da der Regelbegriff der präzisere ist. Die zweite besteht darin, den Institutionenbegriff für die Teilmenge von Regel-Strukturen zu reservieren, die tatsächlich als eine Implementation anerkannter Werte verstanden werden können. Da letzteres aber erst am Ende einer Analyse festgestellt werden kann, muß die Analyse selbst durch Begriffe geleitet werden, die den der Institution vermeiden. Diese Begriffe werden in dem nachfolgenden Abschnitt über ein sogenanntes Ebenenmodell der Demokratie eingeführt.

2. Ein Ebenenmodell der Demokratie

Das in Abbildung 1 dargestellte Ebenenmodell der Demokratie (s. dazu auch Fuchs 1996) ordnet die drei Analysedimensionen, die im Rahmen des klassischen Institutionenbegriffs unterschieden werden, hierarchisch. Außerdem werden bestimmte Einflußbeziehungen zwischen den Ebenen postuliert.

*Abbildung 1:* Objektebenen der Demokratie

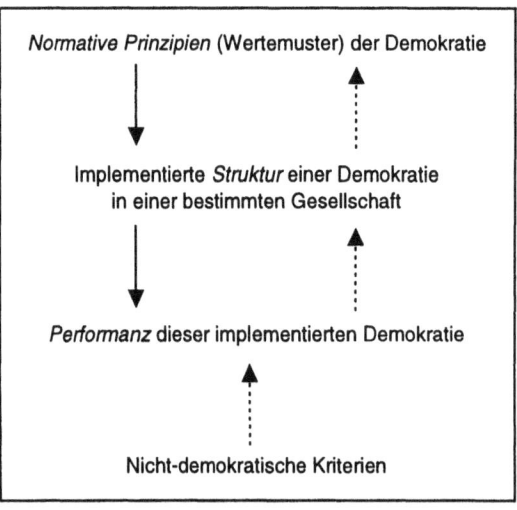

Den Fokus dieses Modells bildet die mittlere Ebene, die als „implementierte Struktur einer Demokratie in einer bestimmten Gesellschaft" bezeichnet wird. In modernen Demokratien erfolgt diese Implementation durch die über die Verfassung – oder über funktionale Äquivalente – erfolgende rechtliche Kodifizierung. Erst infolge dieser rechtlichen Kodifizierung und der mit ihr verbundenen Sanktionsgewalt bei Regelverletzung kann Demokratie als Herrschaftsordnung eingerichtet werden und für das Handeln der politischen Akteure Verbindlichkeit gewinnen. Die implementierte Struktur bildet also die „constraints" für die „choices" der Akteure bei ihrem Handeln. Der bewußte Eingriff zur Veränderung einer bestehenden Demokratie oder die Einführung einer neuen Demokratie – das „constitutional engineering" – kann und muß auf dieser Ebene erfolgen, und das ist einer der Gründe, warum der Fokus des Modells auf dieser mittleren Ebene liegt.

Im vorangehenden Abschnitt wurde diese mittlere Ebene mit dem *Regel*-Begriff gekennzeichnet. Aus zwei Gründen haben wir ihn durch den *Struktur*-Begriff ersetzt. Erstens enthält die Verfassung unterschiedliche Elemente – neben Verfahrens-Regeln auch Rollen-Normen, Rollen-Verknüpfungen und normative Prinzipien (Grundrechte) – die mit dem übergeordneten Strukturbegriff erfaßt werden können. Zweitens weist der Strukturbegriff, der der Systemtheorie entnommen ist, darauf hin, daß eine bestimmte Demokratie nicht nur aus einer Ansammlung von einzelnen Regeln, Rollen und ähnlichem, sondern aus spezifischen Konfigurationen dieser Elemente besteht und eine eindeutige Grenze gegenüber der nicht dazugehörigen Umwelt aufweist. Erst auf diese Weise gewinnt eine Demokratie eine bestimmbare Identität.

Diese Struktur steuert die Handlungen der politischen Akteure, die auf der untersten Ebene lokalisiert sind. Diese Ebene wird mit „Performanz dieser implementierten Demokratie" bezeichnet, weil die Ergebnisse der Handlungen der politischen Akteure unter verschiedenen Gesichtspunkten beurteilt und zusammengenommen dem demokratischen System zugerechnet werden können. Eine Differenz zwischen Struktur- und Performanzebene ergibt sich u.a. deshalb, weil die Struktur das faktische Handeln nur mehr oder weniger stark determiniert und es eine wesentliche Frage für die Qualität einer Demokratie ist, inwieweit sie das tatsächlich tut. Ein gutes Beispiel für systematische Regelverletzungen der politischen Akteure sind die andauernden Korruptionsfälle in der politischen Elite Italiens und Belgiens.

Die wichtigsten Bewertungskriterien für die Wirklichkeit der Demokratie in einem Land bzw. für die demokratische Performanz dieser Demokratie sind – oder sollten zumindest sein – die geltenden demokratischen Werte und Normen selber. Tatsächlich sind aber auch andere Bewertungskriterien wirksam, wie z.B. wirtschaftliche Effizienz, sozialstaatliche Leistungen etc. Diese werden in der Abbildung 1 als „nicht-demokratische Kriterien" bezeichnet. Der Grad der Konsolidierung einer Demokratie kann daran gemessen werden, wie stark sich die Bewertung ihrer demokratischen Performanz von derartigen nicht-demokratischen

Kriterien abgekoppelt hat und lediglich auf der Grundlage von originär demokratischen Werten und Normen erfolgt. Die demokratischen Werte und Normen konstituieren die oberste Objektebene der Demokratie und werden in Abbildung 1 als „normative Prinzipien (Wertemuster) der Demokratie" bezeichnet. Im Idealfall sind es die in der Verfassung enthaltenen Werte und Normen, die von den Bürgern akzeptiert und internalisiert sind und die dementsprechend auch als Bewertungsmaßstab der implementierten Demokratie genommen werden. In einem solchen Idealfall würde eine ausgeprägte Konsonanz zwischen Werte- und Strukturebene vorliegen. Es ist aber durchaus möglich, daß die Bürger oder relevante Anteile der Bürger andere normative Prinzipien der Demokratie präferieren als diejenigen, die in der Struktur einer bestehenden Demokratie implementiert sind. Und genau das ist die Annahme, die zumindest für die Bürger der neuen Länder in unserer Analyse gemacht wird. Wenn in diesem Sinne die normative Ebene mit der Strukturebene dissonant ist, dann kann auch der Legitimationsfluß von oben nach unten nicht funktionieren.

Dieser Legitimationsfluß von oben nach unten ist in der Abbildung 1 mit durchgezogenen Pfeilen dargestellt worden. Diese Pfeile können natürlich auch „negative" Effekte von oben nach unten bedeuten. Wenn die normativen Prinzipien nicht mit der implementierten Struktur übereinstimmen, dann geht von der normativen Ebene auch ein negativer Bewertungseffekt auf die Strukturebene aus, und wenn die Strukturebene kritisch beurteilt wird, dann ist von daher ein negativer Effekt auf die Bewertung der Performanz der Demokratie erwartbar.

Die durchbrochenen Pfeile markieren Rückkopplungseffekte von unten nach oben. Wenn die Bürger mit der Wirklichkeit der Demokratie andauernd positive Erfahrungen machen – die Frage, auf welcher Basis derartige positive Erfahrungen erfolgen, soll hier vernachlässigt werden –, dann können sich längerfristig auch positive Transfereffekte auf die höheren Ebenen der Demokratie einstellen. Genauso wie bei den Einflußbeziehungen von oben nach unten können diese Effekte von unten nach oben natürlich auch negativer Art sein. Der denkbar schlechteste Fall für die Stabilität einer implementierten Demokratie wäre eine verbreitete Nicht-Akzeptanz der sie legitimierenden normativen Prinzipien und eine ausgeprägte Unzufriedenheit mit der Performanz dieser implementierten Demokratie. Eine derartige Situation war in Deutschland vermutlich in der Weimarer Republik gegeben, die konsequenterweise dann auch zusammenbrach.

Im Unterschied zur Weimarer Republik und auch zum Anfang der Bundesrepublik Deutschland ist unsere Annahme für die Bürger der neuen Länder aber nicht eine mangelnde Akzeptanz demokratischer Prinzipien überhaupt, sondern die Bevorzugung eines anderen demokratischen Modells als das, das in der Bundesrepublik implementiert ist.

## 3. Normative Modelle der Demokratie

Wenn die Frage analysiert werden soll, welchen Typus von Demokratie die Bürger eines Landes – unangesehen der in diesem Lande implementierten Demokratie – grundsätzlich präferieren, dann impliziert das zweierlei. Erstens müssen die relevanten Typen theoretisch bestimmt und voneinander abgegrenzt werden. Zweitens sollten zumindest für einige der Elemente, mit denen diese Typen bestimmt werden, auch Einstellungsdaten vorliegen.

Unter diesen beiden Perspektiven wurden an anderer Stelle (Fuchs 1996) vier normative Modelle der Demokratie unterschieden. Die Idee einer Unterscheidung von normativen Modellen der Demokratie und einer Beschreibung nach verschiedenen Merkmalsdimensionen stammt von Habermas (1992a). Einige der in der Tabelle 1 enthaltenen Merkmalsdimensionen sind von ihm übernommen worden. Zur genaueren Beschreibung dieser Modelle verweisen wir auf die erwähnte Publikation (Fuchs 1996). An dieser Stelle sollen nur noch einmal die wichtigsten Aspekte festgehalten werden.

Alle vier Modelle sind aus der zeitgenössischen demokratietheoretischen Diskussion extrahiert worden. Da es sich in allen Fällen um Modelle einer Demokratie handelt, muß jedes Modell auch gleichermaßen Merkmale aufweisen, die es *als* Demokratie kennzeichnet. Diese werden in Anknüpfung an Bobbio (1987) und Dahl (1989) bestimmt und als die *minimalen* Merkmale einer Demokratie bezeichnet (in der Tabelle 1 sind sie kursiv gedruckt). Diese minimalen Merkmale bestehen vor allem in den liberalen Grundrechten, in einem pluralistischen Parteienwettbewerb mit periodischen Wahlen und im Rechtsstaat.

Die Unterschiede zwischen den Modellen, die sich auf der Grundlage zusätzlicher Merkmale zu diesen minimalen ergeben, lassen sich am ehesten durch die Gegenüberstellung der beiden Modelle darstellen, die am stärksten kontrastieren: dem libertären Modell und dem Modell des demokratischen Sozialismus. Nach dem *libertären Modell* können und sollen die Individuen ihre Handlungsziele primär im Rahmen einer marktwirtschaftlich organisierten Gesellschaft verfolgen. Der (demokratische) Staat wird ausdrücklich als ein minimaler Staat begriffen, der lediglich die Funktion hat, die Rahmenbedingungen für die Austauschprozesse zwischen den autonomen Marktsubjekten zu gewährleisten. Irgendein vom Staat herzustellendes Gemeinwohl und d.h., irgendeine Umverteilung gesellschaftlicher Ressourcen ist nach diesem Modell illegitim. Da die für die Individuen wichtigen Handlungsziele in den Austauschprozessen des Marktes realisiert werden, ist eine politische Beteiligung über die periodischen Wahlen hinaus keine relevante Aktivität.

Nach dem *Modell des demokratischen Sozialismus* ist die Institutionalisierung und Realisierung von Gerechtigkeit die oberste Maxime staatlicher Organisation und staatlichen Handelns. Gerechtigkeit wird dabei unter Bezugnahme auf einen starken und d.h., egalitären Gleichheitsbegriff interpretiert, der im Zweifelsfalle

*Tabelle 1:* Normative Modelle der Demokratie (schematische Beschreibung)[a]

|  | Libertäres Modell | Liberales Modell | Modell des demokratischen Sozialismus | Republikanisches Modell |
|---|---|---|---|---|
| Grundrechtsverständnis | *Liberale Grundrechte* – | *Liberale Grundrechte* – | *Liberale Grundrechte* Soziale Grundrechte | *Liberale Grundrechte* – |
| Parteiensystem | *Pluralistischer Parteienwettbewerb Periodische, freie, gleiche und geheime Wahlen* | *Pluralistischer Parteienwettbewerb Periodische, freie, gleiche und geheime Wahlen* | *Pluralistischer Parteienwettbewerb Periodische, freie, gleiche und geheime Wahlen* | *Pluralistischer Parteienwettbewerb Periodische, freie, gleiche und geheime Wahlen* |
| Form der Willensbildung | *Repräsentative Willensbildung* – | *Repräsentative Willensbildung* – | *Repräsentative Willensbildung* Umfassende, direkte Bürgerbeteiligung | *Repräsentative Willensbildung* Umfassende, direkte Bürgerbeteiligung |
| Ziel der Willensbildung | *Ausgleich der Individualinteressen* – | *Ausgleich der Individualinteressen* Gerechte Versorgung mit gesellschaftlichen Grundgütern | *Ausgleich der Individualinteressen* Gerechte Verteilung aller gesellschaftlichen Ressourcen (starker Gleichheitsbegriff) | *Ausgleich der Individualinteressen* Authentischer Gemeinwille (Explikation einer gemeinsamen kulturellen Tradition) |
| Staatsverständnis | *Rechtsstaat* Hüter einer Wirtschaftsgesellschaft | *Rechtsstaat* Institutionalisierung gerechter Prinzipien | *Rechtsstaat* Institutionalisierung gerechter Prinzipien (starker Gleichheitsbegriff) | *Rechtsstaat* Ausdruck kollektiver Selbstregierung |
| Umfang der Staatstätigkeit | Minimaler Staat | Redistributiver Staat | Redistributiver Staat | Redistributiver Staat |
| Organisation der Staatsmacht | *Gewaltenteilung* Dezentraler Staat | *Gewaltenteilung* Zentraler Staat | *Gewaltenteilung* Zentraler Staat | *Gewaltenteilung* Dezentraler Staat |
| Differenzierung von Staat und Wirtschaft | Freier Markt Privateigentum | Freier Markt Privateigentum | Gesteuerter Markt Privateigentum und öffentliches Eigentum | Freier Markt Privateigentum und öffentliches Eigentum |

a) Die gemeinsamen Elemente aller vier Modelle – die minimalen Merkmale einer Demokratie unter Bedingungen hoher gesellschaftlicher Komplexität – sind kursiv gesetzt.

der individuellen Freiheit übergeordnet wird. Praktisch drückt sich diese Gerechtigkeitsmaxime in der Implementation sozialer Grundrechte in der Verfassung und in der Errichtung eines ausgeprägten Wohlfahrtsstaates aus. Ein traditionelles Kernelement des Modells des demokratischen Sozialismus ist eine direkte Beteiligung der Bürger an den Entscheidungsprozessen in möglichst vielen gesellschaftlichen Bereichen. Wenn nach dem Modell des demokratischen Sozialismus die ungesteuerten Marktprozesse die Hauptursache für die systematische Erzeugung von gesellschaftlicher Ungleichheit und für eine systematische Unterversorgung mit Grundgütern (wie z.B. Wohnungen, Arbeitsplätze etc.) sind, dann sind eine staatliche Steuerung des Marktes und eine Ergänzung des Privateigentums durch öffentliches Eigentum ein programmatisches Gebot.

Vor dem Hintergrund dieser theoretisch unterschiedenen normativen Modelle der Demokratie können die Ergebnisse der empirischen Analyse der Einstellungen der Bürger zu einzelnen normativen Prinzipien der Demokratie erst sinnvoll interpretiert werden.

## III. Die Entwicklung der Einstellungen zur Demokratie im vereinigten Deutschland

1. Erwartungen an die empirische Analyse[1]

a) Das Erbe des Sozialismus

In vielen Ländern Mittel- und Osteuropas konnte kurz nach dem Übergang von den staatssozialistischen Systemen zu liberalen Demokratien empirisch eine hohe Zustimmung der Bürger zur Demokratie als Herrschaftsordnung und zu einzelnen demokratischen Prinzipien festgestellt werden. Als die wichtigste Ursache wird von vielen Forschern die Attraktivität der in den westlichen Ländern existierenden Demokratien im Vergleich zu der eigenen Gesellschaftsordnung angesehen. Da dieser Vergleich nicht auf eigenen Erfahrungen, sondern nur auf Informationen beruhen kann, die über die Massenmedien und über Primärkontakte vermittelt wurden, wird dieser Faktor als indirekter „demonstration effect" (Weil 1993) oder als „outside learning model" (Roller 1994) bezeichnet.

Die Frage ist, wie dieses allgemeine Modell auf die Bürger der ehemaligen DDR kurz nach der deutschen Vereinigung angewendet werden kann. Zunächst einmal muß angenommen werden, daß der Demonstrationseffekt bzw. das *systemexterne Lernen*, das von vergleichsweise erfolgreicheren Systemen ausgeht, in besonderer Weise für die ehemalige DDR veranschlagt werden kann. Die meisten Bürger der DDR haben das Westfernsehen empfangen, und es hat recht umfangreiche Verwandtschaftskontakte gegeben. Von daher gesehen muß eine hohe Unterstützung der Bürger der ehemaligen DDR für die Demokratie erwartet werden (Weil 1996). Dieser Schlußfolgerung schließen wir uns an, aber sie läßt eine wesentliche Frage offen: Auf *welche Demokratie* bezieht sich diese grundsätzliche

---

1 Ich möchte dem „Institut für Demoskopie Allensbach" und insbesondere Elisabeth Noelle-Neumann und Markus Küppers für die großzügige Bereitstellung von Daten danken.

Akzeptanz? Um diese Frage beantworten zu können, sind zusätzliche Überlegungen notwendig. Der gleiche relativ dichte Informationsstrom, der vom Westen in den Osten verlief, vermittelte für die Bürger der DDR nicht nur positive Aspekte der Bundesrepublik, sondern auch solche Sachverhalte wie Arbeitslosigkeit, Knappheit an Wohnungen bei gleichzeitig relativ hohen Mieten, stärkere Ungleichheiten in der Verteilung gesellschaftlichen Reichtums, etc. Genau derartige Aspekte wurden in der Propaganda der DDR aufgegriffen, und auf einige dieser Aspekte konzentrierte sich auch die praktische Politik der DDR, so daß diese Propaganda eine gewisse Erfahrungsbasis hatte. Es gab also auch ein *systeminternes Lernen*, das letztlich zwar nicht zu einer Unterstützung der Gesellschaftsordnung der DDR führte, aber doch gewisse Werte- und Politikprioritäten bei den Bürgern der DDR verankerte. Die Sozialisationsanstrengungen des DDR-Regimes waren demnach nicht gänzlich erfolglos (siehe dazu auch Noelle-Neumann 1991; Dalton 1994; Rohrschneider 1994; Westle 1994; Roller 1996).

Wie können diese verschiedenen Faktoren zu relativ einfachen Schlußfolgerungen für die Einstellungen der Bürger der ehemaligen DDR kurz nach der deutschen Vereinigung gebündelt werden? Diese Bündelung kann in zwei Richtungen erfolgen: in Richtung auf den Sozialismus der DDR (Vergangenheitsbezug) und in Richtung auf die Demokratie der BRD (Gegenwarts- und Zukunftsbezug). Wir verdichten das in den drei folgenden Hypothesen:

1. Der Sozialismus der DDR wird abgelehnt, aber die Idee des Sozialismus weiter akzeptiert. Die Quelle dieser Akzeptanz sind vor allem egalitäre Wertorientierungen, umfassende Bürgerbeteiligung und soziale Absicherung.
2. Die Demokratie wird grundsätzlich akzeptiert, aber es wird ein anderes Modell von Demokratie präferiert als das in der Bundesrepublik implementierte. Dieses Modell enthält die als positiv angesehenen Elemente des Sozialismus (siehe Hypothese 1). Als Bezeichnung dieses Modells kann „demokratischer Sozialismus" oder anders gewendet auch „sozialistische Demokratie" gewählt werden.
3. Sozialismus und Demokratie werden auf der ideellen Ebene nicht als ein Gegensatzpaar begriffen, sondern als miteinander verträglich angesehen.

Das Erbe des Sozialismus der DDR für die Demokratie der Bundesrepublik Deutschland besteht also darin, daß durch die Sozialisation in der DDR bestimmte Werte bei ihren Bürgern verankert wurden, die sich systematisch auf die Selektion eines bestimmten normativen Demokratiemodells auswirkt, das als eines der (legitimen) Modelle in der westlichen demokratietheoretischen Diskussion erörtert wird. Daß beide Varianten dieses Modells – eine Realisierung eines „wirklichen" und d.h. demokratischen Sozialismus und eine Realisierung einer „besseren" Demokratie und d.h. einer sozialistischen Demokratie – bislang noch nirgendwo implementiert werden konnten und somit tatsächlich nur Modelle sein können, deutet auf eine gewisse Realitätsferne hin. Dennoch können auch solche eher realitätsfernen Werteorientierungen eine praktische Bedeutung gewinnen, wenn sie als Bewertungsstandards an tatsächlich existierende Demokratien angelegt werden. Was die Bürger der neuen Länder betrifft, unterstellen wir, daß das in der Bundesrepublik mehr oder weniger ausgeprägt der Fall ist.

Diese drei Hypothesen zu den Einstellungen der Bürger der neuen Länder zur Demokratie kurz nach der deutschen Vereinigung konnten empirisch weitgehend bestätigt werden (Fuchs 1996). Die wichtigsten empirischen Ergebnisse dieser Studie werden auch in der nachfolgenden Analyse noch einmal dargestellt. Den Analyseschwerpunkt soll allerdings die *Entwicklung* der Einstellungen zur Demokratie ab diesem Zeitpunkt bilden. Wir diskutieren deshalb einige Faktoren, die für diese Entwicklung bedeutsam sein könnten.

b) Determinanten der Entwicklung der Einstellungen zur Demokratie

Aus unserer bisherigen Argumentation kann eine wichtige Determinante für die Entwicklung der Einstellungen zur Demokratie bereits deduziert werden. Wenn erstens die Bevorzugung eines Modells des demokratischen Sozialismus und zweitens die skeptische Einstellung zur Demokratie der Bundesrepublik eine Folge der Verankerung bestimmter sozialistischer Werte durch die Sozialisation im DDR-Regime ist, dann kann auch eine gewisse zeitliche Konstanz dieser Einstellungen erwartet werden. Selbst wenn von den neuen Institutionen der Demokratie der Bundesrepublik ein gegenläufiger Sozialisationseffekt ausgehen würde, könnte dieser sich nur längerfristig bemerkbar machen.

Diese Sozialisationseffekte bilden gewissermaßen die Basislinie, die durch weitere Faktoren modifiziert werden kann. Zwei der wichtigsten weiteren Faktoren sind erstens die Erfahrungen der Bürger mit dem Funktionieren der institutionellen Mechanismen der Demokratie der Bundesrepublik und zweitens die Fähigkeit der Entscheidungsträger zur Lösung bestimmter gesellschaftlicher Probleme und zur Realisierung bestimmter politischer Ziele. Der erste Faktor kann „institutional performance" (Fuchs/Roller 1994) oder „opposition structure" (Weil 1993, 1994) genannt werden. In diesen Faktor fließen die faktische Gewährleistung von Grundrechten, rechtsstaatliche Vorgehensweisen im Justizbereich und das Funktionieren des Regierungs-/Oppositions-Mechanismus ein. Der zweite Faktor ist ein Performanzfaktor, der die beiden Aspekte der „governmental performance" und der „economic performance" enthält (Fuchs/Roller 1994). Die beiden erläuterten Faktoren zusammengenommen prägen dann die generalisierten Einstellungen der Bürger zur „Performanz der Demokratie" der Bundesrepublik (siehe Abbildung 1). Diese Performanzeinschätzung hat nach dem Ebenenmodell der Demokratie positive oder negative Rückkopplungseffekte auf die Einstellung zur verfassungsmäßig implementierten Demokratie der Bundesrepublik und zu den normativen Prinzipien dieser Demokratie.

Weil (1996) führt eine weitere Determinante ein, die er „historical preferences" nennt: Je geringer die Nostalgie für das alte staatssozialistische Regime ist, desto größer die Wahrscheinlichkeit, daß die existierende Demokratie und die in ihr verkörperten Werte und Normen akzeptiert werden. Diese Determinante ist plausibel, sie dürfte allerdings relativ eng mit dem bereits diskutierten Sozialisationsfaktor und mit der wahrgenommenen Performanz der Demokratie kovariieren, so daß der eigenständige Effekt dieses Faktors praktisch nur schwierig separiert werden kann.

Aus diesen Determinanten können keine präzisen Hypothesen über die Entwicklung der Einstellungen zur Demokratie bei den Bürgern der neuen Länder abgeleitet werden, weil das Zusammenwirken der verschiedenen Faktoren und die Perzeption dieser Faktoren durch die Bürger nicht vorab theoretisch bestimmt werden kann. Wir müssen uns deshalb auf einige Plausibilitätsvermutungen beschränken. Wenn unsere Sozialisationshypothese zutrifft, dann müßten die Einstellungen zur Demokratie zumindest auf den beiden oberen Ebenen des Ebenenmodells in dem relativ kurzen Zeitraum von 1990 bis 1995 ziemlich konstant sein. Da die ökonomische Entwicklung seit 1990 eher von einer Rezession – die nur von einer kurzen Aufschwungphase unterbrochen wurde – gekennzeichnet war, dürften von der Performanzebene zunächst keine positiven Rückkopplungseffekte ausgegangen sein. Die Erfahrungen mit dem Funktionieren der institutionellen Mechanismen der Demokratie im Sinne der rechtsstaatlichen Verfahrensweisen und der Gewährleistung der Grundrechte könnten positive Effekte gehabt haben. Diesbezüglich müssen aber zwei Einschränkungen vorgenommen werden. Beides sind Merkmale jeder Demokratie und müssen deshalb nicht notwendigerweise der Demokratie der Bundesrepublik positiv zugerechnet werden. Zweitens hat ein wichtiger institutioneller Mechanismus zur Absorption von Unzufriedenheiten noch nicht gegriffen, und zwar der Austausch von Regierung und Opposition. Aber auch wenn dieser Austausch erfolgt wäre, dann könnten die erwarteten Effekte nur dann eintreten, wenn die existierenden Oppositionsparteien auch als angemessene Vertreter der eigenen Interessen wahrgenommen werden würden. Inwieweit das im Parteiensystem des vereinigten Deutschlands der Fall ist, ist eine andere Frage, der in dieser Analyse nicht weiter nachgegangen werden soll.

Insgesamt erwarten wir also auf der untersten Ebene der Performanz der Demokratie der Bundesrepublik keine positive Einstellungsentwicklung und deshalb auch keine positiven Rückkopplungseffekte auf die implementierte Struktur dieser Demokratie und auf das strukturäquivalente normative Demokratiemodell, das das liberale Modell oder eine Mischform eines libertär-liberalen Modells ist (siehe Fuchs 1996).

## 2. Sozialismus und Demokratie

### a) Sozialismus als Idee

Die empirische Analyse der Einstellungen der Bürger zur Demokratie folgt den in der Abbildung 1 unterschiedenen Objektebenen und geht von der obersten Ebene der normativen Prinzipien aus. Die zentrale These für die Bürger der ehemaligen DDR ist, daß sie ein Modell des demokratischen Sozialismus präferieren, weil sie in der DDR sozialisiert worden sind und durch diese Sozialisation bestimmte Werteorientierungen übernommen haben. Dennoch wurde der reale Sozialismus der DDR mit der Zustimmung der Mehrheit ihrer Bürger abgeschafft. Wie läßt sich diese negative Bewertung des real existierenden Sozialismus und der positiven Bewertung bestimmter sozialistischer Werteelemente kognitiv vereinbaren? Eine naheliegende kognitive Operation ist die Kontrastierung von Idee und Wirklichkeit. Auf einer ideellen Ebene wird Sozialismus als ein positives Prinzip angesehen, weil er bestimmte Werte enthält und grundsätzlich auch Freiheit ermöglicht, d.h. mit Demokratie verträglich ist. Diese im Sozialismus liegenden Möglichkeiten sind im realen Sozialismus der DDR eben nur schlecht verwirklicht worden. Die Ergebnisse der Tabelle 2 zeigen, daß von der Mehrheit der Bürger der neuen Länder kurz nach der deutschen Vereinigung genau diese kognitive Operation vorgenommen wurde.

Eine klare Mehrheit der Bürger der neuen Länder stimmt der Aussage zu, daß der „Sozialismus eine Idee ist, die nur schlecht ausgeführt wurde". In den alten Ländern äußern sich demgegenüber nur rund 1/3 zustimmend (siehe dazu auch Westle 1994 und Kaase 1995). Die Zustimmungsrate zu den beiden anderen Aussagen „es kann auch im Sozialismus genügend Freiheit geben" und „es kann auch im Sozialismus wirkliche Demokratie geben" bestätigen die Vermutung, daß in

*Tabelle 2:* Sozialismus als Idee, 1991

|  | Alte Länder | Neue Länder | Differenz Neue-Alte Länder |
|---|---|---|---|
|  | in Prozent[a] | | |
| Sozialismus ist eine gute Idee, die nur schlecht ausgeführt wurde. | 36 | 60 | +24 |
| Es kann auch im Sozialismus genügend Freiheit geben. | 31 | 50 | +19 |
| Es kann auch im Sozialismus wirkliche Demokratie geben. | 24 | 44 | +20 |

[a] Prozentanteile der Befragten, die der jeweiligen Aussage zustimmen (andere Antwortkategorien sind jeweils die Ablehnung der Aussage und unentschieden).
Quelle: Noelle-Neumann/Köcher (1993, S. 550, 553).

der Perzeption der Bürger der neuen Länder Sozialismus mit Freiheit und Demokratie zu vereinen ist. Daß im ersten Falle nur 50 Prozent und im zweiten Falle nur 44 Prozent der entsprechenden Aussage zustimmen, ist vermutlich auf die Frageformulierung zurückzuführen. Das Stimulusobjekt ist lediglich der Begriff des Sozialismus ohne weitere Qualifikationen, so daß nicht ganz klar ist, ob damit der Sozialismus als Prinzip oder als Realität gemeint ist. Die kognitive Operation zur Dissonanzvermeidung wird auch durch ein anderes empirisches Ergebnis bestätigt. Im Juli 1990, also noch vor der deutschen Vereinigung, haben nur 28 Prozent der Bürger der DDR das Versagen des Sozialismus als Ursache der „Krise der DDR" angegeben, über 60 Prozent haben aber die Unfähigkeit der Politiker als Grund identifiziert (Noelle-Neumann/Köcher 1993, S. 554).

Was die Bürger der neuen Länder genauer unter Sozialismus verstehen, wird in einer anderen Tabelle des „Allensbacher Jahrbuchs der Demoskopie 1984-1992" (Noelle-Neumann/Köcher 1993, S. 552) deutlich. Die Mehrheit der Bürger der neuen Länder ordnet im erwarteten Sinne soziale Grundrechte, direkte Bürgerbeteiligung und einen gesteuerten Markt dem Sozialismus als konstitutive Elemente zu, darüber hinaus aber auch liberale Grundrechte und ein pluralistischer Parteienwettbewerb. Unter dem Begriff des Sozialismus sind in dem „belief system" der Bürger der neuen Länder also ziemlich genau die Merkmale abgespeichert, die im theoretischen Teil unserer Analyse als Elemente des Modells des demokratischen Sozialismus postuliert wurden.

*Abbildung 2:* Sozialismus als Idee, 1990-1994[a)]

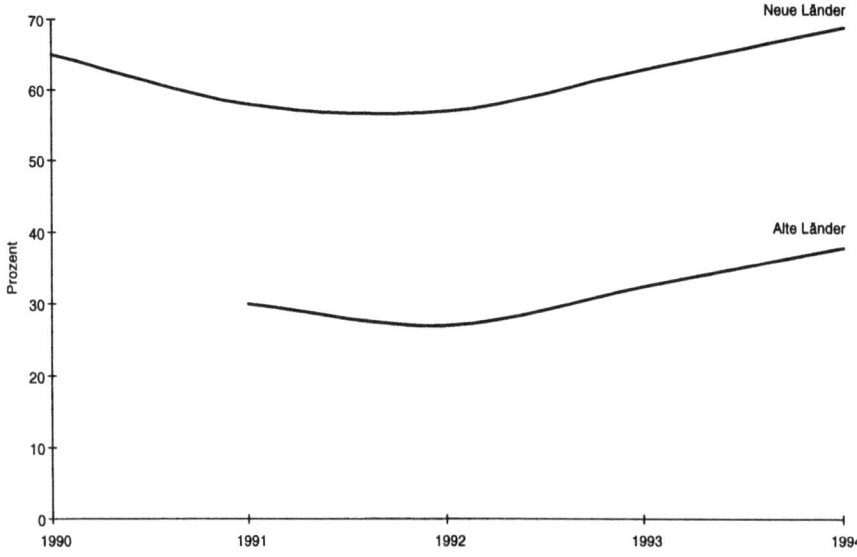

a) Frage: „Halten Sie den Sozialismus für eine gute Idee, die schlecht ausgeführt wurde?"
   Hier: Prozentsatz der zustimmenden Antworten.
Quelle: Institut für Demoskopie Allensbach.

In der Abbildung 2 ist die Entwicklung der Einstellungen zum Sozialismus als Idee – gemessen mit der Frage „der Sozialismus ist eine gute Idee, die nur schlecht ausgeführt wurde" – von 1990 bis 1994 verzeichnet. Die beiden Kurvenverläufe zeigen zweierlei: Erstens besteht im gesamten Zeitraum ein beträchtlicher Unterschied zwischen den alten und den neuen Ländern. Zweitens ist die positive Bewertung des Sozialismus als Idee bei den Bürgern der neuen Länder außerordentlich stark. Von einer hohen Ausgangslage im Jahre 1990 sank die Zustimmung in den Jahren 1991 und 1992 etwas ab, um dann 1993 und 1994 wieder anzusteigen. Der Wert von 1994 liegt etwa bei 75 Prozent und ist damit noch höher als der sowieso schon hohe Ausgangswert von 1990. Interessanterweise ist der Kurvenverlauf bei den alten Ländern ähnlich, wenn auch auf erheblich niedrigerem Niveau. Es gibt also auch hier einen relativen Anstieg der positiven Einschätzung des Sozialismus als Idee, der 1994 immerhin rund 1/3 dieser Bürger umfaßt.

b) Freiheit und Gleichheit

Sozialismus und Demokratie sind die beiden allgemeinsten Begriffe, mit denen die zwei unterschiedlichen politischen Systeme gekennzeichnet werden können, die in unserem Fragekontext zur Debatte stehen. Sie enthalten sowohl Wertvorstellungen als auch strukturelle Arrangements. In diesem Abschnitt beziehen wir uns auf die Werteebene, und zwar auf die beiden allgemeinen Werte, die in Sozialismus und Demokratie enthalten sind, auf Freiheit und Gleichheit. Es gibt jedoch keine vollständig symmetrische Zuordnung, da beide Werte sowohl vom Sozialismus, als auch von der Demokratie beansprucht werden. Es gibt in beiden Fällen jedoch ein eindeutiges *Vorrangverhältnis*, im Sozialismus hat die Gleichheit Vorrang vor der Freiheit und in der Demokratie die Freiheit Vorrang vor der Gleichheit. In letzterer Hinsicht muß aber noch eine Qualifikation vorgenommen werden. Zumindest im libertären und im liberalen Modell der Demokratie ist der Vorrang der Freiheit vor der Gleichheit kein relativer, sondern ein absoluter. Immer wenn es Konflikte oder Dissonanzen zwischen beiden Werten geben sollte – sei es auf der gedanklichen oder auf der Wirklichkeitsebene –, hat die Freiheit den uneingeschränkten Vorrang (Rawls 1971, 1993). Die subjektive Priorität, die die Bürger der Freiheit bzw. der Gleichheit geben, gibt also Hinweise darauf, auf welches Demokratiemodell sie letztlich zusteuern. Im Falle der Bürger der neuen Länder sind sie ein zusätzlicher Indikator dafür, wie stark das Erbe des Sozialismus auf der Werteebene ist.

Der Indikator, der der Tabelle 3 zugrundeliegt, geht von einer Wichtigkeit beider Werte aus und fragt dann nach der relativen Priorität von Freiheit bzw. Gleichheit. Er stellt also eine direkte Operationalisierung unserer Problemstellung dar. Die Bürger der neuen Länder geben im Jahre 1992 der Gleichheit eine klare Priorität vor der Freiheit und die Bürger der alten Länder umgekehrt der Freiheit eine klare Priorität vor der Gleichheit. Dieses Ergebnis entspricht den theoretischen Erwartungen.

*Tabelle 3:* Priorität von Freiheit und Gleichheit, 1992

|  | Alte Länder | Neue Länder | Differenz Neue-Alte Länder |
|---|---|---|---|
|  | | in Prozent | |
| Was ist letzten Endes wohl wichtiger, Freiheit oder möglichst große Gleichheit? | | | |
| – Beides ist wichtig, aber *Freiheit* hat Priorität. | 55 | 33 | -22 |
| – Beides ist wichtig, aber *Gleichheit* hat Priorität. | 27 | 53 | +26 |
| – Unentschieden | 18 | 14 | -4 |

Quelle: Noelle-Neumann/Köcher (1993, S. 573).

Die für 1992 ermittelte Differenz zwischen den alten und neuen Ländern bleibt auch in der gesamten weiteren Zeitspanne bestehen, für die es Beobachtungen gibt. Der Abbildung 3 liegt der Prozentsatz der Befragten zugrunde, die der Freiheit eine Priorität vor der Gleichheit eingeräumt haben. In den alten Ländern fluktuiert dieser Prozentsatz seit dem ersten Beobachtungszeitpunkt 1987 um die 60 Prozent. In den neuen Ländern, in denen die Zeitreihe erst 1990 beginnt, lag zu diesem Zeitpunkt bei fast der Hälfte der Bürger eine Priorität der Freiheit vor

*Abbildung 3:* Priorität der Freiheit vor der Gleichheit, 1987-1995[a)]

a) Frage: „Was ist letzten Endes wohl wichtiger, Freiheit oder möglichst große Gleichheit?" Hier: Priorität der Freiheit.
Quelle: Institut für Demoskopie Allensbach.

der Gleichheit vor. Dieser Prozentsatz sank danach aber stark ab und liegt seit 1992 kontinuierlich knapp unter 35 Prozent. Es gibt also in den neuen Ländern ein deutliches und stabiles Vorrangverhältnis der Gleichheit vor der Freiheit, das ganz offensichtlich durch die Erfahrungen in der für sie neuen Demokratie der Bundesrepublik nicht tangiert wurde.

Die bislang durchgeführte Analyse der Einstellung der Bürger zu Sozialismus und Demokratie und zu Gleichheit und Freiheit bestätigt die Vermutung, daß die Sozialisation der Bürger der alten und der neuen Länder in unterschiedlichen gesellschaftlichen und politischen Systemen jeweils Auswirkungen auf ihre gesellschaftlichen Werteorientierungen gehabt hat. Diese Werteorientierungen liegen in der Allgemeinheitsebene noch über den unterschiedenen Modellen der Demokratie. Es kann aber ohne allzuviel Spekulation unterstellt werden, daß sie im Falle der alten Länder eher auf eine Präferenz eines liberalen Modells und im Falle der neuen Länder eher auf eine Präferenz des Modells des demokratischen Sozialismus hinweisen. Diese Annahme soll im nachfolgenden Abschnitt noch weiter untermauert werden.

## 3. Normative Prinzipien der Demokratie

Im folgenden soll geklärt werden, welche konkreten Prinzipien die Bürger des vereinigten Deutschland mit der Demokratie allgemein verbinden, das heißt, es soll von der in der Bundesrepublik implementierten Demokratie abgesehen werden. Wir bewegen uns also immer noch auf der obersten Objektebene der Demokratie. Durch diesen Analyseschritt erwarten wir über die bisherigen Ergebnisse hinausgehende Aufschlüsse zu zwei Fragen: Welches normative Modell der Demokratie bevorzugen die Bürger der alten und der neuen Länder und was meinen sie, wenn sie – wie später noch gezeigt werden wird (Tabelle 5) – die Demokratie allgemein unterstützen?

Zur empirischen Analyse ziehen wir einen weiteren Indikator des „Institut für Demoskopie Allensbach" heran. Den Befragten wird eine Liste von insgesamt 22 Merkmalen vorgelegt. Sie sollen für jedes Merkmal angeben, ob es ihrer Meinung nach *unbedingt* zu einer Demokratie gehört. Da Unbedingtheit ein moralisches Kriterium ist, handelt es sich also um normative Prinzipien der Demokratie. In der Tabelle 4 sind insgesamt 15 der 22 Merkmale aufgeführt, die von den Befragten entweder sehr häufig mit Demokratie assoziiert wurden oder aber für die von uns unterschiedenen normativen Modelle der Demokratie relevant sind. Die einzelnen Merkmale sind zu allgemeineren Prinzipien zusammengefaßt und klassifiziert worden, die sich direkt auf die in der Tabelle 1 (normative Modelle der Demokratie) aufgeführten Elemente beziehen lassen.

Wir vernachlässigen die Ergebnisse für die einzelnen Merkmale und konzentrieren uns auf die übergeordneten fünf Prinzipien, die in der Tabelle numeriert und kursiv gedruckt sind. Das maßgebliche Datum ist deshalb der jeweilige Mit-

*Tabelle 4:* Zuordnung normativer Prinzipien zur Demokratie, 1990

|  | Das gehört unbedingt zu einer Demokratie ... | | |
|---|---|---|---|
|  | Alte Länder | Neue Länder | Differenz Neue-Alte Länder |
|  | in Prozent | | |
| **1. Liberale Grundrechte** | | | |
| 1.1 Presse- und Meinungsfreiheit | 91 | 92 | +1 |
| 1.2 Religionsfreiheit | 79 | 83 | +4 |
| 1.3 Reisefreiheit | 78 | 76 | -2 |
| 1.4 Freie Berufswahl | 75 | 67 | -8 |
| *Mittelwert* | *81* | *80* | *-1* |
| **2. Pluralistischer Parteienwettbewerb** | | | |
| 2.1 Mehrere Parteien | 87 | 85 | -2 |
| 2.2 Freie und geheime Wahlen | 83 | 84 | +1 |
| 2.3 Kontrolle der Regierung durch starke Opposition | 65 | 70 | +5 |
| 2.4 Gleichheit der Stimme bei Wahlen | 80 | 76 | -4 |
| *Mittelwert* | *79* | *79* | *0* |
| **3. Rechtsstaat** | | | |
| 3.1 Unabhängige Gerichte, die nur nach den Gesetzen urteilen | 74 | 76 | +2 |
| 3.2 Daß alle Bürger vor dem Gesetz gleich sind | 86 | 88 | +2 |
| *Mittelwert* | *80* | *82* | *+2* |
| **4. Umfassende und direkte Bürgerbeteiligung** | | | |
| 4.1 Mitwirkung der Bürger an vielen Entscheidungen | 55 | 68 | +13 |
| 4.2 Volksabstimmungen bei wichtigen Fragen | 52 | 75 | +23 |
| 4.3 Arbeitermitbestimmung in den Betrieben | 60 | 73 | +13 |
| *Mittelwert* | *56* | *72* | *+16* |
| **5. Soziale Gerechtigkeit** | | | |
| 5.1 Niemand leidet Not | 50 | 72 | +22 |
| 5.2 Begrenzte Einkommensunterschiede | 22 | 44 | +22 |
| *Mittelwert* | *36* | *58* | *+22* |

Quelle: Noelle-Neumann/Köcher (1993, S. 558).

telwert aus den einzelnen Merkmalen. Die Ergebnisse entsprechen in teilweise frappierender Weise den theoretischen Erwartungen. Sowohl in den alten als auch in den neuen Ländern werden diejenigen Prinzipien am stärksten mit Demokratie verbunden, die als die minimalen Prinzipien jeder Demokratie bezeichnet werden. Im einzelnen handelt es sich dabei um „liberale Grundrechte", „pluralistischer Parteienwettbewerb" und „Rechtsstaat". In diesem Sinne kann das Demokratieverständnis der Bürger in beiden Teilen Deutschlands also als „korrekt" bezeichnet werden. Die Bürger verstehen unter Demokratie das, was auch theoretisch als die essentiellen Merkmale einer Demokratie begriffen werden kann. Bei diesen essentiellen Prinzipien der Demokratie gibt es praktisch keine Differenzen zwischen den alten und den neuen Ländern. Erhebliche Differenzen gibt es hingegen bei der „umfassenden und direkten Bürgerbeteiligung" und vor allem bei der „sozialen Gerechtigkeit". Bei ersterem beträgt die Prozentpunktdifferenz 16 Punkte und bei letzterem 22 Punkte. Beide Prinzipien können als konstitutive Elemente des demokratischen Sozialismus bezeichnet werden und insofern stellen diese Differenzen zugunsten der neuen Länder keine Überraschung dar. Nicht in gleicher Weise konnte die zwar vergleichsweise geringere, aber absolut dennoch beträchtliche Zuordnung der „umfassenden und direkten Bürgerbeteiligung" zur Demokratie

*Abbildung 4:* Zuordnung normativer Prinzipien zur Demokratie in den alten Ländern, 1988-1993[a]

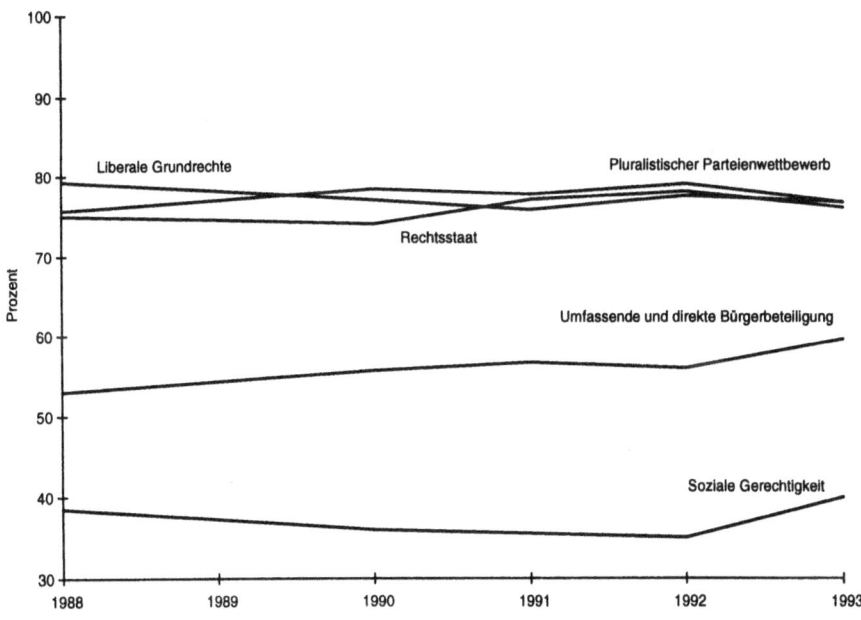

a) Die Zeitreihen beruhen auf Mittelwerten der Indikatoren der einzelnen Prinzipien (zu den Indikatoren s. Tabelle 4).
Quelle: Institut für Demoskopie Allensbach.

*Abbildung 5:* Zuordnung normativer Prinzipien zur Demokratie in den neuen Ländern, 1990-1993[a)]

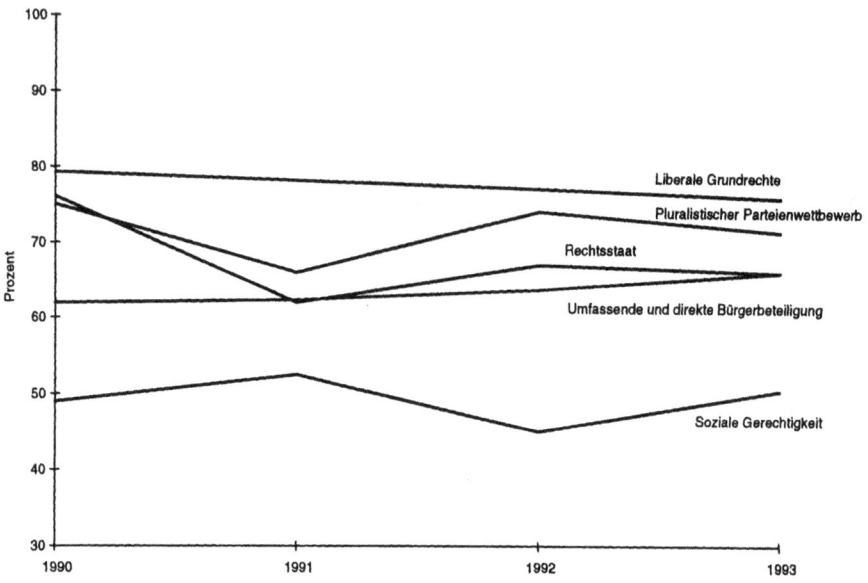

a) Die Zeitreihen beruhen auf Mittelwerten der Indikatoren der einzelnen Prinzipien (zu den Indikatoren s. Tabelle 4).
Quelle: Institut für Demoskopie Allensbach.

in den alten Ländern erwartet werden. Das gilt jedenfalls dann, wenn als Bezugspunkt das Modell der libertären oder liberalen Demokratie genommen wird.

Die Entwicklung des Demokratieverständnisses kann in den alten Ländern aus der Abbildung 4 und in den neuen Ländern aus der Abbildung 5 ersehen werden. In den alten Ländern bleibt die Zuordnung der drei minimalen Prinzipien in dem Zeitraum von 1988 bis 1993 auf einem gleichbleibend hohen Niveau. Im Niveau deutlich abgesetzt sind die „umfassende und direkte Bürgerbeteiligung" und vor allem die „soziale Gerechtigkeit". Bei der „umfassenden und direkten Bürgerbeteiligung" ist aber ein leichter Aufwärtstrend zu verzeichnen, so daß im Jahre 1993 fast sechzig Prozent der Bürger der alten Länder dieses Prinzip als ein unbedingtes Merkmal der Demokratie ansehen.

Auch in den neuen Ländern liegen die minimalen Merkmale der Demokratie in dem Beobachtungszeitraum von 1990 bis 1993 auf einem durchschnittlich höheren Niveau als die beiden anderen Prinzipien. Allerdings ist der Abstand deutlich geringer als in den alten Ländern. Die „umfassende und direkte Bürgerbeteiligung" ist 1991 und 1993 auf etwa gleichem Niveau wie der „Rechtsstaat" und liegt 1992 nur wenig darunter. „Soziale Gerechtigkeit" bewegt sich auf einem dazu relativ niedrigerem Niveau, fluktuiert aber immer noch um die fünfzig Prozent. Schwer zu interpretieren ist der zwar leichte, aber doch kontinuierliche Abwärtstrend bei den „liberalen Grundrechten". Möglicherweise spielte in dem Übergangsjahr 1990 von dem sozialistischen System der DDR zur Demokratie der Bundesrepublik dieses Merkmal, das beide Systeme vermutlich am stärksten diskriminiert, eine überproportionale Rolle, die sich danach wieder „normalisierte". Bedenklich wäre allerdings, wenn der ermittelte leichte Abwärtstrend auch weiterhin anhielte.

In der Liste der Merkmale, die die Befragten der Demokratie zuordnen konnten, fehlten eine Reihe von Elementen, durch die das Modell des demokratischen Sozialismus charakterisiert ist. Immerhin enthielt sie mit „umfassender und direkter Bürgerbeteiligung" und „sozialer Gerechtigkeit" aber zwei derartige Merkmale. Die sich darauf beziehenden empirischen Ergebnisse stabilisieren die bereits nach der Analyse im vorangehenden Abschnitt aufgestellte Vermutung, daß die Bürger der neuen Länder kurz nach der deutschen Vereinigung mehrheitlich ein Modell des demokratischen Sozialismus bevorzugen und das auch noch gegenwärtig tun.

Für die alten Länder sprechen die verschiedenen Analyseergebnisse dafür, daß die Bürger kurz nach der deutschen Vereinigung mehrheitlich ein liberales Modell der Demokratie bevorzugten und das auch noch gegenwärtig tun. Es läßt sich allerdings auch eine relevante Minderheit identifizieren, die einige Sympathie für das Modell des demokratischen Sozialismus aufweist. Demnach gibt es für die Demokratiepräferenzen der Bürger in den neuen Ländern durchaus einen gewissen Resonanzboden auch in den alten Ländern.

## 4. Die Demokratie in Deutschland

### a) Die demokratische Staatsform in Deutschland

Die bisherige Analyse bezog sich auf die Einstellungen zur Demokratie überhaupt und zu normativen Prinzipien der Demokratie. Wir gehen jetzt im Ebenenmodell der Demokratie eine Stufe tiefer und wenden uns der Demokratie des vereinigten Deutschlands zu, die auf der strukturellen Ebene mit der der ehemaligen Bundesrepublik identisch ist.

Für die alten und für die neuen Länder wurden ganz unterschiedliche Erwartungen formuliert. Aufgrund der Sozialisation der Bürger der alten Länder in der Demokratie der Bundesrepublik wurde eine hohe Unterstützung der Staatsform des vereinigten Deutschlands und aufgrund der Sozialisation der Bürger der neuen Länder in der DDR wurde eine eher skeptische Einschätzung erwartet. Wie ausgeprägt diese Skepsis ist, kann nur empirisch beantwortet werden, in jedem Falle sollte die Unterstützung der Staatsform der Bundesrepublik – und das heißt in der Terminologie des Ebenenmodells der in der Bundesrepublik implementierten Struktur einer Demokratie – deutlich niedriger sein als in den alten Ländern.

In der Tabelle 5 sind die empirischen Ergebnisse zu zwei Fragen aufgeführt, die mit Ausnahme des Stimulusobjektes identisch formuliert sind: In einem Falle

Tabelle 5: Demokratie als Staatsform und demokratische Staatsform in Deutschland, 1991[a]

|  | Alte Länder | Neue Länder | Differenz Neue-Alte Länder |
|---|---|---|---|
|  | in Prozent | | |
| Die Demokratie ist *grundsätzlich* die beste Staatsform. | 86 | 70 | -16 |
| Die Demokratie der *Bundesrepublik* ist die beste Staatsform. | 80 | 31 | -49 |
| Differenz Bundesrepublik – Staatsform allgemein | -6 | -39 |  |

a) Fragen: „Glauben Sie die Demokratie ist die beste Staatsform, oder gibt es eine andere Staatsform, die besser ist?"; „Glauben Sie die Demokratie, die wir in der Bundesrepublik haben, ist die beste Staatsform oder gibt es eine andere Staatsform, die besser ist?"
Quelle: Noelle-Neumann/Köcher (1993, S. 560).

wird danach gefragt, ob die Demokratie *grundsätzlich* die beste Staatsform sei und im anderen Falle, ob die Demokratie der *Bundesrepublik* die beste Staatsform sei. Unsere theoretische Erwartung, daß die Bürger der alten *und* der neuen Länder die Demokratie grundsätzlich unterstützen, wird durch die Ergebnisse bestätigt: In den alten Ländern sehen 86 Prozent der Bürger die Demokratie grundsätzlich als die beste Staatsform an und in den neuen Ländern sind das 70 Prozent. Trotz der etwas geringeren Zustimmung in den neuen Ländern liegen beide Prozentsätze auf einem hohen Niveau. Bei diesen Prozentsätzen ist zu berücksichtigen, daß nach der *besten* Staatsform gefragt wird und damit der höchstmögliche Bewertungsstandard angelegt wird.

Ganz anders nimmt sich der Vergleich zwischen den alten und den neuen Ländern für die Demokratie der Bundesrepublik aus. In den alten Ländern begreifen 80 Prozent die Demokratie der Bundesrepublik als die beste Staatsform, und das sind nur 6 Prozentpunkte weniger als bei der Demokratie grundsätzlich. In den neuen Ländern geben nur 31 Prozent an, daß die Demokratie der Bundesrepublik die beste Staatsform sei. Im Vergleich zur Demokratie grundsätzlich ergibt sich in den neuen Ländern die enorm hohe Differenz von 39 Prozentpunkten. Im Jahre 1991, also kurz nach der deutschen Vereinigung, gab es in den neuen Ländern demnach eine erhebliche Diskrepanz zwischen der Unterstützung der Demokratie grundsätzlich und der Demokratie der Bundesrepublik. Falls es also jemals eine Vereinigungseuphorie gegeben haben sollte, dann hätte sich diese entweder nicht in dieser Einstellung ausgedrückt oder aber sie wäre im Jahre 1991 bereits verschwunden gewesen. Die Daten bestätigen unsere Annahme, daß die Bürger der neuen Länder grundsätzlich zwar eine Demokratie wollen, aber nur sehr bedingt die Demokratie der Bundesrepublik. In der ersten Hinsicht kann ein demokratischer Konsens zwischen beiden Teilen Deutschlands konstatiert werden und in der letzteren eine Spaltung. Diese Spaltung läßt sich am klarsten an der Differenz von 49 Prozentpunkten bei der Unterstützung der Demokratie der Bundesrepublik ablesen (Tabelle 5).

Daß diese Diskrepanz den bereits erörterten latenten Anpassungsdruck der Demokratie der Bundesrepublik in eine bestimmte Richtung, und zwar die des demokratischen Sozialismus impliziert, deuten die in der Tabelle 6 dargestellten Ergebnisse an. Diese beziehen sich auf die von den Bürgern gewünschten Grundgesetzänderungen, und eine Änderung des Grundgesetzes würde per definitionem einen Eingriff in die in der Bundesrepublik implementierte Struktur der Demokratie bedeuten. In der Liste, die den Befragten vorgelegt wurde, ist eine Änderung enthalten, die sich auf „direkte Bürgerbeteiligung" bezieht, und drei Änderungen, die sich auf „soziale Grundrechte" beziehen. Beides stellen Kernelemente des Modells des demokratischen Sozialismus dar. Die Befürwortung derartiger Grundgesetzänderungen ist in den neuen Ländern eklatant hoch. Sie umfaßt in allen Fällen mehr als drei Viertel der Bürger. Wie die Prozentpunktdifferenzen zeigen, ist der Anteil der Befürworter dieser Grundgesetzänderungen in den neuen Ländern deutlich höher als in den alten Ländern. Überraschend ist allerdings, daß die Befürwortung auch in den alten Ländern fast durchweg über 50 Prozent liegt. Eine Ausnahme bildet hier lediglich das „Recht auf Arbeit", das aber immerhin

Tabelle 6: Gewünschte Grundgesetzänderungen, 1991[a]

| | Alte Länder | Neue Länder | Differenz Neue-Alte Länder |
|---|---|---|---|
| | in Prozent | | |
| *Umweltschutz* | | | |
| Umweltschutz als Staatsziel | 83 | 91 | +8 |
| *Asylrecht* | | | |
| Veränderung des Asylrechts | 74 | 67 | -7 |
| *Soziale Grundrechte* | | | |
| Recht auf Wohnung | 66 | 90 | +24 |
| Recht auf Kindergartenplätze | 66 | 83 | +17 |
| Recht auf Arbeit | 49 | 85 | +36 |
| *Direkte Bürgerbeteiligung* | | | |
| Volksentscheide über Gesetze | 66 | 79 | +13 |
| *Föderale Strukturen* | | | |
| Mehr Rechte und Geld für Länder | 48 | 74 | +26 |

a) Frage: „Es werden eine Reihe von Änderungen und Ergänzungen des Grundgesetzes diskutiert. Welcher der folgenden Vorschläge scheint Ihnen sinnvoll, welchem stimmen Sie zu, welchem nicht?" Nur solche Änderungen und Ergänzungen wurden aufgenommen, bei denen entweder in den alten oder in den neuen Ländern mehr als zwei Drittel der Befragten zustimmen.
Quelle: Noelle-Neumann/Köcher (1993, S. 567).

auch 49 Prozent der Bürger in das Grundgesetz aufgenommen haben wollen. Angesichts dieses Ergebnisses stellt sich die Frage, wie die hohe Zustimmung zu der durch die Verfassung implementierten Demokratie der Bundesrepublik mit diesen Verfassungsänderungen vereinbart werden kann. Möglicherweise werden derartige Rechte als „schöne" Zusatzelemente der grundsätzlich positiv eingeschätzten Demokratie der Bundesrepublik angesehen und es ist den Bürgern der alten Länder vermutlich gar nicht klar, daß die Einführung derartiger Grundrechte die Implementation einer anderen Demokratieform als die in der Bundesrepublik existierende implizieren würde. In diesem Punkt ist die Informationsarbeit der politischen Eliten gefordert, die den Bürgern zumindest die mit solchen Grundgesetzänderungen implizierten strukturellen Optionen deutlich machen müssen.

Wenn man kurz nach der deutschen Vereinigung vielleicht annehmen konnte, daß sich das Handeln und die Erfahrungen der Bürger der neuen Länder im strukturellen Rahmen der Demokratie der Bundesrepublik in einer steigenden Unterstützung dieser Demokratie niederschlagen würde, dann wird das durch die faktische Entwicklung nicht bestätigt. Falls es in den neuen Ländern zwischen 1990 und 1995 überhaupt einen Entwicklungstrend gegeben hat, dann ist dieser eher absteigend, wie aus der Abbildung 6 entnommen werden kann. Die Diskrepanz zwischen den alten und den neuen Ländern bleibt in dem gesamten Zeitraum bestehen. Auch in den alten Ländern kann – auf sehr hohem Niveau – ein leichter

*Abbildung 6:* Demokratische Staatsform in Deutschland, 1990-1995[a)]

a) Frage: „Glauben Sie, daß die Demokratie, die wir in der Bundesrepublik haben, die beste Staatsform ist, oder gibt es eine Staatsform, die besser ist?" Hier: „Die Demokratie, die wir in der Bundesrepublik haben, ist die beste Staatsform."
Quelle: Institut für Demoskopie Allensbach.

Abwärtstrend festgestellt werden. Insgesamt bleibt auch im Jahre 1995 der Tatbestand bestehen, daß es bei der Unterstützung der demokratischen Staatsform der Bundesrepublik ein Spaltung zwischen den beiden Teilen Deutschlands gibt.

b) Die demokratische Wirklichkeit in Deutschland

In dem Ebenenmodell der Demokratie werden zwei Möglichkeiten der Generierung von Unterstützung für die in einem Land implementierte Demokratie spezifiziert (Abbildung 1). Die erste besteht in der Legitimation dieser Demokratie durch Rekurs auf die normativen Prinzipien, die in ihr inkorporiert sind. Die Voraussetzung ist allerdings, daß diese normativen Prinzipien von den Bürgern auch akzeptiert werden oder von ihnen sogar internalisiert sind. Das trifft nach unserer Analyse aber nur für diejenigen Prinzipien zu, die alle Demokratien kennzeichnen. Allem Anschein nach ist es aber ein anderes Modell der Demokratie als das in der Bundesrepublik implementierte, das die Bürger der neuen Länder wünschen. Insofern kann der Legitimationsfluß von der normativen Ebene auf die Implementationsebene nur sehr eingeschränkt gelingen. Um so wichtiger ist die andere Möglichkeit, die in der Generierung von Unterstützung durch positive Erfahrungen mit der Performanz der implementierten Demokratie besteht. Dieser positive Effekt kann sich auf verschiedene Faktoren stützen: Auf die Wirksamkeit der institutionellen Mechanismen und das heißt, auf die Gewährleistung der Grundrechte, auf rechtsstaatliche Verfahren sowie auf die Leistungsfähigkeit der Regierungen bei der Realisierung wichtiger politischer Ziele wie beispielsweise Wirtschaftswachstum, soziale Sicherheit u.ä. Aus der Entwicklung der Einstellung zur demokratischen Staatsform der Bundesrepublik (Abbildung 6) kann aber bereits erahnt werden, daß es diesen positiven Rückkopplungseffekt nicht gegeben hat. Diese Vermutung wird durch die in der Abbildung 7 dargestellten Ergebnisse bestätigt.

Der Abbildung 7 liegt ein Indikator der generalisierten Einschätzung der Performanz der Demokratie der Bundesrepublik zugrunde: „Wie zufrieden sind sie – alles in allem genommen – mit dem Funktionieren der Demokratie in Deutschland?" In den neuen Ländern ist diese Zufriedenheit von 1991 bis 1994 auf einem gleichbleibend niedrigen Niveau. Erwartungsgemäß liegt die positive Einschätzung des Funktionierens der Demokratie in den alten Ländern im vergleichbaren Zeitraum deutlich höher. Allerdings ist seit dem Höhepunkt im Jahre 1990 ein Abfall der Zufriedenheit festzustellen, der bis 1993 verläuft. Ob sich die leichte Erholung im Jahre 1994 fortgesetzt hat, muß noch abgewartet werden. Wie ein ähnlicher Indikator des Politbarometers der Forschungsgruppe Wahlen (Mannheim) aber zeigt, hat sich dieser Aufwärtstrend 1995 weiter stabilisiert (das Datum wird hier nicht im einzelnen ausgewiesen). Für unsere Analysezwecke kann abschließend festgehalten werden, daß die Deutschen bei ihrer Unterstützung der Demokratie der Bundesrepublik auch noch 1995 eine gespaltene politische Ge-

*Abbildung 7:* Zufriedenheit mit der Performanz der Demokratie in Deutschland, 1988-1994[a)]

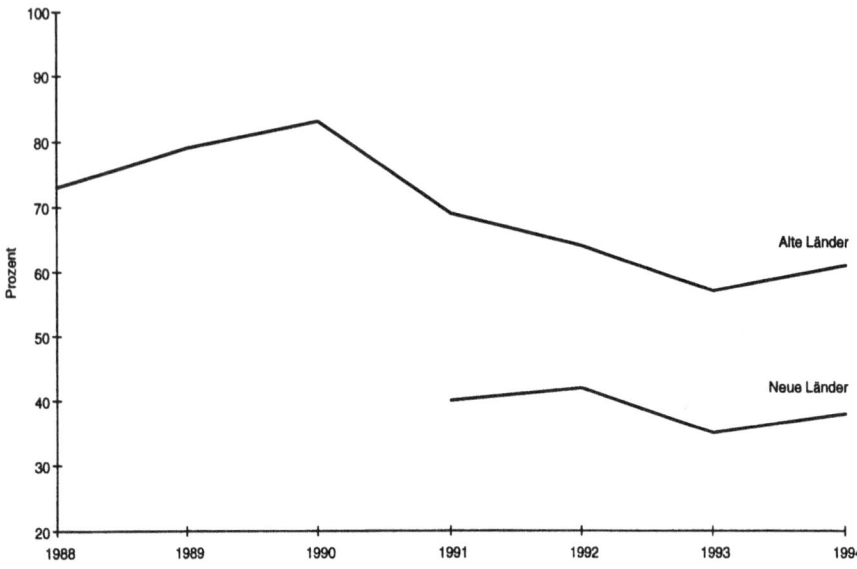

a) Frage: „Wie zufrieden sind Sie alles in allem genommenn mit dem Funktionieren der Demokratie in der Bundesrepublik Deutschland? (1) Sehr zufrieden, (2) zufrieden, (3) unzufrieden, (4) sehr unzufrieden?" (1,2 = Zufriedenheit).
Quelle: Eurobarometer 29-42.

meinschaft sind. Das betrifft sowohl die demokratische Staatsform der Bundesrepublik als auch ihre demokratische Wirklichkeit.

## IV. Gibt es einen Wandel der demokratischen Institutionen in Deutschland?

Vor dem Hintergrund der dargestellten empirischen Ergebnisse wollen wir abschließend auf die allgemeine Fragestellung der Analyse zurückgekommen: Wohin geht der Wandel der demokratischen Institutionen in Deutschland?

Die Frage des institutionellen Wandels ist im theoretischen Teil der Analyse auf die durch die Verfassung implementierte Demokratie des vereinigten Deutschland beschränkt worden. Das demokratische Institutionengefüge ist demnach identisch mit der konstitutionellen Struktur. Diese Beschränkung der Perspektive ist aus zwei Gründen sinnvoll. Erstens kann auf diese Weise ein institutioneller Wandel eine klare Bedeutung gewinnen, denn er realisiert sich in einer Verfassungsänderung. Zweitens können damit die Werte und Normen, die von vielen Forschern zu einem Definitionsmerkmal von Institutionen gemacht werden, selbst als Ursache eines institutionellen Wandels begriffen werden.

Es gibt sicherlich verschiedene Ursachen, die zu einem institutionellen Wandel einer Demokratie führen können. Unter diesen Ursachen haben wir lediglich eine aufgegriffen, und zwar die Unterstützung der Demokratie durch ihre Bürger. Wir knüpfen dabei an eine grundlegende Annahme an, die fast schon zu einer Selbstverständlichkeit der Demokratieforschung geworden ist: Die Stabilität einer Demokratie hängt entscheidend von der Unterstützung durch ihre Bürger ab, und ein Unterstützungsentzug schafft die notwendigen Bedingungen für einen institutionellen Wandel dieser Demokratie.

Die empirischen Ergebnisse haben gezeigt, daß sich im Unterschied zur früheren Bundesrepublik die Unterstützungsbasis der Demokratie des vereinigten Deutschland verändert hat. Die Bürger der neuen Länder stehen der Demokratie der Bundesrepublik sehr kritisch gegenüber. Eine eindeutige Mehrheit dieser Bürger ist unzufrieden mit dem Funktionieren der Demokratie der Bundesrepublik, und ebenso findet die Staatsform der Bundesrepublik bei einer eindeutigen Mehrheit keine Unterstützung. Der Unterschied zwischen den beiden Teilen Deutschlands in der Einstellung zur Demokratie der Bundesrepublik ist so groß, daß man in dieser Hinsicht von einer Spaltung der politischen Gemeinschaft sprechen kann. Diese Spaltung konnte empirisch bereits kurz nach der deutschen Vereinigung identifiziert werden und hat sich bis zum gegenwärtigen Zeitpunkt nicht verringert. Die geringe Unterstützung der Demokratie der Bundesrepublik wird nach unserer Analyse unter anderem durch die Präferenz für ein anderes Modell der Demokratie bewirkt als dasjenige, das in der Bundesrepublik implementiert ist. Es handelt sich dabei um das Modell des demokratischen Sozialismus, und die Selektion gerade dieses Demokratiemodells wird als eine Folge der Sozialisation der Bürger der neuen Länder in der DDR begriffen. Durch die Präferenz für ein Modell des demokratischen Sozialismus wird die Bundesrepublik mit normativen Bewertungsstandards gemessen, denen sie als eine liberale Demokratie nur schwer genügen kann. Wenn die Unterstützung einer konkreten Demokratie so gering ist, wie das bei den Bürgern der neuen Länder der Fall ist, dann kann auch eine Bereitschaft zur einer strukturellen Veränderung dieser Demokratie unterstellt werden. Die gewünschte Veränderungsrichtung ist durch das normativ präferierte Demokratiemodell bereits angezeigt. Wie die empirische Analyse zeigt, befürwortet die ganz überwiegende Mehrheit der Bürger der neuen Länder Grundrechtsänderungen, die Elemente des demokratischen Sozialismus in die Verfassung der Bundesrepublik einführen. Derartige Grundgesetzänderungen stoßen auch bei einem beträchtlichen Anteil der Bürger der alten Länder auf eine Zustimmung. Wie die ausgesprochen hohe Unterstützung der Demokratie der Bundesrepublik durch diese Bürger aber zeigt, dürfte diese Zustimmung auf anderen Gründen beruhen als bei den Bürgern der neuen Länder und vermutlich auch weniger stark verankert sein.

Insgesamt können wir von einer mehr oder weniger ausgeprägten Disposition einer Mehrheit der Bürger der Bundesrepublik für einen institutionellen Wandel ihrer Demokratie ausgehen. Wenn wir die ermittelten empirischen Ergebnisse als Bezugspunkt nehmen, dann würde dieser in einer Einführung sozialer Grundrechte, Formen direkter Bürgerbeteiligung und ökologischen Grundrechten in die Verfassung beruhen. Inwieweit sich eine derartige Disposition der Bürger aber in faktischen Wandel umsetzen kann, hängt entscheidend von dem Verhalten der politischen Eliten ab. Grundsätzlich sind drei Möglichkeiten denkbar. Die erste besteht in einer Quasi-Implementierung von Elementen des Modells des demokratischen Sozialismus in die Verfassung in Form von nicht-einklagbaren Staatszielen. Die zweite besteht in einer partiellen Implementation von weniger kontroversen Elementen wie beispielsweise Formen der direkten Bürgerbeteiligung. Die dritte besteht in einer so umfassenden Implementation von Elementen, daß damit ein anderer Typus von Demokratie entstünde, der dem Modell des demokratischen Sozialismus zumindest nahe käme.

Über die Fragen, ob es überhaupt einen institutionellen Wandel der Demokratie der Bundesrepublik gibt oder geben wird und welche dieser Möglichkeiten die wahrscheinlichste ist, kann nur spekuliert werden. Für diese Spekulation gibt es aber einige Anhaltspunkte. Zunächst einmal ist es auffällig, daß es während und kurz nach der deutschen Vereinigung keine wirkliche Verfassungsdebatte gegeben hat, obgleich diese damals von einigen gefordert wurde. Wenn es sie unter diesen günstigen Voraussetzungen nicht gegeben hat, dann gibt es wenig Anlaß zu vermuten, daß es sie jetzt noch geben wird. Die Gründe für diesen Vorbehalt der politischen Eliten gegenüber einer Verfassungsdiskussion dürften vor allem in den Realitätsrestriktionen liegen, innerhalb derer diese Handeln müssen. Da die meisten politischen Parteien in der Bundesrepublik entweder faktisch an der Regierungsverantwortung auf der Bundes- oder der Länderebene beteiligt sind, oder aber realistische Aussichten für eine solche Regierungsbeteiligung haben, können diese Realitätsrestriktionen nicht ohne Kosten vernachlässigt werden. Es ist daher wenig plausibel anzunehmen, daß die politischen Eliten selbst Verfassungsänderungen zu einem Thema der politischen Auseinandersetzung machen, die ihre Handlungsspielräume entscheidend einschränken würden. Neben diesem Aspekt der generalisierten Handlungsfähigkeit der politischen Eliten gegenüber den Ansprüchen der Bürger bildet die objektive Problemlage eine weitere entscheidende Realitätsrestriktion. Wenn zu den vorherrschenden politischen Themen der Gegenwart und vermutlich auch der näheren Zukunft die Sanierung der Staatsfinanzen, die Wettbewerbsfähigkeit des Standortes Deutschland und ähnliches gehört, dann geht der Problemdruck eher in Richtung einer Reduktion des Wohlfahrtsstaates als in Richtung einer Ausdehnung, die sich durch die Einführung sozialer Grundrechte in die Verfassung zwangsläufig ergeben würde. Wir vermuten deshalb, daß es einen Wandel der demokratischen Institutionen in Richtung eines Modells des demokratischen Sozialismus nicht geben wird. Wenn es in absehbarer Zeit überhaupt zu einem Wandel der Demokratie der Bundesrepublik kommen sollte, dann würde er vermutlich eher unterhalb der konstitutionellen Struktur auf der Ebene informeller Strukturen erfolgen. Die Richtung dieses Wandels würde wahrscheinlich weniger durch inhaltliche Elemente eines demokratischen Sozialismus bestimmt, als vielmehr durch objektive Realitätszwänge, deren Dynamik eher in die entgegengesetzte Richtung geht.

## Literatur

Bobbio, Noberto, 1987: The Future of Democracy, Minneapolis: University of Minnesota Press.
Crawford, Sue E.S. und Elinor Ostrom, 1995: A Grammar of Institutions, in: American Political Science Review, 89. Jg., S. 582-600.
Dahl, Robert A., 1989: Democracy and its Critics, New Haven/London: Yale University Press.
Dalton, Russell J. und Manfred Küchler, 1990: Challenging the Political Order. New Social and Political Movements in Western Democracies, Cambridge: Polity Press.
Dalton, Russell J., 1994: Communists and Democrats: Democratic Attitudes in the Two Germanies, in: British Journal of Political Science, 24. Jg., S. 469-493.
Elster, Jon, 1987: The Possibility of Rational Politics, in: Archives Europennées de Sociologie, 28. Jg., S. 67-103.
Fuchs, Dieter, 1996: Welche Demokratie wollen die Deutschen?, in: Oscar W. Gabriel (Hrsg.), Politische Einstellungen und politisches Verhalten im Transformationsprozeß, Opladen: Leske + Budrich (im Druck).
Fuchs, Dieter und Edeltraud Roller, 1994: Cultural Conditions of the Transformation to Liberal Democracies in Central and Eastern Europe. WZB-Diskussionspapier FS III 94-202, Berlin: Wissenschaftszentrum Berlin für Sozialforschung.
Fuchs, Dieter, Giovanna Guidorossi und Palle Svensson, 1995: Support for the Democratic System, in: Hans-Dieter Klingemann und Dieter Fuchs (Hrsg.), Citizens and the State, Oxford/New York: Oxford University Press, S. 323-353.
Göhler, Gerhard, 1990: Politische Ideengeschichte – institutionentheoretisch gelesen, in: ders. et al. (Hrsg.), Politische Institutionen im gesellschaftlichen Umbruch. Ideengeschichtliche Beiträge zur Theorie politischer Institutionen, Opladen: Westdeutscher Verlag, S. 7-19.
Habermas, Jürgen, 1992a: Drei normative Modell der Demokratie: Zum Begriff deliberativer Politik, in: Herfried Münkler (Hrsg.), Die Chancen der Freiheit. Grundprobleme der Demokratie, München/Zürich: Piper, S. 11-24.
Habermas, Jürgen, 1992b: Faktizität und Geltung. Beiträge zur Diskurstheorie des Rechts und des demokratischen Rechtsstaats, Frankfurt a.M.: Suhrkamp.
Held, David (Hrsg.), 1993: Prospects for Democracy. North, South, East, West, Cambridge: Polity Press.
Kaase, Max, 1995: Die Deutschen auf dem Weg zur inneren Einheit? Eine Längsschnittanalyse von Selbst- und Fremdwahrnehmungen bei West- und Ostdeutschen, in: H. Rudolph (Hrsg.), Geplanter Wandel, ungeplante Wirkungen, Berlin: edition sigma, S. 160-181.
Kaase, Max und Kenneth Newton, 1995: Beliefs in Government, Oxford: Oxford University Press.
Klingemann, Hans-Dieter und Dieter Fuchs (Hrsg.), 1995: Citizens and the State, Oxford/New York: Oxford University Press.
Levi, Margaret, 1990: A Logic of Institutional Change, in: K.S. Cook und M. Levi (Hrsg.), The Limits of Rationality, Chicago: University of Chicago Press, S. 402-419.
March, James G. und Johan P. Olsen, 1989: Rediscovering Institutions. The Organizational Basis of Politics, New York: The Free Press; London: Collier-Macmillan Publishers.
Mayntz, Renate und Fritz W. Scharpf, 1995: Der Ansatz des akteurzentrierten Institutionalismus, in: dies. (Hrsg.), Gesellschaftliche Selbstregelung und politische Steuerung, Frankfurt a.M./New York: Campus, S. 39-72.

Noelle-Neumann, Elisabeth, 1991: The German Revolution: The Historical Experiment of the Division of Unification of a Nation as Reflected in Survey Research Findings, in: International Journal of Public Opinion Research, 3. Jg., S. 238-259.

Noelle-Neumann, Elisabeth und Renate Köcher, 1993: Allensbacher Jahrbuch der Demoskopie 1984-1992, München u.a.: Saur.

Parsons, Talcott, 1969: Politics and Social Structure, New York: The Free Press; London: Collier-Macmillan Limited.

Parsons, Talcott, 1971: The System of Modern Societies, Englewood Cliffs/New Jersey: Prentice-Hall Inc.

Rawls, John, 1971: A Theory of Justice, Cambridge, Mass.: Harvard University Press.

Rawls, John, 1993: Political Liberalism, New York: Columbia University Press.

Rohrschneider, Robert, 1994: Report from the Laboratory: The Influence of Institutions on Political Elites' Democratic Values in Germany, in: American Political Science Review, 88. Jg., S. 927-941.

Roller, Edeltraud, 1994: Ideological Basis of the Market Economy, in: European Sociological Review, 10. Jg., S. 105-117.

Roller, Edeltraud, 1996: Sozialpolitische Orientierungen nach der deutschen Vereinigung, in: Oscar W. Gabriel (Hrsg.), Politische Einstellungen und politisches Verhalten im Transformationsprozeß, Opladen: Leske + Budrich (im Druck).

Rothstein, Bo, 1996: Political Institutions: An Overview, in: Robert E. Goodin und Hans-Dieter Klingemann (Hrsg.), A New Handbook of Political Science, Oxford/New York: Oxford University Press, S. 133-166.

Sartori, Giovanni, 1994: Comparative Constitutional Engineering. An Inquiry into Structures, Incentives and Outcomes, New York: New York University Press.

Weil, Frederick D., 1993: The Development of Democratic Attitudes in Eastern and Western Germany in a Comparative Perspective, in: ders. (Hrsg.), Research on Democracy and Society, Vol. 1, Democratization in Eastern and Western Europe, Greenwich, CT: JAI Press.

Weil, Frederick D., 1994: Political Culture, Political Structure and Democracy: The Case of Legitimation and Opposition Structure, in: ders. (Hrsg.), Research on Democracy and Society, Vol. 2, Political Culture and Political Structure: Theoretical and Empirical Studies, Greenwich, CT: JAI Press.

Weil, Frederick D., 1996: Western Political Culture and the Consolidation of Democracy in Eastern Germany, Paper Prepared for the Panel „Social Transformation in Eastern Germany" at the Eighth International Conference on Socio-Economics, Geneva.

Westle, Bettina, 1994: Demokratie und Sozialismus. Politische Ordnungsvorstellungen im vereinten Deutschland zwischen Ideologie, Protest und Nostalgie, in: Kölner Zeitschrift für Soziologie und Sozialpsychologie 46. Jg., S. 571-596.

*Autorenverzeichnis*

*Dieter Fuchs*, PD Dr., Wissenschaftszentrum Berlin, Reichpietschufer 50, 10785 Berlin

*Gerhard Göhler*, Prof. Dr., Freie Universität Berlin, Fachbereich Politische Wissenschaft, Ihnestraße 21, 14195 Berlin

*M. Rainer Lepsius*, Prof. Dr. Dr. h.c. em., Universität Heidelberg, Institut für Soziologie, Sandgasse 9, 69117 Heidelberg

*Herfried Münkler*, Prof. Dr., Humboldt-Universität zu Berlin, Institut für Politikwissenschaft, Unter den Linden 6, 10099 Berlin

*Karl-Siegbert Rehberg*, Prof. Dr., Technische Universität Dresden, Institut für Soziologie, Mommsenstr. 13, 01069 Dresden

*Vivien A. Schmidt*, Prof., Director, European Studies Program, University of Massachusetts, 100 Morrissey Blvd, Boston, MA, 02125-3393, USA

*Peter Steinbach*, Prof. Dr., Freie Universität Berlin, Fachbereich Politische Wissenschaft, Ihnestr. 21, 14195 Berlin

*Erhard Stölting*, Universität Potsdam, Wirtschafts- und Sozialwissenschaftliche Fakultät, PF 900327, 14439 Potsdam

*Rainer Tetzlaff*, Prof. Dr., Universität Hamburg, Institut für Politikwissenschaft, Allende-Platz 1, 20146 Hamburg

*Rainer Weinert*, PD Dr., Universität Heidelberg, Institut für Soziologie, Sandgasse 9, 69117 Heidelberg

# Aus dem Programm
# Sozialwissenschaften

Gerhard Göhler (Hrsg.)
**Grundfragen der Theorie politischer Institutionen**
Forschungsstand – Probleme – Perspektiven
1987. 249 S. Kart.
ISBN 3-531-11844-7
Dieser Band ist aus der Arbeit der 'Sektion Politischer Philosophie und Theoriegeschichte der DVPN' hervorgegangen. Die Beiträge vermitteln einen repräsentativen Überblick über Problemstellungen und Forschungsstand: In den ersten vier Teilen wird in Einzelstudien der Bedeutung politischer Institutionen a) in der Politikwissenschaft, b) in einer allgemeinen Institutionstheorie, c) im Recht und d) in der Systemtheorie behandelt, die drei Beiträge des fünften Teils gelten der Institutionskritik. Ein ausführliches Literaturverzeichnis schließt den Band ab.

M. Rainer Lepsius
**Interessen, Ideen und Institutionen**
1990. 300 S. Kart.
ISBN 3-531-11879-X
Ideen, Interessen und Institutionen markieren drei Zugänge zur Strukturanalyse des menschlichen Zusammenlebens: Ideen sind der Ausdruck für die Wertbezogenheit des menschlichen Handelns, Interessen bestimmen die Richtung des sozialen Handelns, Institutionen verleihen diesem Dauer und Verbindlichkeit. Aus den Spannungsverhältnissen zwischen Ideen, Interessen und Institutionen erheben sich Struktur und Dynamik sozialer Ordnungen. Aus diesem Ansatz, der in der Tradition der Soziologie Max Webers liegt, werden die Rollen der Intellektuellen, die Ausbildung von Subkulturen, Schichten und Klassen, die Bedeutung der Institutionen für soziale Stagnation und sozialen Wandel und der Nationalstaat als Ordnungsidee analysiert.

Birgitta Nedelmann (Hrsg.),
unter Mitarbeit von Thomas Koepf
**Politische Institutionen im Wandel**
1995. 411 S. (Kölner Zeitschrift für Soziologie und Sozialpsychologie, Sonderheft 35/1995) Kart.
ISBN 3-531-12800-0
Die Dynamik, die Gegensätze und die Flexibilität sozialer Institutionen stehen im Mittelpunkt dieses Sonderhefts der KZfSS. In den Beiträgen werden vor allem drei Gesichtspunkte berücksichtigt: 1. Institutionelle Entstehung und Entwicklung werden sichtbar gemacht an der Institutionalisierung von Ethnizität in den USA, der Entstehung des Parteiensystems in Polen, von Bewegungsparteien in Italien sowie an der Entwicklung der Europäischen Union. 2. Institutioneller Verfall und Abbau werden an der Ent-Institutionalisierung des staatlichen Gewaltmonopols und dem Verfall der italienischen Parteien behandelt. 3. Institutionelle Reform und Veränderung werden dargestellt an der Reform des Wahlrechtssystems in Italien und der Entstehung der Europäischen Union.

WESTDEUTSCHER VERLAG
Abraham-Lincoln-Str. 46 · 65189 Wiesbaden
Fax (06 11) 78 78 - 420

# Aus dem Programm Sozialwissenschaften

Werner Fuchs-Heinritz /Rüdiger Lautmann /
Otthein Rammstedt /Hanns Wienold (Hrsg.)
**Lexikon zur Soziologie**
3., völlig neubearb. und erw. Aufl. 1994.
763 S. Kart.
ISBN 3-531-11417-4
Das *Lexikon zur Soziologie* ist das umfassendste Nachschlagewerk für die sozialwissenschaftliche Fachsprache. Für die 3. Auflage wurde das Werk völlig neu bearbeitet und durch Aufnahme zahlreicher neuer Stichwortartikel erheblich erweitert. Das *Lexikon zur Soziologie* bietet aktuelle, zuverlässige Erklärungen von Begriffen aus der Soziologie sowie aus Sozialphilosophie, Politikwissenschaft und Politischer Ökonomie, Sozialpsychologie, Psychoanalyse und allgemeiner Psychologie, Anthropologie und Verhaltensforschung, Wissenschaftstheorie und Statistik.

Raymond Boudon /François Bourricaud
**Soziologische Stichworte**
Ein Handbuch
1992. 680 S. Kart.
ISBN 3-531-11675-4
Die Autoren dieses sozialwissenschaftlichen Standardwerkes behandeln in mehr als siebzig Grundsatzartikeln zu Schlüsselbegriffen, Theorien und historisch wesentlichen Autoren die zentralen Probleme der Soziologie. Insgesamt bietet der Band eine ebenso umfassende wie kritische Einführung in Entwicklung und Stand der Soziologie und ihrer einzelnen Bereiche.

Ulrich von Alemann (Hrsg.),
unter Mitarbeit von Wolfgang Tönnesmann und Volker Sommer,
mit Beiträgen von U. von Alemann, W. Bürklin, W. Reh, D. Rucht, P. Hocke, D. Oremus, J. Schmid, M. G. Schmidt, V. Sommer und W. Tönnesmann
**Politikwissenschaftliche Methoden**
Grundriß für Studium und Forschung
1995. 408 S. Kart.
ISBN 3-531-12761-6
Dieses Lehrbuch betritt Neuland in einem doppelten Sinn: Erstens existiert in Deutschland kein aktuelles Einführungsbuch in die politikwissenschaftlichen Methoden, und zweitens wird der Stoff in einer neuen Konzeption dargestellt. Im ersten Teil werden die methodologischen Grundlagen systematisch abgehandelt, danach folgen fünf Kapitel aus der Werkstatt der Forschung: Wissenschaftler zeigen hier einzelne Methoden – Umfrageforschung, Dokumentenanalyse, Inhaltsanalyse, Experteninterviews und Aggregatdatenanalyse – in der praktischen Anwendung anhand ihrer eigenen Arbeiten. Das Lehrbuch ist dem Leitbild der „kritisch-empirischen Politikforschung" verpflichtet, es verknüpft pragmatisch quantitative und qualitative empirische Methoden auf anschauliche Weise.

**WESTDEUTSCHER VERLAG**
Abraham-Lincoln-Str. 46 · 65189 Wiesbaden
Fax (06 11) 78 78 - 420

GPSR Compliance

The European Union's (EU) General Product Safety Regulation (GPSR) is a set of rules that requires consumer products to be safe and our obligations to ensure this.

If you have any concerns about our products, you can contact us on

ProductSafety@springernature.com

In case Publisher is established outside the EU, the EU authorized representative is:

Springer Nature Customer Service Center GmbH
Europaplatz 3
69115 Heidelberg, Germany

www.ingramcontent.com/pod-product-compliance
Lightning Source LLC
LaVergne TN
LVHW010254260326
834688LV00044B/1283